ERASMUS

DER HUMANIST ALS THEOLOGE
UND KIRCHENREFORMER

STUDIES
IN MEDIEVAL AND
REFORMATION THOUGHT

EDITED BY

HEIKO A. OBERMAN, Tucson, Arizona

IN COOPERATION WITH

THOMAS A. BRADY, Jr., Berkeley, California
E. JANE DEMPSEY DOUGLASS, Princeton, New Jersey
JÜRGEN MIETHKE, Heidelberg
M. E. H. NICOLETTE MOUT, Leiden
ANDREW PETTEGREE, St. Andrews
MANFRED SCHULZE, Wuppertal
DAVID C. STEINMETZ, Durham, North Carolina

VOLUME LIX

CORNELIS AUGUSTIJN

ERASMUS

DER HUMANIST ALS THEOLOGE
UND KIRCHENREFORMER

ERASMUS
DER HUMANIST ALS THEOLOGE UND KIRCHENREFORMER

VON

CORNELIS AUGUSTIJN

E.J. BRILL
LEIDEN · NEW YORK · KÖLN
1996

The paper in this book meets the guidelines for permanence and durability of the Committee on Production Guidelines for Book Longevity of the Council on Library Resources.

Library of Congress Cataloging-in-Publication Data

Augustijn, C., 1928–
    Erasmus : der Humanist als Theologe und Kirchenreformer / von Cornelis Augustijn.
        p.   cm. — (Studies in medieval and Reformation thought, ISSN 0585-6914 ; v. 59)
    Includes bibliographical references (p.   ) and index.
    ISBN 9004104968 (cloth : alk. paper)
    1. Erasmus, Desiderius, d. 1536.   2. Theology—History—16th century.   I. Title.   II. Series.
    BR350.E7A92   1996
    230'.2'092—dc20   96–6378
                                                                    CIP

Die Deutsche Bibliothek - CIP-Einheitsaufnahme

Augustijn, Cornelis:
Erasmus – der Humanist als Theologe und Kirchenreformer / von Cornelis Augustijn.– Leiden ; New York ; Köln : Brill, 1996
    (Studies in medieval and reformation thought ; Vol. 59)
    ISBN 90–04–10496–8
NE: GT

ISSN   0585-6914
ISBN   90 04 10496 8

PRINTED IN THE NETHERLANDS

INHALTSVERZEICHNIS

Luther und Erasmus

Erasmus und die Täufer

VORWORT

Jeder der hier gesammelten Aufsätze behandelt einen Aspekt aus Leben, Schriften und Wirkung des Erasmus. Sie wurden fast alle in einem vorgegebenen Rahmen, sei es für eine Festschrift, sei es für eine Konferenz über eine bestimmte Person oder über ein historisches Ereignis konzipiert und dann publiziert. Folglich sind die Aufsätze vielschichtig, nach Thema und nach Vorgehensweise. Ihre Einheit finden sie in einer Sicht auf Erasmus und auf die Ära der frühen Reformation, die sich im Laufe der Jahre in vielerlei Hinsicht vertiefte und entwickelte, zugleich jedoch im Wesentlichen auch konstante Züge aufwies.

Geändert habe ich wenig. Wo die Eigenart eines mündlichen Vortrags sich allzu deutlich zeigte, habe ich diese beseitigt. In einem derartigen Aufsatzband sind Wiederholungen nicht völlig zu vermeiden. In den Anmerkungen habe ich Verweise auf Erasmusschriften, wo immer möglich, von der alten Leidener Edition auf die Amsterdamer Neuedition umgestellt.

Ich danke gern allen, die auf irgendwelche Weise zu dieser Herausgabe beigetragen habe. Zu diesen gehören die Kollegen, die einen Vortrag oder Artikel sprachlich korrigiert haben; die Assistenten und studentischen Hilfskräfte, die mir zur Seite standen; die Mitarbeiter des Fachbereichs Kirchengeschichte der Freien Universität Amsterdam, die mir in immer anregenden Diskussionen und durch stets fördernde Kritik halfen; und die vielen Kollegen, die auf wissenschaftlichen Symposien durch ihre Kenntnisse und Einsichten mein Verständnis des Reformationszeitalters in mancher Hinsicht gefördert haben.

Ebenfalls sage ich dem Vorstand des 'Vertaalfonds voor wetenschappelijke artikelen' der 'Koninklijke Nederlandse Akademie van Wetenschappen' und dem 'Conseil international pour l'édition des œuvres complètes d'Erasme' Dank für die finanzielle Unterstützung zugunsten der Übersetzungskosten der ursprünglich nicht deutsch geschriebenen Artikel, die in diesen Band aufgenommen wurden.

Den ehemaligen Verlegern der hier aufs neue publizierten Aufsätze, gegebenenfalls den Redaktoren der Zeitschriften, in denen sie erstmals gedruckt wurden, bin ich dankbar für ihre Bereitschaft, mir die Genehmigung zu geben, sie in einem Sammelband vorzulegen.

Der Veröffentlichungsnachweis verzeichnet auch, in welchem Verlagshaus jeder Aufsatz erstmals erschienen ist.

Schließlich möchte ich Heiko A. Oberman für die Aufnahme dieses Buches in die von ihm herausgegebene Reihe *Studies in Medieval and Reformation Thought* danken.

Amsterdam   Cornelis Augustijn
Juli 1996

ABKÜRZUNGSVERZEICHNIS

Abkürzungen für Zeitschriften, Serien, Lexika und Quellenwerke sind dem *Abkürzungsverzeichnis* der *Theologischen Realenzyklopädie*, 2. Auflage, Berlin/New York 1994, entnommen.

Abkürzungen für Erasmuseditionen:
LB = Desiderii Erasmi Roterodami Opera omnia emendatiora et auctiora, 10 Bde., Lugduni Batavorum 1703–1706 (= Hildesheim 1961–1962).
ASD = Opera omnia Desiderii Erasmi Roterodami recognita et adnotatione critica instructa notisque illustrata, Amsterdam 1969–.
A = Opus epistolarum Des. Erasmi Roterodami denuo recognitum et auctum, hg. v. Percy S. Allen u.a., 12 Bde., Oxonii 1906–1958.
　　Abkürzungen für Erasmusschriften, die in den Anmerkungen verwendet worden sind, sind dem diesbezüglichen Abkürzungsverzeichnis der ASD entnommen.

Abkürzungen für Literatur zeigen sich im Literaturverzeichnis.

ERASMUS' GEISTIGE ENTWICKLUNG

1. KAPITEL

DAS PROBLEM DER INITIA ERASMI

Zur Zeit zieht die zweite Hälfte des 15. Jahrhunderts in der kirchen-
geschichtlichen Forschung viel Aufmerksamkeit auf sich. Vor allem
die scholastischen Theologen aus dieser Periode werden sorgfältig studiert. Eine der Ursachen für dieses Interesse an einem Forschungsge-
biet, das lange vernachlässigt wurde, ist zweifellos das fortwährende
Interesse an den 'initia Lutheri'. Um die geistige Herkunft des jungen Luther bestimmen zu können, muß man zuerst die Theologie
seiner direkten und indirekten Lehrer sehr gut kennen.

Bisher hat man dem jungen Erasmus viel weniger Aufmerksamkeit
geschenkt. Das heißt nicht, daß dieses Gebiet völlig brachliegt. Die
Untersuchung von Ernst-Wilhelm Kohls[1], die 1966 erschien, ist ganz
dem Studium seiner theologischen Denkweise bis 1503 gewidmet. Auch
anläßlich der Erscheinung dieses Werkes und der darin vertretenen
Auffassung möchte ich im folgenden den Verlauf der Forschung bis
zu diesem Zeitpunkt besprechen. Es ist also nicht meine Absicht,
eine selbständige Untersuchung von Erasmus' Theologie in seiner Jugend zu geben. Zuerst müssen wir untersuchen, zu welchen Ergebnissen und auch Differenzen die bisherige Forschung geführt hat.
Dann erst wird es möglich sein, eine Fragestellung für die zukünftige
Erforschung des fraglichen Problems zu formulieren. Ich beschränke
mich dabei auf die Autoren, die den Einflüssen, die Erasmus erfahren hat, spezielle Aufmerksamkeit gewidmet haben. Eine zweite Be-
schränkung liegt im terminus ad quem. 1499, das Jahr von Erasmus'
erster Englandreise und seiner Begegnung mit John Colet, bildet den
Schlußpunkt meiner Darstellung. Hierin liegt etwas willkürliches. Der
gewählte Ausgangspunkt läßt sich nur dann verteidigen, wenn diese
Reise tatsächlich ein Einschnitt in Erasmus' Leben ist. Es muß sich
im folgenden herausstellen, ob dies tatsächlich der Fall ist.

Das Quellenmaterial, das den Forschern zur Verfügung steht, ist
nicht sehr umfangreich. Es handelt sich in erster Linie um eine Anzahl
Briefe und Gedichte von Erasmus aus diesen Jahren[2]. Dann gibt es

---

[1] Ernst-Wilhelm Kohls (1966).
[2] Herausgegeben von Cornelis Reedijk (1956). Die neue Edition in ASD 1/7 konnte
nicht mehr berücksichtigt werden.

die *De contemptu mundi epistola*[3], eine von Erasmus im Kloster Steyn geschriebene Ermutigung, die Welt zu verachten und sich für das monastische Leben zu entscheiden. Der *Antibarbarorum liber*[4], dessen erster Entwurf auf Erasmus' Klosterzeit zurückgeht, und dessen weitere Ausarbeitung in die Zeit fällt, als Erasmus im Dienst des Bischofs von Cambrai stand, ist ein scharfer Angriff auf diejenigen, die die humanistischen Studien als verderblich betrachten und eine glühende Verteidigung derjenigen, die sie betreiben. Eventuell kann man hier noch den sogenannten Brief an Grunnius[5] hinzufügen, in dem Erasmus Jahre später sein Leben in diesen frühen Jahren beschreibt.

* * *

Paul Mestwerdt war der erste, der dieses Problem in seiner 1917 erschienenen Studie ernsthaft untersucht hat[6]. Seine These ist, daß Erasmus sowohl von der Devotio moderna als auch vom Humanismus beeinflußt wurde. Dabei stellt er diese beiden Strömungen nicht als getrennte Welten dar. Die Ausgangspunkte sind zwar sehr unterschiedlich, aber die beiden Bewegungen haben doch einen gewissen Berührungspunkt. Im italienischen Humanismus, der seiner Meinung nach vor allem durch Lorenzo Valla und Marsilio Ficino gekennzeichnet wird, bildet die Frage nach dem Verhältnis von Christentum und Antike, von Christentum und Kultur den Ausgangspunkt. Die Devotio moderna geht von der spiritualistischen und quietistischen Mystik aus und betont die ethischen Implikationen des Christentums. Die Übereinstimmung liegt darin, daß beide Bewegungen sich gegen eine Erstarrung des Christentums richten, die sowohl in der Organisation als auch in der Theologie eingetreten war. Beide akzentuieren eine geistige, persönliche Religiosität, tendieren dadurch zum Individualismus und stellen den moralischen Charakter der Religion in den Vordergrund. Beide Bewegungen suchen für ihre Auffassungen auch dasselbe Fundament, den Biblizismus, worunter Mestwerdt "die Heraushebung der alt- und neutestamentlichen Offenbarung als der primär geltenden und damit entschiedener als bisher gegen Dogma und Kirche abgegrenzten Glaubensautorität"[7] versteht. Bereits bei

---

[3] ASD 5/1, 1–86.
[4] ASD 1/1, 1–138. Vgl. für die unterschiedlichen Fassungen der Schrift die Einleitung.
[5] A 2, 447.
[6] Paul Mestwerdt (1917).
[7] Ibid., 147–148.

Alexander Hegius und Rudolf Agricola finden wir einen Versuch, beide miteinander zu versöhnen. Der humanistische Einfluß ist bei Erasmus stärker als bei ihnen. Seine Entwicklung und Ausbildung in seinen Jugendjahren, die unter dem Einfluß der Devotio moderna standen, haben allerdings Spuren hinterlassen. "In der Form, wie sie ihm entgegentrat, hat Erasmus die devotio moderna freilich abgelehnt. Aber in der Auseinandersetzung mit ihr blieb ein starker Rest des Gemeinsamen übrig, der ihn in mancher Hinsicht als den Fortsetzer ihrer uns bisher begegneten Tendenzen erscheinen läßt"[8].

Mestwerdt schildert Erasmus in der Ausarbeitung dieser Gedanken als jemand, der bis zum Verlassen des Klosters völlig in der Sphäre der Devotio moderna aufgewachsen war, und der auch in Paris wieder mit ihr in Berührung kam. Gleichzeitig lernte er jedoch die Antike immer besser kennen; im Kloster hatte er bereits umfangreiche Kenntnisse auf diesem Gebiet. Von den Humanisten faszinierte ihn vor allem Lorenzo Valla. Selber ist er jedoch dann noch der Vertreter eines eher naiven Humanismus. Valla und Ficino hatten die Spannung zwischen christlicher und heidnisch-philosophischer Religion gekannt und sich für eine Trennung zwischen Form und Inhalt der letzteren entschieden. Man kann die rhetorische Formgebung des klassischen Altertums übernehmen, während man die Gedankenwelt ablehnt. Für Erasmus existiert diese Problematik noch nicht; Christentum und Antike stehen nebeneinander, der Gedanke eines möglichen Zusammenstoßes fehlt noch[9]. Auch in *De contemptu mundi* überwiegt diese Vorstellung. Im Hinblick auf den Inhalt dieser Schrift liegt es auf der Hand, insbesondere den Einfluß der Devotio moderna zu untersuchen. Mestwerdt kommt zu dem Ergebnis, daß Erasmus von den beiden Elementen der Devotio moderna, dem religiös-mystischen und dem ethisch-praktischen, nur letzteres übernimmt. Er nennt das erste zwar als Ziel wahrer Mönchsfrömmigkeit, aber er fügt hinzu, daß er selber derartige Erfahrungen nicht kennt. So beschränkt sich der Einfluß der Devotio moderna hier offensichtlich auf das Verständnis des Christentums als sittlicher Streit und Nachfolge Christi. Das letzte caput hat einen seltsamen Inhalt. Erasmus beschreibt hierin das Mönchsleben, im Anschluß an Valla, als die höchste Lebensform, weil dadurch die wahre voluptas erreicht wird; hierbei

---

[8] Ibid., 174.
[9] Ibid., 207–211.

verweist er ausdrücklich auf Epikur. Dadurch geht er über die rein
formelle Betrachtung der Antike hinaus. "Ein epikurisches Mönchtum
war kein christliches Mönchtum mehr". Weltverachtung und Mönchswesen sind damit nicht sosehr ein Problem des Christen, sondern
des Menschen im allgemeinen geworden[10]. So zeigt sich, daß Erasmus etwas von der tieferen Problematik gekannt hat.

In den *Antibarbari* wird der Standpunkt aus *De contemptu mundi* teilweise weiter entwickelt, teilweise überwunden. In dieser Schrift richtet
Erasmus sich gegen die Barbaren seiner Zeit, die die von der Antike
vertretene Bildung verachten, insbesondere also gegen die Scholastiker. Er richtet sich deutlich gegen diese Gelehrten, die er im übrigen
nicht eingehend kennt. Sein eigentliches Problem ist jetzt das Verhältnis von Religion und Christentum einerseits, Kultur und Wissenschaft andererseits. Letztere geht für Erasmus in der antiken, nicht-
christlichen Kultur auf. Er will nunmehr beide absolut trennen. "Pietas
fide nititur, eruditio vestigat argumentis et rem in quaestionem vocat".
Dies ist der Ausgangspunkt für seine Verurteilung der Scholastik seiner
Tage. Sie untersucht Dinge, die über das Begriffsmäßige hinausge-
hen und macht auf diesem Gebiet absolute Aussagen. Erasmus bleibt
jedoch nicht bei dieser begriffsmäßigen Unterscheidung stehen. Es
ist Gott zu danken, daß die Heiden in den Jahrhunderten vor Christus Kultur und Wissenschaft ausgeübt haben. Damit standen sie im
Dienst von Gottes Plan, der auf diese Weise die Welt auf das Höchste, das Kommen Christi vorbereiten wollte. Es ist die Aufgabe dieser Zeit, beide miteinander zu verbinden, die heidnische Wissenschaft
in gereinigter Form in den Dienst des Christentums zu stellen. Mestwerdt spricht in diesem Zusammenhang von einer "Aufhebung der
Isolierung des Christentums" und von einem "Programm dieses evolu-
tionistischen Rationalismus". Seine Schlußfolgerung ist, daß in den
Antibarbari "allein der Humanist, nicht mehr der Mönch" spricht[11].

Zum Schluß behandelt Mestwerdt die Pariser Periode in Erasmus'
Leben, die er als eine Übergangszeit charakterisiert. Er konstatiert,
im Vergleich zu den *Antibarbari*, einen gewissen Rückfall, den er vor
allem dem Einfluß des Robert Gaguin zuschreibt. Erasmus' Kritik
an den Scholastikern nimmt in diesem Zentrum der scholastischen
Theologie noch zu, obwohl er sich auch jetzt auf diesem Gebiet nur
oberflächliche Kenntnisse erwirbt. Das Buch, das ein Torso geblie-

---

[10] Ibid., 227–236; dat Zitat 236.
[11] Ibid., 245–283; die Zitate 260 (vgl. ASD 1/1, 47, 23–24), 273, 281, 282.

ben ist, endet mit einem Verweis auf den entscheidenden Einfluß, den Colet auf Erasmus ausüben würde[12].

Mestwerdts Studie nötigt Bewunderung ab. Der noch junge Autor hat Erasmus' Entwicklungsgang und die geistigen Strömungen, die ihn beeinflußt haben, deutlich skizziert. Er hat seine Quellen ernsthaft zu Rate gezogen, und im allgemeinen nichts in sie hineininterpretiert. So entsteht ein deutliches Bild. Erasmus wurde in der Sphäre der Devotio moderna erzogen und geriet später in den Bann des Humanismus. Zu Anfang war der Einfluß des Humanismus lediglich von formeller Art, später sieht er das tieferliegende Problem der Begegnung von Christentum und Antike. Es ist ihm in der behandelten Periode noch nicht gelungen, eine harmonische Synthese zu finden. Der Einfluß der zeitgenössischen Scholastik war lediglich negativ. Natürlich werfen einige Teile des Buches Fragen auf. Ich denke vor allem an die Charakterisierung der *Antibarbari* als ein Zeugnis von Erasmus' evolutionistischem Rationalismus. Auf diese Frage werde ich jedoch später zurückkommen. Eine Sache ist auffallend und darf auch hier nicht unerwähnt bleiben. Wenn es um den Einfluß der Devotio moderna geht, ist Mestwerdt recht vage. Er kann in den Quellen nicht viel darüber finden. So fällt es Mestwerdt auf, daß in Erasmus' Briefen aus seiner Klosterzeit nur selten christliche Töne anklingen. Er erklärt dies mit der These, daß uns nur eine später vorgenommene Auswahl zur Verfügung stehe[13]. Ein wenig zögernd äußert er sich zu dem eventuellen Einfluß von Jan Standonck und Jan Mombaer, mit denen Erasmus in Paris in Kontakt kam. Daß Erasmus sich über ersteren nur negativ äußert, erklärt Mestwerdt dadurch, daß bei Standonck der ethische Rigorismus der Devotio moderna in eine "äußerliche Gesetzlichkeit" entartete. Erasmus' Begeisterung für Mombaers Werk versteht er auf dem Hintergrund von Erasmus' Erwartung, daß die von diesem befürwortete Reform zumindest nicht in Widerspruch zu seinen eigenen humanistischen Interessen stand[14]. Daß die Devotio moderna doch eine der Komponenten in Erasmus' Entwicklung war, wird gleichsam stillschweigend als Schlußfolgerung aus seinem Lebenslauf vorausgesetzt.

* * *

---

[12] Ibid., 336.
[13] Ibid., 213.
[14] Ibid., 301–303; das Zitat 301.

Die Frage nach Erasmus' Verhältnis zur Devotio moderna wurde nach dem Erscheinen von Mestwerdts Studie noch verschiedene Male gestellt. Hier ist zuerst Renaudets Werk über *Préréforme et Humanisme à Paris* zu nennen[15]. Es wurde unabhängig von Mestwerdts Buch geschrieben. Auch dieser Autor geht davon aus, daß Erasmus in Deventer "die harte Disziplin der Devotio moderna erfuhr"[16]. Er zitiert ebenfalls Erasmus' vernichtendes Urteil über Standonck[17]. Zu den Kontakten von Erasmus und Mombaer äußert er sich etwas positiver. Er stellt fest, daß Erasmus ab 1496 "eine rigorose Treue zu den Lehren und Bräuchen des Katholizismus zeigte" und sagt, daß dies vielleicht dem Einluß von Mombaer und den Seinigen zu verdanken sei. Seine Schlußfolgerung ist: "Die Windesheimer ließen ihn die Mönche von Steyn vergessen"[18]. Das ist eine deutlich andere Auffassung als die von Mestwerdt vertretene.

Ich habe ein wenig gezögert, ob Albert Hymas Buch über Erasmus' Jugend[19] erwähnt werden muß. Man kann es kaum als eine ernsthafte Studie bezeichnen, aber es hatte in der angelsächsischen Welt viel Einfluß. Die Tendenz in Hymas Werken ist bekannt: Die Devotio moderna ist das wichtigste Phänomen des 15. Jahrhunderts und sie hat alle Bewegungen des 16. Jahrhunderts vorbereitet. Über Erasmus sagt er, daß dieser "ein Kind der Devotio moderna" war, und daß Erasmus viele seiner Ideen dieser Bewegung entlehnte, obwohl er keine Wertschätzung für sie aufbringen konnte. Erasmus' ganze Jugend wurde tiefgehend von der Devotio moderna geprägt. Doch inzwischen ist er für Hyma ein Kind, daß seinen Eltern wenig ähnelt; in diesem Zusammenhang fallen sehr harte Worte über Erasmus' Charakter[20].

Sobald wir etwas über Erasmus wissen, seit seiner Klosterzeit, ergibt es sich, daß er tiefgehend vom Humanismus, für den Hyma nur Verachtung empfindet, beeinflußt ist. Es ist bezeichnend, daß in *De contemptu mundi* mehr als 70 Zitate von klassischen Autoren gegenüber lediglich fünf Bibelzitaten stehen. Erasmus spricht über Christus mit kaum mehr Respekt als über Cicero oder Vergil, er zeigt keine Liebe für Christus. Kurzum: "Der Humanismus hatte die wahre

---

[15] Augustin Renaudet (1953); der erste Druck erschien 1916.
[16] Ibid., 261: "... subit ... la dure discipline de la dévotion moderne".
[17] Ibid., 267–268.
[18] Ibid., 279: "les Windeshémiens lui firent oublier les moynes de Steyn".
[19] Albert Hyma (1930).
[20] Ibid., 125, 142.

Bedeutung des Christentums für ihn verdunkelt". Über die *Antibarbari*
fällt der Autor das gleiche Urteil. "Er trachtete nach Gelehrsamkeit,
nicht nach Liebe, nach Ruhm, nicht nach Selbstverleugnung, nach
Ehre, nicht nach Demut"[21]. Die Ergebnisse seiner Untersuchung faßt
Hyma dahingehend zusammen, daß Erasmus selber nicht wußte, wie
sehr er von seinen Eltern, der Devotio moderna, Augustin, Hieronymus und vielen anderen beeinflußt war. Der Umgang mit John Colet
und anderen brachte ihn wahrscheinlich nicht auf neue Ideen, aber
erweckte tote Ideale wieder zum Leben[22]. Es ist nicht notwendig, ausführlich auf dieses Buch einzugehen. Der Autor hat sich durch seinen
voreingenommenen Standpunkt und seine Unfähigkeit, sich in Erasmus' Ideale einzuleben, den Zugang zu Erasmus verbaut. Es war für
die damalige Zeit jedoch wertvoll, daß er als Appendix die wahrscheinlich erste Version der *Antibarbari* herausgegeben hat.

In allen bisher genannten Studien über Erasmus' Verhältnis zur
Devotio moderna kann man einen gemeinsamen Ausgangspunkt aufzeigen: Bis zu seinem Fortgang aus dem Kloster Steyn stand Erasmus in direktem Kontakt mit Anhängern dieser Bewegung. Durch
die Studie von Regnerus R. Post[23] zerbröckelte dieses Bild. Aufgrund
einer sehr gründlichen Untersuchung aller Fakten kam dieser Gelehrte
zu dem Schluß, daß Erasmus' Kontakte mit der Devotio moderna
stark überbewertet wurden. In Deventer hatte Erasmus keinen besonderen Kontakt mit den Brüdern; in 's-Hertogenbosch änderte sich
das einigermaßen, aber wegen Erasmus' geistiger Überlegenheit könnte
man wohl kaum von Beeinflußung sprechen[24]. Dies änderte sich erst
während seiner Klosterjahre. Hat Erasmus dann die ihm gebotene
Gelegenheit genutzt? Um diese Frage beantworten zu können, macht
Post eine tiefgehende Analyse von *De contemptu mundi* und stellt er
diese Schrift in die Tradition dieses Literaturgenres. Er zeigt auf,
daß der entscheidende Punkt in diesen Schriften in der Wahl zwischen
der gefährlichen Welt und dem Kloster mit seinen geistlichen Freu-
den liegt. Bei der Ausarbeitung des ersten, allgemein menschlichen,
Themas konnten Christen andere Motive als die klassischen Schriftsteller angeben. Nach Posts Meinung unterscheidet Erasmus sich

---

[21] Ibid., 179–180, 204: "Not charity, but learning he sought, not self-denial, but
fame, not humility, but honor".
[22] Ibid., 218–219.
[23] Im folgenden benutze ich Regnerus R. Post (1968). Die älteren Veröffentlichungen des Autors auf diesem Gebiet werden in dieser Arbeit zusammengefaßt.
[24] Ibid., 350–351, 392–398, 658–660.

gerade in diesem Punkt von all seinen mittelalterlichen Vorgängern. Er schreibt nicht nur ein anderes Latein und wählt die Briefform, sondern er entlehnt auch viele seiner Beispiele und illustrierenden Texte aus der Antike. Wichtiger ist jedoch noch, daß er beinahe kein religiöses Motiv für den Eintritt ins Kloster angibt, daß die Liebe zu Gott und den Nächsten genausowenig erwähnt wird wie die typischen Mönchstugenden. Das Bild, das er vom Kloster skizziert, erweckt den Eindruck, daß der ganze Tag dem Latein gewidmet ist. "Plato and Cicero sind für ihn religiöse Autoritäten". Hierdurch wurde es ein deutlich humanistisches Werk, das jedoch keine "Theorie über die Würde des Menschen" gibt; die Verherrlichung der Kraft des Menschen und die Verurteilung der Verachtung der Welt fehlen[25]. Nach dem Vorbild von Cornelis Reedijk behauptet Post, daß in Erasmus' Gedichten von 1489 an eine Veränderung auftritt. Er wählt danach religiöse Themen, aber Post zitiert beifällig Reedijks Urteil: "Es bleibt schwierig zu bestimmen, in welchem Maße Erasmus sowohl Schutz wie Rechtfertigung für ein rein ästhetisches Streben unter dem Banner der Frömmigkeit suchte"[26]. Von einem ausschließlichen Einfluß der Devotio moderna will Post dann auch nicht sprechen. "Es kann als eine allgemeine spätmittelalterliche Geisteshaltung betrachtet werden". Die Veränderung in Erasmus' Leben findet unter Colets Einfluß statt. Zuvor überwog der Einfluß eines formalen Humanismus, der lediglich Interesse an einer Reform des Unterrichts hatte[27].

Die Bedeutung dieser Studie liegt auf der Hand. Man wird viel vorsichtiger über Erasmus'•Beeinflußung durch die Devotio moderna sprechen müssen, als das bisher der Fall war. Der Vergleich von *De contemptu mundi* mit anderen ähnlichen Schriften führte zu wichtigen Ergebnissen. Auf die Frage, ob die Devotio moderna dann fast vollständig als Komponente in Erasmus' Leben wegfällt, werde ich später noch eingehen. Wir werden uns erst anhand der Literatur nach Mestwerdt der Frage widmen, ob die humanistischen Einflüsse auf Erasmus tatsächlich rein formaler Art waren.

* * *

---

[25] Ibid., 660–670; das Zitat 662.
[26] Ibid., 671; Cornelis Reedijk (1956), 58: "but it remains difficult to establish to what extent Erasmus was subconsciously seeking both protection and justification under the banner of piety for purely aesthetic ambitions".
[27] Regnerus R. Post (1968), 671–673.

In diesem Zusammenhang möchte ich zuerst auf die kurze Studie von Rudolf Pfeiffer, *Humanitas Erasmiana*, verweisen[28]. Der Autor beabsichtigt nicht, Erasmus' Entwicklung zu behandeln, sondern eine bestimmte Facette seines Lebens zu beleuchten, und zwar insbesondere anhand der *Antibarbari*, "seine[r] humanistische[n] Kampf- und Programmschrift"[29]. Pfeiffer sieht die Bedeutung dieser Schrift vor allem in dem darin gegebenen Geschichtsbild, das dem Augustins diametral entgegengesetzt ist. Erasmus will die Antike mit Christus verbinden. Man findet die Verbindung von Kultur und Religion bereits bei Paulus, und Erasmus möchte diese Verbindung wiederherstellen. Er tut dies in Anlehnung an Valla, aber er sucht die Lösung doch in einer anderen Richtung. Bei Erasmus steht das Studium der Sprachen und der Literatur auf dem Vordergrund. Nur durch diese kann man zu den Quellen, der Heiligen Schrift und den Kirchenvätern vordringen. Der Mensch hat hierzu auch die Möglichkeiten und seine eigene Verantwortung: Er muß dem Vorbild des Prometheus folgen. Es ging Erasmus vor allem darum: "Ein barbarischer Christ zu sein, war eines Gliedes der europäischen Menschheit unwürdig"[30].

Otto Schottenlohers Studie über Erasmus' Entwicklung bis zu seiner Pariser Zeit ist viel ausführlicher[31]. Er geht davon aus, daß Erasmus seine Jugend unter den Anhängern der Devotio moderna verbracht hat. Von einem wichtigen Einfluß will er jedoch nichts wissen. Erasmus' Entwicklung war von Anfang an "durch eine Kluft von der Devotio moderna getrennt". Es blieb im Grunde genommen doch eine Mönchsfrömmigkeit, die die Devotio moderna an den Tag legte, während man Erasmus' Behauptungen, daß er immer eine Abneigung gegen das Kloster gehabt habe, ernst nehmen muß[32]. Schottenloher sieht *De contemptu mundi* als ein deutliches Zeichen dafür, wie weit Erasmus von der Frömmigkeit der devotio moderna entfernt ist. Erasmus steht tief unter dem Einfluß der Nichtigkeit und Vergänglichkeit des Lebens, er kennt Todesangst, aber er greift nicht nach den Mitteln, die das Kloster ihm zur Überwindung dieser Angst bietet. Anfänglich sucht er Unterstützung in der Freundschaft, aber schon bald in den litterae. Das Mönchswesen dient ihm dabei lediglich als äußerliches Mittel zur Weltflucht, auf dem Vordergrund seines Denkens

---

[28] Rudolf Pfeiffer (1931).
[29] Ibid., VII.
[30] Ibid., 24.
[31] Otto Schottenloher (1933).
[32] Ibid., 26–37; das Zitat 26.

stehen die weltverachtenden Tendenzen, die er in der Antike gefunden hat. Es kommt jedoch noch nicht zu einem Bruch: Mönchische Form und ethisch durchlebter Inhalt der klassischen Kultur können einander noch ergänzen. In dieser Lebensphase ist Valla sein großer Lehrmeister. Hierin unterscheidet sich Erasmus von seinen Freunden im Kloster und von jemandem wie Hegius. Ihnen bot die Antike lediglich die gute Form, und sogar in dieser Hinsicht waren sie nicht ganz konsequent[33]. Auch Erasmus beginnt beim Ästhetischen, aber die eigentliche Problematik kommt, wenn für ihn der ethische Inhalt der Antike mit der mönchischen Form in Konflikt gerät. Er befürchtet, daß eine wirkliche geistige Entwicklung im Kloster unmöglich ist. Vor allem die dortigen Zeremonien sind Äußerlichkeiten und bedeuten einen Zwang, den er weder physisch noch psychisch ertragen kann. Damit hat sein Humanismus ein neues Stadium erreicht. Er will für sich selber leben und für dasjenige, wozu ihn die Natur erschaffen hat. Das ist im Kloster unmöglich[34].

Dies bringt uns zu den *Antibarbari*. Die Bedeutung dieses Werkes liegt darin, daß Erasmus nun den Weg des Menschen zu sich selber als Grundlage für den Weg des Menschen zu Gott sieht. Das erste Ziel wird die eigene geistige Bildung des Menschen. Auf diese Art und Weise kommt Erasmus zu einer "Bildungsreligiosität": Der sittliche Inhalt des menschlichen Lebens hängt von seinem Bildungsniveau ab[35]. Genau aus diesem Grund führt er den Streit gegen die Scholastik. Die Scholastik will eine Verbindung von Glauben und Wissen, die beide verdirbt. Erasmus will eine Verbindung von pietas und eruditio, wobei die eruditio den Menschen bilden muß, der zur Frömmigkeit kommt. Die Verbindung liegt also nicht wie bei der Scholastik im Objekt, sondern im Subjekt. So führt er den Kampf "um die reine humanistische Bildung innerhalb des Christentums". Wenn Erasmus unter dem Einfluß Colets den ästhetischen Humanismus prinzipiell überwindet zugunsten eines religiösen Humanismus, bedeutet dies keinen Bruch, sondern eine Phase in seiner Entwicklung[36].

Schottenloher will in all dem deutlich Erasmus' Entwicklung aufzeichnen. Seiner Meinung nach hat nur Valla auf Erasmus' Einfluß ausgeübt. In Augustin Renaudets Buch, *Erasme et l'Italie*[37], liegen die

---

[33] Ibid., 37–72.
[34] Ibid., 71, 80–85.
[35] Ibid., 86–92.
[36] Ibid., 112–114; das Zitat 110.
[37] Augustin Renaudet (1954).

Verhältnisse umgekehrt. Es ist ein enttäuschendes Buch. Er teilt mit, daß Erasmus in Steyn vor allem von Valla beeinflußt wurde, und nicht von den florentinischen Platonikern wie zum Beispiel Ficino und Pico della Mirandola, da er sich für deren metaphysische und mystische Synthesen nicht interessierte. Erasmus lernte letztere in Paris durch Gaguins Vermittlung einigermaßen kennen, aber erst durch Colet kam er unter ihren Einfluß[38].

* * *

Alle bisher genannten Studien verbindet ein gemeinsames Merkmal: Erasmus' Verhältnis zur Scholastik hatte nur einen negativen Charakter. In Kohls' Buch, das ich als letztes besprechen will, ist dies anders. Obwohl der Titel mehr verspricht, ist das Werk faktisch eine Besprechung von *De contemptu mundi*, den *Antibarbari* und dem *Enchiridion*[39]. In seinem Vorwort sagt der Autor, daß "vom theologischen Denken des Erasmus eine Fülle bislang zumeist übersehener Verbindungslinien zu lebendigen bibeltheologischen Traditionen des Hoch- und Spätmittelalters verlaufen", in seinen Schlußfolgerungen spricht er etwas vorsichtiger von Früh- und Hochscholastik[40]. Uns interessiert hierbei vor allem, daß Kohls den Kontakt mit Colet nicht als einen wichtigen Einschnitt in Erasmus' Entwicklung betrachtet. Das universelle christozentrische System des *Enchiridion* wird durch die heilsgeschichtliche Konzeption der *Antibarbari* vorbereitet[41], während man ein zweites Charakteristikum, Erasmus' Theologie als biblische Theologie, bereits in *De contemptu mundi* finden kann.

Bei der Besprechung von *De contemptu mundi* weist Kohls zuerst darauf hin, daß Erasmus die klassischen Zitate jeweils vor den biblischen erwähnt. Es entsteht also eine Steigerung, wodurch das biblische Denken eine Vorrangstellung bekommt und der Antike eine propädeutische Funktion, das Verrichten von Hilfsdiensten, zugewiesen wird[42]. Anschließend verweist er auf den Unterschied zwischen

---

[38] Ibid., 7, 15–16, 23–25, 28–30.

[39] Der Autor kann den Titel "die Theologie des Erasmus" geben, weil er davon ausgeht, daß in den späteren Schriften nichts wesentlich Neues zu finden ist. Er postuliert, wohl voreilig: "Der Kenner wird deshalb nichts Wesentliches der erasmischen Theologie in unserer Darstellung vermissen"; Ernst-Wilhelm Kohls (1966), 1, 195. Seine Behandlung des *Enchir.* lasse ich außer Betracht.

[40] Ibid., 1, XIII, 193; das Zitat XIII. Der Autor benutzt öfter Christian Dolfen (1936).

[41] Ibid., 1, 177, 191–192.

[42] Ibid., 21–23.

Valla und Erasmus hinsichtlich der Verwendung des Begriffes 'voluptas'. Valla lehnt aufgrund des Ideals der 'voluptas' das Mönchswesen
ab, Erasmus faßt es darin zusammen[43]. Das wichtigste in dieser Schrift
ist für Kohls jedoch Erasmus' Geschichtsauffassung, die darin besteht,
daß Erasmus das Medium der schriftlichen Quellen so hoch einschätzt.
Die schriftliche Überlieferung ist das Band, das Gegenwart und Vergangenheit miteinander verbindet. In nuce liegt hierin bereits das
gesamte Lebenswerk des Erasmus bezüglich der Herausgabe und der
Paraphrasierung des Neuen Testaments. In vollendeter Form finden
wir diese in der Idee der Inkarnation Christi im Neuen Testament,
so wie sie in der *Paraclesis* vorkommt. Dieser Gedanke findet jedoch
keine Unterstützung in der Passage aus *De contemptu mundi*, die Kohls
verwendet. Erasmus spricht da über die Eitelkeit des Ruhmes und
sagt in diesem Zusammenhang, daß vom Ruhm der großen Herrscher
des Altertums nichts übriggeblieben ist, außer "inanem quandam
hominum fabulam, quam et ipsam litteratorum officio debent"[44]. Das
Wort 'fabula' zeugt nicht gerade von Hochachtung vor der Aufgabe
dieser Gelehrten[45]. Zum Schluß weist Kohls darauf hin, daß Erasmus
das Mönchsideal grundsätzlich uneingeschränkt akzeptiert, aber es
eng auf das allgemein christliche Lebensideal bezieht. Damit steht er
in der Tradition der Devotio moderna[46].

In Kohls' Behandlung der *Antibarbari* springen drei Elemente ins
Auge. An erster Stelle hebt Kohls zurecht hervor, daß Erasmus die
menschliche Verantwortung nachdrücklich betont. Damit stellt er sich
in die philosophische Tradition, wie wir sie u.a. in der Florentiner
Akademie finden[47]. Es gibt jedoch auch eine theologische Begründung: Der Gedanke der Verantwortung des Menschen basiert auf

---

[43] Ibid., 25–26.
[44] Ibid., 28–30. Der vollständige Passus lautet: "Quid de tanto rerum splendore
atque maiestate superest, praeter inanem quandam hominum fabulam? Quam et
ipsam litteratorum officio debent qui, nisi illorum vocabula suis scriptis posteritati
commendassent, tanta essent oblivione sepulti ut ne tenuis quidem ipsorum memoria
usquam resideret"; *De contemptu mundi*, ASD 5/1, 51, 319–52, 322. Kohls paraphrasiert
und übersetzt: "Was von deren einstigem Tatenruhm, von deren Pracht und Majestät überhaupt noch nachlebe, das verdankten diese Herrscher allein den Geschichts-
schreibern. Hätten sie nicht in ihren Schriften der Nachwelt davon berichtet, wären
diese antiken Herrscher 'von einem so großen Vergessen begraben worden, daß
nicht einmal die leiseste Erinnerung irgendwo an sie zurückgeblieben wäre'"; Ernst-
Wilhelm Kohls (1966), 1, 28; 2, 50, Anm. 102.
[45] S. dafür Peter G. Bietenholz (1966), 24, 26.
[46] Ernst-Wilhelm Kohls (1966), 1, 30–52; 2, 53–54, Anm. 121.
[47] Ibid., 1, 44.

einer Gnadenlehre, die die Souveränität des göttlichen Gnadenangebotes mit der Verantwortung des Menschen vereinen will. Darin greift Erasmus wohl auf Thomas zurück. Ich werde später noch darauf zurückkommen, aber ich kann jetzt bereits sagen, daß mir diese These nicht richtig vorkommt[48]. Im Anschluß daran beschreibt Kohls den Kerngedanken, das geschichtstheologische Konzept. Im göttlichen Heilsplan ist alles auf das Kommen Christi ausgerichtet. Kohls weist darauf hin, daß Erasmus diesen Gedanken u.a. so ausarbeitet, daß er die affirmative Theologie ablehnt. Damit richtet er sich nicht gegen die Hochscholastik, sondern gegen "Entartungserscheinungen der Spätscholastik"[49]. Zum Schluß bemerkt Kohls, daß auch in den *Antibarbari* die Notwendigkeit der Ausübung der litterae für die Überlieferung deutlich zum Ausdruck gebracht wird. Die Aufgabe der christlichen eruditio liegt in der Beherrschung der Sprachen, der Wiederherstellung der alten Texte als die eigentlichen Quellen und schließlich im inhaltlichen Studium dieser Quellen. "Das gesamte Programm der erasmischen biblischen Philologie ist also in den oben angeführten Sätzen implizit enthalten"[50].

Auch auf die Gefahr hin, mich zu wiederholen: Aber auch in diesen beiden Punkten wird man Kohls gegenüber kritisch sein müssen. Hat Erasmus die affirmative Theologie tatsächlich abgelehnt? In der von Kohls zitierten Passage wendet er sich gegen Theologen, die alles wissen, die sich mit ihrer Kenntnis der Heilsgeheimnisse brüsten. "Credas eos non docere, sed leges praescribere", sagt er. Er verweist auf das Vorbild von Hieronymus und Augustin, die immer bereit waren zu lernen[51]. Meiner Meinung nach zieht Kohls unberechtigte Schlußfolgerungen aus Erasmus' Worten. Das gleiche gilt auch für den Passus, in dem Kohls Erasmus' biblisch-philologisches Programm findet. Darin beschäftigt Erasmus sich mit der Frage, ob bäurische Rechtschaffenheit besser ist als Gelehrsamkeit. Er weist dieses Dilemma zurück und

---

[48] Ibid., 1, 45; 2, 63–64, Anm. 77. In der Übersetzung des Prometheus-Passus finden sich bedauerliche Fehler. So übersetzt Kohls ". . . nec meminimus Paulum ipsum . . . libros, qui in membranis essent, per literas petisse . . . (*Antibarb.*, ASD 1/1, 134, 14–15) wie folgt: "Haben wir ganz vergessen, daß Paulus selbst . . . einst alte Pergamentrollen mit Hilfe der Wissenschaft studiert . . . hat?". Erasmus will deutlich machen, daß die Gabe des Heiligen Geistes die menschliche Anstrengung nicht ausschließt, sondern fördert: "At ex asino theologum repente factum, quis unquam aut audivit aut legit?"; *Antibarb.*, ASD 1/1, 134, 19–20. 23–24.

[49] Ernst-Wilhelm Kohls (1966), 1, 54–60; das Zitat 59.

[50] Ibid., 1, 64–66; das Zitat 66.

[51] *Antibarb.*, ASD 1/1, 90, 16–21; 92, 13–20.

sagt, daß die richtige Fragestellung lauten muß, ob es etwas bedeutet, wenn zur Rechtschaffenheit noch die Gelehrsamkeit hinzukommt. In diesem Zusammenhang behauptet er, daß ein rechtschaffenes Leben an sich nur in einem kleinen Kreis Bedeutung hat, aber daß es eine viel breitere Wirkung hat, wenn es mit Wissen verbunden ist. Das Höchste ist jedoch, wenn jemand auch die Gabe hat, sich schriftlich auszudrücken. Dann erstreckt sich sein Einflußbereich bis zu allen Völkern, ja sogar bis zu fernen Generationen[52]. In dieser Passage wird offensichtlich, daß Erasmus eine sehr hohe Meinung vom Einfluß der Schriftsteller hat. Es erscheint mir wirklich falsch, hieraus die viel weitergehenden Schlußfolgerungen Kohls' abzuleiten[53].

Schottenloher hat in einer sehr ausführlichen Besprechung Kohls' Ansichten radikal zurückgewiesen[54]. Meiner Meinung nach ist seine Kritik zutreffend. Bei der Lektüre des Buches fragt man sich fortwährend, wie der Verfasser zu seinen Schlußfolgerungen gekommen ist. Die Antwort muß meines Erachtens lauten, daß er seine Quellen konsequent überfragt hat. Dadurch reißt er Erasmus' Äußerungen aus ihrem ursprünglichen Kontext und stellt sie in einen selbstkonstruierten Gedankengang. Trotz guter Passagen stellt diese Studie insgesamt keinen Fortschritt in der Forschung dar.

* * *

Nach diesem referierenden Teil will ich versuchen, die Frage zu beantworten, wie weit die Forschung gekommen ist, welche Resultate erreicht wurden und an welcher Stelle eine weitergehende Studie ansetzen muß.

Dabei ergibt sich zuerst das Problem der Beeinflußung des Erasmus durch die Devotio moderna. Alle genannten Forscher, mit Ausnahme Posts, gehen davon aus, daß diese Bewegung -in Anbetracht seiner Erziehung in diesem Kreis- Erasmus beeinflußt haben muß. Nun steht allerdings fest, daß Erasmus die Brüder später kaum erwähnt hat[55] und daß die in Steyn geschriebenen Briefe typische Humanistenbriefe sind. Das ist ein Hinweis darauf, daß die Beeinflußung in Erasmus' eigenem Bewußtsein nicht so wichtig gewesen sein kann. Nun ist

---

[52] Ibid., ASD 1/1, 103, 6–28.
[53] Der Autor hält diese These für so wichtig, daß er ihr einen gesonderten Exkurs widmet. Auch die dort erwähnten Äußerungen des Erasmus unterstützen seine Auffassung nicht.
[54] ARG 58, 1967, 250–257; vgl. meine Besprechung in Gereformeerd Theologisch Tijdschrift 67, 1967, 72–74.
[55] Regnerus R. Post (1968), 675–676.

Erasmus' Bild nicht notwendigerweise ganz richtig, aber man kann es dennoch nicht vernachlässigen. Am liebsten möchte ich es so ausdrücken, daß Erasmus nicht bewußt von der Devotio moderna geformt wurde. Dennoch wird es einen gewissen Einfluß gegeben haben. Auch nach Posts Untersuchungen steht weiterhin fest, daß Erasmus in Kreisen aufgewachsen ist, die Verbindungen mit der Devotio moderna hatten. Wir kommen zu der Schlußfolgerung, daß Erasmus der Frömmigkeit, die in den Niederlanden vorherrschte, und in der die Devotio moderna eine nicht unwichtige Rolle spielte, durch den Einfluß des Humanismus, in seiner Jugend entwachsen ist. Mir scheint, daß eine weiterführende Untersuchung an diesem Punkt, angesichts der fehlenden Informationen, nicht sinnvoll ist.

Dies gilt jedoch nicht für Erasmus' Verhältnis zum Humanismus. Wir haben erst aus Erasmus' Klosterzeit in Steyn richtiges Quellenmaterial. Sowohl aus den Briefen als auch aus den Gedichten und aus *De contemptu mundi* geht hervor, daß Erasmus zu der Zeit ganz und gar humanistisch orientiert war. Dann erheben sich jedoch sofort Fragen. Von welchen Kreisen wurde er genau beeinflußt? Auf diese Frage erhält man keine übereinstimmende Antwort. Erasmus selber erwähnt in seinen Briefen eine ganze Reihe von Italienern und als wichtigsten Valla. Die Passage aus *De contemptu mundi*, die den Begriff 'voluptas' auf das Mönchsleben überträgt, weist auch in diese Richtung. Kohls weist zwar zurecht darauf hin, daß Erasmus anders mit diesem Begriff umgeht als Valla, aber das spricht noch nicht gegen den Gedanken, daß Erasmus in diesem Punkt von Valla abhängig ist. Anders verhält es sich jedoch mit der Frage, ob Erasmus nicht auch von den florentinischen Platonikern beeinflußt wurde. Kohls behauptet, daß ihr Einfluß in den *Antibarbari* spürbar ist. Alle anderen besprochenen Autoren gehen davon aus, daß Erasmus erst durch Colets Vermittlung mit dieser Schule in Berührung kam[56]. Man wird meiner Meinung nach gründlich untersuchen müssen, ob die Gedankenwelt von Ficino und anderen nicht auch bereits in *De contemptu mundi* eine Rolle spielt. Eugenio Garin hat darauf hingewiesen, daß der Gedanke der Weltflucht, unter dem Einfluß der politischen Situation in Italien, in diesem Kreis sehr stark lebte und er zitiert eine Passage aus den *Quaestiones camaldulenses* von Cristoforo Landino, die eine deutliche Parallele in *De contemptu mundi* findet[57]. Man wird untersuchen müssen, ob dies Zufall oder ein Zeichen der Beeinflußung von dieser Seite

---

[56] Alfons Auer (1954), 40–45, verneint auch dies größtenteils.
[57] S. Eugenio Garin (1947), 92–136; das Zitat 101.

ist. Eine folgende Frage auf diesem Gebiet betrifft die Tendenz von
De contemptu mundi. Ich benutze hier absichtlich das Wort 'Tendenz'.
Man kann natürlich allerlei Gedanken von Erasmus zu den verschiedensten Themen aus dieser Schrift destillieren, und sie in einen
Zusammenhang einbauen, der dieser Schrift fehlt. Diese Methode
führt jedoch nur zu Verwirrung[58]. Die richtige Fragestellung ist meines
Erachtens: Was will Erasmus in und mit dieser Schrift? So formuliert Schottenloher, der jedoch eine Antwort gibt, die nach meinem
Geschmack zu sehr einen 'Begleitumstand', Erasmus' Todesangst,
betont. Ich möchte selber von dem Gedanken ausgehen, daß Erasmus in dieser Zeit versucht, dem Mönchsleben, das er führt, und das
er eigentlich bereits als sinnlos empfindet, einen Sinn zu geben. Er
tut dies mit Hilfe des von der Antike entlehnten Gedankens der
Vorzüglichkeit des solitären Lebens. Die Folge ist, daß das mönchische Leben nicht -wie Kohls behauptet- mit allgemein-christlichen
Idealen in Zusammenhang gebracht wird, sondern vielmehr mit dem
allgemein-menschlichen Ideal, wie es durch die Aristokraten des Geistes verwirklicht wird. Man wird dann die Schlußfolgerung ziehen
müssen, daß Erasmus sich in dieser Zeit in einem Loslösungsprozeß
von der Frömmigkeit, wie sie in den Niederlanden vorkam und in
der Devotio moderna verkörpert wurde, befand. Man könnte dies
mit Reedijks Feststellung, daß Erasmus sich in seinen Gedichten dieser Jahre religiösen Motiven zuwendet, in Zusammenhang bringen.
Zuvor standen humanistisches Interesse und Klosterleben nebeneinander, nun versucht Erasmus, beide miteinander zu verschmelzen.
Wenn dies zutrifft, ist Humanismus für Erasmus nicht nur eine Form-
sache, ein "Kampf für die Schulen", wie Post behauptet hat[59]. Seine
eigene Analyse von *De contemptu mundi* steht meines Erachtens auch
im Widerspruch zu dieser These.

Die gleiche Fragestellung muß man auch beim Studium der *Antibarbari* anwenden. Die Schrift behandelt eine für Erasmus neue Problematik. Ich teile nicht Mestwerdts Behauptung, daß Erasmus in

---

[58] Regnerus R. Post hat in einem sehr lesenswerten Artikel die von Kohls angewandte Methode mit einer gewissen Reserve akzeptiert; s. Regnerus R. Post (1968a).
Im allgemeinen pflichte ich ihm darin bei. Alles hängt dann aber davon ab, ob das
angewandte Schema zum Objekt paßt. An diesem Punkt ergibt sich aber der Unterschied zwischen z.B. dem von Post in diesem Zusammenhang auch genannten
Heiko A. Oberman und Kohls. Ersterer wendet ein Schema an, das zum von ihm
studierten Theologen paßt, letzterer will ein theologisches Schema beim Untersuchen eines nicht-theologischen Werkes anwenden.

[59] Regnerus R. Post (1968), 672.

dieser Schrift nur noch Humanist und kein Mönch mehr ist. Es stimmt
allerdings, daß das mönchische Leben in dieser Schrift keine Rolle
spielt. Dies wird sehr verständlich, wenn wir davon ausgehen, daß
die erste bekannte Version der *Antibarbari* auf die Zeit, als Erasmus
dem Kloster entkommen war, zurückgeht. Aber was ist dann die
Tendenz dieser Schrift? Wir können davon ausgehen, daß Erasmus
nunmehr nach einer weitergehenden Synthese sucht, als das in *De
contemptu mundi* der Fall war. Sein Problem ist jetzt nicht mehr, wie
humanistisches Interesse und Klosterleben miteinander verbunden
werden können, sondern wie antike Kultur und Wissenschaft mit
dem christlichen Glauben verbunden werden können. In diesem Zusammenhang erscheint mir insbesondere Schottenlohers Studie sehr
wichtig, aber auch Pfeiffer gibt gute Hinweise. Mestwerdts Charakterisierung von Erasmus' Position als evolutionistischer Rationalismus
erscheint mir falsch. Erasmus sieht einen Fortschritt, eine Entwicklung
in der Geschichte, aber das ist etwas anderes als Mestwerdts Bewer-
tung. Ich möchte allerdings betonen, daß Erasmus nicht zu einer
wirklichen Synthese kommt. Er verweist auf einige Beispiele, insbesondere auf die Haltung von Hieronymus und Augustin, aber er vermag
nicht aufzuzeigen, wie eine Synthese in seiner eigenen Zeit zustande
kommen müßte. Es bleibt dabei, daß er das gute Recht auf das
Studium der litterae gegenüber den scholastischen Theologen, die
dieses als nutzlos und gefährlich betrachten, verteidigt. Die polemische Tendenz überwiegt, es gelingt Erasmus nicht, eine positive Lösung
zu finden.

Dies bringt uns zu Erasmus' Einstellung zur Scholastik. Kohls verweist häufig auf die Vorliebe, die Erasmus für Thomas zeigte, und
er geht davon aus, daß dieser einen großen Einfluß auf Erasmus
ausübte[60]. Es gibt tatsächlich eine Passage in den *Antibarbari*, in der
Thomas erwähnt wird. Erasmus verweist darin auf das Vorbild einer
ganzen Reihe christlicher Schriftsteller des Altertums, die in der antiken Kultur bewandert waren, und er erwähnt daraufhin Beda Vene-
rabilis und sagt, daß es danach mit den Theologen in dieser Hinsicht bergab gegangen sei. Es gab zwar noch gelehrte Theologen,
aber sie waren selten und erreichten nicht das Niveau ihrer Vorgänger. Er erwähnt Thomas lobend, weil dieser Aristoteles-Kommentare
geschrieben hat und sogar in seinen theologischen Schriften die Zeugnisse von Cicero und von Dichtern nennt. Duns Scotus ist ebenfalls

---

[60] Vgl. z.B. Ernst-Wilhelm Kohls (1966), 1, 67.

ein wahrer Gelehrter, und auch später kann man wohl noch Menschen finden, die in die weltlichen Wissenschaften eingeweiht sind[61].
Es ist tatsächlich ein lobendes Zeugnis, aber sagt recht wenig über
die von Kohls genannten Dinge. Erasmus spricht hier typisch als Humanist. Man wird weiter gehen müssen. Selbst wenn man bei Erasmus
bestimmte Stücke finden kann, die sich auf Thomas zurückführen
lassen, so ist das nicht sehr interessant. Erasmus ist gerade da wichtig,
wo er eine Denkrichtung vertritt, die völlig außerhalb der scholastischen Fragestellung liegt oder auf die dort hervorgerufenen Probleme eine andere Antwort gibt. Er steht im Reaktionsfeld und wird
dadurch geformt. Diesem Umstand verdankt er auch seinen Einfluß
in späteren Jahren.

Zum Schluß müssen wir hier die Frage erwähnen, ob der Umgang
mit Colet ein Wendepunkt in Erasmus' Leben war. Kohls verneint
dies und weist darauf hin, daß man die wichtigsten konstitutiven Elemente aus dem *Enchiridion*, wie zum Beispiel der Primat des biblischen
Denkens, eine biblische Theologie und die besondere Wertschätzung
der schriftlichen Überlieferung, bereits in den Schriften aus den Jahren vor 1499 finden kann. Mir scheint, daß wir gut daran tun, die
anderslautende Schlußfolgerung früherer Forscher nicht abzuweisen.
Ich habe bereits darauf hingewiesen, daß Kohls' Argumente meiner
Meinung nach nicht kritikfest sind. Colets Einfluß scheint mir darin
zu liegen, daß er Erasmus das Bewußtsein vermittelte, daß und wie
das Studium der Antike die Theologie auf positive Art und Weise
befruchten kann. Die Erkenntnis, die später Erasmus' Lebenswerk größtenteils geprägt hat, daß man die Bibel in erster Linie als ein Stück
Literatur betrachten und behandeln muß, das man mit derselben
Methode wie jede andere Schrift erforschen und auslegen muß, finde
ich vor 1499 nicht bei ihm.

In diesem letzten Teil habe ich mich, um es mit Erasmus' Worten
zu sagen, zu sehr als MAGISTER NOSTER geäußert. Meine Absicht ist lediglich, die Richtung für die weiterführende Forschung,
wenn sie fruchtbar sein will, aufzuzeigen. Darum ist dieser Artikel
auch nur eine Einleitung in die Problematik.

* * *

[61] *Antibarb.*, ASD 1/1, 129, 5–18.

Nachschrift

Das Vorangehende wurde vor circa 25 Jahren veröffentlicht. Die Frage drängt sich auf: Inwieweit hat sich die Forschung in diesem Vierteljahrhundert weiterentwickelt? Sind bestimmte Aspekte von Erasmus' 'geistiger Herkunft' heutzutage besser erforscht als das damals der Fall war?

Die Anzahl von Erasmus gewidmeten Veröffentlichungen hat in diesen Jahren stark zugenommen. Das bedeutet jedoch noch nicht, daß die Anzahl von Fachstudien über seine Entwicklung groß gewesen ist. Bevor ich diese bespreche, möchte ich erst einige Bemerkungen zur der Behandlung von Erasmus' Entwicklungsgang in einigen Biographien, die in diesen Jahren erschienen sind, machen.

Natürlich muß ich aus diesen Biographien eine Auswahl treffen. Die charmante Biographie von Roland H. Bainton[62] enthält wenig zu diesem Thema. Der Autor geht davon aus, daß Erasmus ganz aus der Devotio moderna stammt. Diese Bewegung hat seiner Auffassung nach zwei Flügel: einen, der die Gelehrsamkeit ablehnte, und einen, der das Erbe des klassischen Altertums in sich aufnahm. Erasmus gehört dann zu diesem "liberal wing"[63]. Mit dieser Auffassung steht Bainton unter den Biographen dieser Jahre allein.

Die Lebensbeschreibungen von James D. Tracy, Robert Stupperich, Léon-E. Halkin und von mir selbst[64] haben deutlich mehr von der rezenten Literatur profitiert. Bei der Lektüre zeigt sich: daß all diese Autoren Erasmus primär als einen Humanisten sehen; daß Kohls' Behauptung eines ziemlich großen Einflusses der Scholastiker, insbesondere von Thomas, keinen Anhang findet; und daß über eine eventuelle Beeinflußung von Seiten der Devotio moderna sehr unterschiedlich gedacht wird. Ich beginne mit dem letzten Aspekt. Es ist deutlich, daß Posts Einfluß groß ist. Halkin und Stupperich räumen zwar beide der Devotio moderna einen großen Platz in Erasmus' Entwicklung ein; treffend ist Halkins Ausdruck, daß Erasmus "der berühmteste und zugleich der undankbarste Schüler der Brüder vom Gemeinsamen Leben" war[65]. Doch gehen beide behutsam vor. Stupperich

---

[62] Roland H. Bainton (1969).

[63] Ibid., 11, 19–20.

[64] S. James D. Tracy (1972); Robert Stupperich (1977); Cornelis Augustijn (1986); Léon-E. Halkin (1987).

[65] Léon-E. Halkin (1987), 17: "... le plus illustre et le plus ingrat des élèves des Frères de la Vie Commune ...".

verweist vor allem auf das *Enchiridion*, das in Terminologie und manchen Aspekten der propagierten Frömmigkeit Ähnlichkeit mit Form und Inhalt der Schriften der Devoten zeige[66]. Halkin sieht keinerlei Verwandtschaft zwischen dem *Enchiridion* und der Devotio moderna. Er erkennt, daß Erasmus niemals Thomas a Kempis zitiert, schließt sich dem Urteil an, daß er diese Schrift dennoch gekannt haben muß und behauptet, daß Erasmus' christlicher Humanismus ohne den Einfluß der *Imitatio* eine andere Färbung bekommen hätte[67]. Tracy verspürt andererseits nicht so sehr eine isolierte Beeinflussung durch die Devoten; er denkt eher an "den breiten Strom niederländischer Frömmigkeit, von der die Brüder lediglich eine Ausdrucksform darstellen"[68]. Dem kann ich zustimmen, und andererseits sehe ich das *Enchiridion* eher als eine Abrechnung mit der Devotio moderna, nicht als eine Schrift, die sich dieser anschließt[69].

In den vier letztgenannten Biographien wird Erasmus zuerst als Humanist gesehen. Hierin liegt, verglichen mit früheren Biographen, ein Gewinn, der zum Teil durch unsere stark zugenommene Kenntnis des Humanismus verursacht wird. Vor allem die Betonung in den letzten Jahrzehnten, der Humanismus sei eine primär philologische Angelegenheit, hat dazu beigetragen. Es erstaunt dann auch nicht, daß Erasmus zuerst als Literator und Philologe gekennzeichnet wird.

Die Frage, ob es in Erasmus' Leben einen entscheidenden Einschnitt gegeben habe, und wenn ja, ob dieser während des ersten Englandaufenthalts von Erasmus und zwar insbesondere unter John Colets Einfluß stattgefunden habe, weckt weniger Interesse als das zuvor der Fall war. Stupperich und ich selbst, die beide von einem bedeutsamen Einschnitt sprechen, beurteilen ihn sehr unterschiedlich: Gemäß Stupperich geht es um "eine schlichte, sachliche Interpretation" der Bibel, die Erasmus bei Colet lernte; ich denke an die Person, an den Menschen Colet, der ihn anzog[70].

Die bekanntesten rezenten Fachstudien über Erasmus' Entwicklung und über die Einflüsse, denen er in seiner Jugend ausgesetzt war, sind beide von amerikanischen Forschern und wurden beinahe gleichzeitig

---

[66] Robert Stupperich (1977), 60–61.
[67] Léon-E. Halkin (1987), 17–18, 91.
[68] James D. Tracy (1972), 20: "But there is still a question as to his indebtedness to the broad stream of Netherlandish piety of which the Brethren are but one expression".
[69] Cornelis Augustijn (1986), 51–53.
[70] Robert Stupperich (1977), 51–53; Cornelis Augustijn (1986), 32–33.

veröffentlicht. Die erste, von Richard L. DeMolen, trägt den Titel *The Spirituality of Erasmus of Rotterdam*. Die zweite heißt *Erasmus grandescens. The Growth of a Humanist's Mind and Spirituality* von R.J. Schoeck[71]. Beide Autoren haben viel geschrieben, und diese beiden Werke bilden größtenteils eine Sammlung ihrer bereits erschienenen Studien. Beide zeigen jedoch einen internen Zusammenhang.

DeMolens Stellungnahme ist sehr deutlich und läßt sich in wenigen Sätzen zusammenfassen[72]. Bis zum heutigen Tag wurde Erasmus als klassischer Philologe, Humanist, Theologe und Reformer gesehen. Es fehlt die Erkenntnis, daß er als orthodox katholischer Christ ein zutiefst geistiges Leben besaß. Dieses geistige Leben fand seinen Ursprung in Kontakten mit der Devotio moderna und wurde ca. 1489 in Steyn aktiviert. Damals erlebte Erasmus "a spiritual awakening" mit enormen Konsequenzen. Seitdem sei sein Lebensziel, fortan nur über heilige Männer und über Heiligkeit zu schreiben. Erasmus' 'philosophia Christi' sei dann auch identisch mit der undogmatischen Spiritualität der Devotio moderna. Wenn DeMolen die bekannten Erasmusbriefe aus Steyn diskutiert, sieht er diese als Äußerungen rein platonischer Liebesbande und als einen Versuch, eine neue Reformgruppe zu bilden, zur Realisierung der Ideale Augustins, im Sinne von dessen Regeln. Alles andere in der Lebensarbeit des Erasmus ist nach DeMolen eine Ausarbeitung dieser grundlegenden Zielsetzung. Genau an diesem Punkt setzt dann auch meine Kritik an. Die ganze These, Erasmus habe schon 1489 sein Lebensziel gefunden und seine Entwicklung zeige seitdem nur eine Vertiefung auf, jedoch keinen Bruch, wird m.E. trotz aller Zitate nicht bewiesen und ist unbeweisbar, da sie der Realität widerspricht. Hinzu kommt noch, daß der Erasmus, der hier gezeichnet wird, ein braver Durchschnittsordensmann und -theologe wird. Er kann kaum Widerspruch hervorrufen und ist uninteressant, alles Zweideutige ist aufgehoben, kurz: Erasmus ist verschwunden.

Es ist viel schwieriger, das Bild, das Schoeck uns von Erasmus zeigt, zu skizzieren. Ich formuliere absichtlich auf diese Art und Weise. Im Gegensatz zum eindimensionalen Erasmus von DeMolen begegnet der Leser hier einem Erasmus, der ebenso überschwenglich und vielfarbig ist wie sein Schöpfer. Das liegt einerseits am Autor und an der

---

[71] Richard L. DeMolen (1987); R.J. Schoeck (1988).
[72] S. für das folgende meine Besprechung, in: ThLZ 114, 1989, 127–128.

Art seines Buches: eigentlich kein Buch, sondern eine Sammlung von
Vorlesungen, gehalten von einem Gelehrten, der es liebt, im positiven Sinn des Wortes mit seiner Zuhörerschaft zu spielen. Es liegt
auch an Erasmus selbst: Schoeck begreift, daß Erasmus uns entgleitet,
sowie wir versuchen, ihn in einen feststehenden Rahmen zu pressen.
Trotzdem wünschte ich mir bei der Lektüre häufig, daß der Autor
etwas konkreter gewesen wäre. Gewiß, einige Dinge stehen fest.
Schoeck sieht Erasmus primär als Humanist, als Mann der klassischen
Sprachen und der klassischen Kultur. Er geht davon aus, daß Erasmus sehr von der Devotio moderna beeinflußt wurde, und seine
diesbezügliche Argumentation ist teilweise originell. Schoeck verweist
nicht nur auf die Übereinstimmungen zwischen der Devotio moderna
und der 'philosophia Christi', die sich vor allem im *Enchiridion* zeigen, sondern auch auf die Tatsache, daß viele von Erasmus' Freunden
und Kollegen ihre Ausbildung bei den Brüdern vom Gemeinsamen
Leben genossen hatten. Schoeck verweist auch auf Agricola, dem er
einen großen Einfluß auf Erasmus zuspricht, und der die Devotio
moderna und verschiedene italienische Humanisten in sich vereint.
Zum Schluß sei noch erwähnt, daß Schoeck zwischen 1488 und 1495
eine ausgesprochene Vertiefung von Erasmus' Gedanken vorfindet.
Dies alles ist jedoch defektiv, in dem Sinne, daß es noch kein deutliches Bild von Erasmus' Entwicklung verschafft. Viele Abschweifungen und viele Ausrufe sind charakteristisch für Schoecks Stil.

* * *

Wurden in den letzten zwanzig oder dreißig Jahren Fortschritte gemacht? Wenn man die Frage im allgemeinen stellt, wäre meine
Antwort ohne weiteres bejahend. Wir kennen Erasmus in vielerlei
Hinsicht viel besser als frühere Generationen. Wenn man die Frage
nun auf die initia Erasmi zuspitzt, bin ich skeptisch. Ich nenne eini-
ge Gründe. Man hat keinen deutlichen Maßstab gefunden, um den
Einfluß, den die Devotio moderna auf Erasmus hatte, zu ermessen.
Wir haben keinerlei Einsicht in das theologische Gepäck, das Erasmus
von Paris und anderswo mitgebracht hat. Als drittes und wichtigstes
Defizit nenne ich das Fehlen von nüchternen, sachlichen Angaben
hinsichtlich des Einflusses von Humanisten des 15. Jahrhunderts auf
Erasmus. Sicherlich, vor ungefähr 25 Jahren erschienen zwei wichtige
Artikel, in denen diese letzte Frage konkret zur Sprache gebracht
wurde. 1970 veröffentlichte Paul Oskar Kristeller den Aufsatz *Erasmus*

from an Italian Perspective[73]. Er verwies insbesondere auf den Florentinischen Platonismus, der offensichtlich das *Enchiridion* und das *Lob der
Torheit* beeinflußt habe. Ein Jahr später folgte *Erasmo e l'umanesimo
italiano* von Eugenio Garin[74]. Der Autor wies auf Figuren wie Leon
Battista Alberti und insbesondere auf Pico della Mirandola. Diese
Untersuchungen sind wertvoll. Kristellers Artikel ist jedoch von recht
allgemeinem Charakter und der Artikel von Garin verweist zwar auf
konkrete Parallelen, aber diese sind nicht sehr überzeugend, da sie
beinahe zufällig erscheinen. Künftige Untersuchungen könnten in
dieser Richtung weitergehen, und müßten sowohl Erweiterung als
auch Verfeinerung bieten. Kurzum, in der Frage der Entwicklung
des Erasmus gibt es noch viel zu tun.

---

[73] Paul Oskar Kristeller (1970).
[74] Eugenio Garin (1971).

2. KAPITEL

ERASMUS UND DIE DEVOTIO MODERNA

Erasmus und die Devotio moderna – ein Thema, das lange Zeit zu den zentralen Fragen gehörte, wenn es um die Herkunft und Entwicklung des jungen Erasmus ging[1]. Paul Mestwerdt war der erste, der in seiner 1917 erschienenen Arbeit über *Die Anfänge des Erasmus*, die Bedeutung der Devotio moderna für die Biographie des Erasmus in den Mittelpunkt rückte[2]. Mestwerdt stellt die geistige Entwicklung des Erasmus als einen allmählichen Übergang dar: Zunächst sei er sowohl in der Schule als auch im Kloster ganz in der Sphäre der Devotio Moderna erzogen worden. Dann sei er mehr und mehr in den Bann des Humanismus geraten, was ihn schließlich dazu geführt hätte, die Devotio moderna, in der Form, wie er sie kannte, zurückzuweisen; dennoch habe er einen beträchtlichen Anteil davon beibehalten. Das war um so besser möglich, da der Humanismus und die Devotio moderna einige gemeinsame Aspekte haben. Beide Strömungen richten sich gegen eine Erstarrung des Christentums und betonen die geistige, persönliche Religösität, wodurch beiden gemeinsam ist, daß sie zum Individualismus tendieren und den moralischen Charakter der Religion in den Vordergrund stellen.

Mestwerdts Betrachtungen haben großen Einfluß ausgeübt, einen Einfluß, der durch die Studie von Regnerus R. Post[3] zu einem abrupten Ende kam. Post stellte nämlich in aller Nüchternheit fest, daß von einem Kontakt des jungen Erasmus mit der Devotio moderna bis zu seinem Eintritt ins Kloster als Zwanzigjähriger kaum die Rede sein könne. Mit dem Eintritt ins Kloster hätte sich dieses zwar geändert, doch könne aus Erasmus' einzigem Werk, das uns aus dieser Zeit überliefert ist, geschlossen werden, daß er keinesfalls durch die Devotio moderna beeinflußt worden wäre.

Heiko A. Oberman hat sich bemüht, ein neues Bild zu entwerfen[4]. Er weist darauf hin, daß sich die Devotio moderna in zunehmenden

---

[1] S. supra, 3–25.
[2] Paul Mestwerdt (1917).
[3] Regnerus R. Post (1968), 658–676.
[4] Heiko A. Oberman (1979), 60–62, Anm. 16,17.

Maße auch an den Lateinschulen bemerkbar gemacht habe, und zwar durch die Vermittlung der in diesen Schulen tätigen Rektoren und Lehrer, die unter dem Einfluß der Devotio moderna standen. Auf diesem Wege seien der Klosterhumanismus und die Devotio moderna so nahe zueinander geführt worden, daß sie miteinander verschmilzen. Obermans Ansicht wurde von Reinhold Mokrosch übernommen und radikalisiert[5]. Auf diese Weise entstand eine völlig andere Akzentuierung der Fragestellung. Hierauf werde ich später noch zurückkommen. Unter Benutzung der Arbeiten meiner Vorgänger möchte ich im folgenden eine eigenständige Untersuchung nach dem Verhältnis zwischen Erasmus und der Devotio moderna darlegen. Um einen guten Einblick in die Fragestellung zu ermöglichen, sollen sowohl die faktischen Aspekte als auch die dahinterstehenden Fragen nach einer möglichen geistigen Beeinflussung zur Sprache gebracht werden. Aus Gründen der Übersicht scheint mir eine dreiteilige Gliederung zweckmäßig: Zunächst soll die Frage erörtert werden, wann und auf welche Weise Erasmus mit der Devotio moderna in Kontakt gekommen ist. Danach soll sich das Interesse auf Erasmus' Ideal von einem wahrhaft christlichen Leben richten: weist dieses Ideal möglicherweise Anknüpfungspunkte an die Devotio moderna auf? Schließlich werde ich Erasmus' Lebensziel und den dahinführenden Weg darstellen und diesen mit dem Lebensweg und Lebensziel eines Devoten vergleichen.

1. *Faktische Angaben über Erasmus und die Devotia moderna*

Über die Jugendjahre des Erasmus wissen wir nur wenig. Zunächst ging er in Gouda zur Schule und danach einige Jahre in die Kapitelschule St. Lebuinus in Deventer, wo die Devotio moderna sicherlich nicht mehr als einen geringen Einfluß hatte. In Deventer war der bekannte Humanist Alexander Hegius für kurze Zeit sein Lehrer, auch lernte er hier den berühmten Rudolf Agricola kennen. Er wurde dort in den für die damaligen Lateinschulen üblichen Fächern unterrichtet. Latein und Rhetorik standen ganz oben auf dem Lehrplan. Von seinem Leben während dieser Zeit wissen wir weiter nichts. Wahrscheinlich haben seine Vormunde ihn und den Bruder nach dem Tod des Vaters auf die Schule in 's-Hertogenbosch geschickt, und 1487, als Erasmus zwischen 18 und 20 Jahren alt war, wurde er im

---

[5] TRE 8, 612, Artikel von Reinhold Mokrosch.

Kloster Steyn bei Gouda untergebracht. In 's-Hertogenbosch muß
die Devotio moderna mehr Einfluß ausgeübt haben. Erasmus' Berichte
über seine dortige Zeit fallen durchweg sehr negativ aus. Ganz allgemein beklagte er den schlechten Unterricht in 's-Hertogenbosch. Solch
eine Klage sollte jedoch nicht zu schwer gewichtet werden, sie entspricht einem bekannten humanistischen Topos: in den Augen der
Humanisten war der Unterricht immer unter dem gewünschten Niveau. Post hat überzeugend gezeigt, daß von einer direkten Beeinflussung des Erasmus in seinen Jugendjahren durch die Devotio
moderna keine Rede sein kann[6].

In 's-Hertogenbosch sah dies zwar etwas anders aus, doch durch
die geistige Superiorität des Erasmus kann eine Beeinflussung weitgehend ausgeschlossen werden. Mit der Klosterzeit veränderte sich
die Situation, denn das Kloster gehörte zum Orden der Augustiner-
Chorherren und hatte die Windesheimer Statuten angenommen. Hier
lernte Erasmus sehr deutlich die Nachblüte der Devotio moderna
kennen. Aber übte sie auch Einfluß auf ihn aus? Mokrosch behauptet,
Erasmus' erste Werke spiegeln die Auffassung der Devoten über die
Nachfolge Christi, Frömmigkeit und Weltverachtung wieder. Er schließt
sogar hieraus, daß Erasmus möglicherweise in dieser Zeit Werke von
Geert Grote, Gerard Zerbolt und Thomas von Kempen gelesen hat[7].
Letzteres kann als pure Phantasie abgetan werden. Im Oeuvre des
Erasmus werden sie nicht erwähnt. Ebensowenig sind mir Reminis-
zenzen an ihre Schriften bei Erasmus bekannt. Es ist meines Erachtens kaum möglich, die erstgenannte Behauptung aufrechtzuerhalten.
Mit Sicherheit kann festgestellt werden, daß die wenigen Briefe, die
uns aus diesen Jahren erhalten sind, keine Spur von religiösem Interesse zeigen; sie bezeugen jedoch eine umfangreiche Belesenheit in
den lateinischen Klassikern, ein gewisse Kenntnis der italienischen
Humanisten und ein brennendes Interesse für das Betreiben der bonae
litterae. In *De contemptu mundi*, dem einzigen Werk, das in erster Fassung aus der Klosterzeit stammt, rühren die entscheidenden Motive
aus dem klassischen Altertum und nicht aus den christlichen Werken
des Mittelalters über die Weltverachtung[8]. In den Gedichten tritt ab
1489 eine Veränderung auf, Erasmus wählt jetzt christliche Themen[9].

---

[6] Regnerus R. Post (1968), 658–670.
[7] TRE 8, 612.
[8] Supra, 9–10.
[9] Cornelis Reedijk (1956), 58–59, 88; Regnerus R. Post (1968), 671.

Auch in der Hinsicht denkt Post nicht an eine ausschließliche Beeinflussung duch die Devotio moderna, sondern sieht sie eher als Ausdruck einer allgemeinen spätmittelalterlichen geistigen Einstellung. Diesbezüglich kann ich ihm zustimmen.

1493 verließ Erasmus das Kloster endgültig. Nachdem er zwei Jahre in Dienst bei dem Bischof von Cambrai gewesen war, ging er nach Paris. Hier traf er wiederum auf die Devoten. Zuerst im Collège Montaigu, in dem Jan Standonck aus Mechelen das Zepter führte und zwar mit sehr strenger Hand: schlechtes Essen, schlechte Unterkunft, Schläge und Demütigung jener Schüler, die im Hospitium für arme Studenten lebten. Erasmus hat dies mit eigenen Augen gesehen und litt selber unter der schlechten Versorgung. Noch dreißig Jahre später erinnerte er sich mit Abscheu daran. Er war nicht besonders stark, einem harten Regime nicht gewachsen und zudem hatte er ein modern anmutendes Gefühl für Hygiene. Innerhalb eines Jahres hatte er diese Einrichtung verlassen, von der er sagt, daß "selbst die Wände einen Theologengeist besitzen"[10]. Dieser Äußerung kann entnommen werden, daß er die Erziehungsmethoden des verhaßten Collège und die Theologie, in der er unterrichtet wurde, nicht auseinanderhielt. In Paris lernte er auch den Devoten Jan Mombaer kennen, der nach Paris gekommen war, um in einigen Klöstern der Umgebung Reformen durchzuführen. Durch ihn lernte Erasmus das *Rosetum* kennen[11]. Erasmus fand den Titel 'Rosengarten' anmaßend: "Im Inneren findest du nichts anderes als Disteln und Wachtelweizen"[12]. Kein Wunder, denn das bekannteste Kapitel des *Rosetums*, das *Chiropsalterium*, lehrt die Methode, wie man mit Hilfe des Daumens, der die Innenseite der anderen Finger abtastet, fromme Gedanken wecken kann: Jeder Abschnitt eines jeden Fingers steht für eine eigene Kontemplation. Etwas derartiges stimmte nicht gerade mit Erasmus' Idealen überein. Dieses war das letzte Mal, daß er in Kontakt mit der Devotio moderna kam. Es ist nicht schwer eine Schlußfolgerung zu ziehen: Erasmus ist für relativ kurze Zeit und dann auch nur oberflächlich mit der Devotio moderna in Berührung gekommen. Er spricht später nur in Ausnahmefällen und dann in sehr negativem Sinne über diese Begegnungen. Die strenge und gesetzliche Form der Devotio moderna, typisch für ihre Spätphase, übte keine Anziehungskraft auf ihn aus. Es ist

---

[10] *Coll.*, ASD 1/3, 531,1322.
[11] Vgl. für ihn und für diese Schrift Pierre Debongnie (1927).
[12] *Antibarb.*, ASD 1/1, 89,20–21.

nichts darüber bekannt, ob er eventuell einige Schriften der bekanntesten Vertreter der Devotio moderna aus einer früheren Phase gelesen hat.

2. *Erasmus' Ideal von einem wahren Christen*

Die jetzt zu stellende Frage kann folgendermaßen formuliert werden:
Gibt es Übereinkünfte zwischen der Idealvorstellung des Erasmus von
einem wahren Christen einerseits und dem Bild, das er von der Devotio moderna gewonnen hat, andererseits? Sollte dies der Fall sein,
dann kann mit gutem Grund behauptet werden, daß sich die Ideen
und Ideale aus seiner Klosterzeit geltend machen, ungeachtet der
Tatsache, daß Erasmus mit dem Verlassen des Klosters diese Lebensweise für sich selber aufgegeben hat. Wo aber kann man Erasmus'
Bild von einem wahren Christen finden? Man kann es dem *Enchiridion*
entnehmen. Mit diesem Werk will Erasmus, so wie er selber sagt "in
kurzer Form einen Lebensplan festlegen, um mit dieser Ausrüstung
zu einer Gesinnung zu gelangen, wie sie Christi würdig ist"[13]. Ich
habe einen anderen Weg gewählt. In zwei Veröffentlichungen hat
Erasmus seine Idealvorstellung von einem wahren Christen, jeweils
in Form einer Biographie, dargestellt. Im Jahre 1521 schrieb er über
das Leben des Franziskanerguardians Jean Vitrier[14] und 1519 über
das Leben des Laien Thomas More[15]. Anhand dieser zwei Arbeiten
muß es möglich sein aufzuzeigen, welche Charakteristika nach Erasmus' Meinung kennzeichnend für einen Christen sind.

Vitrier, so beginnt Erasmus seine Skizze, war in seiner Jugend aus
Unwissenheit zu den Franziskanern gekommen. Diese Sklaverei bedau-
erte er stets. Hatte er nicht oft zu Erasmus gesagt, daß ein Leben, das
jede Minute durch Klosterglocke und Regel regiert wird, durch menschliche Vorschriften also, mehr zu einem törichten als zu einem religiösen Menschen passe? In dieser Zeit wurde er auch in die skotistische
Scholastik eingeführt, nun wußte er jedoch, daß die Kirchenväter
-insbesondere Origenes- viel mehr zu bieten hatten. Die Bibel, besonders die Paulusbriefe, kannte er auswendig und ebenso war er mit
vielen der Kirchenväter vertraut. Seine Stärke lag in dem Predigen,

---

[13] A 1, 164,2–3.
[14] A 4, 1211,13–243.
[15] A 4, 999,1–276.

manchmal predigte er an einem Tag siebenmal. Um sich hierauf vorzubereiten, las er Paulus. Er predigte ohne Aufwand, weder schrie noch gestikulierte er, doch bemerkte jeder, daß die Worte aus seinem Herzen kamen. Hierdurch gelang es ihm, sowohl die Köpfe als auch die Herzen seiner Hörer zu erreichen. Auf diese Weise gewann er viele Menschen für die "evangelische Frömmigkeit", ja für Christus selber. In seinem Orden hatte er nur wenige Anhänger. Kein Wunder, auch Jesus konnte in seiner Vaterstadt nicht viele Zeichen tun. Er selber führte ein einfaches, reines Leben und die Sünden anderer bestritt er nicht, indem er dagegen wetterte, sondern vielmehr dadurch, daß er selber ein vorbildlich rechtschaffenes Leben führte. Zeremonien bedeuteten ihm wenig. Er lebte enthaltsam, doch hielt er sich nicht peinlich genau an die Fastengebote. Als er sich weigerte mit den Ablaßkrämern zusammenzuarbeiten, geriet er mit dem Bischof in Konflikt. Es war ihm ein Dorn im Auge, daß man Menschen weismachte, sie wären frei von Sünden, wenn sie nur Geld in die Ablaßkiste geworfen hatten. Zweimal mußte er sich vor dem Bischof verantworten. Das tat er mit aller Seelenruhe und Offenheit, doch beklagte er sich beim zweiten Mal darüber, daß seine Ankläger nicht selber anwesend waren. Ein drittes Mal, so erklärte er, würde er nicht erscheinen: Zuhause warte wichtigere Arbeit auf ihn. Schließlich wurde er von seiner Aufgabe entbunden und zum Beichtvater in einem Nonnenkloster ernannt. Noch immer, so schließt Erasmus, glüht ein Funken seiner Lehre in den Herzen vieler Menschen. Wäre Paulus ihm jemals begegnet, so hätte er ihn sicherlich noch höher eingestuft als Barnabas oder Timotheus.

Dieses schriftliche Porträt wurde 1521 veröffentlicht in einem Brief an Justus Jonas, einen großen Bewunderer des Erasmus, der jedoch seit einiger Zeit unter den Einfluß Luthers geraten war. Man gewinnt den Eindruck, daß Vitrier, so wie Erasmus ihn darstellt, Züge seines Biographen trägt, gleichzeitig aber auch konzipiert wurde wie ein Luther, wie dieser sich, wäre er ein Christ nach Erasmus' Herzen gewesen, im Ablaßstreit hätte benehmen sollen. Das bedeutet nicht, daß das Porträt aller Wirklichkeit entrückt ist. Erasmus hat Vitrier um das Jahr 1501 kennengelernt und jener hat einen großen Eindruck auf ihn gemacht. Diese Erinnerung an Vitrier verschmilzt sozusagen mit Erasmus' Ideal.

Ein viel lebendigeres Bild, auch in helleren Farben, gibt Erasmus von Thomas More. Hierbei handelt es sich wieder um einen veröffentlichten, jetzt an Hutten gerichteten Brief, was Erasmus die

Gelegenheit bietet, ihn schmeichlerisch mit More zu vergleichen: Gelehrsamkeit und Fröhlichkeit sei beiden gemeinsam. Ausführlich schildert er Mores Erscheinung: mittelmäßig groß, frisch aussehend, mit heller Stimme, von nicht sehr robuster Gesundheit, doch selten krank, gemäßigt im Essen und Trinken, mit einer Vorliebe für außergewöhnliche Tiere, die er in seiner Menagerie zusammenträgt. In seiner Jugend hat er sich mit der Philologie beschäftigt -Erasmus nennt ausdrücklich Griechisch und das Studium Augustins- und hat sich selber in den verschiedensten literarischen Gattungen geübt. Er wäre beinah ein Geistlicher geworden, aber schließlich wollte er doch lieber ein keuscher Ehemann als ein unreiner Priester sein. Er ist ein musterhafter Ehemann, pater familias und Sohn, Geld ist ihm gleichgültig und als Richter in London war er unbestechlich. Jetzt, da er wider seinen Willen durch den König an den Hof berufen worden ist, verändert er sich nicht, er ist allgemein anerkannt und hilft hoffnungsvollen Jungendlichen bei ihrem Werdegang. Nur ganz nebenbei erwähnt Erasmus ihn als Autor der *Utopia*. Mit großem Nachdruck analysiert er More als Mensch. Er ist fröhlich, neigt zum Lachen und läßt sich gerne auf Späße ein, die jedoch niemals beißend werden. Er ist ein treuer Freund, stellt sich aber heraus, daß jemand seiner Freundschaft nicht wert ist, dann löst er sie nicht unmittelbar auf, sondern läßt sie absterben. Daß er sich nicht für ein Leben am Hofe begeistern konnte, hängt mit seinem Drang nach Freiheit und seiner Vorliebe für ein Leben ohne Amt zusammen. Am Ende der Darstellung äußert Erasmus sich zu Mores Glaubenshaltung: er ist fromm, legt seine Gebetszeiten selber fest, steht aber jeglicher Form von Aberglauben abweisend gegenüber. Auch am Hof unterläßt er es nicht, mit Freunden über das zukünftige Leben zu sprechen- und das aus seinem tiefsten Herzen. Der Schlußsatz ist ebenso lapidar wie deutlich: "Und dann gibt es doch Menschen, die behaupten, daß man Christen nur im Kloster finden könnte".

Percy S. Allen, der Herausgeber von Erasmus' Briefen, weist darauf hin, daß Beatus Rhenanus in seiner unmittelbar nach Erasmus' Tod geschriebenen Biographie, dessen äußere Erscheinung so darstellt, wie Erasmus hier More beschreibt[16]. Ich kann hinzufügen, daß es zumindest eine große Übereinstimmung gibt zwischen Mores Charakterzügen und denen, die Erasmus sich selber vier Jahre später gegenüber seinem Widersacher Hutten zuschreibt. Die Treue gegenüber seinen

---

[16] A 4, 999,34 Anm.

Freunden, das, wenn es nötig erscheint, Absterbenlassen der Freundschaft, der Drang nach Freiheit und nach Zeit für gelehrte Entspannung, die Vorliebe für Scherzereien – für alles dies läßt sich eine
Parallele bei Erasmus finden[17]. Hat Erasmus sich selber mitdargestellt
in seiner Beschreibung des More, aber dann so, wie er gerne sein
möchte? Das wäre nicht unmöglich, vorausgesetzt daß wir im Auge
behalten, daß er eine Biographie, nicht aber eine Autobiographie
schreiben wollte.

Wenn man beide Portäts miteinander vergleicht, fallen die Unterschiede schnell ins Auge: Der Geistliche Vitrier ist ein Pfarrer und
lebt, für alle sichtbar, ausschließlich für und mit Gott. More ist der
'grand seigneur', der in der Welt lebt und sich darin zu Hause fühlt.
Doch gibt es auch eine Übereinstimmung zwischen ihnen, die darin
besteht, daß beide eine reife Form des Glaubens aufweisen. Sie lassen sich nicht durch törichte Kirchenvorschriften einschränken und
suchen mit Hilfe der Bibel einen Weg, der zu ihnen paßt, wobei sie
sich Gott und nicht den Menschen gegenüber verantwortlich fühlen.

Weisen diese Bilder von einem wahren christlichen Leben Ähnlichkeiten mit dem Bild auf, das Erasmus sich von der Devotio moderna
gemacht hat? Wie schon erwähnt äußert Erasmus sich an keiner Stelle
direkt über die Devotio moderna. Er hat uns jedoch Erinnerungen
an sein Leben im Kloster Steyn hinterlassen, das die Regeln von
Windesheim in seine Statuten übernommen hatte. Ich denke hierbei
an einen Brief aus dem Jahr 1514 an den Prior, in dem er sich
weigert, auf Befehl in sein altes Kloster zurückzukehren[18]. Erasmus'
Antwortschreiben läßt etwas von den bitteren Erinnerungen an frühere Zeiten spüren: das Fasten, das Aufstehen für die Chorgebete,
nach denen er nicht mehr einschlafen kann, seine Abkehr von leeren
Zeremonien und sein Verlangen nach Freiheit. Der Kern des Briefes
ist eine mit Argumenten gut unterbaute und gründlich erwogene Weigerung. Das Klosterleben sei für ihn nicht geeignet, seine Berufung
liege woanders. Erasmus gibt sein Unvermögen zu. Die Schwachheit
seines Körpers und die Nierensteine, unter denen er leidet, machen
ihm eine Rückkehr unmöglich. Das Essen und Trinken im Kloster,
die Gespräche untereinander und überhaupt die ganze Lebensweise
halten ihn davon ab, zurückzukommen.

---

[17] *Spongia*, ASD 9/1, 192,700–705 (Freundschaft); 162,952–968; 165,49–166,58;
210,134–135 (Freiheitsdrang); 170,109–112 (Entspannung); 172,139–151 (Scherz).
[18] A 1, 296.

Man muß sich fragen: Spricht dieser Brief nicht so deutlich über
Erasmus' persönliche Situation, daß er unbrauchbar ist für den Zweck,
wofür ich ihn verwende? Dieser Einwand wäre berechtigt, wenn sich
nicht durch den ganzen Brief ein roter Faden verfolgen ließe, der
immer wieder auf das monastische Leben als 'eine Lebensweise'[19]
zurückkommt, als eine Möglichkeit des christlichen Lebens neben anderen, die bestimmte Menschen für sich selber mit Recht vorziehen
mögen, die aber an sich nicht besser oder schlechter ist als andere
Lebensweisen. Genau entgegengesetzt zu dieser Auffassung steht die
Betrachtungsweise der Devotio moderna in dieser Periode, die zu
einer Verschärfung der gewohnten Regeln und deren gewissenhafte-
rer Beibehaltung im alltäglichen Leben führte. Dahinter steht die Überzeugung, die mit der des Erasmus überhaupt nicht übereinstimmt,
daß diese besondere Lebensweise der Weg zur Vollkommenheit sei,
die als solche einen größeren Wert habe und der Dienst an Gott par
excellence sei. Möglicherweise formuliere ich hiermit Erasmus' Kerngedanken noch nicht pointiert genug. Er läßt ununterbrochen mer-
ken, daß der Weg über Gebote und Zeremonien im besten Fall der
schlechtere Weg sei. "Ich wage zu behaupten", so schreibt Erasmus
in einem Brief, "daß der Verfall der christlichen Frömmigkeit hauptsächlich seine Wurzeln in den sogenannten Orden hat, obwohl sie
ursprünglich vielleicht mit frommen Absichten eingeführt wurden"[20].
Meine Schlußfolgerung ist daher: Erasmus hat sowohl anhand des
Mönchen Vitrier als auch anhand des in der Welt lebenden Laien
Morus seine Idealvorstellungen von christlicher Spiritualität in be-
wußter Gegenüberstellung zum monastischen Ideal beschrieben. Auf
diese Weise hat er dieses Ideal, auch wie es von der Devotio moderna
modifiziert worden war, implizit abgelehnt.

3. Lebensziel und Lebensweg

Am dritten Punkt meiner Arbeit angelangt, möchte ich zunächst
Erasmus' Lebensziel und den dahin führenden Weg skizzieren. Dann
werde ich beide mit dem Lebensziel und der Lebensweise eines Devoten vergleichen und danach fragen, ob sie in irgendeiner Weise
übereinstimmen. Ich beginne mit dem Brief an den Prior des Klosters

---

[19] A 1, 296,70–88.
[20] A 1, 296,75–78.

Steyn, aus dem Jahre 1514, den ich schon verwendet habe. In diesem Brief verteidigt Erasmus unter anderem auch seine Lebensweise, indem er über seine Arbeit berichtet[21]. Er listet seine Schriften auf und erörtert ausführlich seine Pläne hinsichtlich Hieronymus, des Neuen Testaments und insbesondere der Paulusbriefe. "Es ist meine feste Absicht", so erklärt er, "mich an den Heiligen Schriften zu Tode zu arbeiten. Tag und Nacht beschäftige ich mich mit ihnen. Bedeutende Männer sagen, daß ich da etwas leiste, was andere nicht leisten. Lebe ich auf Eure Weise, leiste ich nichts"[22]. Hiermit gibt Erasmus mehr als ein Arbeitsprogramm. Es ist ein Lebensplan, ein Lebensziel mit einem daran anschließenden Lebensweg. Erst in dieser Phase seines Lebens ist Erasmus sich dessen bewußt geworden. In seinen Jugendwerken, der noch in der Klosterzeit geschriebenen Schrift *De contemptu mundi* und in den einige Jahre später entstandenen *Antibarbari*, überwiegt noch das Negative. In letzterer Schrift ist die entscheidene Frage, ob die Kultur und Wissenschaft der Antike mit dem christlichen Glauben in Verbindung gebracht werden können. Zu einer Synthese bringt Erasmus es noch nicht. Es bleibt bei einer Verteidigung des guten Rechts, die bonae litterae auszuüben[23].

Zehn Jahre später weiß Erasmus ganz genau, was er mit seinem Leben machen will. Schon 1504 schreibt er, daß er seit drei Jahren "völlig im Bann des Griechischen" ist und daß er sich fest vorgenommen hat, sich für den Rest seines Lebens dem Studium der Heiligen Schrift zu widmen[24]. Diese Äußerung hat programmatischen Charakter. Erasmus hat seinen Weg gefunden, er will den Glauben und die Wissenschaft miteinander verbinden und das Neue Testament mit Hilfe der neuen philologischen Methoden, die in der Welt der Humanisten entwickelt wurden, studieren. Seine unablässige Beschäftigung mit den Kirchenvätern, besonders mit dem Bibelübersetzer Hieronymus, hat sowohl vorbildhaften als auch stimulierenden Charakter. Erasmus schließt sich der, seiner Meinung nach im Mittelalter leider völlig unterbrochenen, Reihe jener an, die der Bibel durch das philologisch ausgerichtete Studium der Theologie einen zentralen Platz innerhalb der Christenheit einräumen wollen und deren Ziel es ist, auf diesem Wege die Kirche und die christliche Gemeinschaft zu erneuern. Ganz kurz zusammengefaßt: Erasmus' Lebensziel ist es, zu

---

[21] A 1, 296,144–170.
[22] A 1, 296,158–161.
[23] Supra, 19.
[24] A 1, 181,29–36.

dieser Erneuerung der Kirche einen Beitrag zu leisten – oder anders formuliert: zu dem Versuch, die Kirche in ihre ursprüngliche Form der Schlichtheit und Reinheit zurückzuführen. Der Weg dahin führt über ein fortwährendes Studium der bonae und der sacrae litterae, kulminierend in der Auslegung des Neuen Testaments.

Läßt sich dieser Lebensplan in Übereinstimmung bringen mit dem eines Devoten? Mit anderen Worten: Kann man hier von einem Ideal sprechen, das auch in den Kreisen der Devoten lebte und das Erasmus auf eigene Weise verwirklichen wollte, auf eine Weise, selbstverständlich mit eigenen Akzenten, die den Vorstellungen der Devotio moderna entspricht? Oberman hat im allgemeinen die These verteidigt, daß in der Spätphase der Devotio moderna eine Entwicklung in Richtung Klosterhumanismus festzustellen sei[25]. Mokrosch hat behauptet, daß diese These exakt so auf Erasmus angewendet werden könne[26]. Meiner Auffassung nach kann hier keine Rede von einem Entwicklungsgang sein, sondern kann man im Gegenteil nur von einem völligen Bruch sprechen. Sicherlich, ein gemeinsames Element gibt es. Es läßt sich ein spiritualistischer Zug in der Devotio moderna entdecken, wenn auch mehr in der Anfangsphase als in der späteren Phase, mit der wir es zu tun haben, wenn es um Erasmus geht. Die Außenwelt füllt den wahren Devoten nicht aus und ein großer Teil des kirchlichen Zeremoniells im weitesten Sinne des Wortes gehört zum Äußerlichen. Das Wesentliche ist das Innerliche und die äußerlichen Hilfsmittel der Kirche bleiben Hilfsmittel, die der Devot benutzt ohne die wahre Frömmigkeit darin zu finden. Ein zweiter damit direkt verbundener Aspekt ist, daß dieses Ideal auf die Kirche der ersten Zeit zurück-projiziert wird, in der sich das kirchliche Leben ohne Zwang, auf freiwilliger Basis und in einfachen Formen vollzogen haben soll. Fest steht, daß wir einen derartigen Gedankengang auch bei Erasmus finden[27]. Das ist jedoch nicht ausreichend und im späten Mittelalter eine zu weitverbreitete Reaktion auf den überschwenglichen Formen-reichtum der Kirche, um eine Grundlage für die Feststellung sein zu können, daß Erasmus' Streben innerhalb der durch die Devotio moderna vorgegebenen Grenzen liegt. Die von mir soeben dargestell-ten Ideale des Erasmus widersprechen denen der Devotio moderna. Sie fordert Selbsterniedrigung, Selbstkasteiung, Unterwerfung des

---

[25] Heiko A. Oberman (1979), 60–62, Anm. 17.
[26] TRE 8, 612.
[27] Cornelis Augustijn (1986), 163–177.

eigenen Willens – Erasmus strebt nach Bildung durch das Studium und somit nach Persönlichkeitsentfaltung und Selbstverwirklichung. Sie fordert Gewissenserforschung, Disziplin, Bestrafung und das Ablegen von Rechenschaft über das eigen Seelenleben gegenüber anderen – Erasmus strebt nach dem Ideal geistiger Freiheit und Verantwortlichkeit gegenüber Gott und niemandem sonst. Ich meine hier, wenn ich über Erasmus spreche, nicht nur sein persönliches Ideal von seinem eigenen persönlichen Leben. Es geht um eine christliche Gesellschaft von ganz anderem Charakter als die, wie sie sich die Devoten ersehnten.

Ich kann meine Schlußfolgerungen sehr kurz formulieren: Erasmus' Kontakte mit der Devotio moderna haben in seiner Klosterzeit und während der ersten Jahre seines Lebens in Paris stattgefunden. Die Devotio moderna, wie sie sich in ihrer Spätphase entwickelt hatte, hat Erasmus nur Abneigung eingeflößt. Sein Ideal von einem wahrhaft christlichem Leben hat er in offenkundiger Abweisung von und Gegenüberstellung zu dem Ideal, wie es durch die Devotio moderna verwirklicht wurde, formuliert. Sein Lebensziel und der dahinführende Weg, eine Erneuerung der christlichen Welt durch das Verschmelzen der bonae und sacrae litterae, bezeugen eine Spiritualität, die nicht in Einklang zu bringen ist mit der Spiritualität der Devoten.

DAS NEUE TESTAMENT

3. KAPITEL

ERASMUS-PROMOTION ANNO 1515:
DIE ERASMUS-STÜCKE IN *IANI DAMIANI . . . ELEGEIA*

Seit der großen Briefedition des Erasmus, die Percy S. Allen besorgt hat, gilt die im Titel genannte Schrift als die erste von Erasmus selber angeregte Briefausgabe. Léon-E. Halkin, der den Briefeditionen des Erasmus eine eingehende Untersuchung gewidmet hat, bezeichnet die *Iani Damiani . . . Elegeia* auch als "premier recueil épistolaire", nach den Ausgaben von isolierten Briefen in den vorangegangenen Jahren[1]. Ich beabsichtige im folgenden, den Charakter der Erasmus-Stücke in diesem Buch näher zu bestimmen, und das im Titel ausgedruckte Ergebnis meiner Untersuchung zu unterbauen.

* * *

Es handelt sich um eine im August 1515 bei Froben in Basel erschienene Schrift in Quartformat von 56 Blättern, foliert A1–04[2]. Die Blätter A2–E4 bieten vier kurze Stücke über Kriege und Feldzüge im Osten, die uns weiter nicht beschäftigen. Sie wurden in Basel aus römischen Editionen, die Michael Hummelberg an Beatus Rhenanus geschickt hatte, nachgedruckt[3]. Darauf folgen Briefe jeweils an Papst Leo X., f° F1r°–G4r°; an Kardinal Domenico Grimani, f° G4v°–I1r°; an Kardinal Raffaele Riario, f° I1r°–4r°; eine 'epistola apologetica' an Martinus Dorpius, f° I4v°–O3r°; ein Lobgedicht auf Schlettstadt, f° O3v°–4r°[4]. Diese fünf Stücke, drei Briefe, eine Apologie und ein Gedicht, werden im folgenden auf die Frage hin untersucht: Welchen Charakter haben die Stücke, welchen Zwecken dienten sie, was beabsichtigten Autor und Verleger mit der Ausgabe dieser Schriften?

Im August 1515 war Erasmus ein bekannter Humanist. Seine Reise

---

[1] Léon-E. Halkin (1983), 27.

[2] S. für die Schrift A 2, 353, 1 Anm.; Léon-E. Halkin (1983), 27–36. Ich verzichte auf eine bibliographische Beschreibung. Ein Bild der Titelseite findet sich bei Halkin, 31. Allen bemerkt: ". . . the only book in which Erasmus combined his work with that of a number of other writers".

[3] S. A 2, 353, 1 Anm.; Joseph Walter (1929), Nr.1596, 2038, 2008, 1150. S. für den Brief Hummelbergs: *Die Amerbachkorrespondenz* 2, Nr.514.

[4] In Reihenfolge: A 2, 335; 334; 333; 337; Reedijk (1956), 98.

Juli – August 1514 von England nach Basel war ein Triumphzug
geworden[5]. Die erste Begegnung mit dem im Scheinwerfer des allgemeinen Interesses stehenden Johannes Reuchlin bedeutete eine Anerkennung vonseiten der deutschen Humanisten. Auf seiner Reise von
März bis Juli 1515 kam Erasmus wieder nach England, aber danach
wohnte er bis Mai 1516 in Basel. In diesen zwei Jahren, von August
1514 bis Mai 1516, wurde er das anerkannte Haupt nicht nur der
sodalitas basiliensis, sondern auch des westdeutschen Humanismus
im allgemeinen. Seine Kontakte mit Johannes Froben fingen ebenfalls erst in diesen Jahren an. Froben hatte zwar schon 1513 die
Adagia herausgegeben, aber das war nur ein Nachdruck der Aldiner
Edition vom Jahre 1508 gewesen. Vielleicht ist dennoch die Qualität
dieses Nachdrucks der Grund gewesen, daß noch im selben Jahr ein
erster, indirekter, Kontakt zwischen den beiden zustandekam[6]. Der
Buchhändler Franz Birckmann, der sich im Auftrage von Erasmus
wegen einer erweiterten Neuausgabe der *Adagia* an Josse Bade in Paris
wenden sollte, richtete sich stattdessen an Froben. Es ist kaum denkbar, daß er ohne Mitwissen des Erasmus nach Basel statt nach Paris
ging. Persönlich lernten sie sich erst im August 1514 kennen.

Offenbar ergab sich bald, daß die beiderseitigen Interessen zusam-
menfloßen. Seit vielen Jahren widmete sich Erasmus dem Studium
des Bibeltextes, ferner beschäftigte er sich seit seiner Klosterzeit eifrig mit Hieronymus, besonders mit dessen Briefen. Als er nach Basel
reiste, waren seine Ziele aber noch ziemlich unbestimmt. Er beabsichtigte, die Hieronymusbriefe zu edieren. Auf jeden Fall wollte er
auch mit den vielen Notizen zum Text des Neuen Testaments, die
er im Laufe der Jahre gesammelt hatte, etwas anfangen. Am nahelie-
gendsten ist die Vermutung, daß er den Vulgatatext mit Anmerkungen herausgeben wollte, oder vielleicht nur diese[7]. Bald nach der
Ankunft in Basel änderte er auf Rat "gelehrter Freunde, denen gegenüber ich bisweilen nachgiebiger bin als förderlich ist", seine Pläne[8].
Erst jetzt entstand der Plan, die Anmerkungen auszubauen, eine eigene Übersetzung als Basistext anzufertigen und den griechischen Text
hinzuzufügen.

---

[5] S. Cornelis Augustijn (1986), 40–41.
[6] S. für das folgende A 1, 283,152–164; ASD 2/5, 9: "Das muß einer der entscheidenden Gründe dafür gewesen sein, daß Erasmus 1514 persönlich nach Basel
kam und daß er alle künftigen Auflagen der *Adagia* Froben anvertraute".
[7] S. *Cat. lucubr.*, A 1, S.14,5–8.
[8] Ibid., S.14,8–12; vgl. Andrew J. Brown (1984).

Seinerseits übernahm Froben von seinem Vorgänger Amerbach das Projekt der Kirchenvätereditionen, und die Söhne Amerbachs wandten sich besonders dem Hieronymus zu[9], der für die Offizin ein kostspieliges Prestigeobjekt sein würde, womit Froben sich einen Namen als Nachfolger Amerbachs machen konnte. Außerdem wußte die ganze Gelehrtenwelt um die kommende Komplutensische Polyglotte. Wenn es gelang, diesem Riesenunternehmen zuvorzukommen, wenn auch nur bei einem Unterteil, würde das sicher einen Markt finden.

Das waren zwei weitreichende Entwürfe, in denen die Interessen des Erasmus in die Produktionsplanung eingegliedert werden konnten. Im Hieronymusprojekt war Froben der Initiator und hatte Erasmus zunächst ein Teilinteresse, in der geplanten Edition des Neuen Testaments hatte Erasmus die Initiative ergriffen und war Froben an erster Stelle Ausführer. Allerdings ein selbständiger Ausführer: Ich nehme an, daß sein Name hinter den soeben erwähnten "gelehrten Freunden" steckt. Hinzu kamen noch die geplanten Neuausgaben des *Moriae encomium* und der *Adagia*, über deren Manuskript Froben seit 1513 verfügte[10], und Pläne zur Edition der Werke Senecas.

Im Jahr 1515 nahm die Verwirklichung all dieser Projekte ihren Anfang. Im Februar schon erschienen die *Adagia*[11], obwohl Erasmus zwei Jahre zuvor noch Angst hatte, der Froben-Nachdruck werde eine Neuausgabe für die nächsten zehn (!) Jahre überflüssig machen[12]. Wahrscheinlich um dieselbe Zeit erschien die neue Edition des *Moriae encomium*, nach dem werbenden Text der Titelseite "ex ipsius autoris archetypis diligentissime restitutus" und versehen vom Listrius-Kommentar zum Text, der auch in Zukunft der Schrift fast immer beigefügt werden sollte[13]. In dieser neuen Gestaltung erlebte das *Moriae Encomium* einen schlagenden Verkaufserfolg: Im April waren von 1800 Exemplaren noch 600 Stück auf Lager und schon wurde eine Neuauflage erwogen[14]. Nach der Englandreise vom Frühjahr 1515 ließ sich Erasmus wieder in Basel nieder. Dort erschienen im August *Senecae Lucubrationes*[15]. In England hatte er seine Hieronymusabschriften mit den Manuskripten verglichen[16], und im Laufe der nächsten sechs

---

[9] Vgl. Helmar Junghans (1984), 110–115.
[10] A 1, 283,152–164.
[11] A 2, 322 Einl.; 332,10–11; ASD 2/5, 9.
[12] A 1, 283,158–159.
[13] S. ASD 4/3, 44–45.
[14] A 2, 328,47–48.
[15] S. A 2, 325 Einl.; Johanna J.M. Meyers (1982), 145.
[16] S. A 2, 332, 6 Anm.

Monate sollte er sich ganz den Vorbereitungen der beiden Großunternehmen widmen. Bei der Hieronymusedition sorgte er für die Lieferung der Briefe und die Überwachung des ganzen Projekts[17], auch das Neue Testament kam zum Großteil auf seine Rechnung, wobei allerdings Johannes Ökolampad und Nikolaus Gerbel besonders für die Korrektur des Hebräischen und Griechischen herangezogen wurden. In dieser Situation erschienen im August 1515 *Iani Damiani . . . Elegeia.*

* * *

Wir wenden uns jetzt dieser Schrift zu, und versuchen zu bestimmen, was der Leser von 1515 daraus entnehmen konnte. Die drei Unterteile, Briefe, Apologie und Gedicht behandeln wir in dieser Reihenfolge.

Die drei Briefe waren an niemand geringeren als den Papst selbst und zwei der angesehensten Kardinäle gerichtet. Die naheliegende Frage, ob die Briefe in dieser Form versandt wurden, läßt sich für das an den Papst gerichtete Schreiben und für einen Teil des Briefes an Riario durch einen Glücksfall damit beantworten, daß beide Briefe für den Druck in beträchtlichem Maß erweitert und aufgeputzt, aber nicht wesentlich geändert wurden[18]. Damals war ein solches Verfahren eine Selbstverständlichkeit[19]. Als die Briefe im Mai[20] aus England versandt wurden, dienten sie einem eindeutigen Ziel: War der Papst bereit, eine Widmung der Hieronymusedition zu akzeptieren? Ursprünglich hatte Erasmus beabsichtigt, die geplante Edition dem Erzbischof von Canterbury, William Warham, zu widmen. Jetzt suchte er den höchsten Gönner, den es überhaupt gab. Die erwünschte Antwort kam sehr schnell und erreichte Erasmus in Basel, wahrscheinlich Anfang August[21]. Dadurch war es möglich, die drei Briefe der Presse zu übergeben. Die neue Zielsetzung, welche die Briefe bekamen, läßt sich leicht vom Inhalt her bestimmen. Daß besonders der Brief an Leo X. überschwenglich das Lob des Medizinerpapstes besingt[22], versteht sich von selbst. Daß auch der ewigen Stadt hohes Lob

---

[17] S. *Die Amerbachkorrespondenz* 2, Nr.500; 501; 524.

[18] Eine handgeschriebene Kopie der ursprünglichen Fassung des Briefes an Leo X. und der zweiten Hälfte des Briefes an Riario findet sich in Basel; s. A 2, 333 Einl.

[19] Erasmus machte auch keinen Hehl daraus; s. A 2, 360,10–11: "Epistolam ad Leonem cum aliis nonnullis curauimus aedendam, sed locupletatam".

[20] S. für die Gründe der neuen Datierung A 2, 333 Einl.

[21] A 2, 338.

[22] A 2, 333,10–14; 334,84–98; 335,1–215.

gespendet wird[23], erstaunt nicht. Auch England wird hoch gepriesen[24]: Es sei das zweite Vaterland des Erasmus, dort wolle er seinen Lebensabend verbringen. Mittlerweile vernahm der Leser, daß der Briefschreiber die beiden Purpurträger längst kannte[25], und daß er auch dem Heiligen Vater durch eine private Zusammenkunft bekannt war[26]. Die Passagen über England erwähnen die besondere Gunst, welche die dortigen Gönner, voran der König und viele kirchlichen Würdenträger, Erasmus bezeugt haben. Der Eindrück drängt sich auf, daß man in ihm den Liebling der Musen, mit Recht von den Großen der Erden geehrt, sieht. Der Brief an Riario zeichnet ein Porträt des Verfassers[27]. Ohne Ehrgeiz, völlig der Welt abgewandt, lebt er nur seinen Studien. Im Interesse dieser ist er bereit, lange und gefährliche Reisen zu unternehmen und viel Geld zu opfern. Der Hieronymusedition widmet er herkulische Anstrengungen[28]. Diese Passage wurde zum Großteil erst der gedruckten Fassung hinzugefügt. In nicht geringerem Maße wird der gelehrte Autor dadurch gekennzeichnet, daß er sich in den Briefen an die Kardinäle entschieden für Reuchlin einsetzt, in den gedruckten Briefen allerdings viel ausführlicher als in der Originalfassung[29]. Unverzagt nimmt er Reuchlins Partei, dessen Sache damals gar nicht so schlecht aussah.

Auch in der neuen Fassung stand die Hieronymusedition im Mittelpunkt der Briefe[30]. Zwar nennt Erasmus in den Briefen an die Kardinäle nebenbei auch die Ausgabe der *Adagia*, "um ein Viertel vermehrt"[31], aber Hieronymus ist der glänzende Mittelpunkt. Im Brief an Riario heißt es: "Alsbald wird Hieronymus vollständig gedruckt, ja er wird wiedergeboren. Bisher war er so verzerrt und verstümmelt, daß man ihn jetzt nicht sosehr als wiederhergestellt, sondern als zum ersten Mal herausgegeben betrachten kann"[32]. Ausführlich wird dargelegt, wie viel Schwierigkeiten es gab um gute Manuskripte zu bekommen und zu kopieren, wie verderbt das Hebräische und Griechische war, wie viel Mühe sich die Editoren gegeben hatten, Erklärungen

---

[23] A 2, 333,30–34; 334,30–45.
[24] A 2, 333,15–29; 334,8–29.45–83.
[25] A 2, 333,34–38; 334,1–4.38–45.
[26] A 2, 335,10–11.
[27] A 2, 333,50–54.84–86.
[28] A 2, 334,128–130.
[29] A 2, 333,105–137; 334,178–206.
[30] A 2, 333,64–81; 334,99–136.
[31] A 2, 333,62–64; 334,163–164.
[32] A 2, 333,64–66.

hinzuzufügen[33]. Erasmus will schwören, daß in zwanzig Jahren in keiner Offizin ein so sorgfältig bearbeitetes Buch unter solchem Kostenanwand erschienen ist[34]. Bedauerlicherweise kennen wir von dieser Passage in keinem der beiden Briefen die Originalfassung. Beim Brief an den Papst läßt sich ein Vergleich ziehen. Daraus ergibt sich, daß Erasmus dort, wo er noch viel breitere Erörterungen anstellt als in den anderen Briefen, in der gedruckten Fassung den Beitrag anderer erwähnt, während er im Urtext zumeist seinen eigenen Anteil hervorgehoben hatte[35]. Man kann an durch Eitelkeit eingegebene Wendungen denken, die im Privatbrief wohl möglich, für eine breite Öffentlichkeit aber unangemessen gewesen waren. Es liegt eher auf der Hand, daß sich Erasmus dem Papst gegenüber auf das Unternehmen im allgemeinen beschränkte, im gedruckten Brief hingegen sozusagen einen Prospekt bot, in dem die Zusammenarbeit der deutschen Humanisten an diesem Riesenunternehmen betont werden sollte: Reuchlin, der Nürnberger Dominikaner Johannes Cono, Beatus Rhenanus, und dann besonders die Amerbachs, alle haben ihre Kräfte vereint[36]. Erasmus unterläßt es nicht, die Offizin zu erwähnen. Im Brief an Grimani heißt es: "Die riesige Offizin braust, in den elegantesten Typen wird Hieronymus gedruckt"[37]. An Leo X. schreibt er: "Die Riesenarbeit braust schon, und im berühmten Basel wird der ganze Hieronymus neugeboren. Das geschieht in der Frobenoffizin, die genauer ist als alle anderen und von der die meisten guten Bücher ausgehen, besonders auf dem Gebiet der Theologie"[38]. Nur im Brief an Grimani fällt ein Satz über die Bibelarbeit: Erasmus spricht von "Annotationes zum Neuen Testament, zusammen mit den Apostelbriefen, von uns so übersetzt, daß sie verständlich sind"[39]. Das klingt vage, obwohl die Pläne jetzt, im August, in einer weit fortgeschrittenen Phase waren[40].

Wenden wir uns jetzt der Apologie zu. Sie ist in Briefform abgefaßt, aber schon ihr Umfang weist darauf hin, daß sie kein Brief im eigentlichen Sinne des Wortes ist. Erasmus hat sie als die erste der

---

[33] A 2, 333,66–74.
[34] A 2, 333,75–78.
[35] A 2, 335,216–323.
[36] A 2, 335,296–323.
[37] A 2, 334,130–131.
[38] A 2, 335,296–299.
[39] A 2, 334,165–167.
[40] S. A 2, 356,11; 358, 5 Anm.; 360,2–3.

von ihm geschriebenen Apologien betrachtet[41], und sie nicht, wie die soeben behandelten Briefe, in die später erschienenen Editionen seiner Briefe aufgenommen. Sie entstand aber aus einem Brief, den er an den Löwener Theologen Martinus Dorpius (Maarten van Dorp) gerichtet hatte. Der Holländer Dorpius gehörte zum Löwener Humanistenkreis, er kannte Erasmus vielleicht schon seit 1502–1503, und schätzte ihn sehr, sowie dieser seinerseits auch Dorpius hochachtete[42]. Im September 1514 richtete Dorpius an Erasmus einen Brief, der diesen zu diesem Augenblick nicht erreichte, der aber eine gewisse Verbreitung fand[43]. Dorpius setzt sich mit der Ausgabe des *Moriae encomium* und mit den geplanten Editionen des Hieronymus und des Neuen Testaments auseinander. Er tadelt scharf das *Lob der Torheit*. Es habe ja keinen Sinn, die weniger Gebildeten abzustoßen, und genau das habe diese Schrift bewirkt. Dorpius sieht nur eine Möglichkeit, dem Übel abzuhelfen: Erasmus soll jetzt auch ein Lob der Weisheit schreiben, die die Torheit widerlegt[44]. Kurz äußert er sich über die Hieronymus-Edition: Sie ist ein preisenswertes Unternehmen[45]. Ganz konträr steht es um die geplante Edition des Neuen Testaments. Sie ist überflüssig, denn die *Vulgata* ist inhaltlich fehlerfrei; nur stilistische Verbesserungen sind möglich; griechische Handschriften können die lateinischen nicht überragen, denn die lateinische Kirche, bei der der wahre Glaube immer sicher war, hat größere Sorgfalt auf eine reine Textgestaltung verwendet[46].

Es wird nicht ganz klar, aus welchem Grund Dorpius den Brief schrieb. Wollte er sich auf diese Weise bei den Theologen einschmeicheln? Er strebte den theologischen Doktorhut an und deswegen klingt diese Annahme nicht unwahrscheinlich, aber Sicherheit haben wir nicht[47]. Erasmus lernte den Brief vielleicht erst im Mai 1515 in Antwerpen, auf der Rückreise von England nach Basel, kennen[48]. Er

---

[41] S. *Cat. lucubr.*, A 1, S.22,5–7; vgl. A 2, 356,8–10. Hier spricht er von einem Brief. Er zählt ihn aber zu den Apologien und will ihn in der Gesamtedition auch in diesem Band aufgenommen sehen; s. ibid., A 1, S.41,36–37.

[42] S. für ihn und für seinen Streit mit Erasmus Henry de Vocht (1934), 61–408, bes. 139–150.

[43] A 2, 304.

[44] A 2, 304,15–80.

[45] A 2, 304,81–86.

[46] A 2, 304,86–146.

[47] S. Henry de Vocht (1934), 140. Dorpius selber sagt, A 2, 347,374–376: "Postremo scito me ad te scribere quid alii de te absente absentes loquantur; loqui vero de te apud alios longe aliter quam scribo".

[48] S. A 2, 337,1–2.

antwortete kurz[49], und maß der Affäre so wenig Bedeutung zu, daß er Dorpius' Brief vielleicht gar nicht aufbewahrte[50]. Dieser war auch von geringer Bedeutung und hat nur in einem beschränkten Kreise Verbreitung gefunden.

In Basel angelangt, benutzte Erasmus die Gelegenheit und schrieb eine lange, in Brieff orm verfaßte Apologie[51]. Es ist ein glänzendes Stück. Der Autor rühmt Dorpius hoch: dieser warne als Freund und tadle liebevoll[52]. Am Ende wird der Ruhm gehässig: Dorpius habe sich nicht nur bei Erasmus, sondern auch bei den Theologen, in deren Auftrag er handelt, Gunst erworben[53]. Bald kommt Erasmus zur Sache und setzt sich mit den Einwänden des Dorpius auseinander. Der Leser gewinnt den Eindruck eines Autors, der die von Dorpius aufgewor- fenen Fragen völlig ernst nimmt, selber aber so hoch über solche Kleingeisterei erhaben ist, daß der arme Dorpius nur Mitleid erweckt. Der ganze Ton der Apologie ist herablassend, den Gegner seriös behandelnd, zuvorkommend einem Gesinnungsgenossen gegenüber, der noch viel zu lernen hat, in vornehmer Zurückhaltung von oben herab belehrend. Fast zwei Drittel der Schrift sind der Verteidigung des *Moriae encomium* gewidmet[54], und Erasmus zählt eine reiche Aus- wahl von Argumenten auf: Er wolle keinen verletzen, es sei nur ein Spiel gewesen, er schätze die Theologen so hoch, daß er es nicht wage, sich den Namen eines Theologen beizulegen. Am Ende dieses Abschnitts findet sich eine schöne Passage, in der Erasmus Weisheit und Theologie voneinander abgrenzt. Er pflichtet Dorpius bei, wenn dieser der Meinung ist, mann solle aus Liebe zur wahren Frömmig- keit alle menschliche Gelehrsamkeit verachten. Zu dieser Weisheit gelange man eher durch die Umwandlung in Christus, und alles was man weiterhin wissen soll, könne man besser im Lichte des Glaubens durchschauen als in Büchern lesen. "Aber, so wie jetzt die Gesell- schaft aussieht, irrst du dich völlig, wenn du dir eine wahre Kenntnis der Theologie versprichst ohne Gewandtheit in den Sprachen, be- sonders in der, in der die meisten Bibelbücher erhalten sind"[55] (Eras- mus meint das Griechische). Es sei nicht von ungefähr, daß jetzt sogar noch Greise diese Sprache erlernen.

---

[49] S. A 2, 347,6–9.
[50] S. A 2, 356,9–10.
[51] A 2, 337.
[52] A 2, 337,5–15.
[53] A 2, 337,875–878; *Cat. lucubr.*, A 1, S.22,5: "instigantibus quibusdam".
[54] A 2, 337,26–659.
[55] A 2, 337,624–627.

Damit ist der Übergang zum zweiten Teil schon angekündigt. Dorpius irrt sich, wenn er der Meinung ist, Hieronymus stoße nicht auf Bedenken. Dieselben Leute, die das *Lob der Torheit* mißbilligten, bestreiten jetzt schon den Hieronymus[56]. Ausführlicher verteidigt Erasmus das Neue Testament[57]. Zuerst behandelt er die Heranziehung griechischer Handschriften. Dorpius' These, der geheiligte lateinische Text dürfe nicht kritisiert werden, ist nahezu lächerlich. Man soll, wie schon die Väter es taten, bei offensichtlichem Textverderb seine Zuflucht zu den griechischen Handschriften nehmen. Das Argument, die Griechen seien als Ketzer nicht vertrauenswürdig, ist dumm. Erfahrungsgemäß sind die griechischen Manuskripte nicht gefälscht worden. Die Annahme, der Vulgatatext sei von der Kirche approbiert worden, ist auch unrichtig. Am Ende kommt eine genaue Aufzählung aller Köstlichkeiten, die der künftige Käufer erwarten kann[58]: Das ganze Neue Testament nach griechischen Handschriften und mit Hinzufügung des griechischen Textes, und mit Anmerkungen, in denen die Änderungen des lateinischen Textes argumentativ und aus den Vätern belegt werden. Erasmus würde sich nicht scheuen, dieses Werk "jedem Bischof, jedem Kardinal, auch jedem Papst zu widmen, wenn es nur ein Papst ist, wie wir ihn jetzt haben"[59].

Dorpius hat den ursprünglichen Erasmusbrief beantwortet[60], und dessen Argumente zurückgewiesen. Sein ausführliches Schreiben ist auf Effekte aus und vehement, aber nicht unehrlich. Er hat es aber nicht publiziert[61]. Erasmus selber gab nur seine eigene Apologie heraus, doch kann man seine Beteuerung, er bedaure es, den Brief des Dorpius nicht zur Verfügung zu haben, nicht ganz ernstnehmen[62], denn er war vornehmlich an seiner eigenen Schrift interessiert, und diese wurde den autorisierten Ausgaben des *Moriae encomium* immer beigegeben[63]. Dorpius hat seinen ersten Brief zusammen mit Erasmus' Antwort schon 1515 publiziert[64], aber nur der flämische in Paris ansässige Drucker

---

[56] A 2, 337,660–712.

[57] A 2, 337,713–874.

[58] A 2, 337,862–869.

[59] A 2, 337,869–871.

[60] A 2, 347. Daß er den ursprünglichen Brief des Erasmus beantwortete, ergibt sich aus A 2, 347,6–9.

[61] S. Daniel Kinney (1981), bes. 200–201, der mit Recht darauf hinweist, daß die Worte des More "... illam epistolam quam calore quodam dictarat acerbius, defervescente impetu, consilio censuit consultiore supprimendam" sich auf Dorpius, nicht auf Erasmus beziehen.

[62] A 2, 356,8–10. Auch später gab er Dorpius' Briefe nie heraus.

[63] S. dafür *Moria*, ASD 4/3, 46.

[64] S. A 2, 304 Einl.; 337 Einl.

Josse Bade hat in seiner Edition des *Moriae encomium* die Schriften zusammen gedruckt[65]. Der zweite Brief des Dorpius verschaffte Thomas More die Gelegenheit, die ganze neue Wissenschaftsmethode, wie sie die Humanisten initiiert hatten, zu verteidigen[66]. Dorpius selber hat sich bald mit Erasmus versöhnt, und die Affäre an sich kann man am besten als 'Sturm im Wasserglase' charakterisieren. Das alles konnte der Leser im Herbst 1515 noch nicht ermessen, er wußte nicht, daß Erasmus die Differenzen aufgebauscht hatte. Auch spätere Leser sahen nur Erasmus' Apologie, die den Eindruck erweckt, daß die ganze Lebensarbeit des Erasmus auf dem Spiel stand.

Das letzte Erasmus-Stück ist ein Gedicht, wohl als Lückenbüßer für die leeren Seiten gemeint[67]. Es ist ein Loblied auf Schlettstadt, angefertigt als Dankerweis für den Empfang in Schlettstadt im August 1514. Die Namen aller dortigen führenden Humanisten werden erwähnt, und der des Beatus Rhenanus besonders hervorgehoben.

* * *

Wenn wir das Ganze überblicken, ergibt sich ein klares Muster. Es handelt sich nicht um eine Briefedition als solche[68]. Dieses Genre war an sich in Humanistenkreisen beliebt und viel geübt: Der Brief war an erster Stelle eine literarische Komposition, und sollte als Vorbild dienen. In diesen Jahren wurde das Genre aber zu unterschiedlichen Zielen benutzt. So sollten die *Epistolae obscurorum virorum* (1515, 1517) die Humanistenfeinde lächerlich machen, die *Epistolae illustrium virorum* (1514, 1519) sollten zeigen, daß Reuchlin wichtige Gönner hatte, die späteren Briefeditionen des Erasmus sollten klar machen, wo sein Standort in den Tagesfragen war. Auf gleiche Weise strebten Froben und Erasmus mit der Herausgabe dieser Stücke ein deutliches Ziel an. Auf eine Kurzformel gebracht war ihre Absicht, Erasmus-Promotion zu treiben, sie verschafften dem Gelehrtenpublikum eine

---

[65] S. *Moria*, ASD 4/3, 47, Nr.14; 57, Nr.31.
[66] Die ausgedehnte Literatur wird aufgezählt in Daniel Kinney (1981), 179 Anm. 1.
[67] Reedijk (1956), 98.
[68] Ich verneine nicht, daß man die Schrift als erste Erasmusbriefe-Edition betrachten kann. Diese wurde auch 1515 und 1516 dreimal neu aufgelegt, in Löwen, Leipzig und Köln; s. Halkin (1983), 34. Die Absicht ist aber nicht an erster Stelle, ein Vorbild zum richtigen Briefschreiben zu liefern. Interessant ist die Bemerkung Halkins, 34: "On peut cependant observer que, si Erasme a obtenu la faveur de Léon X et la neutralité bienveillante de Martin Dorp, ces lettres, soigneusement choisies et présentées, ne sont pas de modèles épistolaires. Leur auteur écrit avec trop d'humilité au pape et avec trop de hauteur à Dorp". Die Frage drängt sich auf, ob dieser Eindruck nicht völlig den Absichten des Erasmus entspricht.

Voranzeige der kommenden großen Unternehmen. Bisher waren die
Pläne nur im kleinen Freundeskreis bekanntgegeben. Öffentlich hatte
Erasmus sich bisher nur einmal über seine Vorhaben geäußert und
zwar in einem Brief, der im Dezember 1514 bei Schürer in Straßburg
in einem Sammelbändchen erschienen war. Dort hieß es, daß der
Druck der *Adagia* angefangen hat, und daß das Neue Testament, Hieronymus, Seneca und verschiedene kleinere Sachen in Vorbereitung
waren[69]. Jetzt waren Herausgeber und Verleger weiter vorangeschrit-
ten. Die *Adagia* hatten sich schon als erfolgreich herausgestellt, Seneca
war gerade auf den Markt gekommen. Es war an der Zeit, für die
beiden Großunternehmen zu werben, in die Froben -geschweige denn
Erasmus- so viel investiert hatte.

Wenn man sich das hier behandelte Bändchen genau ansieht, wird
deutlich, wie alles dem alleinigen Ziel dienen sollte, als Reklamemit-
tel das Publikum zu beeinflussen. Die nach Rom geschickten Briefe
beweisen die hohe Stellung des Erasmus, die Wertschätzung, der er
sich in höchsten Kreisen in Rom und in England erfreuen kann. Die
Apologie gibt den Widerpart: Nur einige wenige Löwener Theologen,
reine Obskuranten, die sich des Dorpius als eines nur halbschuldigen
Instrumentes bedienen, widersetzen sich. Die ausführliche Verteidigung des schon populär gewordenen *Moriae encomium* stellt sie als
Philister an den Pranger. Ausführlich werden jetzt die Pläne erörtert:
In den Rombriefen die Hieronymus-Edition, in der Apologie das Neue
Testament. Die Verteidigung gegen die Einwände des Dorpius betont, wie viel Neues diese Edition bringen würde. Die sorgfältige
Redaktion der Briefe nach Rom und die Überarbeitung des Briefes
an Dorpius zu einer wahren Apologie machen die ursprünglichen
Stücke wesentlich schärfer. Im Fall des Briefs an Dorpius kann man
von einer Neuschöpfung sprechen, die mit Recht in der ganzen Literatur als wichtig und für Erasmus als sehr charakteristisch gilt, trotzdem aber auch ein Muster von Selbstempfehlung ist.

Hatte die Reklame auch Erfolg? Sie galt langfristigen Projekten,
und wenn man das in die Erwägungen mit einbezieht, war eine zweite
Auflage des Hieronymus innerhalb von acht bis zehn Jahren nicht
schlecht[70]. Der Verkaufserfolg des Neuen Testaments war unerhört.
Eine völlige Neubearbeitung innerhalb von zwei bis drei Jahren[71],

---

[69] A 2, 305,222–231. Siehe für die Ausgabe A 2, 311 Einl.
[70] Die erste Edition erschien 1516, die zweite 1524 bis 1526.
[71] Sie erschien 1518–1519.

viele separate Ausgaben der Übersetzung in den zwanziger Jahren, Separatausgaben von verschiedenen Anmerkungen, auch in Übersetzungen[72], das alles war erstaunlich. Froben machte sich mit diesen Editionen einen Namen als der führende Verlag für großartige wissenschaftliche Editionen, Erasmus war 1516 das unbestrittene Haupt der deutschen Gelehrtenwelt geworden. Ein schönes Zeugnis für diesen Tatbestand gibt uns der Brief des Beatus Rhenanus, der im April 1517 Erasmus ausführlich seine Schwierigkeiten mit Froben beschreibt, der unter allen Umständen Erasmusschriften herausgeben will, vorzugsweise in stattlichen Folianten[73]. Erasmus hatte seinen Weg gemacht.

---

[72] S. dafür Heinz Holeczek (1983), 45–108.
[73] S. A 2, 575,10–25.

4. KAPITEL

ERASMUS IM GALATERBRIEFKOMMENTAR
LUTHERS VON 1519

Im Jahre 1526 schreibt Erasmus an Luther: "Einst wurde ich in deinem Galaterkommentar als ein in der Theologie überaus erfahrener Mann und als Sieger über die Mißgunst gerühmt: so in der Vorrede. Wiederum bin ich sofort auf der ersten Seite des Kommentars theologicissimus, und wie oft werde ich im weiteren Verlauf ehrend zitiert"[1]. Erasmus hat recht: In dem 1519 erschienenen *Galaterbriefkommentar* Luthers wird er sowohl im Vorwort als auch im Nachwort erwähnt. Im *Kommentar* selbst nimmt Luther nicht weniger als zwanzigmal auf die Meinung des Erasmus in den *Annotationes in epistolam Pauli ad Galatas* Bezug, wobei er ihm -von einer Ausnahme abgesehen- immer beipflichtet, oft mit rühmenden Worten. Daraus ergeben sich die Fragen: Wo und wie und in welchen Fällen hat Luther Erasmus benutzt? Ist die Erwähnung des Erasmus nur kirchenpolitisch bestimmt? Oder ist sie auch das Zeichen einer inneren Verwandtschaft zwischen beiden?

Ich behandle zuerst die Stellen, wo Luther die *Annotationes* benutzt, entweder mit Erwähnung des Namens des Erasmus oder ohne seinen Gewährsmam zu nennen. Danach versuche ich, die Hauptgedanken Luthers, wie er diese in seinem *Kommentar* entwickelt, zu skizzieren. Ein Vergleich mit den Gedanken des Erasmus soll dabei die eventuelle Verwandtschaft und die Unterschiede erhellen. In einem dritten Teil wird Luthers *Kommentar* seinen gebührenden Platz im Rahmen der kirchenpolitischen Lage des Jahres 1519 finden. Zuletzt wird die Frage erörtert, inwiefern die Zeitgenossen sich eines Unterschiedes zwischen Luther und Erasmus bewußt sein konnten.

1. *Die Benutzung der "Annotationes in epistolam Pauli ad Galatas"*

Der im September 1519 erschienene *Kommentar* ist eine Überarbeitung der Vorlesung, die Luther 1516/1517 gehalten hatte[2]. Auch damals

---

[1] *Hyperasp.* 1, LB 10, 1254F.
[2] *In epistolam Pauli ad Galatas M. Lutheri commentarius*, WA 2, 443–618; 9, 790–791.

hatte er die exegetischen Hilfsmittel seiner Zeit, die *Glossa ordinaria*, die Kommentare des Hieronymus, Augustins und des Jacobus Faber Stapulensis und die soeben erschienenen *Annotationes* des Erasmus zum Neuen Testament verwendet[3]. Schon ein oberflächlicher Vergleich von *Kommentar* und Vorlesung zeigt aber einen beträchtlichen Unterschied. Damals hatte Luther den Namen des Erasmus nur einmal genannt[4]. Jetzt sagt er sofort zu Anfang, daß es nach dem Erscheinen der *Annotationes* des "theologicissimus" Erasmus nur für seine Leser notwendig sei, zu bemerken, daß das griechische "ἀπόστολος" "missus" heiße[5]. Diese Bemerkung ist völlig überflüssig, da diese Übersetzung von "ἀπόστολος" schon in der *Glossa ordinaria* steht.

Der erste Eindruck wird schnell bestätigt. Luther nennt oft die Väter, besonders Hieronymus[6]. Von seinen Zeitgenossen erwähnt er einmal Philipp Melanchthon[7], fünfmal Faber Stapulensis[8] (davon dreimal zusammen mit Erasmus[9]), letzteren -wie schon gesagt- zwanzigmal und so gut wie immer zustimmend[10]. Daneben gibt es viele Stellen, wo deutlich wird, daß Luther Erasmus benutzte, ohne seinen Namen zu erwähnen. Ich fand nicht weniger als 29 Stellen, bei denen es entweder feststeht oder sehr wahrscheinlich ist, daß die *Annotationes* des Erasmus den Bemerkungen Luthers zugrunde liegen[11].

Welcher Art sind nun die von Luther gebrauchten annotationes? Es ist klar, daß Luther jedenfalls für die richtige Textgestalt Erasmus

---

Die Nachschrift der Vorlesung ist abgedruckt WA 57 II (WA 57 hat dreifache Paginierung!).

[3] Der Bearbeiter von WA 57 II, Karl August Meissinger, hat gute Anmerkungen gegeben.

[4] WA 57 II, 97,4.

[5] WA 2, 452,3–6. Oder aber meint Luther dieses doch eher ein wenig ironisch: Der sogenannte große Theologe bringt es nicht weiter als die Glossa? Jedenfalls hat es Erasmus ehrend aufgefaßt, und dafür spricht auch die auffallende Stelle ganz am Anfang des *Kommentars*.

[6] Weiter nennt er Origenes, 'Ambrosius' und Augustin.

[7] WA 2, 595,18–19.

[8] WA 2, 506,28; 517,8; 548,3; 553,6; 589,19.

[9] WA 2, 506,28; 548,3; 589,19.

[10] WA 2, 452,3–6; 460,7–8; 463,6–11; 476,38–40; 482,8–10; 484,18–24; 502,20–22; 506,28–33; 508,22–24; 548,3–5; 549,11–12; 553,11–16; 560,35–36; 567,19–20; 569,8–11; 589,19–21; 598,27–28; 601,33–35; 610,26–28; 612,7–12. Es hat keinen Sinn, die entsprechenden Stellen aus der ersten oder zweiten Edition von Erasmus, *Annot. in NT*, zu erwähnen. Im allgemeinen kann man sagen, daß die LB 6, 801–828 abgedruckten annotationes, die auf den fünften Druck zurückgehen, zwar umfangreicher sind, aber im wesentlichen keinen abweichenden Text geben.

[11] WA 2, 463,24–26; 465,19–25; 468,5–6.25–26; 470,20–26; 471,26–27; 472,21–473,2; 477,20–22; 481,4–7.33–35; 483,14–15; 505,25; 507,4–5; 510,10; 516,30–38;

ohne weiteres als die Autorität betrachtet. Er übernimmt von ihm zum Beispiel für Gal 1,6 die Lesart "ἐν χάριτι θεοῦ", wo die Vulgata "in gratiam Christi" hat. Dabei geht er allerdings weiter als Erasmus. Dieser hatte geschrieben: "Et quidam codices pro 'Christo' 'Deum' habent". Luther äußert sich weniger vorsichtig: "Graecis pro 'Christi' habetur 'dei'"[12]. Auch fügt Luther zu Gal 3,17 die Worte "in Christum" hinzu, offenbar auf die Gewähr des Erasmus[13]. Ein drittes Beispiel bietet Gal 4,6, wo Luther unter Bezugnahme auf Hieronymus und den griechischen Text "corda nostra" statt des "corda vestra" der *Vulgata* gibt, genauso wie Erasmus[14].

In Bezug auf die Interpretation fällt zuallererst auf, daß Luther den Annotationes sehr oft Darlegungen über die genaue Bedeutung griechischer Wörter entnimmt. Ich gebe auch davon einige Beispiele. Zu Gal 5,1 ("μὴ . . . ἐνέχεσθε") gibt Luther die Übersetzung: "ne . . . concludamini, possideamini, ut Erasmus, illaqueemini, implicemini"[15]. Zu Gal 5,6 bemerkt er, daß "ἐνεργουμένη" "efficax est" bedeutet, "ut Erasmus ex graeco docet"[16]. Oft erwähnt Luther bei derartigen Darlegungen seinen Gewährsmann, aber er tut das nicht immer: Er entnimmt z.B. ohne weiteres "erga omnes" als Übersetzung von "πρὸς πάντας" in Gal 6,10 einer diesbezüglichen Anmerkung der *Annotationes*[17].

Etwas weiter führen die Bemerkungen, wie Luther sie z.B. zu Gal 1,6 gibt, wo er -Erasmus folgend- sagt, daß "Χριστοῦ" oder "θεοῦ" sowohl von "ἀπὸ" wie von "χάριτι" abhängig sein kann[18]. Bemerkenswert ist Luthers Auseinandersetzung über Gal 1,10: " Ἄρτι γὰρ ἀνθρώπους πείθω ἢ τὸν θεόν;". Zuerst erwähnt er die übliche Exegese, danach schließt er sich aber der Meinung des Erasmus an, der es als "an humana suadeo an divina?" auffaßte. Dabei zitiert Luther nicht nur die Worte des Erasmus, sondern er nennt auch genauso wie dieser die Vertreter der von ihm abgelehnten Exegese[19]. Es gibt viele derartige Stellen, wo Luther der Exegese des Erasmus schlechthin folgt. Wie sehr er oft von Erasmus abhängig ist, zeigt zum Beispiel die

518,25–26; 520,5–7; 522,12–13; 529,1–9; 536,16–17; 569,12–17; 571,11–14; 574, 1–11.12–14; 602,5–6; 608,25; 611,17; 614,39–40; 615,27–34.

[12] WA 2, 460,7.
[13] WA 2, 520,5–7.
[14] WA 2, 536,16.
[15] WA 2, 560,33–36.
[16] WA 2, 567,19–20.
[17] WA 2, 611,17.
[18] WA 2, 460,7–8.
[19] WA 2, 463,1–11.

Behandlung der wichtigen Stelle Gal 3,13 "γενόμενος ... κατάρα".
Luther hat hier mit Erasmus gemeinsam die Vergleichsstelle 2 Kor
5,21, wo Paulus sagt, daß Christus Sünde geworden sei. Beide sprechen
hier auch von einer Trope und fast wörtlich sind Luthers Aussagen
über Hieronymus dem Urteil des Erasmus gleich[20]. Das hier Gesagte
bedeutet nicht, daß Luther die *Annotationes* nur in bezug auf den Galaterbrief durchgearbeitet hat. Im Gegenteil, er kannte offenbar das
Werk im ganzen. Ein gutes Beispiel liefern dafür seine Bemerkungen
zu Gal 3,2, die -wie er selbst sagt- Erasmus entnommen sind[21]. Sie
stammen aber nicht aus der diesbezüglichen Stelle der *Annotationes*,
sondern aus der zu Rom 10,16, eine Stelle, die Luther also mit zu Rate
gezogen hat[22].

Das Vorhergehende ist aber nicht das Einzige oder das Wichtigste! An mehreren Stellen ergibt sich, daß Luther auch die tieferge-
henden exegetischen Ausführungen des Erasmus fleißig studiert hat.
Ich gebe drei Beispiele, die meines Erachtens für Luthers Verfahren
charakteristisch sind. Das erste betrifft das "εὐθέως" in Gal 1,16: Gehört das Wort zum Vorhergehenden oder zum Folgenden? Die Frage
scheint auf den ersten Blick rein technischer Natur zu sein. Kein
geringerer als Hieronymus hatte aber aus apologetischen Gründen
das Wort zum Vorhergehenden gerechnet. Auf diese Weise war es
nicht Paulus selber, der sich entschlossen hatte, "sofort", d.h., ohne
mit den Aposteln zu überlegen, nach Arabien zu reisen, sondern es
war der Wille Gottes, daß er so handeln sollte. Erasmus hatte sehr
sachlich darauf hingewiesen, daß Hieronymus "his angustiis constrictus"
andere als exegetische Motive hatte. Luther erwähnt die Schwierigkeiten des Hieronymus, um zu schließen: "Sed mittamus ista: videat
qui volet". Damit folgt er Erasmus[23]. Interessant ist die Weise, in der
er die annotationes zu Gal 3,24 benutzt. Erasmus hatte darauf hingewiesen, daß die Worte "εἰς Χριστόν" übersetzt werden sollten mit "in

---

[20] WA 2, 516,30–38. Luther sagt: "D. Hieronymus mire laborat, ne Christum a
deo maledictum admittat"; Erasmus, *Annot. in NT* hat: "Demiror autem, cur hic
tantopere laboret, ne Christus dicatur maledictus"; LB 6, 814F.

[21] WA 2, 508, 22–24.

[22] Luther gibt die Anmerkung des Erasmus wie folgt wieder: "... pro ipso ...
sermone qui auditur"; WA 2, 508,22–23. Erasmus hat in der ersten Edition der
Annot. in Gal. 3,2 keine Anmerkung, gibt in der zweiten Edition dann als Übersetzung: "ex praedicatione fidei, hoc est: ex fide, quam ex nobis audistis, non ex lege
didicistis"; LB 6, 813C. Zu Rom 10,16 haben beide Editionen: "Illud admonendus
lector, hoc loco 'auditum' poni pro ipso sermone, qui auditur"; LB 6, 619F.

[23] WA 2, 470,15–30.

Christum" oder "ad Christum". Es wäre nicht mehr als eine exege-
tische Frage: "ad" sei das angemessene Wort, weil der Pädagoge den
Schüler führe. Luther folgt dieser Übersetzung. Für ihn war es aber
keine rein technische Frage: Die Übersetzung "in Christo" würde
heißen "quasi in Christo iam viventibus lex paedagogus noster sit".
Nein, das Gesetz fördert die Sünde und stachelt dazu an, die Hilfe
Christi zu begehren. Die Übersetzung "ad" ist also zum richtigen
Verstehen des Apostels notwendig[24]. Schließlich noch das Beispiel von
Gal 5,12. Erasmus hatte als Bedeutung von "ἀποκόψονται" aufgewiesen: "anathema fiant, penitus resecti a vestro consortio". Diese spiritualisierende Exegese war seiner Meinung nach "apostolico sensu
dignior". Luther folgt dieser Exegese, die er aber auf eine derartige
Weise mit einer buchstäblichen Exegese verbindet, daß Erasmus sie
wahrscheinlich gar nicht 'würdig' gefunden hätte: "'. . . opto, ut et
abscindantur et sint eunuchi illi amputatis testiculis et veretro', id
est, qui docere et gignere filios spirituales nequeunt, extra ecclesiam
eiiciendi"[25].

Nach diesen wenigen, aber meines Erachtens repräsentativen Beispielen der Art und Weise, in der Luther die Exegese des Erasmus
gebraucht hat, erhebt sich die Frage, inwiefern er 1519 von neuem
die *Annotationes* durcharbeitete. Sein *Kommentar* war ja die Überarbeitung einer Vorlesung. Es fällt auf, daß Luther jetzt selten die Exegese
des Erasmus an Stellen benutzt, an denen er das zwei Jahre zuvor
nicht getan hatte. Von insgesamt 49 Stellen, an denen der Kommentar die *Annotationes* heranzieht, sind nur elf Stellen 'neu'[26]. Bei den
zwanzig Stellen, an denen Erasmus 1519 namentlich erwähnt wird,
ist sein Einfluß nur an drei Stellen nicht schon in der Vorlesung
spürbar[27]. Man kann sich die Arbeitsweise Luthers etwa so denken,
daß ein Manuskript der Vorlesung die Grundlage für den *Kommentar*
bildete[28], und daß er bei der Bearbeitung dieses Manuskriptes verschiedene andere Werke -an erster Stelle Hieronymus, weiter Augustin
und dann auch besonders die *Annotationes* des Erasmus- vor sich hatte.

Dann erhebt sich aber sofort die Frage: Welche Edition der *Annotationes* benutzte Luther? Die 1516 veröffentlichte erste Ausgabe oder

---

[24] WA 2, 529,1–9.
[25] WA 2, 574,1–11.
[26] WA 2, 460,7–8; 481,33–35; 516,38; 522,12–13; 536,16–17; 569,8–11; 574,
1–11; 601,33–35; 608,25; 611,17; 614,39–40.
[27] WA 2, 460,7–8; 569,8–11; 601,33–35.
[28] Vgl. WA 57 II, XVIII–XX.

die im März 1519 erschienene zweite[29]? Man vergegenwärtige sich
die Unterschiede: Während der Erstdruck fast nur kurze, sachliche,
sprachliche Bemerkungen zum Text hat, setzen in der zweiten Edition
die längeren Anmerkungen ein, durch die die *Annotationes* vom dritten
Druck an zu einem Instrument der Reformideen von Humanisten
wurden. Das Material wurde auf diese Weise vermehrt. Es kommt
fast nicht vor, daß in späteren Drucken Anmerkungen eliminiert
werden. Beim Galaterbrief besteht zwischen den beiden Editionen
kein grundlegender Unterschied. Die zweite enthält mehr Anmerkungen als die erste; verschiedene annotationes sind weiterausgebaut
worden, besonders die zu Gal 2,11 und 3,1, die sich dem letzten
Umfang schon annähern. Andererseits fehlt beiden Editionen die
später so ausführlich gearbeitete Anmerkung zu Gal 4,25 noch ganz.

Nun ist es angesichts der Arbeitsweise Luthers von vornherein klar,
daß im *Kommentar* mittels Übernahme von Erasmischem Material aus
der Vorlesung zwangsläufig die erste Edition am meisten benutzt wird.
Es gibt dennoch einige Stellen, wo die zweite Edition der *Annotationes*
hinter Luthers Äußerungen steht. Das dürfte schon bei seiner Bemerkung zu Gal 1,1 über die Bedeutung von 'apostolus' der Fall sein,
denn diese Erklärung begegnet bei Erasmus erst in der zweiten Edition zu Gal 1,1. In der ersten Edition findet sie sich aber zu Rom
1,1, so daß Luther sie auch dieser Stelle, und dann auch der ersten
Edition, entnommen haben kann. Nicht eindeutig ist auch die Bemerkung zu Gal 1,14[30]. An drei Stellen ist jedoch jeder Zweifel ausgeschlossen: Die Bemerkung zu Gal 2,9 über "dextrae societatis" als
Hebraismus entstammt dem zweiten Druck der *Annotationes*[31]. Das
gleiche gilt für Luthers Bemerkung zu Gal 3,19 über "lex posita"[32].

---

[29] Vgl. WA.B 1, Nr.146,37–39, S.333, Johann Froben an Luther am 14. Februar
1519; 335, Anm. 19; Luther hatte das Werk am 13. März wahrscheinlich noch
nicht empfangen; vgl. 331–332, Anm. 1.

[30] In der ersten Edition hat Erasmus hierzu keine Anmerkung; in der zweiten
gibt er: "Genus gentem appellat Iudaicam, sicut in proxima epistola: 'in periculis ex
genere'"; LB 6, 803E. Luther hat 1516/1517 die Glosse: "in genere meo: in gente
Hebrea"; WA 57 II, 9,16–17. In seinem *Kommentar* zitiert er auch 2 Kor 11,26; vgl.
WA 2, 468,6. Es ist also wahrscheinlich, daß er das Zitat der zweiten Edition der
Annot. entnommen hat, aber ebenso möglich, daß er es selbständig heranzog.

[31] WA 2, 481,33–34: "Videtur et id hebraismum spirare 'dextras societatis' pro
'dextras socias' vel pro 'societate firmanda'". Erasmus hat 1516 keine Anmerkung,
aber 1519: "Aut subaudiendum ἕνεκα', aut iuxta Hebraeum idioma dixit dextras
societatis ut osculum pacis, pro 'dextris socialibus', ut ita loquamur"; LB 6, 807C.

[32] WA 2, 522,12–13: "legem dicit positam seu additam et appositam". Erasmus
hat 1516 keine Anmerkung, doch 1519: "'προσετέθη', id est: addita est, sive: apposita
est, nisi legas 'προετέθη'"; LB 6, 816C.

Schließlich fehlt in der ersten Edition der *Annotationes* die Anmerkung über die Bedeutung von "ἀποκόψονται" in Gal 5,12 noch fast ganz[33]. Die ausführliche Anmerkung in der zweiten Edition[34] hat offenbar Luther dazu veranlaßt, selbst im Anschluß an die *Annotationes* seine Auslegung zu geben. Die Schlußfolgerung ist berechtigt, daß im letzten Augenblick, vielleicht erst bei der endgültigen Anfertigung des druckreifen Manuskripts, die soeben erschienene zweite Edition der *Annotationes* noch zu Rate gezogen wurde. Der zur Verfügung stehende Zeitraum war kurz: schon im Mai war Luthers Manuskript fertig[35].

Eine letzte Frage in diesem Zusammenhang lautet: Inwiefern stimmt Luther mit Erasmus überein? Wir haben schon gesehen, daß Luther mit nur einer Ausnahme Erasmus immer dort, wo er seinen Namen erwähnt, beipflichtet. Bemerkenswert ist besonders Luthers Bemerkung über "στοιχῶμεν" in Gal 5,25. Er beruft sich auf Erasmus; seine Erklärung entspricht aber mehr seiner eigenen Vorlesung als den *Annotationes*[36]. Auch weiterhin ergibt sich eine weitgehende Übereinstimmung. Daß diese nicht in sklavische Abhängigkeit ausartet, zeigen die drei Ausnahmefälle, wo Luther eine abweichende Meinung vorträgt: Zu Gal 1,18 verneint er ausdrücklich, daß Paulus mit seinem Besuch bei Petrus in Jerusalem bezweckt habe, von diesem unterrichtet zu werden, obwohl Erasmus das nachdrücklich behauptet hatte. Erasmus hat als Argument die Bedeutung des Wortes "ἱστορῆσαι"[37]. Luther argumentiert aufgrund dessen, was Paulus in diesem Zusammenhang beabsichtigt[38]. Bei Gal 5,8 ist er anderer Meinung als Erasmus in Bezug auf die Bedeutung des Wortes "πεισμονὴ". Luther

---

[33] Sie hat nur: "Utinam et abscindantur, addita copula; 'ἀποκόψονται', id est: amputentur sive resecentur"; LB 6, 823D.

[34] Die zweite Edition hat noch zu der Anmerkung, die sich in der ersten vorfindet: "Est nonnihil emphasis in coniunctione: non solum iudicentur, sed etiam anathema fiant, penitus resecti a vestro consortio. Aut: qui vos volunt circumcidi, ipsi prorsus execentur, ut Paulus imprecetur exectionem totius membri, qui docerent circumcisionem. Attingit hunc sensum Ambrosius, et item Vulgarius [Theophylakt], sed alter mihi videtur apostolico sensu dignior"; LB 6, 823D–E.

[35] Vgl. WA.B 1, Nr.176,22–23, S.400, Luther an Johann Lang am 16. Mai 1519: "Epistola mea ad Galatas sub incude Lipsiae laboratur".

[36] Luther sagt 1519: "Est enim vis huius verbi et propria significatio ordine incedere, recta via gradi, procedere, ut Erasmus dedit"; WA 2, 598,27–28. Erasmus hat in beiden Editionen: "ordine suo incedere"; LB 6, 825C und gibt auch zu anderen Stellen, wo dasselbe Wort vorkommt, keine Auslegung, die den Worten Luthers näher kommt. Luther hat 1516/1517: "ambulemus. i.e. procedamus seu proficiamus recta via"; WA 57 II, 44,8).

[37] "nempe percontandi discendique causa videre"; LB 6, 804E.

[38] WA 2, 472,21–473,2.

entscheidet sich für eine passive Bedeutung[39], Erasmus für eine aktive[40], wobei beide angesichts des Vorhergehenden argumentieren. Das interessanteste Beispiel ist die Exegese von Gal 3,1: "οἷς κατ' ὀφθαλμοὺς Ἰησοῦς Χριστὸς προεγράφη ἐν ὑμῖν ἐσταυρωμένος". Erasmus hatte zwei Möglichkeiten der Erklärung genannt und sich gegen Augustin und Ambrosius für die Auffassung entschieden: "Galatas adeo dementatos fuisse ut id, quod manifestissimum esset et oculis expositum, tamen non cernerent obcaecati". Luther gibt diese Exegese wieder, entscheidet sich aber unter Hinweis auf Hebr 6,6 dagegen aufgrund eines exegetischen Motivs: "Id autem me movet, quod 'Christum in aliquo crucifigi' nunquam in bonum accipitur in scripturis"[41].

Luthers Unabhängigkeit zeigt sich dann und wann auch in einer eigenen Übersetzung. Ein Beispiel gibt Gal 1,7, wo Luther "ὃ οὐκ ἔστιν ἄλλο" -wie er selber sagt: "me temerante"- mit "cum non sit aliud evangelium" übersetzt[42]. Mit dieser Übersetzung weicht er namentlich von Hieronymus, aber stillschweigend auch von Erasmus ab.

Man kann folgern, daß Luther Erasmus als Autorität in exegetischen Fragen betrachtete. Schon in den Jahren 1516 und 1517 hatte er die *Annotationes* unter diesem Gesichtspunkt eifrig benutzt. Jetzt, 1519, tut er dasselbe. Darin liegt nichts Außerordentliches. Er verwendet Erasmus gerade so, wie dieser das wünschte. Die wiederholte Nennung seines Namens ist allerdings augenfällig. Die Bedeutung dieser Tatsache lasse ich jetzt noch dahingestellt.

2. *Die Gedankenwelt Luthers im Vergleich mit derjenigen des Erasmus*

Welche sind die wichtigsten Erörterungen Luthers im *Galaterbriefkommentar*? Wie hat er im Anschluß an diesen Paulusbrief seine eigenen theologischen und kirchlichen Gedanken entwickelt[43]? Der Galaterbrief gab dazu reichlich Anlaß: Er spricht ja einerseits über die Gerechtigkeit aus dem Glauben -im Gegensatz zur Gerechtigkeit aus

---

[39] WA 2, 569,12–17, bes. 14–15: "ut sit sensus: 'Impediti estis, quia nimis cito persuasi estis'".

[40] "hic significat persuasionem non obtemperantium, sed persuadentium"; LB 6,822F.

[41] WA 2, 506,33–34.

[42] WA 2, 460,11–14.

[43] Eine ausführliche Analyse bietet Karin Bornkamm (1963). Ich verfolge ein sehr beschränktes Ziel.

dem Gesetz-, andererseits bietet er die berühmten Aussagen über die Freiheit des Christen.

Beide galten auch für Luther als die Hauptthemen des Briefes. Sein Ausgangspunkt ist der Gegensatz zwischen Gesetz und Evangelium: das Gesetz fordert; das Evangelium aber predigt, daß alles schon erfüllt und geschehen ist[44]. Was ist dann Gesetz? Nicht nur die zeremoniellen und moralischen Gesetze, sondern auch "der allerheiligste Dekalog" mit seinen ewigen Vorschriften Gottes ist Buchstabe und buchstäbliche Tradition, die tötet und die Sünde steigert[45]. An sich ist das Gesetz zwar gut, aber es ist wie Wasser, das auf Kalk gegossen wird und diesen entzündet[46]. Demgegenüber steht das Evangelium, das den Menschen lehrt, seine Zuflucht zu Gottes Gnade zu nehmen[47].

Dem Gegensatz zwischen Gesetz und Evangelium entspricht ein zweiter, der zwischen einer Gerechtigkeit "ad extra, ab operibus, ex propriis viribus" und einer Gerechtigkeit "ab intra, ex fide, ex gratia"[48]. Die erste Gerechtigkeit ist sklavisch. Man meint, durch das Tun des Gerechten gerecht zu werden, so wie die Affen die Menschen nachahmen[49] oder wie die Turmbauer zu Babel zu Gott hinaufsteigen wollten[50]. Die zweite Gerechtigkeit ist nichts anderes als ein "desperare de te"[51], das Anrufen des Namens Gottes, wobei durch den Glauben das Herz und der Name Gottes zusammenkommen, eins werden[52]. Dann werden alle gerecht durch die Gerechtigkeit eines andern[53]. In der ersten Gerechtigkeit kommt der Mensch zwar zu Werken des Gesetzes, aber coram Deo sind diese Sünden[54]. Zusammenfassend sagt Luther: "Regula Apostoli est haec: Non opera implent legem, sed impletio legis facit opera. Non iusta faciendo iustus fit, sed factus iustus facit iusta"[55]. Aber wozu gibt es dann einen Dekalog und so viele Vorschriften auch in der Lehre Christi und der Apostel? Luther antwortet mit einer Rückfrage: Wie ist es möglich, daß die in Christo

---

[44] WA 2, 466,3–16.
[45] WA 2, 468,14–469,1; 514,13–24; 525,5–24.
[46] WA 2, 527,4–8.
[47] WA 2, 469,13–20.
[48] WA 2, 489,21–491,22.
[49] WA 2, 489,38–490,1.
[50] WA 2, 504,31–33.
[51] WA 2, 525,30–34; 526,20–25.
[52] WA 2, 490,13.17–20; 503,35–38.
[53] WA 2, 491,17–18.
[54] WA 2, 492,2–3; vgl. 515,25–28.
[55] WA 2, 492,20–21.

Gerechtfertigten keine Sünder sind und doch Sünder[56]? "Simul ergo iustus, simul peccator". Sie sind gerecht, wenn man den Glauben sieht, Sünder, wenn man das Fleisch, die caro, sieht[57]. Die Gesetze sind nur für die Sünder notwendig, aber auch die Gerechtfertigten sind Sünder "propter carnem suam"[58]. "Non equiti [dem Geist des Glaubens] sed equo [dem Fleisch] frenum debetur"[59].

Es erhebt sich dann die Frage, ob das Gesetz für Luther, der Natur der Sache nach, nur negativ ist. Im Anschluß an Gal 2,19, "Ich bin aber durch das Gesetz dem Gesetz gestorben", stellt Luther einen neuen Gegensatz zwischen dem Gesetz des Geistes und des Glaubens und dem Gesetz des Buchstabens und der Werke auf. Das letzte ist das alte Gesetz, das Gesetz des Mose, das erste ist das neue Gesetz, das Gesetz Christi[60]. Könnte man auch sagen: Altes und Neues Testament? Das scheint richtig zu sein, um so mehr, da Luther selbst sagt: "Lex literae et lex spiritus differunt, sicut signum et signatum, sicut verbum et res"[61]. Luther meint damit aber nicht einen historischen Fortgang. Konsequent bezieht er auch diesen Unterschied auf den einzelnen Menschen, der durch das Gesetz des Buchstabens, das tötet, zu Christum getrieben wird[62]. In Christo aber bekommt das Gesetz eine positive Funktion: der Kranke beginnt geheilt zu werden[63]. Jetzt lieben wir das Gesetz und erfüllen dessen Forderungen[64].

In diesem Zusammenhang ist es nicht möglich, die Frage zu erörtern, inwieweit diese Gedanken sich schon in der Vorlesung finden. Im allgemeinen kann man sagen, daß es in ihr bestimmte Ansätze gibt, im *Kommentar* aber die Gnadenlehre Luthers in ihrer vollendeten Gestalt hervortritt.

Ein Vergleich mit den *Annotationes* des Erasmus wäre unzutreffend, denn diese bieten rein exegetisches Material. Lehrreich ist dagegen ein Vergleich mit der Schrift *In epistolam Pauli ad Galatas Paraphrasis*, die Erasmus auch gerade 1519 publizierte[65], Luther aber noch nicht be-

---

[56] WA 2, 496,35–497,24.
[57] WA 2, 497,13.22–24.
[58] WA 2, 497,36–37; vgl. 509,21–22: "Ex quo loco claret, carnem non modo pro sensualitate seu concupiscentiis carnis accipi, sed pro omni eo, quod extra gratiam et spiritum Christi est".
[59] WA 2, 498,13.
[60] WA 2, 498,22–500,16.
[61] WA 2, 500,6–7.
[62] WA 2, 500,10–16.
[63] WA 2, 466,17–26.
[64] WA 2, 528,30–36.
[65] LB 7, 943–968, Mai 1519.

nutzte. Erasmus sieht, exegetisch richtig, in diesem Brief das große Dokument des Kampfes, den Paulus gegen die Judaisten geführt hat. Für ihn ist der Unterschied zwischen Altem und Neuem Testament, zwischen Gesetz und Evangelium, grundlegend[66]. Das ist eine historische Behandlungsweise des Briefes; nicht eine nur historische Betrachtung! Die Judaisten sind das Bild derjenigen Christen, die doch wieder auf äußerliche Zeremonien vertrauen und daher in das Judentum zurückfallen[67]. Für Luther ist die große Gefahr das Suchen der eigenen Gerechtigkeit, wie das in der Theologie und in der Kirche, gerade auch in seiner Zeit, immer wieder zu Worte kommt. Paulus richtet sich nach Luther gegen jeden einzelnen Menschen, und Luther ist der Prophet, der einzige neben Augustin, wie er selber sagt, der Paulus wirklich verstanden habe[68]! Es ist nicht verwunderlich, daß er öfters gegen die übliche Theologie zürnt[69]. Erasmus hingegen tadelt implizit, daß Christen ins Judentum, in eine überalterte und abgestellte Religion zurückfallen[70]: Man bedenke doch, daß in Christo das Neue gekommen ist[71].

Bei dem ersten Lesen des *Kommentars* steht aber eine andere Sache mehr im Vordergrund: die Klagen Luthers über die damalige Lage der Kirche. Schon im Vorwort[72] sagt er nichts über die Rechtfertigung des Menschen, desto mehr aber über Rom, und im Nachwort heißt es: "... öffne deine Augen, was meinst du, was es bedeutet, daß für ewig so viele Tausende von Seelen umkommen, um eines einzelnen Menschen oder einer einzelnen römischen Kirche willen?"[73] Was beanstandet Luther nun im einzelnen in seinem Kommentar? Immer wieder richtet er sich gegen die kirchlichen Gesetze, wie Fest- und Fastentage, Priesterzölibat usw., die Zwang ausüben, den Menschen

---

[66] "Sed dum hominibus placeo, Deo displiceo, qui Mosen antiquari, Christum Filium suum illustrari voluit ... Posteaquam semel addixi me Christo, nunquam servii Mosi ceremoniis, quas ob Christi lucem antiquatas sciebam"; LB 7, 946A–B.

[67] LB 7, 961F.

[68] WA 2, 489,17–19: "nec hunc in omnibus locis, sed ubi cum Pelagianis, gratiae dei hostibus, pugnat".

[69] WA 2, 458,8–11; 464,24–31; 490,3–8; 496,35.

[70] "... vos contra a tam praeclaris orsis ad deteriora relabimini ... Vos contra, cum ab Euangelio vestram professionem sitis auspicati, in Judaismum degeneratis"; LB 7, 952DE.

[71] "Non fert ille claudicantes utroque pede, non vult vinum novum infusum utribus veteribus, non vult vetus infusum novis utribus, non fert assutum pannum novum vestimento veteri, non fert vesti novae veterem pannum admixtum"; LB 7, 961B.

[72] WA 2, 445,8–449,31.

[73] WA 2, 616,35–37.

zum Sklaven machen[74]. Jeder, der sich widersetzt, wird als Ketzer gebrandmarkt[75]. Damit übt man eine Tyrannei aus, die die Kirche völlig von der Kurie abhängig macht[76] und schlimmer ist als die Tyrannei der Türken[77]. Besonders Rom ist daran schuld: "Rom" heißt ja im Hebräischen "superba et excelsa"[78]. "Einige Herolde des Antichrists sind so weit gegangen, daß sie ganz ekelhaft schwatzen, ... der römische Papst habe keinen Richter auf Erden, und Christus habe nicht genügend für seine Kirche Sorge getragen, falls er einem Menschen nicht ebensoviel Macht mitgeteilt hätte wie er selber hat"[79]. Aber auch die Habsucht der Kirche wird von Luther immer wieder getadelt[80]. Besonders scharf malt er schon im Anfang den Unterschied mit der Zeit der Apostel. Diese waren "missi", Gesandte, ein Wort, das sowohl ihre persönliche humilitas wie ihre sublimitas als Gesandte, Diener des Herren andeutet. Demgegenüber deuten jetzt Begriffe wie "apostolatus" und "episcopatus" dignitas und ditio an! Solche Würdenträger sind keine "missi", sondern "venientes", nach dem Wort Jesu, Joh 10,8: "Alle, die vor mir gekommen sind, sind Diebe und Mörder", die nicht das Wort Gottes bringen, sondern mit dem Wort eines Menschen kommen[81].

Welchen Hintergrund haben diese Vorwürfe? In zweifacher Weise verbindet Luther sie mit seinen Gedanken über Rechtfertigung und Gesetz. Einerseits sind die äußerlichen Werke -sogar die Mönchsgelübden von Armut und Keuschheit- der Versuch des Menschen, sich durch sie selbst zu rechtfertigen, und daher eine Verleugnung Christi[82]. Andererseits ist das Gesetz des Geistes verschwunden. Aber die Gesetze, die man ohne den Geist nicht erfüllen kann, nehmen durch den Zorn Gottes täglich zu. Ohne den Geist sind diese Werke "onera importabilia"[83].

Haben die äußerlichen Werke dann gar keinen Sinn? An diesem Punkt bringt Luther die Freiheit des Christen ins Spiel. Diese Frei-

---

[74] WA 2, 453,7–12; 463,4–6; 475,15–20; 487,30–34; 500,36–38; 527,11–15; 540,35–541,15; 578,22–28; 582,20–25.
[75] WA 2, 462,18–23; 545,11–22; 598,18–22.
[76] WA 2, 599,37–601,2; 609,10–14.
[77] WA 2, 541,16–23; vgl. 617,9–13.
[78] WA 2, 461,26.
[79] WA 2, 571,38–572,3; vgl. 480,28–37; 481,29–35; 488,19–24; 541,11–15; 568,24–37; 616,35–37.
[80] WA 2, 475,16–20; 487,4–10.30–34; 578,22–28; 582,27–28; 599,37–601,2.
[81] WA 2, 452,14–453,6.
[82] WA 2, 462,23–34; 475,13–15; 487,30–34; 527,15–21; 562,39–563,3; 582,28–29.
[83] WA 2, 500,36–501,6.

heit bedeutet, daß wir in keinerlei Hinsicht an äußerliche Werke gebunden sind: "Igitur Christianus verus . . . ad omnia prorsus indifferens
est"[84]. Gibt es folglich keinen Maßstab? Keinen, der in den Werken
als solchen liegt. Es gibt aber eine Norm, die in der Quelle liegt, aus
welcher die Werke fließen. Diese Norm ist die brüderliche Liebe.
Ob man heiratet oder ins Kloster eintritt, man handelt völlig richtig,
falls es aus der Liebe fließt[85]. Daher darf es in der Kirche keine
Gesetze geben, "nisi quatenus libera permittatur charitas mutuaque
beneficentia"[86]. Der Christ braucht dann auch, wenn sich die Liebe
vorfindet, keine andere Dispensation als die eigene. Es ist ihm erlaubt, Gebote zu brechen, ohne daß er die Genehmigung dazu kaufen muß[87].

Wird auf diese Weise die Freiheit des Christen durch die Liebe
beschränkt? Luther sagt: "Christliche Freiheit gibt es, wenn sich ohne
Änderung des Gesetzes die Menschen ändern, so daß dieses Gesetz . . .
bereits süß ist, nachdem durch den Heiligen Geist die Liebe in unseren Herzen ausgegossen ist"[88]. Die Liebe beschränkt die Freiheit
nicht, sie wirkt gerade die Freiheit. Wie kann der Christ aber in
dieser Kirche, die von menschlichen Gesetzen und Zwang geprägt
ist, leben? Falls die brüderliche Liebe es fordert, soll er alle Gesetze
brechen. Wo diese aber nicht ins Spiel kommt, soll er entweder alles
dulden und leben wie unter der Tyrannei der Türken, oder aber mit
Geld seine Freiheit kaufen, wobei er selbst die Simonie nicht fürchten soll[89]. Andererseits soll er die Bösen in der Kirche, auch wenn
sie Priester und Bischöfe sind, warnen und beschuldigen und ihnen
auf diese Weise seine Liebe zeigen. Man soll sich aber nicht trennen
von der Kirche oder der römischen Kurie: Absit, absit. Die Böhmen,
die das getan haben und sich dessen rühmen, rühmen sich in Wirklichkeit eines Lichtes, in das sich der Engel des Satans verwandelt[90].
Luther ist sich dessen bewußt, daß er harte Worte spricht, aber das
ist die einzige Möglichkeit. "Denn wenn die Heilige Schrift so dargestellt wird, daß sie nur über die Vergangenheit spricht und nicht
unsren Sitten angemessen ist, welchen Nutzen hat sie?"[91]

---

[84] WA 2, 479,1–4.
[85] WA 2, 478,37–479,15; 487,4–10; 562,29–38.
[86] WA 2, 487,9–10.
[87] WA 2, 487,10–12.23–28.
[88] WA 2, 560,22–25.
[89] WA 2, 501,7–26.
[90] WA 2, 605,3–34; 456,20–28.
[91] WA 2, 601,15–29; vgl. 563,7–12; 609,8–10.

Von diesen Äußerungen Luthers über die damalige Lage der Kirche ist in der Vorlesung keine Spur zu finden. Interessanter ist die Frage, inwieweit sie mit denen des Erasmus übereinstimmen. Es ist klar, daß diese Anklagen Luthers bei Erasmus viele Parallelen haben. Gibt es aber auch Unterschiede? Diese gibt es meiner Meinung nach in doppelter Hinsicht. Der erste betrifft den Hintergrund. Dieser besteht bei Erasmus im Gegensatz zwischen caro und spiritus[92]. Beide Begriffe begegnen, wie wir gesehen haben, auch bei Luther. Die Deutung ist aber eine grundsätzlich verschiedene. Fleisch ist für Erasmus alles Sichtbare, Äußerliche, Irdische – und dazu gehören auch alle kirchlichen Zeremonien im breitesten Sinne des Wortes. Zwar hat die Kirche das Recht, bestimmte Zeremonien vorzuschreiben. Aber Christus hat uns gerufen zur Freiheit, zum Geist. Die äußerlichen Zeichen sind für die Kinder, der Erwachsene braucht sie nicht mehr. Wenn die kirchlichen Behörden den Gipfelpunkt der Frömmigkeit in den Zeremonien suchen, bedrohen sie die wahre Frömmigkeit, das Leben des Geistes. Zeremonien haben nur Sinn, wenn sie dem Geist dienen. Sonst sind sie die größte Gefahr für die christliche Religion[93].

Der zweite Unterschied liegt in der Stellung, die beide Theologen in der Kirche einnehmen. Luther spricht aus der Stellung eines Untergeordneten heraus, der sich in der schlimmen kirchlichen Lage zurechtfinden muß. Erasmus hegt die Hoffnung, daß die Lage sich ändern wird; er ruft zur Besserung.

3. Der Kommentar im Rahmen der Kirchenpolitik

Der *Kommentar* ist im September 1519 im Druck erschienen, war aber schon im Mai fertig[94]. Wie war damals das gegenseitige Verhältnis zwischen Luther und Erasmus? Im März hatte Luther seinen ersten Brief an Erasmus geschrieben, ein vorsichtiges, aber doch auch klares Schreiben. Er wies auf das Vorwort zur Herausgabe des *Enchiridion* von 1518 hin, in dem Erasmus sich gegen die Feinde Luthers gerichtet und ihn sogar in Schutz genommen hatte. Luthers Brief gipfelte in der Bitte: "Anerkenne, mein teurer Erasmus, bitte auch dieses Brü-

---

[92] S. dafür Cornelis Augustijn (1986), 44–51.
[93] Erasmus, *Enchir.*, LB 5, 34D–37C, erwähnt besonders den Galaterbrief.
[94] Vgl. WA.B 1, Nr.176,22–23, S.400; Nr.182,15, S.408, Luther an Martin Glaser am 30. Mai 1519; Nr.196,20–21, S.506, Luther an Lang am 3. September 1519; Nr.198,10–11, S.508, Luther an Georg Spalatin am 22. September 1519.

derchen in Christus"[95]. Die vielfache, rühmende Erwähnung des Erasmus im *Galaterbriefkommentar* verfolgte das gleiche Ziel. Luther suchte Kontakt, Anerkennung. Vielleicht könnte man sogar sagen: Luther schlug eine Art von Bundesgenossenschaft vor. Es ist sicherlich auch nicht zufällig, daß er die Form eines Kommentars wählte, eine Form, die dazu geeignet war, "die humanistische Gelehrtenrepublik für sich zu gewinnen"[96].

War dieser Annäherungsversuch ein politisches Manöver? Ohne Zweifel! Es ist wahrscheinlich, daß hinter Luther Georg Spalatin und der Kurfürst standen. Die sächsischen Politiker entfalteten in diesen Monaten bei Erasmus einen wahren Werbefeldzug zugunsten Luthers[97]. Da hinein paßte dieser *Kommentar* vortrefflich. Er zeigte ja, daß Luther von seiten der Humanisten eine Begünstigung verdiente[98]. Das wird durch das Vor- und das Nachwort noch unterstrichen. Im ersteren sagt Luther, daß er einem Kommentar von Erasmus den Vorzug gegeben hätte[99]. Im letzteren macht 'Paulus Commodus Bretanus' Luther zu einem humanistischen Bibelforscher im Stil des Erasmus, und die Wittenberger Universität wird als ein Drei-Sprachen-Kolleg dargestellt, an dem der Traum der Erasmianer verwirklicht worden ist[100].

Übrigens bedenke man bei alledem zweierlei. Erstens, daß Luther nicht unehrlich ist. Der Vergleich mit der nicht für die Öffentlichkeit bestimmten Vorlesung zeigt ja, daß er die *Annotationes* im Jahre 1519 genauso benutzte wie zwei Jahre zuvor. Zweitens bedenke man, daß er nirgends seine Ansichten verleugnet hat. Wir haben gesehen, daß

---

[95] WA.B 1, Nr.163,31–32, S.362, am 28. März 1519.

[96] WA 57 II, XV.

[97] Durch Justus Jonas und Kaspar Schwalbe suchte Spalatin Kontakt mit Erasmus, um dessen Unterstützung für Luther zu bekommen. Die schönen Geschichten, die Paul Kalkoff und Walter Delius über die Reise der Erfurter Humanisten in die Niederlande erzählen, beruhen übrigens auf reiner Einbildung. Die Wirklichkeit war viel einfacher. Trotzdem bleibt ihre Reise wichtig. Vgl. Cornelis Augustijn (1962), 32–33, Anm. 66.

[98] Meissinger spricht aus stilistischen Gründen Melanchthon einen großen Anteil an der Umarbeitung der Vorlesungen zu, eine Umarbeitung, die auch bezweckte, die Humanisten für Luther zu gewinnen; vgl. WA 57 II, XVI–XVIII.

[99] WA 2, 449,21–24: "Maluissem certe et ego expectare commentarios olim ab Erasmo, viro in Theologia summo et invidiae quoque victore, promissos". Die Annahme, daß Luther mit diesen Worten an die *Paraphr.* denkt (vgl. WA.B 1, S.323–324), ist sicherlich falsch. Es handelt sich um die von Erasmus versprochenen Kommentare über die Paulusbriefe. Wahrscheinlich denkt Luther an die *Annot. in Rom.* 1,1: "Verum hisce de rebus accuratius disputamus in Commentariis, quos olim in Paulum institutos brevi absolvemus aspirante favore Christi"; von der vierten Edition an ließ Erasmus diese Zusage aus.

[100] WA 2, 618,20–22.29–32.

seine Äußerungen über die Rechtfertigung seine Lehre in ihrer vollendeten Gestalt entfalten. Die Frage ist aber berechtigt: Gilt es auch
für seine Auseinandersetzungen mit der Kirche, der kirchlichen Lage,
den Zeremonien, der römischen Kurie usw., daß sie seine Überzeugung darstellen, oder hat Luther sich in dieser Hinsicht an die Ausführungen des Erasmus angeschlossen? Trotz der Unterschiede mit
den diesbezüglichen Äußerungen des Erasmus gibt es an diesem Punkt
doch eine beträchtliche Übereinstimmung. Außerdem legt Luther
mittels des Vorworts diesen Gedanken ein besonderes Gewicht bei:
der Schwerpunkt verlegt sich auf die potestas Papae und die privilegia
Romanae ecclesiae[101]. Inwieweit widerspiegelt dies alles Luthers Überzeugung, inwieweit liegt die Absicht vor, Erasmus zu gewinnen?

Diese Frage muß meines Erachtens in dem Sinn beantwortet werden, daß Luther auch hier seine eigene Meinung hervorhebt. Es ist
bekannt, daß er gerade in dieser Zeit zu der Überzeugung kam, "daß
der wahre und von Paulus gemeinte Antichrist in der römischen Kurie
regiere" und daß Rom schlimmer sei als die Türken[102]. Er beabsichtigte sogar, darüber eine besondere Schrift herauszugeben[103]. In dieser Gemütsstimmung hat er auch die Vorlesung überarbeitet. Als der
Kommentar erschienen war, bezeichnete er ihn selbst als "multo sale"
gewürzt[104]. Außerdem war sich Luther ohne Zweifel bewußt, daß trotz
der sachlichen Übereinstimmung der Ton seiner Ausführungen Erasmus nicht gefallen konnte. Charakteristisch ist dessen Antwort an
Luther vom Mai, in der er auf höfliche Weise auch ein Bündnis
abwies: "Meines Erachtens kommt man mit bescheidenem Anstand
weiter als mit Sturm und Drang... Es empfiehlt sich mehr, laut
gegen die aufzutreten, die die päpstliche Autorität mißbrauchen, als
gegen die Päpste selbst... Bei Dingen, die so fest eingewurzelt sind,
daß man sie nicht plötzlich aus den Herzen reißen kann, muß man
lieber mit beständigen und wirksamen Argumenten disputieren als
schroffe Behauptungen aufstellen"[105].

---

[101] S. supra, Anm. 72.
[102] WA.B 1, Nr.121,11–14, S.270, an Wenzeslaus Linck am 18. Dezember 1518.
[103] WA.B 1, Nr.141,7–10, S.315, an Lang am 3. Februar 1519.
[104] WA.B 1, Nr.198,10, S.508, an Spalatin am 22. September 1519.
[105] WA.B 1, Nr.183,35–36.38–39.41–43, S.413, am 30. Mai 1519.

4. Eine Übereinstimmung?

Trotz alledem läßt sich die Frage nicht zurückdrängen: Inwieweit
konnten die Zeitgenossen sich dieser Differenzen bewußt sein, und
inwieweit war Erasmus sich ihrer bewußt? Vielleicht könnte man auch
fragen: War es eine Täuschung, oder aber gehörten die beiden doch
in irgendeiner Weise zusammen? Ich habe den Eindruck, daß letzteres der Fall ist, und daß, seitdem die Forschung mit Recht die Rechtfertigungslehre als das Zentrum der Theologie Luthers aufgewiesen
hat, seine Kritik am Kirchenwesen seiner Zeit zu Unrecht vernachlässigt wurde. Das könnte aber ein schiefes Bild von den Anfangsjahren
der Reformation bewirken! Sowohl Erasmus wie Luther richten sich
gegen eine Kirche, die durch formelle Strukturen geprägt, die ganz
veräußerlicht und dadurch Machtinstitut geworden ist. Beide durch-
brechen diese Veräußerlichung auch in derselben Weise, durch eine
Betonung des persönlichen Verhältnisses zu Gott.

Es bedarf keiner weiteren Auseinandersetzung, daß die Unterschiede
größer sind als die Übereinstimmung. Es braucht uns aber nicht zu
wundern, daß es lange gedauert hat, bis die Zeitgenossen dies sahen,
daß auch Erasmus anfänglich zwar Luthers Benehmen getadelt hat
-er sei zu scharf und zu schroff[106]-, aber dessen Absichten billigte.
Luther sah schärfer und tiefer als Erasmus. Er war sich der grundsätzlichen Differenzen schon 1516 bewußt[107]. Obwohl seine Ausführungen
über die kirchliche Lage, wie er sie 1519 gab, nicht nur ein kirchenpolitisches Manöver waren, bleibt es bemerkenswert, daß in der Neuauflage des *Kommentars* vom Jahre 1523 die große Mehrzahl dieser
Stellen gestrichen und dem Kommentar ein neues Vorwort beigefügt
ist, das nicht mehr die Macht des Papstes und die Privilegien der
römischen Kirche tadelt, sondern den *Kommentar* als Auseinander-
zung der für das Verständnis der Heiligen Schrift grundsätzlichen
Rechtfertigungslehre lobt[108].

---

[106] Kennzeichnend ist seine Äußerung gegenüber Kardinal Lorenzo Campeggio:
"Quoniam in illius scriptis mox offenderat nescio quid saeuum et austerum, nec
satis referens mansuetudinem spiritus Euangelici, admonui . . ."; A 4, 1167,155–157,
am 6. Dezember 1520.

[107] Vgl. WA.B 1, Nr.27, S.70–71, Luther an Spalatin, der den Brief an Erasmus
weiterleitete, am 19. Oktober 1516, bes. Z.4–8: "Quae me in Erasmo, homine
eruditissimo, movent, haec sunt, mi Spalatine, quod in apostolo interpretando iustitiam
operum seu legis seu propriam (ita enim appellat apostolus) intelligit ceremoniales
illas et figurales observantias, Deinde de peccato originali (quod utique admittit) non
plane velit apostolum loqui cap. V ad Romanos".

[108] WA 2, 442.

Autor dieses Vorworts war Melanchthon. Doch schrieb dieser 1524 an Erasmus: "Die Disputationen Luthers beziehen sich hauptsächlich teils auf die Frage des freien Willens, teils auf den Gebrauch der Zeremonien. Betreffs des ersten weiß ich längst, daß du nicht einverstanden bist. Aber betreffs des zweiten seit ihr größtenteils miteinander einverstanden"[109]. Seine Sicht der Dinge war vielleicht nicht ganz falsch.

---

[109] A 5, 1500,18–21 = MBW.T 2, 344,17–20, geschrieben nach Empfang von *De lib. arbitr.*, am 30. September 1524.

HAUPTTHEMEN SEINER GEDANKENWELT

5. KAPITEL

DIE EKKLESIOLOGIE DES ERASMUS

Vor vierzig Jahren wurde folgende Bemerkung gemacht: "Eine Untersuchung der Auffassung von der Kirche bei Erasmus fehlt noch"[1]. Im Grunde genommen trifft die Bemerkung auch jetzt noch zu[2]. Es stellt sich die Frage, wie dies zu erklären ist. Ist es nur der Tatsache zuzuschreiben, daß es auf dem Gebiet der Geistesgeschichte des 16. Jahrhunderts noch viele unerforschte Bereiche gibt, oder liegt die Ursache tiefer? Denn Erasmus denkt sicherlich nicht in den Begriffen wie die Kirche; die existierende Kirche als solche hat für ihn kaum eine Bedeutung. Man kann sich sogar fragen, ob nicht viele seiner Ideale dazu neigen, das, was in der Kirche existierte, zu zerstören. Seine Aufmerksamkeit richtete sich aufgrund seines Interesses für das persönliche religiöse Leben, für die Freiheit und die Verantwortung des Individuums sicherlich nicht auf die Kirche. Er sieht jedoch, daß es in dieser Institution viele Dinge gibt, die diesen Idealen entgegengesetzt sind. Wenn er hierüber spricht, steht er der Kirche äußerst kritisch gegenüber.

Es ist daher kaum verwunderlich, daß viele Erasmus nur als einen Gegner der Kirche gesehen haben und ihn gebrandmarkt haben als eine Gefahr für dieselbe und als Vertreter einer Strömung, die letzten Endes auf ihren Sturz abzielte. Das Buch von Joseph Lortz, *Die Reformation in Deutschland*, ist ein typisches Beispiel solcher Ansichten. Es markiert einen Wendepunkt in der katholischen Geschichtsschreibung zur Periode der Reformation. Zum ersten Mal versuchte ein katholischer Historiker, den zentralen Absichten der Reformatoren Gerechtigkeit widerfahren zu lassen. Trotzdem sagt er nur wenig Gutes über Erasmus. "Er ist vollendete Undeutlichkeit. Er vermag sich immer aus der Schlinge zu ziehen". Er sei feige und unbeständig. Die Schlußfolgerung ist: "Und doch war Erasmus vor allem eine Bedrohung des Christentums und der Kirche... Erasmus war die Bedrohung des Dogmas durch den Relativismus, des Gnaden- und

---

[1] Hans Treinen (1955), 181.
[2] Die wichtigste seitdem erschienene Studie ist von Willi Hentze (1974). Franz Bierlaire (1978) macht gute Bemerkungen zum Thema.

Erlösungsreiches durch christlich veredelten stoischen Moralismus"[3].
Auf ganz anderem Wege kommt Hendrik A. Enno van Gelder zu
demselben Schluß. Dieser Autor betrachtet Erasmus als einen Vertreter dessen, was er "Große Reformation" nennt, das heißt Renais-
sance-Humanismus, eine im Grunde religiöse Bewegung, die sogar
den christlichen Glauben verteidigte, jedoch einen Kurs verfolgte, der
letztendlich nur dazu führen konnte, daß das religiöse Element seine
Bedeutung verlor und Platz machte für eine philosophisch-ethische
Denkweise. Unter Anspielung auf seine Kritik an ihrem Reichtum
wird über Erasmus' Stellung zur Kirche gesagt: "Wie viele Leute
haben diese und die vielen anderen ähnlichen Seiten begierig gelesen! Sie haben erkannt, daß Erasmus hier nicht nur einen Mißbrauch
lächerlich machte, sondern eine Institution verdammte"[4]. Offensichtlich
wäre es sinnlos, Erasmus' Ekklesiologie zu beschreiben, wenn dieser
Standpunkt richtig wäre.

Solche Beobachtungen vernachlässigen jedoch eine wichtige Gegebenheit, die wir näher untersuchen müssen: Erasmus greift niemals
die Kirche als solche an, im Gegenteil, er akzeptiert sie ohne Vorbehalt. Seine Kritik richtet sich auf die Mißbräuche in der Kirche und
nicht auf die Institution als solche; er hat die Kirche als solche in all
ihren Erscheinungsformen akzeptiert. An sich ist dies das mindeste,
was man sagen kann, aber es ist ausreichend, um zu beschließen,
daß es durchaus möglich ist, von einer Ekklesiologie des Erasmus zu
sprechen.

Ist aber eine solche Untersuchung noch notwendig? Im Jahre 1966
veröffentlichte Georg Gebhardt eine Untersuchung mit dem Titel *Die
Stellung des Erasmus von Rotterdam zur römischen Kirche*[5]. Der Autor sagt
in der Einleitung, daß das Thema seiner Studie die Kirchenauffassung
des Erasmus sei[6], und an diesem Thema hält er fest. Er diskutiert
nicht Erasmus' Stellungnahme zur Kirche, wie sie sich in seinen Hand-
lungen und Kontakten mit ihr zeigt, sondern präsentiert eine vollständig systematische Studie. In der Einleitung nennt der Autor das
Ergebnis seiner Untersuchung, das seiner Meinung nach den Leser
überraschen wird: Erasmus wird hier "ein orthodoxer Katholik . . .,
mit einem klaren, der überlieferten theologischen Lehre getreuen

---

[3] Joseph Lortz (1939, 1940), 1, 133–134.
[4] Hendrik A. Enno van Gelder (1964), 139.
[5] Georg Gebhardt (1966).
[6] Ibid., 1.

Kirchenbegriff"[7]. Das wird recht unumwunden gesagt und läßt keinen Raum für Fragen. Aber wie kommt der Autor zu diesem Ergebnis?

Wenn man das Buch liest, entdeckt man schnell, welche Methode angewandt wurde. Er hat ein Schema -überdies noch ein recht altmodisches- einer katholischen Ekklesiologie genommen und es ausgefüllt und illustriert mit Zitaten aus Erasmus' Werken, vor allem aus den *Enarrationes in Psalmos*[8]. Nun wurde die erste dieser kurzen Schriften 1515 herausgebracht, die anderen in den zwanziger und dreißiger Jahren; und trotzdem schließt der Autor auf eine geradlinige Entwicklung bei Erasmus. Er teilt jedoch Erasmus' theologische Entwicklung in drei Perioden ein und behauptet, daß Erasmus nur in der letzten Periode, von 1514/1515 an, seine theologische Ausrüstung als ausreichend betrachtet habe, um über das Wesen der Kirche zu spekulieren. Auf der anderen Seite sagt er, daß man es nicht als Interesselosigkeit an der Institution Kirche interpretieren sollte, daß er dies in den früheren Schriften, zum Beispiel im *Enchiridion*, nicht tue[9]. Eine solche Methode ist jedoch nicht korrekt. Sie mag vielleicht apologetisch-historischen Interessen genügen und "die Orthodoxie der Erasmischen Gedanken" beweisen[10], aber sie wird kaum den Historiker überzeugen. Denn Erasmus wird hier in ein Prokrustesbett gelegt. Man sollte nicht vergessen, daß Erasmus kein Systematiker war und daß er überdies in einer Übergangsphase lebte. Daher genügt es nicht, alle möglichen unzusammenhängenden Äußerungen in ein zuvor entworfenes systematisches Ganzes einzufügen. Es ist schlichtweg nicht interessant zu bestimmen, welche von Erasmus' Beobachtungen genau in das um 1500 herum gebräuchliche ekklesiologische Modell paßte. Man kann nur in seine Denkwelt eindringen, wenn man seine Ansichten als ein Ganzes betrachtet und dann die Frage stellt, inwieweit diese von den gewöhnlichen Modellen abweichen.

Zu diesem Zweck möchte ich im Folgenden meinen Anteil beitragen. Es kann nicht mehr als ein Beitrag sein, aber einige große Linien lassen sich aufzeichnen. Hierbei wird die Frage gestellt werden, ob es irgendwelche Anzeichen für eine Veränderung in Erasmus' Gedanken zur Kirche gibt.

---

[7] Ibid., 1.
[8] Ibid., 30.
[9] Ibid., 404.
[10] Ibid., 412.

Es ist vielleicht am besten, mit der Frage zu beginnen, ob Erasmus die Kirche als solche wirklich akzeptiert hat, und wenn ja, auf
welche Weise. Denn das erste, was einem auffällt, ist die scharfe Kritik,
die Erasmus gegen die Kirche seiner Zeit richtet. Es ist nicht nötig,
Beispiele zu nennen; jeder kennt sie, besonders die aus den *Colloquia*.
Aber es lohnt sich, nach den Motiven zu fragen. Worauf zielte seine
Kritik insbesondere? Sein Hauptfeind war Aberglaube, der Menschen
dazu bringt, sogenannten heiligen Personen und Dingen zu vertrauen,
anstatt Gott. Der Reichtum an Formen im Mittelalter, die Veräußerlichung der Religion wurde zu einem Ärgernis; die Form verdun-
kelte das Wesen der Dinge. Erasmus drückt es selbst sehr deutlich
aus: "Wenn du auf die große Menge der Christen siehst, liegt nicht
ihr ganzes Trachten und Sinnen bei den Zeremonien? Mit welch
großer Sorgfalt werden bei der Taufe die alten Riten der Kirche
vorgeführt? . . . Und schon wird das Kind ein Christ genannt und ist
es auch in gewisser Hinsicht. Bald wird es wiederum gesalbt, endlich
lernt es beichten, empfängt die Kommunion, gewöhnt sich daran, an
Feiertagen zu ruhen, die Messe zu hören und bisweilen zu fasten
und sich von Fleischspeisen zu enthalten. Und wenn einer diese Dinge
beachtet, wird er für einen vollkommenen Christen gehalten . . . Daß
das alles geschieht, billige ich freilich, aber daß es mehr aus Gewohnheit als aus Überzeugung geschieht, billige ich nicht, und daß
darin das ganze Christentum bestehen soll, mißbillige ich aufs schärfste"[11]. Erasmus' Motiv tritt hier sehr deutlich hervor. In einem Brief
von 1534 sagt er auch: "Ich für mich habe außer Aberglauben und
menschliche Mißbräuche nichts gerügt. Könnte ich, wie ich immer
versucht habe, die ganze Kirche dazu bringen, daß wir alle Aberglauben, Heuchelei, weltliche Leidenschaften und bedeutungslose
Fragen fahrenlassen, und von Herzen, ein jeder in seiner Rufung,
dem Herren dienen"[12].

Der zweite Feind, den Erasmus bekämpfen will, ist der Pharisäismus.
Was er unter diesem Begriff (manchmal 'Judentum' genannt) versteht, wird in seinen Schriften ausreichend deutlich. Erasmus ist besorgt
über den Formalismus in der Kirche, der ein Gebot auf das andere
türmt, der alle möglichen menschlichen Institutionen nachdrücklicher
betont als die deutlichen Gebote Gottes. Und er ist ebenso besorgt

---

[11] *Coll.*, ASD 1/3, 255,726–739.
[12] A 10, 2899,26–30. Erasmus verteidigte die *Coll.* immer damit, daß er in ihnen
den Aberglauben angriff; s. z.B. A 7, 2037,51–52; A 8, 2263,97–102.

über die Tyrannei, die auf diese Weise auf das Gewissen des Menschen ausgeübt wird. Er sieht einen großen Unterschied zwischen dem Alten und dem Neuen Testament. Das Alte Testament war die Zeit der Gebote und Verbote, das Neue Testament brachte Freiheit. Aber was tat die Kirche damit? "Die Beschneidung wurde aufgehoben, doch an ihre Stelle trat die Taufe, mit, fast möchte ich sagen, härteren Bedingungen . . . Wenn das Kind am ersten Tag, ja sogar bei der Geburt selbst ohne irgendein Verschulden der Eltern oder Freunde gestorben ist, wird das arme Wesen der ewigen Verdammnis anheimgegeben . . . Man hat den Sabbat abgeschafft, oder genauer gesagt, nicht abgeschafft, sondern auf den Sonntag verlegt. Was ist damit getan? Das Mosaische Gesetz hat wenig Fasttage vorgeschrieben. Wie viele haben wir dazugefügt . . . Wer auf solche Werke vertraut, ist weit entfernt vom evangelischen Glauben, und der, der wegen Speise und Trank, die einer zu recht gebrauchen kann, seinen Bruder verbittert, für dessen Freiheit Christus gestorben ist, ist weit entfernt von der christlichen Liebe"[13].

Glaube und Liebe sind die wahren Gebote von Christus. Aber all diese Formen, in denen ein Christ nun seinen Glauben erfahren muß, sind "jüdische Zeremonien"[14]. Erasmus verurteilt diese nicht unbedingt, aber er weiß, daß sie das Wesen wahrer Frömmigkeit verdrängt haben[15]; sie können tatsächlich sehr gefährlich sein. In einem der *Colloquia* kommt ein Soldat vor. Er hat alle möglichen Gewalttaten begangen, aber er hat keine Angst. Schließlich hat er doch einen spottbilligen Ablaß von den Dominikanern bekommen? Und wenn er gebeichtet hat, ist er nicht mehr selbst verantwortlich, sondern vielmehr der Priester, in dessen Mönchskutte er seinen Abschaum ausgeschüttet hat[16]. Erasmus betrachtet hier die Haltung der Kirche, die bei solchen Dingen mitwirkt, als den grundsätzlichen Irrtum des Pharisäismus. Auf der einen Seite hat die Kirche durch ihre eigenen Gesetze den Menschen allerlei Gebote auferlegt und dadurch für Schwierigkeiten gesorgt. Auf der anderen Seite hat sie Gottes wirkliche Gebote beiseite geschoben und den Menschen die Gelegenheit gegeben, diese ohne Bedenken mit Füßen zu treten.

Dies alles deutet auf eine negative Einstellung zur Kirche. Folglich

---

[13] *Coll.*, ASD 1/3, 503,285–286.290–291.293–295; 505,347–350.
[14] A 4, 1033,134–135; 1183,37; A 5, 1353,35–36.
[15] A 5, 1300,75–76; A 7, 2037,64–66.
[16] *Coll.*, ASD 1/3, 156,1009–157,1049.

stellt sich die Frage, ob Erasmus' Kritik aus Liebe zur Kirche entspringt. Das muß verneint werden. Erasmus akzeptierte die Kirche, mehr auch nicht; tatsächlich eher weniger. Er selbst drückte es folgendermaßen aus: "Ich ertrage also diese Kirche, bis ich eine bessere sehe, und sie ist gezwungen, mich zu ertragen, bis ich besser werde"[17]. Diese Äußerung aus 1526 ist sehr charakteristisch. Sie weist darauf hin, daß hier Kräfte im Gange sind, die sich nicht nur gegen die Mißbräuche in der Kirche, sondern sicherlich auch gegen die Kirche selbst richten. Mit ihren Ämtern, Sakramenten, Dogmen und öffentlichen Andachten gehört sie zur sichtbaren und zeitlichen Welt, die notwendig ist, und daher ertragen werden muß. Aber sie ist nicht die wesentliche Welt und wird immer von der geistigen getrennt sein. Auf diesem Hintergrund toleriert Erasmus die Kirche. Sie sollte Menschen auf das Höhere vorbereiten, die geistigen Dinge, aber leider tut sie das nicht. Erasmus' Kritik dient dazu, dieses Ziel zu erreichen und er ermahnt die Kirche, sich ihrer wirklichen Aufgabe zu widmen. Aber selbst wenn sie dies vollständig täte, würde sie immer noch zur niedrigeren Wirklichkeit gehören. Von Liebe für die Kirche ist hier nicht die Rede, sondern gerade von einem kritischen Interesse an ihr. Erasmus interessiert sich tatsächlich nur für das, worauf die Kirche ihre Mitglieder vorbereiten muß, die christliche Gemeinschaft, die zur geistigen Welt gehört. Die Kirche wird aus gutem Grund im *Enchiridion* nicht behandelt; ihr Wert ist nicht groß genug.

Am Herzen liegt ihm das Christentum, die Gemeinschaft, deren Dienst die Kirche sich widmen sollte. Erasmus bespricht diese Gemeinschaft im *Enchiridion* ausführlich[18]. Er kann sein Ideal mit den Worten von Paulus in 1 Korinther 12 ausdrücken, die er eingehend zitiert[19]. Christus ist das Haupt, und wir alle sind seine Glieder, die alle Dinge Gott verdanken und sie nutzen sollten, um unseren Mitmenschen zu dienen. "Keiner soll auf sich selbst bedacht sein, sondern, was er von Gott empfangen hat, nach Kräften der Allgemeinheit zugute kommen lassen, damit alles dorthin zurückströmt, woher es geflossen ist, nämlich vom Haupt"[20]. Deshalb ist es nicht christlich, wenn der Landmann dem Stadtmann feind ist, der Bauer dem Bürger, der Reiche dem Armen, der Mächtige dem Schwachen, der Kleriker dem

---

[17] *Hyperasp.* 1, LB 10, 1258A.
[18] *Enchir.*, LB 5, 44E–51B.
[19] Ibid., LB 5, 45F–46B.
[20] Ibid., LB 5, 45F.

Laien[21]. In dieser Gemeinschaft gibt es nur ein Gesetz, das Gesetz der Liebe[22]. Die Zugehörigkeit zu dieser Gemeinschaft der Liebe schließt für Erasmus die Zugehörigkeit zur Kirche ein. "Hier fragt einer mich: Wie kann ich wissen, ob ich zur Einheit der Kirche gehöre? Ich gebe dir ein unverkennbares Zeichen. Solange du in der Liebe zu Gott und zum Nächsten bleibst, solange bleibst du in der Gemeinschaft der Kirche. Solange du in deinem Herzen das Unterpfand des Geistes fühlst, durch den du rufst: Abba, Vater, solange bist du sicher, daß die wahre Liebe dir nicht fehlt. Von dieser glückseligen Gemeinschaft kann kein einziges Geschöpf dich vertreiben: weder die Fürsten dieser Welt noch der Papst, weder Tot noch Leben noch der Satan, wenn du es selbst nicht willst"[23]. Hier wird die Gemeinschaft der Liebe zu einer kritischen Größe, an der die Wirklichkeit gemessen wird.

Von dort ist es für Erasmus nur ein kleiner Schritt, um zu erklären, daß die Kirche sich nicht aus Priestern, Bischöfen und Päpsten zusammensetzt, die nur ihre Diener sind, sondern daß die Kirche alle Christen einschließt[24]. Er will auch, das dies sichtbar wird. Er ist sehr empört, wenn er vom Grab des Heiligen Thomas Becket spricht, das mit Reichtümern beladen ist, und von einer Klosterkirche aus weißem Marmor in Italien. Die reichen Leute, die ihr Geld für solche Dinge ausgeben, tun dies für ihren eigenen Ruhm und ihre eigene Ehre. "Daher dünkt mich, daß die kaum von einer schweren Sünde freigesprochen werden können, die mit unmäßigem Aufwand Klöster oder Kirchen errichten oder ausschmücken, indessen so viele lebende Tempel Christi vor Hunger zugrunde gehen, vor Blöße zittern, vor Mangel an nötigsten Dingen schwere Pein leiden"[25]. Es ist selbstverständlich, daß in dieser Gemeinschaft der Liebe Frieden überaus wichtig ist. Am Vorabend der Reformation spricht Erasmus von "der Hauptsache und dem besten Teil unserer Religion, der allgemeinen Eintracht der christlichen Welt"[26]. Wenn nicht Frieden und Einigkeit in der Kirche regieren, hat sie ihren Namen nicht

---

[21] Ibid., LB 5, 45DE.
[22] Friedrich Wilhelm Kantzenbach (1957), 81–83.
[23] *Enarrat. in Ps.* 22, ASD 5/2, 368,317–323.
[24] *Adag.* 2201, ASD 2/5, 174,292–298. Hans Treinen (1955), 186, sagt ganz zu Recht: "In dieser Vorstellung, die das Wesen der Kirche weniger von der statischen, autoritären Organisation als von der dynamischen Heilsidee her begreift, steckt viel von dem alten und ewig neuen Laienelement".
[25] *Coll.*, ASD 1/3, 257,787–258,817; das Zitat 257,787–790.
[26] A 3, 694,41–43.

verdient. "Was ist unsere Religion anders als Frieden im Heiligen Geist?"[27] Das paßt in Erasmus' Gedankenwelt, in der Christus am höchsten steht. In der *Querela pacis* beschreibt Erasmus wie der personifizierte Frieden überall Zuflucht sucht: beim Menschen, beim Christen, in der Stadt, bei Hofe, beim Gelehrten, bei der Kirche, im Kloster. Alles umsonst! Wie ist so etwas möglich bei denen, die sich nach Christus nennen? "Als jener große Prophet Jesaja, vom Heiligen Geiste erfüllt, verkündete, daß Christus als der große Versöhner aller Dinge kommen werde, nennt er ihn da etwa einen Satrapen oder einen Städtezerstörer oder einen Kriegsherrn oder einen Triumphator? Keineswegs. Was also? Den Friedensfürsten"[28]. Also ruht der Frieden des Christentums in Christus, der unser Frieden ist.

Als Luthers erste Tätigkeiten 1518 eine große Sensation verursachten, brachte Erasmus seine Ansichten zum Verhältnis zwischen Christus und Christentum zum Ausdruck. Er brachte das *Enchiridion* neu heraus, mit einem langen Vorwort, das Pierre Mesnard zurecht "einen wichtigen Text bezüglich Erasmus' 'christlicher Philosophie'"[29] nennt. In diesem Vorwort beschreibt Erasmus eine Gesellschaft, in der Christus das Zentrum ist. Er schildert sie als ein hierarchisches Ganzes; es muß eine wohlgeordnete Welt sein, in der jede Klasse und jedes Individuum den richtigen Platz einnimmt. Um Christus herum gibt es verschiedene Kreise. Die Priester, Bischöfe, Kardinäle und Päpste stehen ihm am nächsten; es ist ihre Aufgabe, die Lehren Christi an ihre Mitmenschen weiterzugeben. Im zweiten Kreis befinden sich die weltlichen Herrscher. Sie dienen Christus mit ihren eigenen Mitteln, indem sie Gesetz und Ordnung aufrechterhalten und die Übeltäter in Schranken halten. Der dritte Kreis setzt sich aus dem Volk zusammen, das ebenfalls zum Leib Christi gehört. Dies alles mutet sehr mittelalterlich an. Jedoch durchbricht Erasmus das statische Element, indem er deutlich feststellt, daß es eine Entwicklung auf Christus zu geben sollte. Dadurch wird die natürliche Ordnung gestört, und das ist eine gute Sache. Das Volk ist so zu sagen die Beine, die Füße, die Genitalien des Leibes; aber wer ein Fuß ist, kann ein Auge werden. Auf der anderen Seite sind die Klassen, die Christus am nächsten sind, am ehesten in der Gefahr, ihren Rang zu verlieren[30].

---

[27] A 4, 1209,9–10; vgl. A 4, 1183,9–12; A 5, 1342,704–705.998–1008; A 6, 1738, 1–15.
[28] *Querela*, ASD 4/2, 64,113–70,222; das Zitat 68,205–70,208.
[29] Zu diesem Vorwort s. Pierre Mesnard (1947).
[30] A 3, 858,230–343; vgl. *Rat. ver. theol.*, LB 5, 88C–89F.

Es ist auffallend, daß in der christlichen Gemeinschaft der Liebe Christus die höchste Norm ist, an der alles gemessen wird. Schon im *Enchiridion* kritisiert Erasmus es aufs schärfste, daß anmaßende Begriffe wie 'Macht' und 'Herrschaft' in die von der Kirche benutzte Terminologie eingedrungen sind. Es gibt nur einen Herrn und Gebieter: Christus. Papst und Abt, Wörter, die alle beide 'Vater' bedeuten, weisen auf Liebe hin, und nicht auf Macht; und die Begriffe Apostel, Pastor und Bischof sind Bezeichnungen für Ämter, keine Titel, die Macht unterstellen[31]. Auch ist es wichtig, daß in dieser Vorstellung die weltlichen Herrscher weiter von Christus entfernt sind als die Geistlichkeit, ohne jedoch geringer zu sein als letztere. Sie sind weiter von Christus entfernt, weil sie mit irdischeren Dingen beschäftigt sind[32]. Ihr Gebieter ist jedoch derselbe wie der des Klerus, auch sie sind seine Stellvertreter und werden ihm verantwortlich sein[33]. Es ist also nicht die Rede von einer zwei-Schwerter-Theorie, in dem Sinne, daß der Herrscher das weltliche Schwert führt und die Kirche es steuert; er hat eine persönliche Verantwortung gegenüber Christus.

Das wichtigste ist jedoch, daß der Priester niemals als Mittler zwischen Gott und Mensch gesehen wird, als jemand, der den Menschen durch die sakramentalen Gnadenmittel mit Gott versöhnt. Er verfügt nicht über Erlösung, seine Aufgabe ist es, den Menschen über seine Lehre zu Christus zu bringen. Was diesen Auftrag betrifft, erwähnt Erasmus nur eine konkrete Sache, nämlich, daß der Klerus den Herrschern vom Kriegführen abraten sollte und falls das fruchtlos ist, sie beschwören sollte, Zurückhaltung auszuüben[34]. Das bedeutet nicht, daß Erasmus die vermittelnde sakramentale Funktion des Priesters nicht anerkennt, aber sie spielt sicherlich keine besondere Rolle in seiner Gedankenwelt. Das ist jedoch ganz normal, wenn wir -wie schon gesagt- bedenken, daß er nicht über die Kirche, sondern über das Christentum spricht. Infolgedessen wird seine Haltung gegenüber der Kirche und dem Klerus zweideutig. Er anerkennt den Klerus und den Papst als Oberhaupt, und versucht, sich der möglichst großen Unterstützung vonseiten der höchsten kirchlichen Autoritäten zu versichern. Aber was die Kirche als das Zentrum des Amtes betrachtet, spielt für ihn keine Rolle. Der Papst ist nicht das Oberhaupt der Kirche, sondern des Christentums, und die Aufgabe

---

[31] *Enchir.*, LB 5, 49AB.
[32] A 3, 858,239-244.
[33] *Enchir.*, LB 5, 47F.
[34] A 3, 858,248-251.

des Klerus ist die Seelsorge, eine pädagogische und keine vermittelnde und richterliche Aufgabe. Deshalb kann er schreiben, daß die Bischöfe die Stellvertreter Christi sind, und daß der Papst im besonderen mit dieser Würde ausgestattet ist[35]. Diejenigen, die an der Lehre des Evangeliums festhalten, sind somit auch Anhänger des Papstes[36]. Gleichzeitig sagt er: "Ich betrachte die Monarchie des römischen Oberpriesters, wie sie jetzt ist, als eine Pest der Christenheit"[37]. Erasmus betrachtet solche Äußerungen nicht als widerspruchsvoll; denn der Papst ist der Stellvertreter Christi, wenn er dessen Lehre der Welt verkündet; Christus ist unendlich mehr als der Papst[38]. Wenn sich in der alltäglichen Praxis nichts davon erfüllt, wird natürlich scharfe Kritik an die Adresse des Papsttums gerichtet. Das bedeutet, daß Erasmus nur eines von der Kirche in ihrer Gesamtheit verlangt: Sie muß versuchen, dem Christentum so weit wie möglich zu dienen.

Es ist deutlich, daß dies zu einer ausgesprochenen Aversion gegen Institutionen als solche führt[39], und diese Einstellung verbindet sich mit dem Unterschied zwischen der sichtbaren und der unsichtbaren Welt. Erasmus betont diesen Kontrast immer wieder. Die Kirche als Institution gehört zum Fleisch, zur niedrigeren Welt[40]. Und dann denkt er in erster Linie an die Zeremonien. Die Kirche hat das Recht, bestimmte Zeremonien einzuführen und Anweisungen zu geben: Aber Christus hat uns zur Freiheit berufen, zumindest zu innerer Freiheit von all diesen Gesetzen. Denn in ihnen liegt eine Gefahr. Wenn jemand Christus mit sichtbaren anstatt mit unsichtbaren Dingen verehrt, und wenn er dies als die höchste Form der Frömmigkeit betrachtet und andere verurteilt, und sich somit durch all diese Äußerlichkeiten von Christus entfernt, verwirft er das Gesetz der Freiheit und fällt ins Judentum zurück. Das bedeutet Gesetzlichkeit und daher Aberglaube; wiederum setzt der Mensch sein Vertrauen nicht

---

[35] A 4, 1033,163–165; 1144,76; 1167,343–344; A 5, 1313,28–29; 1332,74–75; 1410,19–20.

[36] A 4, 1033,161.

[37] A 3, 872,16–18.

[38] A 5, 1313,28–29; 1334,588–593.

[39] Vgl. Alfons Auer (1954), 202: "Er nimmt die Inkarnation vor allem in ihrer Kontinuität, d.h. in der Kirche, nicht ernst genug". Friedrich Wilhelm Kantzenbach (1957), 81, sagt dazu: "Diese Kritik ist von modernen dogmatischen Maßstäben der römischen Kirche diktiert, aber sie trifft einen richtigen Sachverhalt. Der religiöse ethische Subjektivismus, der sich durch das Denken von Erasmus hindurchzieht, gefährdet das Institutionelle".

[40] Für einige Einzelheiten zu den folgenden Ausführungen s. Alfons Auer (1954), 163–180.

in Gott, sondern in irdische Dinge und somit in sich selbst. Unglücklicherweise ist nicht nur die große Masse der Christen, sondern sind
auch ihre Führer, die Priester, die Theologen, die Bischöfe beinahe
ohne Ausnahme in diesen Mißbrauch verfallen[41]. Die mönchische
Clique denkt, daß die höchste Form der Religion darin besteht, die
Zeremonien eifrig beizubehalten. "Sieht sie sich jemand genauer an
und forscht sie aus nach geistigen Dingen, wird er kaum einige finden,
die nicht im Fleische wandeln"[42]. An sich sind diese Dinge tatsächlich manchmal nützlich, aber man sollte sich nicht in dem Maße an
alle Kleinigkeiten klammern, daß man den Sinn für die wichtigsten
Dinge verliert; man sollte sich nicht auf sie verlassen – das wäre der
Untergang[43]. "Im Fleisch des Gesetzes verharren und auf eine nich-
tige Sache sein Vertrauen setzen, das fürwahr verabscheut er"[44].

Aber Erasmus geht noch weiter. Im *Enchiridion* spricht er schon
von der Eucharistie, wenn er das Fleisch dem Geist gegenüber stellt.
Jesus verschmähte sogar das Essen seines Fleisches und das Trinken
seines Blutes, wenn diese nicht auf geistige Weise gegessen und ge-
trunken wurden. Derjenige, der täglich zur Messe geht, aber unter-
dessen nur für sich selbst lebt, steckt noch im Fleisch des Sakra-
ments. Nein, die Teilnahme an der Messe zeigt an, daß ein Mensch
ein Geist ist mit dem Geist Christi und ein Leib mit dem Leib Christi.
Wenn sich jemand die Mühe macht, dieses Ideal zu erreichen, dann
ist er ein lebendiges Mitglied der Kirche. Der Tot Christi, unseres
Hauptes, wird in der Eucharistie vor Augen gestellt. Deshalb müssen
wir uns prüfen, um zu sehen, inwieweit wir der Welt abgestorben
sind[45]. Dies paßt natürlich vollständig in Erasmus' Gedankengang.
Es bedeutet, daß die ganze äußerliche Meßfeier zur niedrigeren, sichtbaren Welt gehört. Dies alles hat jedoch nur einen Wert, wenn es
mit der inneren Einstellung desjenigen verbunden ist, der sich selbst
Christus zum Opfer darbringt, wenn das Opfer also auch im Herzen
erbracht wird. Erasmus greift hier nicht die kirchliche Doktrin an,
aber er hebt einen Aspekt so sehr hervor, daß seine Ideen als Ganzes ihr tatsächlich widerstreben. Soll man nicht der Eucharistie
wegen ihres sakramentalen Charakters Bedeutung beimessen, unabhängig von der Intention des Empfängers? Außerdem ist Erasmus

---

[41] *Enchir.*, LB 5, 32F–33A.
[42] Ibid., LB 5, 35B.
[43] Ibid., LB 5, 36B.
[44] Ibid., LB 5, 37A.
[45] Ibid., LB 5, 30E–31B.

gegenüber der Lehre der Transsubstantiation bestenfalls gleichgültig; sie ist für ihn nicht von großer Bedeutung[46].

Im *Enchiridion* erwähnt er nur das Abendmahl ausführlich. Es stellt sich heraus, daß er an anderer Stelle nicht weniger kritisch gegenüber der Beichte ist. Der Hintergrund ist hier ebenso der Gegensatz zwischen Fleisch und Geist, wobei das Fleisch für den ganzen Ritus, und der Geist für die Beichte der Sünden vor Gott steht. Letztere ist unbedingt notwendig, ersterer nur insofern er der Beichte vor Gott dienlich ist. In einem der *Colloquia* bespricht Erasmus dies ausführlich. Es geht hier um einen jungen Mann, der sagt, daß er jeden Tag vor Christus beichte, und daß er dies für ausreichend hielte, falls die Kirche dem auch zustimme. Die Frage, ob Christus das Sakrament der Beichte eingesetzt hat, ist Sache der Theologen, aber er geht, so wie es die Kirche vorschreibt, zur Beichte, bevor er an der Eucharistiefeier teilnimmt. Er wählt dann jedoch einen geeigneten Priester aus und faßt nur kurz die wichtigsten Sünden zusammen[47]. Auch anderswo bringt Erasmus die gleichen Ansichten zur Beichte zum Ausdruck[48].

Es zeigt sich sehr deutlich, daß der Gegensatz zwischen Fleisch und Geist auch Erasmus' Ansichten zur Taufe zugrunde liegt. Er mißt weder der Zeremonie, noch der Lehre, daß die Taufe heilsnotwendig ist, sehr viel Wert bei[49]. Der Nachdruck liegt auf dem Menschen, der sich von der sichtbaren feierlichen Handlung zum unsichtbaren geistigen Bündnis mit Christus erhöhen muß. 1522 sagt er, daß Erwachsene, die als Kinder getauft wurden, Zeugnis von ihrer Kenntnis der Lehre Christi ablegen und anschließend ihren Glauben öffentlich bekennen sollten. Wer hierzu nicht bereit ist, sollte von der Eucharistie ausgeschlossen werden[50]. Er befürwortet also einen Brauch, der später, unter dem Einfluß von Bucer, in den reformierten Kirchen üblich wurde. Elf Jahre später möchte er die Kindertaufe sogar freistellen, vorausgesetzt, daß nicht getaufte Kinder ebenfalls in Glauben und Lebensführung unterrichtet werden[51]. Zu den anderen Sakramenten äußert Erasmus sich auf gleiche Weise[52]. Die ganze Aufmerksamkeit

---

[46] A 8, 2263,69–88; A 9, 2631,3–6.
[47] *Coll.*, ASD 1/3, 177,1724–179,1759.
[48] S. zum Beispiel *Exomolog.*, LB 5, 145–170, und A 5, 1410,30–34; A 7, 2037,29–52; A 8, 2205,106–111.
[49] *Coll.*, ASD 1/3, 255,726–732.
[50] In einem Vorwort zur *Paraphr. in Mt.*, LB 7, **3v°.
[51] A 10, 2853,39–42.
[52] Für mehr Einzelheiten zu Erasmus' Ansichten zur Heirat s. Emile V. Telle (1954).

ist auf das Innere gerichtet, die äußerliche Handlung hat keine große Bedeutung. Stärker noch, aller Nachdruck liegt auf der Aufforderung an den Menschen, sich zum Höheren und Vollkommenen zu erheben. In diesem geistigen Klima ist nicht viel Raum für die göttliche Handlung in den Sakramenten; sie ist nur eine Vorbereitung für den menschlichen Anteil.

Neben den verschiedenen Zeremonien und Sakramenten gehört auch das Dogma zu der sichtbaren und niedrigeren Welt. Erasmus zählt es zu den guten Dingen des frühen Christentums, daß das Dogma zu der Zeit nicht klar umrissen war; das Interesse an ihm ist etwas Neues, das aus dem Studium der Philosophie entstanden ist. In vielen Dingen muß es jedem erlaubt sein, sich sein eigenes Urteil zu bilden. Je mehr man Zwang ausübt, desto mehr wird die Liebe sterben und für Drohungen Platz machen[53]. Es ist nicht notwendig, alles und jedes zu untersuchen, viel weniger noch, ein Urteil zu fällen; man braucht sich nur mit dem Zentrum der Lehre des Evangeliums zu beschäftigen[54]. Gegenüber der Tendenz, viele Dinge als Glaubensartikel festzumachen, stellt Erasmus die Aufforderung, ein heiliges Leben zu führen[55]. Dies ist unsichtbar, und gehört zum Geist. Auch hier ist wiederum alles auf dasselbe Ziel gerichtet: der Aufstieg des Menschen zur geistigen Welt. Die Glaubenslehre kann nur eine vorbereitende Rolle spielen. Das wirkliche Ziel ist die Einheit mit Christus[56].

Wir finden eine Art Zusammenfassung dieser Ideen in einem 1519 geschriebenen Brief, in dem Erasmus die Situation in Böhmen bespricht, wo sich nach der Verurteilung von Huss verschiedene schismatische Gruppen gebildet hatten[57]. Der Brief ist vor allem interessant, weil er zu einer Zeit geschrieben wurde, in der Luthers erste

---

[53] A 3, 939,79–83; A 5, 1334,217–234.375–381.

[54] A 4, 1039,219–226; 1183,42–44; A 5, 1334,142–145.229–230; 1365,104–107; A 7, 1976,64–68.

[55] A 3, 939,103–104; 985,109–112; A 5, 1400,330–331; A 7, 1976,68.

[56] Es ist durchaus in Übereinstimmung hiermit, daß Erasmus auch Häresie in der Lebensführung aufzeigt; s. zum Beispiel A 4, 1232,89–98: "Sed est haeresis quaedam, quae quanquam haeresis vocabulum non mereatur, tamen maximam perniciem adfert vitae mortalium ac plurimum officit Euangelicae autoritati: quum ii, qui profitentur philosophiam Christi, qui se gerunt pro summis ducibus ac proceribus totius populi Christiani, palam tota vita, totis studiis, totis conatibus, nihil aliud doceant quam ambitionem plusquam theatricam, auariciam insatiabilem, voluptatum auiditatem inexplebilem, bellorum furias, caeteraque quae sacrae literae detestantur, quae ab ethnicis etiam philosophis improbantur. Non ista loquuntur quidem, sed efficacius est ista viuere quam loqui".

[57] A 4, 1039, vom 1. November 1519. Zu diesem Brief s. Percy S. Allen (1914), 276–298, und Konrad Bittner (1954), 107–129.

Forderungen in weiten Kreisen bekannt wurden, aber niemand vorhersehen konnte, wozu sie führen würden. Erasmus erhält die Autorität des Papstes aufrecht. Denn er wird in der Lage sein, tyrannische Herrscher und Bischöfe zur Vernunft zu bringen, und wenn eine dämonische Lehre vorgebracht wird, "kann er aus den reinen Quellen der evangelischen Philosophie dasjenige hervorbringen, das einem geziemt, der Stellvertreter Christi ist". Er wird nicht immer unseren Erwartungen entsprechen. Aber das ist ganz normal, denn er kann nicht allen gefallen. Er muß sich oft nach der Meinung seiner Berater richten, und er ist selbst auch nur ein Mensch[58]. Die Utraquisten sollten nicht vergessen, daß der größere Teil des Christentums die Eucharistie nur in der Gestalt des Brotes feiert, obwohl es überraschend ist, daß die Kirche in diesem Punkt von dem, was Christus eingesetzt hat, abweicht[59]. Es ist richtig, die Heilige Schrift höher als die Werke der Theologen einzuordnen, es ist jedoch falsch, letzteren jegliche Autorität zu verweigern[60]. Die Zahl der Feiertage sollte verringert werden, sei es auch nur zu Gunsten der Armen, die ihr tägliches Brot verdienen müssen[61]. Das wichtigste ist für Erasmus, daß die Glaubenslehre sich auf die für die Erlösung wirklich wichtigen Dinge beschränkt. Als Hauptpunkt betrachtet er hierbei, daß wir unsere Hoffnung vollständig auf Gott setzten müssen, daß wir durch Christus' Tod erlöst und durch die Taufe ihm einverleibt wurden, so daß wir ein Leben führen können, in dem wir uns um alle Menschen verdient machen und an Tugend zunehmen[62].

Wenn man eine solche Ekklesiologie akzeptiert, in der das Christentum den Platz der Kirche einnimmt, so stellt sich die Frage, ob die Grenze zwischen Kirche und Nichtkirche, zwischen Christ und Nichtchrist nicht verschwimmt. Diese Tendenz besteht tatsächlich. Erasmus stellt fest, daß manche Leute die Türken verachten, weil sie gottlos sind, als ob sie selbst Christen seien, wenn sie ihre Brüder töten[63]. An anderer Stelle sagt er, daß die Türken zum größten Teil halbe Christen sind und daß sie dem wahren Christentum näher sind als viele, die sich dem Namen nach Christen nennen. Es wäre viel besser, sie durch eine wahrhaft evangelische Lebenshaltung zum

---

[58] A 4, 1039,98–117.
[59] A 4, 1039,118–129.
[60] A 4, 1039,158–161.
[61] A 4, 1039,180–196.
[62] A 4, 1039,219–237.
[63] *Querela*, ASD 4/2, 84,558–559.

Christentum zu bekehren, als sie zu töten[64]. Die Grenze wird also auf beiden Seiten überschritten: Der Christ, der sich unchristlich benimmt, ist kein Christ, und der Moslem ist nicht weit vom Christentum entfernt[65].

Im allgemeinen hat diese Tendenz jedoch eine andere Form bekommen, und zwar durchaus in Übereinstimmung mit Erasmus' Ansichten. Er interessiert sich nicht in erster Linie für die weltweite Einheit der menschlichen Rasse, sondern für eine Zeit übergreifende. Erasmus ist verblüfft, daß die großen Denker der Antike solche wunderschönen Dinge sagen konnten, die eines Christen sicherlich nicht unwürdig gewesen wären. In der *Paraclesis* sagt er wörtlich: "Wir können sehr vieles in den Büchern der Heiden finden, das mit seiner [Christi] Lehre übereinstimmt". Er nennt einige Beispiele: die Stoiker, Sokrates, Aristoteles, Epikur, Diogenes, Epiktet. Und es handelt sich nicht nur um ihre Worte, sondern auch um ihre Taten: Nicht wenige von ihnen haben so gelebt, daß es weitgehend den Grundlagen der christlichen Lehre entsprach[66].

Erasmus hat diese Idee besonders deutlich im *Convivium religiosum*, einem 1522 den *Colloquia* zugefügten Stück, in Worte gefaßt. Nachdem die Bedeutung einer Äußerung von Paulus ausführlich diskutiert worden war, entschuldigte sich einer der Gäste, daß er etwas von den profanen Schriftstellern zur Sprache bringen wollte. Daraufhin zitiert er Cicero, der Cato sagen läßt, daß er es nicht bedauere, gelebt zu haben, aber daß er sein Leben nicht gerne noch einmal begänne; denn dieses Leben war kein zu Hause, sondern eine Herberge. "Das sagt Cato. Kann ein Christ heiliger sprechen?" Jemand anders führt dies sofort weiter aus: Wie viele Christen haben so gelebt, daß sie diese Worte zu Recht äußern können? Ein dritter zitiert als seinen Beitrag zum Gespräch folgende Worte von Sokrates: Die menschliche Seele liegt in diesem Körper, wie in einer Feste, die sie nur auf Befehl des Kommandanten verlassen darf, und in der sie nicht länger bleiben darf, als es dem, der sie dort stationierte, recht ist. Ist dies nicht durchaus in Übereinstimmung mit den Worten von Paulus und Petrus, die den Leib mit einem Zelt verglichen haben, der

---

[64] *Adag.*, LB 2, 966D–967E.

[65] In der von Georg Gebhardt (1966), 217, zitierten Passage aus der *Explan. symboli* wird dies jedoch nicht erwähnt. Erasmus spricht hier sowieso nicht von Nichtchristen, die zur 'Gemeinschaft der Prädestinierten' gehören würden, sondern von der hypothetischen Möglichkeit, daß es Christen außerhalb Europas gäbe.

[66] *Paracl.*, LB 5, 141F–142B; das Zitat 141F.

abgelegt wird. In Catos Worten liegt jedoch ein gewisses Selbstvertrauen, aber schauen wir uns dann doch an, was Sokrates sagte, bevor er den Schierlingsbecher trank. Er weiß nicht, ob Gott billigt, was er getan hat, aber er ist voller Hoffnung, daß Gott seine Bemühungen akzeptiert. "Daher dünkt mich, daß ich bei den Heiden nie etwas gelesen habe, daß für einen Christenmenschen besser paßte"[67].

Erasmus drückt hier seine tiefsten Gefühle zur klassischen Antike aus. "Wahrlich eine bewundernswerte Gesinnung bei einem, der Christus und die Heilige Schrift nicht kannte. Wenn ich derartiges von solchen Männern lese, kann ich mich kaum enthalten zu sagen: Heiliger Sokrates, bitte für uns!" Ebenso hofft er, daß Vergil und Horaz im Genuß der himmlischen Freude sind[68]. Somit werden die Grenzen wirklich unbestimmt. Dennoch wäre es falsch anzunehmen, daß Erasmus aus den klassischen Helden des Geistes Christen macht. Es hat bisweilen den Anschein. "Und vielleicht ergießt sich der Geist Christi weiter, als wir zu erkennen meinen. Auch in der Gemeinschaft der Heiligen gibt es viele, die bei uns nicht auf dem Kalender stehen"[69]. Der letzte Satz drückt dieselben Gefühle aus wie "Sancte Socrates, ora pro nobis"; aber das spielerische Element darin ist unverkennbar. Wenn Erasmus die Beziehung zwischen Antike und Christentum beschreibt, liegt der Nachdruck deutlich auf der Wirkung von Christi Geist. Er schreibt hierüber 1523, als er ein Werk von Cicero herausgibt. Er zieht eine Parallele zu den Juden zur Zeit des Alten Testaments. Nur wenige von ihnen wußten etwas vom Sohn und vom Heiligen Geist, viele glaubten nicht an die Auferstehung, und dennoch hat man nicht an ihrem Heil gezweifelt. Und was ist mit dem Heiden, der noch nicht einmal das mosaische Gesetz kannte? War sein unvollkommeneres Wissen denn für die Erlösung nicht ausreichend, vor allem wenn sein Leben heilig war? Erasmus benutzt hier den Begriff der Kenntnis Gottes, die jeder Mensch, gemäß dem Naturgesetz, hat. Cicero glaubte, daß es eine oberste Macht gab, daß die Seele unsterblich war; und er hatte ein reines Gewissen[70]. Im *Hyperaspistes* spricht Erasmus von einem Gesetz, "tief verwurzelt im Geist der Menschen, so sehr, daß selbst die Heiden diese Schlußfolgerung ziehen: Gott ist aufs höchste gerecht und gut"[71].

---

[67] *Coll.*, ASD 1/3, 251,610–254,712; die Zitate 252,643; 254,700–701.
[68] Ibid., ASD 1/3, 254,708–712.
[69] Ibid., ASD 1/3, 251,619–620.
[70] A 5, 1390,59–76.
[71] *Hyperasp.* 2, LB 10, 1423B; s. auch LB 10, 1529F: "... mihi probabilius

1529, in der zweiten Auflage von Senecas Werken, drückt er sich sogar noch deutlicher aus. Er sagt hier, daß die Christen der frühen Kirche Seneca für beinahe orthodox ansahen und ihn verehrten; selbst jetzt betrachten ihn manche als Christen. Aber es ist besser, seine Schriften als die eines Mannes, der das Christentum nicht kannte, zu lesen. "Wollte man ihn als heidnischen Schriftsteller lesen, so findet man einen christlichen; umgekehrt einen heidnischen, wenn man ihn als christlichen Schriftsteller lesen wollte . . . Bei den Heiden gibt es nämlich gewisse Worte und Taten, die am Maßstabe einer christlichen Philosophie gemessen sehr verwerflich sind, aber doch etwas wundersam Tugendhaftes an sich tragen". Er weist darauf hin, daß Senecas Ideen weit vom Christentum entfernt sind, und daß es deshalb gefährlich ist, ihn als Christen zu betrachten[72]. Erasmus beabsichtigte also nicht, die klassische Antike zu verchristlichen. Der springende Punkt ist, daß Gott sich damals auch diesen Menschen offenbart hat. Wenn wir nicht verzweifelt versuchen, Christen aus ihnen zu machen, können wir desto mehr Gottes Größe in ihnen bewundern und sie als Vorbilder für christliches Benehmen hochhalten. Man hat zu Recht bemerkt, daß Erasmus die Antike als eine intellektuelle und moralische Vorbereitung der Welt für die Lehre Christi gesehen hat[73]. Dies ist für ihn auch sehr wichtig. Wenn er Cicero oder Plutarch liest, wird er ein besserer Mensch − jedoch nicht, wenn er die Scholastiker liest[74]. Wir haben hier also eine neue Form der alten Logostheologie vor uns, die bei den italienischen Humanisten sehr beliebt war, und die im Grunde genommen eine Art christlicher Imperialismus ist. In seinem *Convivium religiosum* erklärt Erasmus: "Der Heiligen Schrift gebührt zwar überall das höchste Ansehen, gleichwohl stoße ich bisweilen auf Aussprüche der Alten und Schriften der Heiden, auch von Dichtern, die so rein, so ehrwürdig und so vortrefflich sind, daß ich nicht glauben kann, daß nicht irgendeine gute Gottheit ihren Geist lenkte, als sie das schrieben". Und der Sprecher fügt hinzu, daß er manche von Ciceros Werken nicht lesen kann, ohne das Buch zu küssen und seinen ehrwürdigen Geist zu ehren[75].

---

videtur, . . . nulli aetati, nulli hominum generi divinam providentiam defuisse. Siquidem ante proditam Mosi legem constat in lege naturae multos fuisse sanctos".

[72] A 8, 2091,133–135.201–258; das Zitat 221–222.225–227.
[73] S. Rudolf Pfeiffer (1937), besonders 481.
[74] *Coll.*, ASD 1/3, 251,620–252,630.
[75] Ibid., ASD 1/3, 251,615–619; vgl. A 5, 1390,50–56.

Es bleibt noch die Frage, ob eine Verschiebung in Erasmus' Ekklesiologie stattgefunden hat. Es ist offensichtlich, daß man, wenn dies
so wäre, an den -negativen- Einfluß der Reformation denken sollte[76].
Denn es versteht sich von selbst, daß Erasmus in Anbetracht seiner
Ansichten zur Kirche große Schwierigkeiten hatte, als diese Bewegung aufkam. Für konservative Anhänger der alten Kirche war alles
sehr einfach. Sobald deutlich wurde, daß Luther sich den etablierten
Lehren der Kirche widersetzte, betrachteten sie ihn als Häretiker,
dessen Bewegung unterdrückt werden sollte. Erasmus beurteilte das
anders. Er stimmte vielen der Ansichten, die Luther in den ersten
Jahren zum Ausdruck brachte, zu, zum Beispiel seiner Kritik an der
Scholastik und an vielen der Zeremonien. Überdies -und dies hatte
für ihn große Bedeutung- war man sich einig, daß Luther ein
vortreffliches Leben führte. Solch ein Mann konnte doch sicherlich
nicht außerhalb des Christentums stehen? 1520 machte Erasmus einige Anregungen, die vielleicht einen Weg aus der Sackgasse heraus
zeigen konnten. Er schlug vor, daß Karl V., Heinrich VIII. und
Ludwig II. von Ungarn jeder einige Schiedsrichter aus ihren eigenen
Reihen bestimmten, die sowohl gegenüber dem Papst als auch gegenüber Luther unabhängig waren. Diese Schiedsrichter müssen
Luthers Bücher lesen, mit ihm persönlich sprechen und dann ein
bindendes Urteil fällen. Es ist ein bemerkenswerter Plan, besonders
wenn man bedenkt, daß er ihn vorschlug, nachdem 41 Irrtümer
Luthers verurteilt worden waren, und Luther selbst zwei Monate Zeit
bekommen hatte, sich zu unterwerfen. Hier zeigt sich sehr deutlich,
daß das Christentum den Platz der kirchlichen Hierarchie einnehmen kann und einen korrigierenden Einfluß auf sie ausüben kann[77].
    Nach und nach verändert sich Erasmus' Haltung gegenüber Lu-
ther. Er nimmt es ihm übel, daß er niemals gemäßigt ist, sondern
seine Meinung immer möglichst schroff vorbringt. Überdies arbeitet
Luther, auch nachdem er auf dem Reichstag zu Worms 1521 verurteilt worden war, auf die gleiche Art und Weise weiter und bringt
dadurch die Einheit und damit die Eintracht und den Frieden des
Christentums in Gefahr. Dennoch schließt Erasmus sich nicht Luthers
Gegnern an, wie sehr dies auch seine Position verstärkt hätte. Er
betrachtet Luther nicht als Häretiker, legt davon in der Öffentlichkeit

---

[76] Für historische Daten s. Karl Schätti (1954); Karl Heinz Oelrich (1961); Cornelis
Augustijn (1962).
[77] S. Karl Schätti (1954), 83–86.

auch Zeugnis ab, und unternimmt verschiedene Versuche, eine Versöhnung herbeizuführen. Als die Reformation in verschiedene Teile der Schweiz vorzudringen beginnt, befürwortet Erasmus eine offene Kirche. In seiner 1522 geschriebenen *De esu carnium* empfiehlt er, die vorgeschriebenen Fasten abzuschaffen, die Anzahl der Feiertage zu reduzieren, den Priestern die Ehe zu erlauben, und im allgemeinen den Zwang durch Freiheit zu ersetzen. Dieser Brief enthält die folgenden Worte: "Es sind Schafe, aber eher von Christus als von den Bischöfen... Das Volk ist nicht für die Bischöfe da, sondern die Bischöfe sind berufen um des Volkes willen... Der Bischof soll über das Volk herrschen, aber wie ein Vater über seine Kinder herrscht, wie ein Mann über seine geliebte Braut"[78]. Kurz darauf schreibt er die *Inquisitio de fide*[79], die 1524 zum ersten Mal veröffentlicht wurde. In diesem Gespräch prüft ein orthodoxer Katholik einen Lutheraner über den Inhalt seines Glaubens, und er stützt sich bei seinem Verhör auf das apostolische Glaubensbekenntnis. Zum Erstaunen des Prüfers stellt sich heraus, daß der Lutheraner diesem Glaubensbekenntnis von ganzem Herzen zustimmt und so fragt er ihn, warum er denn nicht völlig auf ihrer Seite stehe. Die Antwort lautet: "Das möchte ich von dir hören. Denn selbst glaube ich, daß ich orthodox bin, auch wenn ich für mein Leben nicht einstehen möchte, obwohl ich mich eifrig bestrebe, daß es meinem Bekenntnis entspricht"[80]. Für Erasmus liegen diese Dinge daher einfach.

Erasmus' Bemühungen, eine Versöhnung zustande zu bringen, scheiterten vollständig. Letztendlich wurde er sehr verbittert und warf beiden Parteien vor, daß sie gar keinen Frieden wollten. Ebensowenig brachte die Reformation Freiheit, sie führte nur zu Liederlichkeit und stiftete den Gegner sogar an, noch despotischer zu herrschen. Die Fesseln sind nicht zerbrochen, sondern verstärkt, und Frieden ist weiter entfernt als jemals zuvor. Die Folge hiervon war, daß Erasmus seinen Glauben stärker als bisher auf Tradition und auf die Autorität der Kirche setzte. 1527 sagt er: "Wieviel bei den anderen die Autorität der Kirche gilt, weiß ich nicht. Bei mir gilt sie jedenfalls so viel, daß ich sogar wie die Arianer und Pelagianer denken könnte, wenn die Kirche ihre Lehre gebilligt hätte. Mir genügen freilich die Worte Christi, aber man darf sich nicht darüber wundern,

---

[78] ASD 9/1, 38,590–40,611.
[79] *Coll.*, ASD 1/3, 363–374; s. zu diesem Werk Craig R. Thompson (1975).
[80] ASD 1/3, 373,322–324.

wenn ich der Kirche als ihrer Deuterin folge; auf ihre Autorität hin glaube ich den im Kanon befindlichen Schriften. Vielleicht besitzen andere mehr Geist oder Kraft als ich; ich fühle mich nirgends sicherer, als bei bestimmten Entscheidungen der Kirche – der Überlegungen und Beweisführungen ist kein Ende"[81]. Wir finden Hinweise auf Erasmus' Enttäuschung in seinem 1533 erschienenen *Liber de sarcienda ecclesiae concordia*[82]. Er gibt in diesem Werk eigentlich den gleichen Rat wie schon 1522, aber sein Ton ist jetzt viel schärfer. Seine Sicht der Kirche hat sich jedoch offenbar nicht verändert; die Kirche als Institution wurde für ihn niemals wichtig. Es ist das Christentum, das seine Aufmerksamkeit in Anspruch nimmt, und somit Einheit, Harmonie und Frieden. Erasmus wendet dieses Kriterium sowohl auf die alte wie auch auf die neue Kirche an, und das macht ihn beiden gegenüber gleich kritisch. Luther war entsetzt, daß Erasmus starb, ohne in seiner letzten Stunde einen Priester oder die Sakramente zu verlangen. Er drückte seine Gefühle folgendermaßen aus: "Behut mich Gott, das ich an meynem letzten ennde nicht einen frommen dienner solt begeren"[83]. Dieser Ausbruch ist typisch für Luther, die Tatsache typisch für Erasmus.

Es gab also kein starkes Band zwischen Erasmus und der Kirche als solche. Und doch wäre es falsch, außer Acht zu lassen, daß er, trotz seiner Kritik, die römische Kirche als die katholische Kirche akzeptierte. Renaudet stellte dies in Zweifel, weil Erasmus gesagt hatte: "Ich ertrage also diese Kirche, bis ich eine bessere sehe . . ."[84]. Dieser Autor kommt zu dem Schluß, daß Erasmus eine dritte Kirche wollte, die, unter Mitwirkung des Heiligen Stuhls, in Rom entstand[85]. Gegen den Begriff 'Dritte Kirche' ist jedoch manches einzuwenden. Aus dem Kontext von Erasmus' Worten läßt sich schließen, daß er jedes Band mit der Kirche Luthers ablehnt, andererseits seine Loyalität zur römischen Kirche positiv bezeugt[86]. Renaudet behauptet, und das auf

---

[81] A 7, 1893,62–70. Diese stärkere Betonung der Autorität der Kirche wurde hauptsächlich durch die Kontroverse über das Abendmahl verursacht; s. Cornelis Augustijn (1962), 173–185; infra, 276.

[82] Zu diesem Werk s. Oswald A. Hecker (1912), 35–44; Percy S. Allen (1934); Jacques V. Pollet (1969).

[83] Luther, WA.TR 4, Nr.4028, S.87.

[84] *Hyperasp.* 1, LB 10, 1258A.

[85] Augustin Renaudet (1954), 175–176, 200–202, 247.

[86] S. *Hyperasp.* 1, LB 10, 1257F, 1258A. Wir finden eine deutliche Analogie aus derselben Periode in A 6, 1640,26–29: "Lutherus non dissentit ab Ecclesia catholica? Quum videro aliam ecclesiam hac quam sequor meliorem, desinam eam vocare catholicam; at nondum video". Dies war eine Erwiderung auf Konrad Pellikan, der ungehalten war über Erasmus' Aussage, Luther sei aus eigenem Willen von der

Grund eines einzigen Satzes, daß Erasmus nicht wirklich meinte, was er sagte, auch wenn er diese Worte oft genug wiederholte. Es läßt sich natürlich nicht leugnen -und das ist das Körnchen Wahrheit in Renaudets Behauptung-, daß Erasmus von der Kirche seiner Zeit nicht begeistert war; er tolerierte sie lediglich. Das ist jedoch kein Grund zu behaupten, daß er eine neue Kirche wollte. Erasmus, der großen Wert auf Tradition legte, sehnte sich nach einer wiederhergestellten und verjüngten Kirche. Aber dann ist keine Rede von einer "Dritten Kirche", die man sich nur als zusätzliche Kirche neben den beiden anderen denken kann[87]. Sein Ideal ist das eine, einheitliche und einträchtige Christentum[88]. Er weiß, daß die römische Kirche sich sehr von diesem Ideal entfernt hat[89], aber, um seine Worte zu umschreiben, es wäre sinnlos, sie zu verlassen, um sich der reformatorischen Kirche anzuschließen, da diese, trotz ihrer Ansprüche, sich genauso weit verirrt hat. Man könnte diesen Schritt nur wagen, wenn es eine Kirche gäbe, die diesem Ideal mehr entspräche.

Muß man dann der Kirche treu bleiben? Die Antwort lautet: beinahe schon aus reiner Notwendigkeit. Sie bleibt die katholische Kirche, "von der ich nie abgefallen bin"[90]. 'Nie abgefallen' ist etwas anderes als 'treu bleiben'. Mehr als 'nie abgefallen' kann und will Erasmus jedoch nicht sagen.

---

katholischen Kirche abgewichen, und der behauptete, die römische Kirche sei ihres Namens nicht mehr würdig; s. A 6, 1639,91–160.

[87] Es ist bemerkenswert, daß Renaudet, scheinbar ohne sich darüber im klaren zu sein wie widerspruchsvoll seine Beobachtungen sind, auch von einer "Troisième Eglise, ou plutôt Eglise romaine profondément réformée, rajeunie, modernisée" spricht; s. Augustin Renaudet (1954), 200.

[88] Zum Beispiel sagt Erasmus 1532 in seiner *Precat. pro pace eccles.*, LB 5, 1218D: "Princeps es pacis, inspira nobis caritatem mutuam. Deus es, miserere supplicum, esto iuxta Pauli dictum omnia in omnibus, ut universus Ecclesiae tuae chorus concordibus animis et consonantibus vocibus pro impetrata misericordia gratias agat Patri et Filio et Spiritui Sancto . . .".

[89] Da Konrad Pellikan sich dieses Gefühls von Erasmus bewußt ist, schildert er ein sehr düsteres, jedoch zweifellos auch in Erasmus' Augen zutreffendes Bild von Rom; s. A 6, 1639,91–160. Desto mehr bedeutet Erasmus' Erwiderung.

[90] *Hyperasp.* 1, LB 10, 1257A.

6. KAPITEL

· ERASMUS UND DIE JUDEN

Im Jahre 1969 erschien eine kleine Studie von Guido Kisch über das im Titel angedeutete Thema. Der Autor ist durch verschiedene Arbeiten zur Beziehung Christentum-Judentum bekannt geworden, speziell durch die Beschreibung der Haltung Reuchlins und Zasius' gegenüber den Juden[1]. In *Erasmus' Stellung zu Juden und Judentum*[2] unternimmt er dasselbe im Hinblick auf ihren Zeitgenossen Erasmus, und zwar anhand von dessen Briefwechsel[3]. Er behandelt zunächst eine Reihe von Äußerungen von Erasmus über Juden und Judentum, sodann seine Rolle in der Reuchlin-Affäre und seine Hebräisch-Kenntnisse. Zum Schluß geht der Verfasser auf die Frage ein, wie es möglich sei, daß Erasmus, der doch als Vorkämpfer der Toleranz gelte, die Juden dermaßen hassen konnte. Letzteres ist das Fazit, das Kisch zieht. Erasmus hat gegenüber den Juden "eine geradezu haßerfüllte Einstellung"[4], einen "tiefverwurzelten, maßlosen Judenhaß"[5]. Im Jahre 1970 erschien dann eine Studie von Gerhard B. Winkler zum selben Thema[6]. Der Verfasser zeichnet ein viel differenzierteres Bild des Problems[7]. Die Studie von Simon Markish[8] konnte leider nicht mehr berücksichtigt werden. Es ist nicht meine Absicht, jene Studien im folgenden ausführlich zu besprechen, vielmehr werde ich, anhand derselben Quellen, welche die oben genannten Autoren verwendet haben, ergänzt durch einige Passagen aus dem Werk von Erasmus, dieselbe Materie untersuchen. Ich gehe dabei von dem Eindruck aus, daß Kisch zumindest eine einseitige Sicht der Dinge gibt.

* * *

---

[1] Guido Kisch (1961).
[2] Guido Kisch (1969).
[3] Ibid., 6.
[4] Ibid., 9, vgl. 20.
[5] Ibid., 29, vgl. 35.
[6] Gerhard B. Winkler (1970).
[7] Im allgemeinen hat Winkler m.E. eine richtigere Sicht der Dinge als Kisch. Ich kann aber seiner Schlußfolgerung, daß sich "eine deutliche Entwicklung zum Toleranzdenken hin verfolgen" läßt, nicht beistimmen; s. Gerhard B. Winkler (1970), 388. Auch sehe ich die wesentlichen Tendenzen im Denken des Erasmus in mancher Hinsicht anders.
[8] Simon Markish (1979).

Beginnen wir mit der Frage, wie Erasmus das jüdische Leben kennengelernt hat, und woher er diese Kenntnisse hatte. Wichtig ist meiner Ansicht nach in diesem Zusammenhang der Hinweis von Kisch, daß Erasmus wahrscheinlich nie persönlich mit einer jüdischen Gemeinschaft in Berührung gekommen ist, daß er die Juden nicht aus persönlichem Umgang kannte[9]. Auch war er mit dem Hebräischen keineswegs vertraut. Er begann sich damit zu befassen, als er sich ernsthaft um das Griechische bemühte[10]. Im Jahre 1515 stellte er fest, daß er daran nurmehr geschnuppert habe[11], und auch später ist er dann nicht mehr dazu gekommen. Er empfand dies als einen Mangel[12] – was auf der Hand liegt. Mit dem durch Erasmus so sehr verehrten Kirchenvater Hieronymus hatte er ein Vorbild dafür vor Augen, in welchem Maße für das Bibelstudium, auch des Neuen Testaments, Hebräisch-Kenntnisse notwendig sind. Als im Jahre 1516 die Ausgabe des Hieronymus und die Ausgabe des griechischen Neuen Testaments mit lateinischer Übersetzung und Anmerkungen erscheinen, die beiden Aktivitäten, die Erasmus in seiner Zeit berühmt gemacht haben, gibt er öffentlich zu, daß man ihm beim Hebräischen geholfen habe[13]. Dies hatte zur Folge, daß Erasmus das Alte Testament nur über die *Vulgata* und die *Septuagint* kannte[14]. In diesem Zusammenhang ist es allerdings wichtiger, daß Talmud und Kabbala für Erasmus praktisch unerreichbar waren. Er hat einige Übersetzungen[15] mittelalterlicher jüdischer Schriften und einige diesbezügliche Studien[16] vor Augen gehabt, konnte dafür aber keine Wertschätzung aufbringen[17], und das gerade in einer Zeit, wo in vielen humanistischen Kreisen das Studium dieser Schriften stark im Gespräch war[18]. Auf diese Weise blieb Erasmus ein wichtiger Aspekt des jüdischen Denkens seiner Zeit vollkommen unbekannt. Seine Kenntnis des Judentums entnimmt er

---

[9] Guido Kisch (1969), 10.

[10] A 1, 181,36–38.

[11] A 2, 324,31–32; 334,128; 396,279–280.

[12] Vgl. A 1, 181,37–38: "verum peregrinitate sermonis deterritus, simul quod nec aetas nec ingenium hominis pluribus rebus pariter sufficit, destiti"; Guido Kisch (1969), 24–27.

[13] A 2, 396,271–283; vgl. 324, 31 Anm.; A 3, 797,4–8.

[14] Erasmus hat auch nie exegetische Arbeiten über das Alte Testament veröffentlicht. Seine Psalmenkommentare sind nicht exegetischer Art.

[15] A 3, 798,21–22; vgl. A 2, 541,133–149.

[16] A 4, 1160,1–5.

[17] A 3, 798,22–23: "Scoto malim infectum Christum quam istis neniis"; vgl. aber A 4, 1160,1–5.

[18] S. im allgemeinen TRE 17,501–507 und die dort erwähnte Literatur; für Erasmus Werner L. Gundersheimer (1963).

also aus dem Alten und Neuen Testament und aus der herrschenden Meinung, wie sie zu seiner Zeit bestand. Es mag seltsam anmuten, daß hier die Bibel genannt wird, wo es doch um Erasmus' Haltung gegenüber den Juden seiner Zeit geht; im folgenden soll deutlich gemacht werden, warum auch diese Zeugnisse angeführt werden müssen.

Welches allgemeine Bild hat Erasmus nun von den Juden? Mehrere Male sagt er, daß von bestimmten Menschen allgemein angenommen werde, sie seien Juden. Dies betrifft dann stets Gegner von Erasmus: Girolamo Aleandro[19], Luis de Carvajal[20]. Das Wort drückt dann seine Geringschätzung aus, es kommt einem Scheltwort nahe[21]. Sehr charakteristisch für diese Denkart ist eine Äußerung von Erasmus aus dem Jahre 1524, gerade weil er dort nicht speziell von den Juden spricht, sondern über seine Haltung gegenüber denjenigen, die Luther gegenüber freundschaftlich oder feindlich eingestellt sind. Um seine eigene Liberalität deutlich zu machen, sagt Erasmus dann: "Ich bin so eingestellt, daß ich sogar einen Juden schätzen kann, wenn er nur ein geeigneter Gefährte und Freund ist und in meinem Beisein keine Lästerungen gegen Christus ausstößt"[22]. Etwa auf derselben Linie liegt es, wenn Erasmus 1517 die Kriegsgefahr zwischen Deutschland und Frankreich bedauert. Christen gegen Christen – und gerade Frankreich ist "als einziges Land nicht von Ketzern oder von schismatischen Böhmern, von Juden und den halbjüdischen Marranen infiziert, es ist auch nicht durch die Nachbarschaft der Türken angesteckt"[23]. Dies alles sieht er im Gegensatz zu Italien, Deutschland und vor allem Spanien, das "kaum Christen hat"[24]. Im Jahre 1529 meint Erasmus, daß sich in den Wirren der Reformation Juden und Heiden vermischen, wovon die eine Gruppe Christus haßt, die andere gar nichts glaubt[25]. Im selben Jahre klagt er über die Söldnerheere, die über Deutschland und andere Länder ausschwärmen; man sagt, daß viele Lutheraner und Juden darunter seien[26]. "Ich bin eher der Meinung, daß sie diese Namen nicht verdienen, da sie eigentlich gar nichts

---

[19] A 4, 1166,84–85; A 9, 2578,31.
[20] A 8, 2275,8.
[21] A 9, 2615,477–480.
[22] *Cat. lucubr.*, 2. Druck, A 1, S.17,36–38.
[23] A 2, 549,11–13.
[24] A 3, 798,23–24; vgl. A 4, 1039,44–46; A 8, 2275,9–10.
[25] A 8, 2134,215–217.
[26] A 8, 2177,59–63; vgl. A 9, 2479,15–21.

glauben"[27]. Auffällig ist auch, daß Erasmus, als er über zwei Juden spricht, die zum Christentum übergegangen sind und von ihm sehr geschätzt werden, er den einen "Hebräer"[28] und den anderen einen "wahren Israeliten" nennt[29]. Es hat den Anschein, daß er die Bezeichnung 'Jude' in diesem Fall bewußt vermeidet.

Dies alles bietet kein erhebendes Bild. Es wird deutlich, daß Erasmus im Hinblick auf die Juden in Schablonen denkt; sie bilden für ihn eine bestimmte Gruppe, die er als solche mehrere Male einführt. Dazu müssen jedoch zwei Dinge angemerkt werden, um ein unverfälschtes Bild zu erhalten. An erster Stelle muß erwähnt werden, daß Erasmus sie im Zusammenhang mit andern Gruppierungen nennt: in früheren Äußerungen im Zusammenhang mit Ketzern, Schismatikern und Moslems, in späteren im Zusammenhang mit den Lutheranern. Sein Vorurteil richtet sich nicht ausschließlich gegen Juden. An zweiter Stelle muß gesagt werden, daß er seinem Vorurteil nirgends eine konkrete Füllung gibt. Die üblichen Beschuldigungen auf gesellschaftlichem Gebiet fehlen vollständig.

* * *

Nun gibt es eine Reihe von Briefen, in denen wir deutlich sehen, welcher Art Erasmus' Vorurteil gegen die Juden ist. Ich meine damit die berüchtigten Briefe, die Erasmus im Zusammenhang mit der Reuchlin-Frage geschrieben hat. Diese verdienen eine gesonderte Behandlung, da sie einen Schlüssel zu den verstreuten Ausführungen, die wir bislang betrachtet haben, darstellen. Die sogenannte Reuchlin-Sache hat in den Jahren 1509–1520 die Gemüter vieler Gebildeter bewegt. Seit 1507 wendete sich der zum Christentum übergetretene Jude Johann Pfefferkorn in einer Flut kleiner Schriften an und gegen seine früheren Glaubensgenossen, die er auf diese Weise bekehren wollte. Eines der von ihm zu diesem Zweck empfohlenen Mittel war die Verbrennung ihrer Bücher, welche die wichtigste Ursache ihrer Verstocktheit gewesen seien. Zu diesem Punkt nun wurde Johannes Reuchlin, der berühmteste christliche Hebraist Deutschlands, um Rat

---

[27] A 8, 2177,62–63.
[28] A 3, 686,5: "genere Hebraeus"; 699,1; 877,33. Es handelt sich hier um den spanischen Juden Matthaeus Adrianus; s. für ihn Henry de Vocht (1951), 241–256; *Contemporaries of Erasmus* 1, s.v.
[29] A 2, 549,43–44: "Is demum vere mihi videtur Israhelitam agere suoque cognomini pulchre respondere". Es betrifft hier Paulus Ricius (Ricci); s. *Contemporaries of Erasmus* 3, s.v.

gefragt. Als dessen Rat negativ ausfiel, richtete sich Pfefferkorn heftig gegen Reuchlin und beschuldigte ihn der Ketzerei. Pfefferkorn bekam Unterstützung von den Kölner Dominikanern, die auch die theologische Fakultät beherrschten. Reuchlin bekam Unterstützung von vielen Humanisten, so daß sich die Angelegenheit zu einem echten Streit zwischen diesen beiden Gruppen entwickelte. Das bekannteste Dokument dieser Auseinandersetzung stellen die berühmten *Epistolae obscurorum virorum* aus dem Jahre 1515 dar.

Erasmus hat sich in der ganzen Angelegenheit wohl hinter Reuchlin gestellt, sich aber so wenig wie möglich eingemischt und die Reuchlinisten stets zur Mäßigung ermahnt[30]. Dies ändert sich allerdings im November 1517. In einem Brief an Pirckheimer, der gerade eine Schrift zur Verteidigung Reuchlins publiziert hatte, ging Erasmus gegen die Dominikaner vor, "die Scharen von Bettlern, die unter dem Deckmantel ihres unscheinbaren Namens eine wahre Tyrannei über die Christenheit ausüben"[31]. Er fährt fort: "Sieh dir nun einmal an, welchen Werkzeuges sich die wirklich nicht wahrhaftigen Bekenner des wahren Glaubens bedienen: es handelt sich um einen vollkommenen Idioten, unverschämt, ... den man nicht einen Halbjuden nennen müßte, würde er sich nicht durch seine Taten als Super-Jude ausweisen. Welches Instrument konnte der Teufel, der ewige Feind der christlichen Religion sich besser wünschen, als einen derartigen Engel des Satans, verwandelt in einen Engel des Lichts, der unter dem verlogenen Vorwand, daß er den Glauben verteidigt, überall das Wichtigste und Beste unserer Religion, nämlich die öffentliche Eintracht der christlichen Welt, zunichte macht. Es ist lächerlich, daß Männer, die man ewig im Gedächtnis behalten wird, mit derartigen Monstren kämpfen müssen! Schon sein Name beschmutzt das Papier. Ich gebe meinen Kopf dafür, wenn er sich mit einer anderen Absicht hat taufen lassen, als um so bösartiger gegen die Christen vorzugehen und um, einmal in diese Gemeinschaft aufgenommen, die ganze Welt mit seinem jüdischen Gift zu befallen. Denn was hätte er schon ausrichten können, wenn er Jude geblieben wäre? Nun, wo er die Maske eines Christen aufgesetzt hat, benimmt er sich erst eigentlich als Jude. Jetzt handelt er gemäß seiner Herkunft. Sie haben schon Christus Schmach angetan, nun wütet er gegen so viele vortreffliche,

---

[30] S. Ludwig Geiger (1871), 205–454; Manfred Krebs (1955); Werner L. Gundersheimer (1963), 44–50.
[31] A 3, 694,30–31.

verehrenswerte und gebildete Menschen. Niemals kann er den Juden, zu denen er gehört, einen größeren Dienst erweisen, als wenn er, unter dem Vorwand des Überlaufens, das Christentum an den Feind ausliefert. Er ist dumm wie ein Rind, aber ein Genie an Bösartigkeit. Kein besseres Opfer konnte er dem Satan bringen, als durch das Säen einer derartigen Zwietracht unter der gesamten Christenheit"[32].

Es sind noch fünf derartige Briefe bekannt, alle in derselben Tonart und ungefähr demselben Wortlaut geschrieben[33], während mindestens drei Briefe, die einen entsprechenden Inhalt haben könnten, verlorengegangen sind[34].

Es ist begreiflich, wenn Kisch aus diesen Äußerungen folgert, daß hier Erasmus' "abgrundtiefer Judenhaß" deutlich zum Ausdruck kommt[35]. Jedoch sollte die Entrüstung einer nüchternen Beurteilung nicht im Wege stehen. Die soeben genannten Briefe stammen nämlich alle vom November 1517. Einige Monate davor hatte Erasmus eine scharfe Auseinandersetzung mit dem französischen Humanisten Faber Stapulensis[36]. Dieser hatte Erasmus unter anderem vorgeworfen, daß er sich bei der Auslegung des Psalm 22 an die Seite der jüdischen Exegeten gestellt habe[37]. Er bezeichnet diese als "die treulosen Juden", "blinde Juden", "die von Christus und Gott gehaßt werden"[38]. Es fällt auf, daß Erasmus sich in seiner Verteidigung derartiger Epitheta enthält[39]. Das könnte noch Zufall sein. Aber ausgerechnet zur selben Zeit, in der Erasmus die Briefe über Pfefferkorn schreibt, richtet er verschiedene Briefe an Gilles Busleyden, der einen wichtigen Anteil an der Gründung des Collegium Trilingue hatte, einer Unternehmung, die Erasmus sehr am Herzen lag. Auch an viele andere schreibt Erasmus über dieselbe Angelegenheit[40]. Worum ging es dabei? Hebraisten

---

[32] A 3, 694,34–56. Die Bedeutung der Ausdrücke "Halbjude" und "Superjude" (semiiudaeus, sesquiiudaeus) ergibt sich genügend aus folgender Stelle aus einer Apologie vom Jahre 1522: "Magis enim ac magis invalescunt Judaei quidam, sesquiiudaei et semiiudaei, qui mixti nobis titulum habent Christi, cum Mosen totum habeant in pectore"; s. *Apol. ad Sanct. Caranz.*, LB 9, 424E. Es handelt sich also um Christen, die auf "iudaismus" zurückgefallen sind; vgl. infra, Anm. 54.

[33] A 3, 697,11–15; 700,14–42; 701,13–38; 703,1–24; 713,1–12.

[34] An Colet, Fisher und More; s. A 3, 706,1–3.

[35] Guido Kisch (1969), 20.

[36] S. für diesen Streit Helmut Feld (1970).

[37] Vgl. für die Auseinandersetzung Fabers LB 9, 71C–73D.

[38] Vgl. LB 9, 71EF, 72C; vgl. die Wiedergabe der Worte Fabers durch Erasmus: A 3, 659,8–10; 778,21; 784,28.

[39] Vgl. *Apolog. ad Fabr. Stap.*, LB 9, 36C–E, 37B,D.

[40] A 3, 686; 687,20–21; 689,15–17; 690,11–12; 691,1–13.19–22; 699,1–5; 707, 9–11; 721,8–9; 722,10–12; 731,25–26; 797,10–12; 805,1–3.

waren nicht zahlreich, aber es gab in Löwen einen sehr tüchtigen Gelehrten, Matthaeus Adrianus. Erasmus unternahm alles, was in seinen Kräften stand, um dessen Berufung an das Collegium zu bewirken. Adrianus sei "der Herkunft nach ein Hebräer, aber dem Bekenntnis nach seit langem ein Christ, von Beruf Arzt"[41]. In diesem Zusammenhang ist es nicht so sehr von Bedeutung, daß Erasmus seinen Willen bekommt, als vielmehr, daß es für ihn offensichtlich überhaupt keine Rolle spielt, daß jener Jude ist. Die Tatsache, daß Erasmus ihn ein Jahr später an sein Krankenbett ruft[42] -er hat wahrscheinlich die Pest- weist in dieselbe Richtung.

Nun kann man natürlich den einen Sachverhalt nicht gegen den anderen ausspielen. Allerdings ermahnen uns die eben genannten Fakten zur Sorgfalt bei der Beurteilung von Erasmus' ärgerlichen Äußerungen in der Reuchlin-Affäre. Bei der Beurteilung ist mit folgenden Faktoren Rechnung zu halten. Einmal stammen die fraglichen Briefe alle aus einem Monat[43], sie wurden von Erasmus nicht publiziert -und das ist kein Zufall![44]-, und sie wurden verursacht durch das Auftreten von Pfefferkorn in diesem Jahr. Was ging vor? Im Jahre 1516 publizierte Pfefferkorn zwei Schriften, und in einer davon, dem *Streydt puechlyn*[45], nannte er auch Erasmus, der sich nie in Pfefferkorns Streit gemischt hatte, auf sehr gehässige Weise: ". . . vnd darzů ein moenchlin, der ist ouch in der zall yrs lobs, villeycht darumb das er der kutten oder kappen moedt ist vnd auss geschudt hat. Er mach wol zů sehen, dan der Teůffel ist ytzunt so vnmussig vnd so gyrich das er niemant veracht. Als wer er ouch eyn wyldter oder eyn verloffener moench, er nympt die alle an, vnd ob eyner gleich so geistlich wer, das er am Carfreytagh vor myttag die heylig Passio het doeren predigen vnd nach mittag vnder die juden wer gegangen vnd het eyn

---

[41] A 3, 686,5-6.

[42] A 3, 867,207-208.218-219.

[43] Guido Kisch (1969), 17, sagt: "Die Korrespondenz über das für Erasmus immer unerfreulicher und lästiger werdende Thema weitet sich in den folgenden Jahren noch aus. Tendenz und Tenor der Briefe bleiben die gleichen, der Ton wird immer gereizter, die Sprache viel heftiger". Das stimmt insofern, als Erasmus sich auch weiterhin mit der Reuchlinangelegenheit beschäftigt. Die prekären judenfeindlichen Äußerungen beschränken sich aber auf einen Monat.

[44] Nur A 3, 713 wurde, sicher ohne Mitwissen des Erasmus, 1519 in den *Illustrium virorum epistolae* herausgegeben. Es ist auch auffällig, daß Erasmus nicht seinen Brief an den kaiserlichen Rat Bannisio publizierte, wohl aber die Antwort des Bannisio, die empfahl, den Angriff Pfefferkorns nicht zurückzuweisen, einschließlich seiner bejahenden Antwort, 1519 herausgab; s. A 3, 709,20-24; 716,7-14.

[45] Vgl. für diese Schrift Ludwig Geiger (1871), 383-386.

kelberen Protden mit jn gessen. Pfeů, sy moegen sich wil schemen"[46].
Es ist begreiflich, daß Erasmus dadurch getroffen war, und zwar um
so mehr, als Pfefferkorn nur ein Werkzeug in den Händen der Kölner Dominikaner war[47]. Er trat dann auch tatsächlich in Aktion, ließ
Pfefferkorns kleine Schrift ins Lateinische übersetzen und sandte es
an seine Fürsprecher in England: Colet, More und Fisher[48]. Die Briefe,
die er schreibt, haben ein klares Ziel. Er ist der Meinung, daß die
Autoritäten, die Bischöfe, der Kaiser und der Rat von Köln, eingreifen müssen, um Pfefferkorn, und damit die Kölner Dominikaner, zum
Schweigen zu bringen[49]. Im Sinne dieses Zieles sind auch die Adres-
saten ausgewählt. Seine Briefe sind grob im Ton, aber hierbei muß
man bedenken, daß er die Anschuldigungen Pfefferkorns gegen
Reuchlin vor Augen hat und diese nun gegen Pfefferkorn selbst
wendet. Dieser hatte ja Reuchlin auf übelste Weise vorgeworfen, daß
er, zugunsten gotteslästernder Juden, den Frieden der Christenheit
in Gefahr bringe, was seiner Ansicht nach ein Werk des Teufels
sei. Genau dasselbe wirft Erasmus nun Pfefferkorn vor[50]. Auf diese

---

[46] Johannes Pfefferkorn (1516), D2v°, zitiert von Ludwig Geiger (1871), 386,
Anm. 3.

[47] A 3, 694,26–35; 700,16–18.

[48] A 3, 706,1–3.

[49] A 3, 694,97–101; 701,30–31; 703,15–19.

[50] Im folgenden gebe ich einige Zitate. A2r°: ". . . Doctor Reůchlyn, der da belegt
vnd vmbfangen ist mit dem Bolwerck des Tůffels, ein muntzmeister der boßheit vnd
eyn dichter der lugen, eyn lesterer der heylger kyrchen, ein felscher der heilger
geschrifft, eyn doitsleger der selen, eyn betryger vnd verfurer der werlt, ein aduocat
vnd patron der vnglaůbhafftigen trewlosen jůden . . . So haben sy den vnseligen doctor
Reůchlin zů smach der gantzer cristenheit vnd wyder mich zů gerust vnd vffgeweckt
als hyrna bewysen wyrt". C1v°: ". . . so han ich den Reůchlin mit tzwů zůngen in
die figur setzen lassen, das man ym die jůdisch zůng sol auß reyssen". C4v°: "Warumb
kam mit der blyxs vnd das hellisch fuyr vnd verbrant dich in abgrunt der hellen".
D4r°: "O yr frummen selighen Christen, merckt doch an vnd nempt des nit wonder,
das Johan Reůchlin vill erber gelerter menner vnd mich zů gunst der juden in seynen
schryfften gelestert vnd ghesmecht hat". D4v°: "Item mit dieser Teůffelscher lůgen
hat er manchen frummen pyderman, die gantze christenheit durch vnd durch, in
eynem valschen schein lystenlichen betroghen". E2r°: "Aber das ist die scholt: het
Doctor Reuchlin seynen vnreynen samen in die welt nyt auß geworffen vnd wer er
from geblyben, so hetten jn die hohen schůlen wol from gelassen". E4r°, nachdem
Pfefferkorn Reuchlin Unwissenheit betreffs des Hebräischen vorgeworfen hatte: ". . .
vnd was er bis hieher der Hebreischer kunst gepractisyrt, gegeuckelt vnd bedryben
hat, das haben alles die jůden gethan in seynen namen". G2r°: ". . . last vns ytzůndt
weyß vnd fursichtig sein, den mort schaden zů verhueden vnd den stynkenden rouch
zů dempffen, vnd dem schalckhafftigen Teůfell, der do ist eyn Furst von taůsent
kunsten, entgegen halten seyn begangen boeßheit zů verhyndern vnd zů vndertrucken".
G3r°: "So ist der Ougenspygel vnd Obscurorum virorum der heyligen kyrchen
schedelicher vnd ergerlicher dan alle ketzer der welt oder falsche propheten".
Ein Vergleich dieser Zitate, die an sich nur eine Auswahl bieten, mit den sechs

Weise will Erasmus sich selbst verteidigen[51] und Pfefferkorn daran hindern, sein Auftreten zu wiederholen.

Gleichwohl ist nicht zu übersehen, daß Erasmus, wenn er seinem Abscheu an Pfefferkorn Ausdruck verleiht, ständig dessen jüdische Herkunft heranzieht. "Nun, wo er die Maske eines Christen aufgesetzt hat, spielt er erst eigentlich die Rolle eines Juden; nun handelt er gemäß seiner Herkunft"[52]. "Ich will sterben, wenn man nicht, würde man ihn aufschneiden, in seinem Herzen nicht einen, sondern unzählige Juden findet"[53]. Denn die Juden habe Christus beschmutzt, Pfefferkorn besudelt seinerseits viele hervorragende Männer seiner Zeit. Es wird vollkommen deutlich, welchen Wert das Wort 'Jude' für Erasmus hat. Es steht zunächst im Gegensatz zu 'Christen', und bei beiden Gruppen denkt Erasmus an die Zugehörigkeit zu einer Religionsgemeinschaft[54]. Es ist nur konsequent, daß Erasmus, wie wir gesehen haben, bei einem zum Christentum übergetretenen Juden diese Bezeichnung vermeidet. Entsprechend sieht Erasmus eine durchgehende Linie von den Juden der Christus-Zeit zu den Juden seiner eigenen Zeit laufen: so wie jene Christus haßten, hassen diese nun die Christen[55]. Erasmus weiß, daß dies wechselseitig ist und er akzeptiert dies als eine feste Gegebenheit, gegen die er auch nicht protestiert. Etwa zwei Jahre später schreibt Erasmus einen ausführlichen und von ihm selbst publizierten Brief an den bekannten Kölner Inquisitor Jakob von Hoogstraten, da dieser in seiner *Destructio Cabale* auch Äußerungen von Erasmus angegriffen hatte. Er tritt in diesem Brief für Reuchlin ein, der allein beabsichtigt habe, dafür zu sorgen, daß die Juden nicht mehr als rechtmäßig leiden. Erasmus fährt fort: "Welchen Sinn konnte es haben, sich mit derartiger Begeisterung die Aufgabe zu

---

von Erasmus geschriebenen Briefen zeigt deutlich, daß die von Kisch am meisten getadelten Aussagen des Erasmus alle ihre Parallelen in der Schrift Pfefferkorns finden. Damit ist die polemische Methode des Erasmus nicht gebilligt, sie kann aber nur auf diesem Hintergrund richtig eingeschätzt werden.

[51] Erasmus verneint, daß Selbstverteidigung mit eine Rolle spielt; vgl. A 3, 694,102–104. Das könnte kaum wahrheitsgemäß sein.

[52] A 3, 694,48–50.

[53] A 3, 701,23–25; vgl. 700,22–23.

[54] Es liegt m.E. auf derselben Linie, daß Erasmus von Pfefferkorn sagt: "cui non esset impingendum semiiudaei vocabulum, nisi factis sese declaret sesquiiudaeum", und ihn "unus ille semiiudaeus Christianus" nennt; A 3, 694,37–38; 713,8. So nennt er auch den fiktiven Stifter des Ebionitismus Ebion "semi-iudaeus ac semi-christianus"; s. *Annot. in NT*, LB 6, 814F.

[55] Vgl. die Aussage aus den *Declarat. ad cens. Lutet.*: "Iudaeos non occidimus, nisi peccent adversus principum leges, licet et Christo et nomini christiano sint hostes devotissimi"; LB 9, 907B.

stellen, die Juden verhaßt zu machen? Gibt es jemanden unter uns, der diese Menschenart nicht schon ausreichend verwünscht? Wenn es christlich ist, die Juden zu hassen, sind wir in dieser Hinsicht alle ausgiebig christlich"[56]. Mit diesen Worten greift Erasmus auf Hoogstratens Schrift zurück, dessen Tendenz Erasmus treffend wiedergibt[57]. Es ist deutlich, daß dieser Gedanke Erasmus' Ironie hervorruft, aber auch nicht mehr. Wie sehr die Juden für Erasmus eine eigene Gruppe darstellen, die durch ihre Religion charakterisiert ist, mag eine Passage aus dem *Lob der Torheit* verdeutlichen. "Noch seltsamer ist es, daß die Juden auch heute noch hartneckig ihren Messias erwarten und bis zum heutigen Tage verbissen an ihrem Moses festhalten"[58]. So stehen sie in der Nähe der Briten, Franzosen, Venezianer und Türken usw., die sich alle durch ihre törichte Eigenliebe lächerlich machen.

Dadurch werden die Juden allerdings nicht zu Bürgern zweiten Ranges. Im Gegenteil, Erasmus geht davon aus, daß sie ihre Bürgerrechte auf jeden Fall besitzen. In einer Schrift aus dem Jahre 1530 über die damals drohende Gefahr der Türken, geht er auf die verbreitete Meinung ein, daß nun jeder einen Türken wie einen tollwütigen Hund töten könnte, nur weil er Türke sei: "Wäre dies wahr, dann wäre es jedem erlaubt, einen Juden zu töten, aber würde das jemand wagen, würde er seiner gesetzlichen Strafe nicht entgehen ... Die christliche Obrigkeit straft Juden, wenn sie sich einer Übertretung gegen das Gesetz, dem sie sich unterworfen haben, schuldig machen. Sie werden nicht wegen ihres Glaubens getötet, da der christliche Glaube eine Sache der Überredung ist, nicht aber ein Zwang, der christliche Glaube wird ausgesät, aber nicht auferlegt"[59]. Diese Passage ist kennzeichnend für Erasmus' Auffassung zu diesem Punkt, aber sie weckt auch unwillkürlich Unmut. Man hat den Eindruck, als ob Erasmus vor der Wirklichkeit seiner Zeit die Augen verschließen würde. Die einzige mir bekannte Äußerung von Erasmus, die seine Vertrautheit mit den Geschehnissen zeigt, ist eine Passage aus dem soeben zitierten Brief an Hoogstraten, wo er feststellt, daß einige meinen, Hoogstraten habe es auf den Bezitz der Juden abgesehen[60].

* * *

---

[56] A 4, 1006,139–143.
[57] S. für die Schrift Hoogstratens Ludwig Geiger (1871), 199–201.
[58] *Moria*, ASD 4/3, 128,71–130,72.
[59] *Consult. de bell. turc.*, ASD 5/3, 58,510–516; vgl. Anm. 55.
[60] A 4, 1066,41–45.

Wenn es richtig ist, daß für Erasmus die Juden eine religiös definierte
Kategorie darstellen, wird es Zeit, nach der theologischen Konzeption
zu fragen, die deren Grundlage bildet. Am deutlichsten wird diese
im *Enchiridion* ausgesprochen[61]. In dieser Schrift widmet Erasmus "dem
Aufsteigen vom Sichtbaren zum Unsichtbaren" ein eigenes, langes
Kapitel[62]. Demnach gibt es zwei Welten, die geistige, in der Gott
mit den Engeln wohnt und die sichtbare, die der Himmelsphären
und was in ihnen beschlossen ist. Die sichtbare Welt ist das Vergäng-
liche, Zeitliche, im Vergleich mit dem Unsichtbaren nur ein Schatten, ein schwaches Abbild der geistigen Welt. Ideal der Christen muß
es sein, von der sichtbaren zur unsichtbaren Welt aufzusteigen. Erasmus ist der heiligen Überzeugung, daß er mit dieser Gegenüberstellung den Kern der biblischen Botschaft getroffen hat, es geht ihm
dabei um "la religion du pur esprit"[63]. Dies führt bei ihm nicht zu
einem vollkommenen Spiritualismus, wohl aber zu einer negativen
Beurteilung aller Äußerlichkeiten als das Niedrige, Minderwertige, das
eine Gefahr für das Echte darstellt. In diesem Angriff gegen die Veräußerlichung der Kirche kann das Niedrige auch mit dem Wort
'iudaismus' bezeichnet werden, das dem Ausdruck 'christianismus' gegenübersteht, wobei es sich um einen absoluten Gegensatz handelt[64].
Man habe in der Taufe geschworen, so sagt Erasmus, "daß man ein
Christ sein will, das heißt: ein Mann des Geistes, kein Jude"[65]. Ein
Jude ist jemand, der "stummen Elementen dient"[66]. Es versteht sich
von selbst, daß Erasmus dem Alten Testament wenig Wert beimißt,
von späteren jüdischen Schriften ganz zu schweigen. Wohl kann er
den Propheten Jesaja als Zeugen für die Gegenüberstellung von Sicht-
barem und Unsichtbarem anführen[67], aber das bleibt eine Ausnahme.
So spricht Erasmus in einem Brief an Capito (1518) zunächst seine
Abneigung gegen Talmud, Kabbala und ähnliche Schriften aus, um

---

[61] Die beste Einführung in diese Schrift gibt Alfons Auer (1954); s. auch
Ernst-Wilhelm Kohls (1966), 1, 69–190; Cornelis Augustijn (1986), 42–53. Sie
übte erst nach der Ausgabe von 1518 starke Wirkung aus; s. Alfons Auer (1954),
59–60.

[62] *Enchir.*, LB 5, 27D–39A; vgl. für diesen Teil Alfons Auer (1954), 80–95; Jacques
Etienne (1956), 14–16,56–62.

[63] So charakterisiert Etienne den Hauptinhalt des *Enchir.*; s. Jacques Etienne (1956),
14.

[64] *Enchir.*, LB 5, 34D,33D.

[65] Ibid., LB 5, 33D.

[66] Ibid., LB 5, 33C.

[67] Ibid., LB 5, 36C–37B.

dann fortzufahren: "Und möge die Kirche der Christen dem Alten Testament nicht soviel Wert beimessen! Es steht fest, daß dieses zeitweise, in der Epoche der Schatten gegeben worden ist. Und doch wird es heute fast über die christlichen Schriften gestellt. Wir weichen inzwischen jedenfalls von Christus ab, der allein für uns genug war"[68]. Der Ausdruck "Kirche der Christen" ist sehr ungewöhnlich. Er ist hier bewußt gewählt worden, um den Unterschied zwischen Altem und Neuem Testament zu unterstreichen. Die Juden hatten vor Christus nur einen groben und unklaren Glauben im Hinblick auf das Göttliche, auch wenn dieser für die Seligkeit ausreichte[69]. Außerdem durften sie Krieg führen und ihren Feind hassen[70]. Dies alles ist nun überholt. Das Neue Testament steht hoch über dem Alten.

Die Gegenüberstellung von Altem und Neuem Testament ist also inhaltlich gefüllt. Das Alte Testament war die Kindheit, das Mosaische Gesetz, das die Juden als Schranken brauchten, hatte eine pädagogische Funktion. Aber eigentlich geht es Erasmus um das Höhere, den Geist: "Portentum est infantia perpetua", denn nichts schadet der Religion mehr, als das abergläubische Vertrauen in Zeremonien[71]. Darum ist mit Paulus auch der Höhepunkt des Neuen Testaments gegeben. Niemand hat mehr als er getan, um Christus vor dem Judentum zu bewahren[72]. Es geht Erasmus also um den Paulus, der die Gegenüberstellung von Fleisch und Geist gepredigt und dies auch in seinem praktischen Leben verwirklicht hat: "Ihren ersten Streit mußte die Kirche mit den Juden ausfechten . . . In diesem Punkt hat sich der Apostel Paulus als ein kräftiger Vorkämpfer der evangelischen Freiheit erwiesen"[73]. Er hat sich dabei gegen zwei Fronten gewendet. Einerseits wurde die junge Kirche von der heidnischen Philosophie, andererseits vom Aberglauben der Juden bedrängt: "Das Judentum hätte uns wieder mit dem gesamten Moses, einschließlich der unrechtmäßigen Beschneidung, ergriffen und die himmlische Philosophie in grobe und seelenlose Zeremonien hineingelockt", wenn Paulus nicht aufgetreten

---

[68] A 3, 798,25–28; vgl. 701,35–36: "Malim ego incolumi Novo Testamento vel totum Vetus aboleri quam Christianorum pacem ob Iudeorum libros rescindi".

[69] A 5, 1390,66–73.

[70] *Annotat. in NT*, LB 6, 241E–242E, über Luk 3,14.

[71] *Enarrat. in Ps.*, ASD 5/2, 114,568–120,726; das Zitat 118,670–671. Erasmus behandelt Psalm 2, der ganze Passus schließt sich aber eng an den Galaterbrief an.

[72] A 2, 541,148–149: "Video quantum sudarit Paulus ille noster quo Christum a Iudaismo vindicaret, et sentio quosdam eodem relabi clanculum".

[73] A 6, 1738,243–245.

wäre[74]. Der große Fehler der Juden war, daß sie "im Vertrauen auf
das Gesetz, das schwerste im ganzen Gesetz, nämlich den Glauben
in Jesus Christus, vernichtet hatten"[75]. Man erkennt, worum es Erasmus hier geht. Er denkt an Paulus' Streit mit den Judaisten, also mit
den Judenchristen, die auch die Heidenchristen der Verpflichtung
zur Beschneidung und zur Befolgung des Mozaischen Gesetzes unterwerfen wollten.

Paulus' Streit um die eigentliche christliche Freiheit ist für Erasmus
keine Episode aus grauer Vorzeit, im Gegenteil, sie ist für die Kirche
grundlegend gewesen und setzt sich durch alle Jahrhunderte fort.
Erasmus ist der heiligen Überzeugung, daß in seiner eigenen Zeit
die Situation sogar besonders gefährlich geworden ist. Die Kirche
wird immer noch vom Heidentum, andererseits aber auch vom 'iudaismus' bedroht. Es ist nunmehr deutlich geworden, was Erasmus mit
diesem Ausdruck meint: nicht eine zeitgenössische, ethnisch bestimmte
Gruppe, sondern die Lebensweise von Menschen, die Christen sein
wollen, sich selbst oft als Christen par excellence ansehen, die jedoch
das Wesen des Christentums im Niedrigen, Äußeren, im Fleisch, in
den Zeremonien suchen, und die darum unbewußt wieder auf das
Alte Testament, das Judentum zurückgefallen sind: "Iudaismum ap-
pello non impietatem Iudaicam, sed praescripta de rebus externis,
veluti de veste, cibo, ieiunio, quae similitudinem quamdam habent cum
Iudaeorum observationibus"[76]. Diese Einstellung führe dazu, daß einige
den Menschen "in gewisse menschliche Satzungen verstricken und den
Unglücklichen in einen völligen 'iudaismus' stürzen und ihn Furcht,
nicht aber Liebe lehren", urteilt Erasmus am Schluß seines *Enchiridion*[77].

Ständig geht aus Erasmus' Worten ein deutliches Bewußtsein seiner
Berufung hervor. Er hat das *Enchiridion* nicht geschrieben, um seinen
Scharfsinn und seine Beredsamkeit zur Schau zu stellen, sondern "um
jene Massen von ihren Irrtümern zu heilen, die ihre Religion in
Zeremonien und in körperlichen Riten, die die jüdischen fast übertreffen, suchen, aber alles vernachlässigen, was mit der Gottesfurcht
zusammenhängt[78]. Auf diese weise rückt das Neue Testament in un-

---

[74] A 3, 916,216–243, das Vorwort zur *Paraphr. in Cor.*; vgl. das Vorwort zur *Paraphr. in Rom.*, A 3, 710,79–81.
[75] Die Einleitung zur *Paraphr. in Rom.*, LB 7, 775–776; vgl. *Rat. ver. theol.*, LB 5, 95B–96F, wo Erasmus ausführlich darlegt, Christus sei nur durch Heiden anerkannt.
[76] *Declarat. ad cens. Lutet.*, LB 9, 889D.
[77] *Enchir.*, LB 5, 65C, über das Mönchtum.
[78] A 1, 181,47–50; vgl. 296,81–83.

mittelbare Nähe: "Keiner Zeit hat es gefehlt und wird es fehlen an
ihren eigenen Pharisäern, ihren eigenen Kajaphas, Herodes, Pilatus,
ihren eigenen Massen, die der Wut von Pharisäern und Oberen
dienstbar sind". Und was bewegt diese Pharisäer? Ehrsucht, Habgier,
Abgunst. Sie wollten herrschen, für Halbgötter gehalten werden. So
stritten Priester und Pharisäer für ihre eigene Macht. Währenddessen
werden die Massen durch einen falschen Schein von Religion betrogen[79]. Man versteht, warum Erasmus eine solche Aversion gegen die
Ordensgeistlichen hatte, während er gleichzeitig lobend über die Ideale des Mönchtums sprechen kann. Sie sind es an erster Stelle, die
sich auf seelenlose Zeremonien berufen: "Aber Christus wird ihnen
in ihren endlosen Pralereien mit der Frage Einhalt gebieten: Woher
kommt denn diese neue Art Juden? Nur ein Gesetz erkenne ich als
das meine an, und dieses ist das einzige, worüber ich nichts höre"[80].

* * *

Mit dem oben Ausgeführten muß man Rechnung tragen, wenn man
Aussprachen von Erasmus gegen den 'iudaismus' nicht verzeichnen
will. Wenn Erasmus schreibt: "Du fürchtest dich vor dem Heidentum;
ich glaube, daß der 'iudaismus' fast alles in Beschlag genommen hat"[81],
ist deutlich, daß wir dabei nicht an die jüdische Gemeinschaft denken müssen, sondern an eine bestimmte Lebenshaltung, die im Christentum gefunden wird. Dasselbe gilt auch für Erasmus' Äußerungen
in zwei Briefen an Capito. Im ersten, der in dieser Hinsicht der ausführlichste ist, weist Erasmus mit Zufriedenheit auf das Aufblühen
der Sprachkenntnisse hin, die zu einem besseren Verständnis Christi
führen. Er sieht damit allerdings eine Gefahr verbunden. Es sind auch
Schriften erschienen, die "nach einem reinen Judaismus schmecken".
Er meint damit jüdische Schriften, die in Übersetzungen erschienen
sind. Auf diese Weise könnte eine Wiederbelebung des Judaismus
stattfinden, "und man kann nichts finden, das mehr im Streit mit
der Lehre Christi wäre, nichts, das dafür gefährlicher wäre, als jene
Pest"[82]. Im zweiten Brief spricht Erasmus seine Furcht darüber aus,
daß "diese schon lange unterdrückte Pest sich wieder ausbreitet", wobei er noch erwähnt, daß die Juden in Italien und Spanien so stark

---

[79] *Enarrat. in Ps.*, ASD 5/2, 120,726–742; vgl. *Rat. ver. theol.*, LB 5, 96F: "Nulli
aetati desunt sui Pharisaei, nulli non est periculum, si Dei beneficiis abutatur".
[80] *Moria*, ASD 4/3, 162,569–571.
[81] A 6, 1744,90–91.
[82] A 2, 541,133–149; die Zitate: 147–148.138–139.

sind[83]. Erasmus befürchtet, daß derartige Schriften die christliche Theologie beeinflussen könnten, und das wäre verderblich: "Ich würde noch lieber sehen, daß Christus mit Duns Scotus beschmutzt würde, als mit jenem Unsinn", heißt es im zweiten Brief[84]. In dieselbe Richtung weist der Seufzer, den Erasmus ausstößt, nachdem er festgestellt hat, daß die Kirche ihr erstes Gefecht mit den Juden unter Paulus ausgetragen hat: "wären doch heute davon keine Reste übriggeblieben"[85].

* * *

Das Vorangehende ist meiner Ansicht nach von Belang, um deutlich zu machen, daß Erasmus, wenn er über "iudaismus" spricht, nicht in erster Linie Juden, sondern Christen meint. Dies sollte uns allerdings nicht dazu verleiten, Erasmus' Haltung gegenüber den Juden zu positiv zu sehen. Die Tatsache, daß Erasmus für die von ihm so sehr abgelehnte Lebenshaltung das Wort 'iudaismus' gebraucht und Christen, die diese Lebenshaltung haben, als 'iudaei' abstempelt, weist darauf hin, daß seine Ansicht vom Judentum sehr negativ ist. Wir haben schon gesehen, daß dies für das Judentum des Alten Testaments gilt. Es trifft allerdings ebenfalls im Hinblick auf die Juden seiner Zeit zu. So wirft Erasmus ihnen vor, daß sie die Gesetzrollen schmücken und ehrerbietig behandeln, während sie indessen vernachlässigen, was das Gesetz lehrt; dies ist eine "leere und verkehrte Religion", die man leider auch bei Christen findet[86]. Das Judentum dient also bloßen Formen, es ist "das ungläubige Volk der Synagoge"[87], "ein gottloses und frevelndes Volk"[88], sie "waren dem Buchstaben, allen Sünden und dem Teufel dienstbar"[89]. "O unglückselige Gathiter, ihr unterdrückt die Gnade des Evangeliums und seit selbst in eine elende Sklaverei gefallen, die nicht allein eine äußere ist -dieses Unheil wäre noch gering- sondern eine Sklaverei der Seelen"[90]. "Die Juden sind in tiefste Armut gefallen: sie haben kein Staatsgefüge mehr, keine Tempel, keine Opfer, keinen Gott, keinen Christus. Denn der Vater

---

[83] A 3, 798,19–28.
[84] A 3, 798,22–23.
[85] A 6, 1738,243–244.
[86] A 5, 1333,223–227; vgl. *Coll.*, ASD 1/3, 501,223–225.
[87] *Enarrat. in Ps.*, ASD 5/3, 110,565.
[88] *Declarat. ad cens. Lutet.*, LB 9, 909B.
[89] *Enarrat. in Ps.*, ASD 5/3, 110,572–573.
[90] *Enarrat. in Ps.*, ASD 5/3, 110,593–595.

hat jeden verleugnet, der den Sohn verleugnet . . . Während sie Hunger leiden, befinden sich die Schwachen, die Blinden und die Lahmen am Tische des Herrn. Dasselbe, was den Juden zugestoßen ist, wird auch den "christiani iudaici" zustoßen, die in ihrem Herzen keinen Glauben und keine Liebe tragen, aber die Speisevorschriften, das Fasten, den Kultus und derartige Zeremonien rühmen und sagen: wir sind reich, es mangelt uns an nichts"[91]. Auch hier hat es Erasmus auf die Einstellung abgesehen, die man ebenfalls bei Christen finden kann, die aber seiner Ansicht nach das Wesen des Judentums ausmacht.

Sein Bild vom Judentum ist nicht nur sehr negativ, es kommt bei ihm auch oft ein enormes Überlegenheitsgefühl auf. Er haßt die Juden nicht. Warum sollte er auch? Das Judentum ist vollständig religiös bestimmt und ist als solches unterlegen. Als Erasmus die Predigten von Chrysostomos gegen die Juden herausgibt, spricht er seine Verwunderung darüber aus, daß es diesem nicht gelungen sei, die Juden zu bekehren: dabei sei es so deutlich[92]! Das Judentum hat als Religion keine Zukunft. Die Juden schon! Es fällt auf, daß Erasmus in seiner Paraphrase von Römer 9–11 eine in der Tat genaue Wiedergabe dieser Bibelstelle gibt und Paulus' Äußerung, daß ganz Israel erhalten bleiben werde, nicht schmälert[93]. Nun kann man einwenden, daß der Paraphrast an seinen Text gebunden ist, jedoch spricht Erasmus auch an anderer Stelle aus, "daß sie nicht alle blind sind und daß einmal das gesamte Volk der Juden, durch den Glauben der Heiden erweckt, sich bekehren wird"[94]. Die Christen haben dann auch die Aufgabe, die Juden durch ihr Leben zum Nacheifern anzuregen[95]. "Möge der Herr es einmal für Wert erachten, ihr Herz zu öffnen, damit sie . . . Juden werden. So werden sie gerne genannt, während sie nichts weniger sind als das. Jude heißt nämlich: Bekenner"[96]. In diesem Zusammenhang muß auch Erasmus' Paraphrase von Mt. 27,25 angeführt werden, "sein Blut komme über uns und über unsere Kinder" – es ist bekannt, welch unselige Rolle diese Worte

---

[91] *Enarrat. in Ps.*, ASD 5/3, 140,738–748. In den *Paraphrasen* finden wir dieselbe Sicht der Dinge, wenn Erasmus dort Kirche und Synagoge einander gegenüberstellt; cf. *Paraphr. in Mc.*, LB 7, 252C–253B, *in Lc.*, 352F–354C.

[92] A 6, 1800,245–247.

[93] *Paraphr. in NT*, LB 7, 806A–817A.

[94] *Paraphr. in NT*, LB 7, 775–776, die Einleitung zu der *Paraphr. in Rom.*

[95] A 6, 1800,270–280; vgl. *Declarat. ad cens. Lutet.*, LB 9, 909 AB: "quia Paulus praedixit fore ut Judaei tandem aggregentur ad ovile Christi, toleramus impiam ac blasphemam gentem".

[96] *Enarrat. in Ps.*, ASD 5/3, 110,595–598; vgl. ASD 5/2, 225,41–42.

gespielt haben. Erasmus meint: "Sie haben sich selbst und ihren Nach-
kommen das Verderben gewünscht. Aber Christus war barmherziger
gegen sie, als sie gegen sich selbst waren und hat niemanden von
der Vergebung ausgeschlossen, wenn er sich nur bekehren ließ. Denn
viele von denjenigen, die damals unter dem Volk riefen: weg mit
ihm, kreuzigt ihn, haben später das Kreuz Christi angebetet"[97].

* * *

Welchen Platz nehmen nun Juden und Judentum, Erasmus' Gedanken
zufolge, im 16. Jahrhundert ein? Im Jahre 1531 führt Erasmus aus,
wie seiner Ansicht nach die Lutheraner behandelt werden müssen:
"Zuletzt hätte man sie zeitweise negieren und dulden können, so wie
wir bislang die Böhmer und Juden geduldet haben"[98]. Ein vielsagen-
der Vergleich! Wir haben gesehen, daß Erasmus die Juden als voll-
gültige Bürger betrachtet, die denselben staatlichen Schutz genießen
wie alle anderen. Er bezeichnet den Staat jedoch als "christlich",
und er stellt sich die Welt, in der er lebt, als eine durchgehend christliche vor. Sie bildet die eine, ungeteilte Christenheit, in der Friede
und Einigkeit das höchste Gut bilden. In eine derartige Welt passen
die Juden, gerade als religiöse Gruppierung, eigentlich nicht hinein.
Zu Beginn habe ich einige Zitate angeführt, in denen Erasmus die
Juden in die Nähe von Ketzern und Schismatikern, später in die
Nähe der Lutheraner rückt. Von diesen Äußerungen kann man sagen,
daß sie für Erasmus' Sicht der Dinge charakteristisch sind: wie andere
Gruppierungen stellen die Juden in Europa einen Fremdkörper dar,
der geduldet wird. Bei einem jüdischen Christen ist dies nicht der
Fall; er gehört vollständig zur christlichen Welt. Aber dann muß er
sich auch als solcher verhalten, um Frieden und Einigkeit zu fördern. Wenn er das nicht tut, im Sinne der Vorstellungen des Erasmus,
dann zeigt sich dessen instinktive Abwehr[99]. Aus diesem Grunde geht
Erasmus so scharf gegen Pfefferkorn vor: dieser erweist sich in seinen Taten als "Superjude", mit dem die Juden entsprechend zufrie-
den sein können, hinter seinem Auftreten steht der Teufel selbst.
    Das Ergebnis der Untersuchung kann wie folgt zusammengefaßt
werden: Die Juden bilden für Erasmus eine religiös definierte Grup-

---

[97] *Paraphr. in Mt.*, LB 7, 140F–141A.
[98] A 9, 2443,314–316.
[99] Sehr deutlich z.B. in einer Äußerung über Aleandro: "unus est homo iudaicus,
quo cum hominum genere nunquam mihi bene convenit"; s. *Apolog. adv. rhaps. Alb.
Pii*, LB 9, 1124B.

pierung. Toleranz im eigentlichen Sinne des Wortes ist gegenüber dieser Gruppe eine Selbstverständlichkeit. Als religiöse Gruppe stellen sie seit dem Auftreten Christi eine veraltete Formen-Religion dar. Da diese Einstellung auch innerhalb des Christentums gefunden wird, ist die Verbreitung jüdischen Gedankenguts eine Gefahr für die Christenheit. Die Identifizierung von Gesellschaft und Christentum, die wir bei Erasmus finden, bringt die Juden in eine Ausnahmesituation, die sie mit anderen Gruppen teilen. Die genannte Identifikation stellt allerdings eine latente Gefährdung der Toleranz dar.

7. KAPITEL

ERASMUS, GERARD GELDENHOUWER UND DIE RELIGIÖSE TOLERANZ

Das Aufkommen der Idee der religiösen Toleranz im 16. Jahrhundert ist ein noch wenig untersuchtes Gebiet. Das bekannte Buch Joseph Leclers[1] gibt die großen Linien wieder, aber viele interessante Aspekte wurden noch nicht behandelt. Dies gilt besonders fur die erste Periode, bis ungefähr 1530. Im folgenden behandle ich die Tätigkeit, die Gerard Geldenhouwer zur Förderung der religiösen Toleranz entfaltet hat. Dabei kommen insbesondere die Schriften zur Sprache, die er in den zwanziger Jahren des 16. Jahrhunderts veröffentlicht hat, die Gedankenwelt, in der seine Auffassungen über die Toleranz sich gebildet haben, wie auch seine Kontakte zu Erasmus von Rotterdam.

* * *

Leben und Werke dieses nordniederländischen Humanisten haben schon einige Male die Aufmerksamkeit auf sich gezogen. 1898 veröffentlichte Jacob Prinsen eine Biographie[2], und 1901 gab er einige Schriften Geldenhouwers heraus[3], von denen vor allem die *Collectanea* wichtig sind, Notizen Geldenhouwers, die wahrscheinlich Vorarbeiten für eine Geschichte der eigenen Zeit darstellen. 1928 veröffentlichte der Löwener Professor Henry de Vocht das Briefbuch des Franciscus Cranevelt[4], in dem sich wichtige Briefe Geldenhouwers befinden. Das von De Vocht gefundene Material wurde 1956 von Olaf Hendriks populariert[5]. Weder De Vocht noch Hendriks haben jedoch die Bedeutung dieser Briefe für unsere Einsicht in die geistige Entwicklung Geldenhouwers erkannt.

Gerard Geldenhouwer (Geldenhauer, Noviomagus)[6] wurde 1482 zu Nimwegen geboren. Er erhielt seine Erziehung in Deventer und

---

[1] Joseph Lecler (1955).
[2] Jacob Prinsen (1898).
[3] Jacob Prinsen (1901).
[4] Henry de Vocht (1928).
[5] Olaf Hendriks (1956); vgl. für neuere Literatur BLGNP 3, s.v.
[6] S. fur seinen Namen Henry de Vocht (1928), 16.

Löwen und wurde in den Orden der Kreuzherren aufgenommen. Um 1514 verpflichtete er sich dem Hofe des späteren Karl V., und wahrscheinlich hatte er schon bald danach Verbindung zum Admiral der flämischen Flotte, Philipp von Burgund. Als dieser 1517 Bischof von Utrecht wurde, erhielt Geldenhouwer eine Stellung an dessen Hof, die er bis zum Tode seines Schutzherrn 1524 innehatte. Er gehörte in diesen Jahren ganz dem Kreise der niederländischen Humanisten an. Schon von Jugend an war er mit Cranevelt befreundet; Martinus Dorpius rechnete ihn zu seinem Freundeskreis[7]; beim Utrechter Bischof war er Hofhumanist[8]. Er war ein bescheidener[9] und einigermaßen schüchterner Mann[10], der nicht ohne Freunde leben konnte[11], ungeeignet für das Leben eines Ordensgeistlichen[12]. Erasmus schätzte er sehr hoch[13], und dieser seinerseits stand unter dem Eindruck der Integrität seines Freundes[14], der ihm bei der Herausgabe von Büchern half[15] und der nach seinem Amtsantritt bei dem Utrechter Bischof wichtig war als Verbindungsmann zu einem typischen Renaissancefürsten[16]. Es gab zwischen ihnen eine gewisse Vertraulichkeit[17], und es war denn auch selbstverständlich, daß Geldenhouwer

---

[7] Vgl. Henry de Vocht (1928), Nr.123,3–4: "Amo eum unice quum literarum, quas pulchre callet, tum bonitatis causa".

[8] Vgl. Jacob Prinsen (1898), 52. Vgl. für seinen Freundeskreis Olaf Hendriks (1956), 134–135.

[9] Charakteristisch ist sein Brief an Cranevelt, in dem er sich diesem völlig unterlegen fühlt; vgl. Henry de Vocht (1928), Nr.132,6–21.

[10] S. A 3, 727,4–8; 759,10–15.

[11] Vgl. dafür besonders seine Briefe an Cranevelt 1526 und 1527; Henry de Vocht (1928), Nr.210,11–12; 230,6–7; 238,19–21; 240,1–18.

[12] Geldenhouwer sagt 1527 selbst über diese Zeit: "Fornicarius, ebriosus, etc. placebam, laudabar"; Henry de Vocht (1928), Nr.239,17–18. Natürlich muß man bei einer solchen Äußerung berücksichtigen, daß er nunmehr die Neigung hatte, die Schattenseiten seines bisherigen Lebens stark zu betonen. Vgl. aber für das "ebriosus" auch A 8, 2355,82; A 9, 2358,13; 2365,19; 2380,8 und Erasmus' *Epist. ad fratr. Infer. Germ.*, ASD 9/1, 412,795–796. Henry de Vocht (1928), Nr.240g, betrachtet auch den Namen 'Neocomus', den Erasmus Geldenhouwer in der *Epist. c. pseudeuang.*, ASD 9/1, 283,1 gibt, als eine Anspielung. Das scheint mir sehr fragwürdig; eine harmlose Umgestaltung des "Noviomagus" liegt m.E. näher, auch darum, weil keiner der Zeitgenossen hierin eine Anspielung gesehen hat. S. für das "fornicarius" *Epist. ad fratr. Infer. Germ.*, ASD 9/1, 356,666.

[13] Vgl. A 8, 2329,88; 2355,79–81; 2356,4; A 9, 2358,15; 2371,26; *Epist. c. pseudeuang.*, ASD 9/1, 290,172–173; *Epist. ad fratr. Infer. Germ.*, ASD 9/1, 356,648–650; 402,596–597.

[14] Vgl. *Epist. c. pseudeuang.*, ASD 9/1, 289,161–290,163; 308,715–716.

[15] Vgl. A 2, 546,1–11; Wouter Nijhoff/Maria E. Kronenberg 1, Nr.838; 2, Nr.2889; 3/1, Nr.4223 (vgl. A 2, 341,13–14; A 6, S. XIX).

[16] Vgl. A 3, 645; 812,18–26; A 8, 2311,37–38; 9, 2441,1–2.

[17] Das ergibt sich schon aus ihrer ziemlich häufigen Korrespondenz. Einige Briefe zeigen auch einen vertraulicheren Ton; vgl. A 3, 714,1–4; 759,10–15. Weiter schreiben

sich nach der Abreise des Erasmus aus den Niederlanden im Jahre
1521 auch weiterhin für diesen interessierte[18]. Er teilte die im Humanistenkreis lebendige Kritik an kirchlichen Mißständen[19] und verfolgte mit Aufmerksamkeit das Auftreten Luthers und die Bekämpfung,
die dieser erfuhr[20]. Nicht ganz deutlich wird, wie Geldenhouwers eigene
Stellung den kirchlichen Schwierigkeiten gegenüber war[21]. Daß Cornelius Grapheus sein bekanntes Klagelied aus dem Gefängnis an Geldenhouwer richtete[22], sagt ebenso wenig über dessen Sympathien wie
die unfreundliche Äußerung über die ersten niederländischen Märty-
rer in einem Brief an Cranevelt[23]. Ging es im ersten Fall um einen
zum eigenen Kreis Gehörigen, so mußte Geldenhouwer im zweiten
Fall damit rechnen, daß der Brief abgefangen werden könnte[24]. Soviel
ist aber wohl klar, daß er sich stark zu Luther hingezogen fühlte[25],
dessen Werke und diejenigen anderer Reformatoren er ebenso wie
die Schriften ihrer Gegner las[26], und die Ereignisse genau verfolgte.

Nach dem Tode seines Schutzherrn im April 1524 wurde die Zukunft unsicher. Seiner persönlichen Neigung konnte Geldenhouwer
nicht folgen: "... ut Christo mihique libere vivam, non sinit mea

---

sie freimütig aneinander über den Utrechter Bischof; vgl. A 3, 714,19–21; 727,10–
22; 837,1–6. Auch hat Erasmus Geldenhouwer den wichtigen Brief an Servatius
Rogerus gezeigt; vgl. A 1, 296 Einl.; A 4, S. XXIII.

[18] Vgl. Geldenhouwers Aufzeichnungen in Jacob Prinsen (1901), Reg., s.v. Erasmus; A 5, 1437,212–215.

[19] Das ergibt sich besonders aus seinen *Satyrae*, herausgegeben von Jacob Prinsen
(1901), 149–176.

[20] Vgl. Henry de Vocht (1928), Nr.209,9–31.

[21] Henry de Vocht (1928), Nr.179a, betrachtet Geldenhouwer auf Grund seiner
Aufzeichnungen in den *Collectanea* und seiner Äußerungen von 1526 als einen über-
zeugten Anhänger Luthers schon seit 1518: "... he lifted the mask he had been
wearing even to his intimate friends for nearly eight years". Er berücksichtigt aber
nicht genügend, daß Geldenhouwer nach seinem offenen Übertritt zum Protestantismus naturgemäß die Neigung hatte, seinen bisherigen Entwicklungsgang im Lichte
seiner neuen Überzeugung zu schildern.

[22] Vgl. Paul Frédéricq 4, 151–156.

[23] S. Henry de Vocht (1928), Nr.65,6–8; vgl. Nr.64,9–16; 66.

[24] Es scheint mir nicht unmöglich, daß Geldenhouwer damit rechnete, daß ein
vertrauter Freund seinen Brief auf andere Weise lesen würde als ein Fremder und
verstehen würde, daß die Stelle Henry de Vocht (1928), Nr.65,7–8 noch nicht be-
sagte, diese Ketzer seien in der Tat Übeltäter, und daß Z.8–9 nicht bestimmte, ob
die Ketzer oder deren Verfolger hochmütig seien.

[25] Vgl. Jacob Prinsen (1901), Reg., s.v. Luther.

[26] Vgl. Henry de Vocht (1928), Nr.209,9–31. Daß ein Geistlicher die Werke Luthers
und dessen Gegner las, ist nicht außerordentlich. Auch in der reichhaltigen Bibliothek des Gorkumer Stiftsherren Van der Haer befanden sich viele derartige Bücher;
vgl. Maria E. Kronenberg (1963–1964).

inopia"[27]. Sollte er seinen Orden verlassen[28] oder seine Zuflucht im Kreuzherrenkolleg in Löwen suchen[29]? Auf Fürsprache seiner Freunde trat er im Herbst den Dienst bei Maximilian von Burgund an, dem Vetter des Bischofs und Abt in Middelburg[30]. Lange hielt er es da jedoch nicht aus. Im Herbst 1525 unternahm er eine Reise nach Wittenberg und kehrte als überzeugter Anhänger der Reformation zurück[31]. Anfang März 1526 reiste er erneut ab, jetzt mit der Absicht, Erasmus in Basel zu besuchen[32]. Er kam jedoch nur bis Straßburg, wo die reformatorische Bewegung ihn begeisterte[33]. Danach treffen wir ihn in Worms, wo er heiratete[34]. Am Ende jenes Jahres gab er in einem Brief seinen Gönnern in den Niederlanden Rechenschaft

---

[27] Vgl. Henry de Vocht (1928), Nr.117,14–15.

[28] Vgl. ibid., Nr.117,15–16 und die dortige Anm.

[29] Vgl. ibid., Nr.121a.

[30] Vgl. ibid., Nr.121,1–18; 126,3–19, und für die Empfehlungen seiner Freunde ibid., Nr.124 Einl., Z.1–5, und die Anm. zu Z.36.

[31] Vgl. Geldenhouwers Aufzeichnungen in Jacob Prinsen (1901), 78–81; Henry de Vocht (1928), Nr.179,1–8; 209,32–47. Der in Nr.179 begegnende Ausdruck "eam Germaniae partem, quae est intra subsolanum et vulturnum" bedeutet Süd- und Südostdeutschland; vgl. Plinius Secundus, *Naturales Historiae* 2,46,119. In Nr.209 sagt er, daß Philipp von Burgund ihm diese Reise angeraten habe.

[32] Vgl. Henry de Vocht (1928), Nr.179,9–12; in diesem Brief, geschrieben vor seiner Abreise, sagt er, er beabsichtige, Erasmus zu besuchen "cumque eo quaedam conferre quae ad rem salutis meae maxime pertinent". In einem späteren Brief vermittelt er den Eindruck, daß er die evangelischen Prediger im Rheingebiet kennenlernen wollte; vgl. Henry de Vocht (1928), Nr.209,48–56. Er zog übereilt ab und bat Cranevelt um Reisegeld, das er auch bekam; vgl. Henry de Vocht (1928), Nr.178,22.26–27; 180,3–19; 183; 230,43–44.

[33] Vgl. Henry de Vocht (1928), Nr.198,1–26. Einige Monate vorher hatte der Franzose Gérard Roussel einen ähnlichen Eindruck von Straßburg gewonnen; vgl. A.-L. Herminjard 1, Nr.167; 168. Geldenhouwer sagt, die Kritik der Straßburger an Erasmus hätte ihn veranlaßt, den geplanten Besuch an Erasmus aufzugeben; vgl. Henry de Vocht (1928), Nr.198,27–44. Schon jetzt übt er auch selbst Kritik an Erasmus; vgl. Henry de Vocht (1928), Nr.198,87–95.

[34] Ende April oder Anfang Mai 1526 war Geldenhouwer in Straßburg; vgl. Henry de Vocht (1928), Nr.198a. Im August hatte er sich in Worms niedergelassen; vgl. ibid., Nr.198,78–82. Im Januar 1527 wußte Goclenius, daß er verheiratet war; vgl. A 6, 1778,17–21; Henry de Vocht (1928), Nr.239,9–17; *Epist. ad fratr. Infer. Germ.*, ASD 9/1, 356,665–666. Vielleicht ist er im Sommer auch noch in Speyer gewesen. Hassencamp zitiert in deutscher Übersetzung einen seither nicht wieder aufgefundenen Brief Geldenhouwers, in dem dieser mitteilt, Franz Lambert von Avignon sei "auf dem Fürstenconvente, welcher zu Speier ... abgehalten wurde, von einem gewissen gelehrten jungen Manne besucht" worden; s. F.W. Hassenkamp (1860), 54. Gerhard Müller (1958), 30–31, weist nach, daß es sich hier um den Speyerer Reichstag von 1526 handelt, und nimmt an, daß der junge Mann Geldenhouwer war. Ich bin dessen nicht sicher. Dagegen spricht nicht nur das Alter Geldenhouwers, sondern auch dessen Brief vom August 1526, worin er über den Reichstag spricht, sich jedoch nicht sehr interessiert zeigt und auch nicht sagt, daß er dort gewesen sei; s. Henry de Vocht (1928), Nr.198,45–60.

von seinem Übertritt zur Reformation[35]. Auch schrieb er 1526 drei öffentliche Briefe an "die deutschen Fürsten", Philipp von Hessen und Karl von Geldern[36]. Der Inhalt dieser Briefe, die wahrscheinlich als Flugblätter veröffentlicht wurden, ist nicht sehr wichtig. Der erste enthält heftige Angriffe auf Geistliche und Mönche und ruft die Fürsten auf, die Reformation durchzuführen und die kirchlichen Güter zu konfiszieren. Der zweite spornt Philipp von Hessen dazu an, das Werk der Reformation fortzuführen. Der dritte enthält einen Aufruf an den Herzog von Geldern, sich für die christliche Kirche und gegen die Kirche von Rom zu entscheiden. Interessant ist aber, daß in diesem Brief die Ketzerverfolgung zur Diskussion gestellt wird. Geldenhouwer erklärt, jede Ketzerei werde von selbst verschwinden, wenn Gottes Wort gepredigt wird. Er schreibt weiter: "Unsere Gelehrten und Fürsten irren sich sehr, wenn sie mit umfangreichen Büchern, mit Feuer

---

[35] Vgl. Henry de Vocht (1928), Nr.209; 210.

[36] Diese Briefe wurden von Geldenhouwer im Herbst 1529 aufs neue herausgegeben in den *D. Erasmi Roterodami Annotationes in leges pontificias et caesareas de haereticis. Epistolae aliquot Gerardi Noviomagi*; s. für diese Schrift die Beilage. Sie wird hinfort zitiert als: *Annotationes.* Die Briefe an Philipp von Hessen und Karl von Geldern können mit Sicherheit auf 1526 datiert werden; vgl. Jacob Prinsen (1901), 201; Jacob Prinsen (1898), 75, Anm. 4. Vom Brief an Philipp von Hessen ist keine Separatausgabe bekannt. Vom Brief an Karl von Geldern ist eine Separatausgabe aus 1528 bekannt; s. Josef Benzing (1981), 673; VD 16, Bd. 7, G 1005. Die Originalausgabe des Briefes an die deutschen Fürsten, die in der Bibliothek von Schlettstadt vorhanden ist, trägt den Titel: *Epistola Argyrophylacis. Ad Germanorum Principes,* s.l. s.d.; vgl. Joseph Walter (1929), Nr.636. Erasmus hat sie gekannt; vgl. *Epist. c. pseudeuang.,* ASD 9/1, 286,77–78; *Epist. ad fratr. Infer. Germ.,* ASD 9/1, 356,654. Diese Erstausgabe muß von 1526 oder 1527 stammen, da Erasmus in der *Epist. c. pseudeuang.,* ASD 9/1, 286,77–79, sagt, sie sei nicht lange vor dem Ende 1527 erschienenen Schrift *De terrifico cometa* (s. Anm. 38) erschienen. Der Ton des Briefes weist eher auf 1526 als auf ein späteres Erscheinungsdatum hin, da sich von Einflüssen, die Geldenhouwer ab 1527 erfuhr, in diesem Briefe nichts zeigt. Auf der Titelseite der *Annotationes* wird dieser Brief angedeutet mit: "Ad Germanorum principes, in conventu Spirensi"; vgl. Jacob Prinsen (1901), 177. Man muß annehmen, daß die Zufugung im Titel sich auf den Speyerer Reichstag vom Jahre 1529 bezieht, um so mehr, da dieser Brief schon im Frühjahr 1529, als der Reichstag tagte, in der *Epistola Erasmi* herausgegeben wurde (s. die Beilage). Jacob Prinsen (1901), 88–89, der die Originalausgabe nicht kannte, nahm an, der Brief sei an den Speyerer Reichstag vom Jahre 1526 gerichtet gewesen. Erasmus deutet tatsächlich in der *Epist. c. pseudeuang.,* ASD 9/1, 286,78, die Erstausgabe als "Epistola ad Spirense concilium" an. Da jedoch in der Erstausgabe die Worte "in conventu Spirensi" fehlen, ist es wahrscheinlich, daß Erasmus durch den geänderten Titel sei es auf der Titelseite der *Annotationes,* welche Erasmus aber 1530 behauptet nicht bekommen zu haben, sei es auf der Titelseite der *Epistola Erasmi,* die wahrscheinlich einen gleichartigen Titel hatte (s. die Beilage), irregeführt war, und also den Bezug zu dem Reichstag von 1526 mit Unrecht behauptete. Dafür spricht auch, daß Geldenhouwer keinerlei Interesse an diesem Reichstag zeigte; vgl. Henry de Vocht (1928), Nr.198,47–48.

und Schwert die Ketzerei auszurotten versuchen, während nur Gott
sie beenden kann mit dem Schwert seines Wortes und dem Feuer,
das er auf die Erde geschickt hat. Warum versuchen Menschen, die
Gotteseifer besitzen, wie sie sich zu Unrecht vorlügen, aber mit Unverstand, sich anzumaßen, was nur in Gottes Gewalt liegt? Wenn sie
das könnten, sollten sie sagen, wieviele Ketzer, sogar in der Zeit jener
auserwählten Apostel, je durch menschliches Reden den Irrtum aus
ihrem Geiste verbannt haben und zur Kenntnis der Wahrheit zurückgekehrt sind. Wenn sie das nicht können, warum rühmen sie sich
dann in Unvernunft, als könnten sie dadurch, daß sie disputieren oder
Tyrannei ausüben, zustande bringen, was der Überlieferung zufolge
kaum jemand zustande bringen konnte in jener Zeit, als das Christentum noch grünte und blühte? Der Herr gebe, daß sie, die andere so hochmütig und leicht zu Ketzern verurteilen, nicht schließlich
als die größten Ketzer von Dem, Der weder betrogen werden noch
betrügen kann, verurteilt werden[37].

* * *

Diese Äußerung zeigt, daß Geldenhouwer sich mit der Frage nach
dem Sinn der Ketzerverfolgung beschäftigte. Im Herbst des Jahres
1527 veröffentlichte er ein Flugblatt, in dem er die Frage der Ketzerverfolgung ausdrücklicher behandelte. Die kleine Schrift trägt den
Titel *De terrifico cometa*[38]; sie wurde geschrieben anläßlich einer Himmelserscheinung, die am 11. Oktober 1527 im Rheinland sichtbar
war[39]. Geldenhouwer sieht sie als eine Warnung Gottes und drängt
den Kaiser, der Ausübung der wahren Religion genügend Platz
einzuräumen. Er weist auf die beiden wichtigsten Sünden der Zeit

---

[37] Jacob Prinsen (1901), 195–196. Die Ketzerverfolgung wird auch im Briefe an
die deutschen Fürsten kurz zur Sprache gebracht; s. Jacob Prinsen (1901), 189, 191.

[38] S. für diese Schrift, herausgegeben [Straßburg, Johann Prüß d. J.], 1527, Hermann Schüling (1967), 193; Benzing (1981), 674; VD 16, Bd. 4, C 5804.

[39] S. für die Beschreibung des Kometen, was Geldenhouwer selbst schreibt, A2v°:
"Anno Domini MDXXVII undecima die octobris mane circiter horam quartam . . .
horribilis cometes a multis visus est . . . Longitudine erat immensa colore sanguineo
in croceum declinante. Summitas eius incurvati brachii speciem et formam habebat,
in cuius manu ingentis magnitudinis gladius . . . visebatur. In gladii mucrone atque
ab utraque acie tres non mediocres stellae apparebant . . ." Vgl. die Saladinsche
Chronik: "In gemelten jahr den 11 octobris sahe man einen erschröcklichen cometen
morgens umb 4 uhren, werte langer dan ein stund, hatte ein gebogenen arm mit
ein schwert mit 3 sternen, mit feuwerflammen . . ."; A. Meister/A. Ruppel (1911),
313. Vgl. den wenig genauen Bericht des Straßburger Chronisten Specklin, in
Rodolphe Reuss (1889), Nr.2283.

hin, den Götzendienst und das Vergießen von unschuldigem Blut. Der Götzendienst ist für ihn eine Leidenschaft wie Verrat, Geiz, Hochmut[40]. Was das Blutvergießen betrifft, so geht es ihm besonders um die Rolle der Bischöfe, die die friedliebenden Fürsten zu Kriegführung und Ketzerverfolgung veranlassen. Interessant ist, daß er zwei Zitate benutzt, die auch später in der Toleranzliteratur eine wichtige Rolle spielen sollten. Das erste ist das Wort des Bischofs Nestorius: "Gib mir, o Kaiser, eine von Ketzern gesäuberte Erde, und ich werde dir den Himmel schenken. Besiege mit mir die Ketzer, und ich werde mit dir die Perser besiegen", das buchstäblich der *Historia tripartita* entnommen wurde[41]; das zweite ist die berühmte Stelle bei Lactanz, wo dieser die Religion als freiwillige, allem Zwang entgegengesetzte Handlung des Menschen beschreibt[42]. Ich kann nicht sagen, ob Geldenhouwer diese Zitate Zeitgenossen entnommen oder aber sie selbst gefunden hat; dazu fehlen die Angaben. Von der Verbreitung dieser Schrift sollten wir uns keine übertriebene Vorstellung machen. Allerdings ist bekannt, daß Erasmus sie gelesen hat; "libellus erat ridiculus" war sein Urteil[43].

Viel wichtiger als diese kleine Schrift ist der Brief an Karl V., den Geldenhouwer Ende 1527 oder Anfang 1528 veröffentlichte[44]. Obwohl schon 1902 ein Nachdruck erschien[45], hat diese Schrift überhaupt keine Aufmerksamkeit gefunden. Trotzdem verdient sie sie. Nach einer Einführung, in der Geldenhouwer auf die Heftigkeit der Verfolgungen hinweist und auf die Tatsache, daß man sich beiderseits der Ketzerei beschuldigte, gibt er den Zweck seiner Schrift folgendermaßen an: "Überdies ... gibt es unter den vernünftigen und weisen Männern viele, und zwar nicht von geringem Namen und von geringer Autorität, die lehren, man dürfte einen ketzerischen Menschen weder aufgrund irgendeines heiligen Gesetzes noch aufgrund irgendeines welt-

---

[40] Geldenhouwer stellt demgegenüber Lactantius, *Divinae Institutiones* 6,25,3–7; CSEL 19, 577,21–578,21.
[41] Cassiodorus/Epiphanius, *Historia Ecclesiastica Tripartita* 12,4,4; CSEL 71, 664,14–16.
[42] Lactantius, *Divinae Institutiones* 5,19,22–24; CSEL 19, 465,14–466,3.
[43] *Epist. ad fratr. Infer. Germ.*, ASD 9/1, 356,650; vgl. *Epist. c. pseudeuang.*, ASD 9/1, 286,79.
[44] Der Brief an Karl V. ist datiert: "Antwerpiae octauo calendas Ianuarij. Anno 1527". Er wurde 1528 separat herausgegeben. Vgl. VD 16, Bd. 7, G 1001; Wouter Nijhoff/Maria E. Kronenberg 1, Nr.976, die vermuten, daß der Druck von dem Antwerpener Mich. Hillen van Hoochstraten stammt. Er wurde von Geldenhouwer 1529 wiederum herausgegeben in den *Annotationes* und vielleicht auch schon in der *Epistola Erasmi*; s. die Beilage.
[45] Paul Frédéricq 5, 292–297.

lichen Gesetzes mit dem Tode bestrafen, sogar dann nicht, wenn der untrügliche Beweis seiner Schuld gegeben ist und er hartnäckig auf seinem Standpunkt beharrt"[46]. Er bespricht danach, kurz und sachlich, zuerst die biblischen Angaben, dann die Gesetzgebung der christlichen römischen Kaiser. Die Berufung auf Deuteronomium 13, die Gesetzgebung hinsichtlich der Gotteslästerung und der falschen Propheten, zur Verteidigung der Ketzerverfolgungen, weist er zurück. Nicht jeder Ketzer ist ein Gotteslästerer, und die Ketzer seiner eigenen Zeit sind keine falschen Propheten, weil sie gewiß nicht zum Dienst fremder Götter aufrufen. Haben überdies nicht die Juden die wahrhaft ketzerischen Pharisäer und Sadduzäer geduldet und sogar geehrt? Das Neue Testament lehrt, die Ketzer zu meiden, nicht, sie zu strafen. Wenn man dagegen einwendet, daß man den kirchlichen Behörden trotzdem gehorchen müsse, so wäre zu bedenken, daß das nur gilt, wenn diese tatsächlich auf dem Stuhl Moses' sitzen und Christi Herde mit Christi Wort hüten. Man solle mit Ketzern umgehen wie Christus mit Zöllnern und Samaritern: keinen von ihnen hat er beurteilt oder gar verurteilt. Was die alte kaiserliche Gesetzgebung betrifft, so enthält diese tatsächlich Gesetze, die die Todesstrafe für Ketzer vorschreiben. Diese sind jedoch von Bischöfen und später vom Papst angeregt worden. Zudem wurden sie von den Kaisern nicht durchgeführt und waren nur dazu bestimmt, Schrecken einzujagen. Und es wurden auch Gesetze erlassen, die Religionsfreiheit schenkten. Und schließlich: Die höchste Norm ist die Lehre Christi, und nach ihr müssen nicht nur alle menschlichen Einrichtungen, sondern auch die Worte, Taten und Schriften Moses' und aller Propheten und Apostel beurteilt werden.

* * *

Dieser Brief hat bei der Veröffentlichung ohne Zweifel die Aufmerksamkeit auf sich gezogen. Nicht weniger als vier alte Ausgaben von Übersetzungen ins Deutsche sind bekannt, die auf zwei von einander unabhängige Übersetzungen des lateinischen Textes zurückgehen[47].

---

[46] Ibid., 5, 293.
[47] Mir sind folgende Übersetzungen bekannt: 1. *Ein sentbrief*..., vorhanden in der Staats- und Universitätsbibliothek Frankfurt, in der Staatsbibliothek München und in der Koninklijke Bibliotheek 's-Gravenhage; vgl. Paul Hohenemser (1925), Nr.3354; Willem P.C. Knuttel 8, Nr.38b; VD 16, Bd. 7, G 1003; 2. *Eyn Sendbrieffe*..., vorhanden in der Universitätsbibliothek Marburg, von Jacob Prinsen (1901), 181–188 (vgl. XI), aufs neue herausgegeben; 3. *Ein Epistel*..., vorhanden in der Staatsbibliothek München, der Bodleian Library Oxford, der University Library Edinburgh (vgl.

Wenn man sich fragt, welchen Grund dieses Interesse gehabt haben könnte, stößt man auf zwei Faktoren. Erstens spielte Geldenhouwer mit dieser Schrift auf die Diskussion an, die kein Geringerer als Erasmus kurz zuvor entfesselt hatte. Um was ging es? Der einflußreiche Syndikus der Sorbonne, Noël Bédier (Natalis Beda), hatte 1526 seine für die Fakultät abgefaßte Zensur von Stellen aus Erasmus' *Paraphrasen* veröffentlicht[48], die ziemlich viele Bemerkungen, unter andern über Erasmus' Deutung von Matthäus 13, dem Gleichnis vom Unkraut im Weizen, enthielt[49]. Im März 1527 veröffentlichte Erasmus seine Antwort auf Beda, die *Supputatio errorum*[50]. Darin verteidigt er u.a. seine Bemerkung in der *Paraphrase*, Gott wolle nicht, daß die falschen Apostel und Häretiker getötet, sondern daß sie geduldet werden; er weist auf die Exegese hin, die Hieronymus und Chrysostomus von dieser Stelle gegeben haben, benutzt aber auch die Gelegenheit, seine eigene Meinung über die Ketzerverfolgung zu äußern[51]. Seine Erörterung läßt sich wie folgt zusammenfassen. Erstens unterscheidet Erasmus deutlich die Aufgabe der Kirche von jener des Staates. Die Bischöfe sollen unterrichten, bessern und heilen. Auch kann die Kirche sich über die Lehre eines Angeklagten aussprechen. Beharrt er danach noch hartnäckig auf seiner Meinung, so mag sie die letzte Strafe anwenden: sie kann den Ketzer exkommunizieren. Dabei macht Erasmus einen scharfen Unterschied zwischen dem simplex haereticus, jemandem, der ungewollt zu einer falschen Lehre kommt, und dem echten Ketzer, der gewandt seine Irrtümer verteidigt, einflußreich ist und unverbesserlich. Die Kirche hat also die Befugnis, Ketzer zu strafen, aber nur mit kirchlichem Urteil; sie darf die Ketzer nicht töten. In diesem Zusammenhang wendet sich Erasmus scharf gegen die bestehende Praxis, nach der die Behörde nicht selbständig einen Fall untersucht, sondern sich völlig auf das Urteil von Theologen und Mönchen verläßt, die so auch verantwortlich sind für das voll-

---

Michael A. Pegg (1973), Nr.1157, in der Universitätsbibliothek Giessen (vgl. Hermann Schüling (1967), 193), und in der Universitätsbibliothek Leipzig; vgl. Hermann Schüling (1967); Michael A. Pegg (1973); VD 16, Bd. 7, G 1004; Josef Benzing (1981), 675; 4. *Ain Epistel...*, vorhanden in der staatsbibliothek München; vgl. Arnold Kuczynski (1870–1874), Nr.2046; VD 16, Bd. 7, G 1002.

[48] Natalis Beda ([1526]); vgl. Philippe Renouard 2, 154. S. für Beda James K. Farge (1980), 31–36.

[49] Natalis Beda ([1526]), 190v°–191r°.

[50] *Supputat. error. in cens. N. Bedae*, LB 9, 515A–702D; s. für diese Schrift A 6, 1664.

[51] Ibid., LB 9, 580C–583F. Erasmus hatte sich schon früher über die Ketzerverfolgung geäußert; s. z.B. A 4, 1033,64–118.212–243; 1167,306–322; *Apolog. c. Iac. Latomi dialog.*, LB 9, 105A–C.

streckte Todesurteil. Die Berufung Bedas auf Deuteronomium 13, wo befohlen wird, den falschen Propheten mit dem Tode zu bestrafen, weist Erasmus entschieden zurück: "Als führe die Kirche jetzt beide Schwerter!"[52] Kurz bespricht er auch die von Beda zitierten Stellen aus dem Neuen Testament. Er schließt daraus, daß nirgends befohlen wird, die Ketzer zu töten. Wenn das Auftreten Petri gegen Ananias und Saphira ein Beispiel sein soll, so auch dies, daß Petrus Tote auferweckte, mittels seines Schattens Kranke heilte, mit seinem Wort Lahme aufrichtete. Auch die Geschichte kann nicht zugunsten eines strengeren Verfahrens angeführt werden. Für die Bischöfe der alten Kirche war das Anathem die äußerste Strafe. Sie haben auch nie die Fürsten dazu angestachelt, Ketzer zu töten. Eben dasselbe gilt auch für Augustin. Alle von Beda erwähnten Äußerungen dieses Kirchenvaters sprechen vom Strafen, nie vom Töten. Augustin hat sich sogar ausdrücklich gegen das Töten der nicht nur ketzerischen, sondern auch mörderischen Donatisten gewandt. Was die Aufgabe der staatlichen Behörde betrifft, so appelliert Erasmus einerseits an die bestehende Gesetzgebung. Der Kaiser hat befohlen, Ketzer zu strafen; doch hat er hinzugefügt: "nur wenn ihre Schuld auf gesetzliche Weise unwiderlegbar bewiesen ist und sie auf ihrem Irrtum beharren"[53]. Zuerst muß also bewiesen werden, daß sie von der Lehre abweichen; wenn sie dann noch auf ihrem Irrtum beharren, so müssen sie gestraft werden. Andrerseits will Erasmus sich auf den Boden der Realität stellen. Wenn es zwei Parteien gibt, so sagt er, die beide prätendieren, die katholische Kirche zu verteidigen, so soll der Fürst, so lange der Fall nicht entschieden ist, beide Parteien zur Ruhe bringen. Nur die Ketzer, die den öffentlichen Frieden stören, kann er töten. Es fällt auf, daß Erasmus Zurückhaltung übt, soweit es die Aufgabe der staatlichen Behörde betrifft. Er sagt selbst: "Ich sporne die Fürsten nicht zum Töten von Ketzern an, rate ihnen aber ebensowenig davon ab. Ich zeige, was das priesterliche Amt enthält"[54]. Dennoch waren seine Äußerungen kühn genug. Man kann sagen, daß wir hier eine der ersten begründeten Verteidigungsreden zugunsten eines gewissen Maßes von religiöser Toleranz vor uns haben. Mit Recht hat Castellio einen Teil in *De haereticis an sint persequendi* aufgenommen[55].

---

[52] *Supputat. error. in cens. N. Bedae*, LB 9, 582B.
[53] Ibid., LB 9, 581B.
[54] Ibid., LB 9, 582F.
[55] S. Martinus Bellius (1554), 74–81.

Es fällt auf, daß Geldenhouwers Brief zum Teil den Äußerungen des Erasmus folgt. Es gibt jedoch auch wichtige Unterschiede. So ist zum Beispiel die Darlegung des Erasmus viel breiter als die Geldenhouwers. Dieser bespricht ausdrücklich nur die Frage, welche Aufgabe die staatliche Behörde hat. Gerade in dieser Hinsicht aber kommt der gewichtigste Unterschied zutage. Erasmus behauptet, der Kaiser habe befohlen, die Ketzer zu strafen "legitime convictos et pertinaces"[56]. Geldenhouwer dagegen gibt Argumente für die These wieder, daß ein Ketzer "etiam convictum pertinaciterque suae sententiae inhaerentem"[57] nicht gestraft werden sollte. Erasmus zitiert nicht aus einem bestehenden Ketzergesetz, sondern faßt in eigenen Worten etwas einschränkend die Ketzergesetze Friedrichs II. zusammen[58]. Dadurch wird die fast wörtliche Übereinstimmung zwischen Geldenhouwer und Erasmus vielsagend. Es ist anzunehmen, daß der erstere sich in seinem Brief an Karl V. gegen die Betrachtungen des Erasmus wenden wollte.

Ein weiterer Grund für die Aufmerksamkeit, die Geldenhouwers Schrift fand, mag darin liegen, daß er zwar kurz, aber deutlich und sachlich die gebräuchlichen Argumente zugunsten der Ketzerverfolgung systematisch bespricht und zurückweist; sofern mir bekannt ist, ist er der Erste, der das getan hat. Man muß allerdings wohl sagen, daß er nicht ganz konsequent war. Bei der Behandlung des Gesetzes aus Deuteronomium, das die Gotteslästerung betrifft, kann er sich der normalen Verwendung dieser Stelle nicht entziehen, nach der der Gotteslästerer als Ketzer betrachtet wird. Geldenhouwer sieht den Gotteslästerer als einen Gottesleugner an, der zu jedem Verbrechen fähig ist, behauptet dann jedoch, daß zwar jeder Gottesleugner ein Ketzer sei, nicht jeder Ketzer aber ein Gottesleugner. Damit schwächt er seine Argumentation ab. Am Ende jedoch betrachtet er die Lehre und das Vorbild Christi als die höchste Norm, der auch das Gesetz des Mose weichen muß und an die auch die bürgerliche Obrigkeit gebunden ist. Hat er mit diesem Brief tatsächlich einen Beitrag zur Frage der religiösen Toleranz geleistet? Man könnte sagen, seine Forderungen stünden noch ganz in der antikatholischen Front und seien also nicht sosehr ein Ausdruck für religiöse Toleranz wie eine Bitte um Freiheit für die reformatorische Bewegung. Das dürfte insofern

---

[56] S. Anm. 53.
[57] S. Anm. 46.
[58] Die wichtigsten dieser Gesetze, mit Hinweis auf Quellen und Literatur, findet man in Kurt-Victor Selge (1967), 35–40.

richtig sein, als Geldenhouwer wohl tatsächlich diese Zielsetzung hat. Andrerseits darf man jedoch nicht übersehen, daß sein Gedankengang weitergehende Konsequenzen hat. Eigentlich müßte die Obrigkeit für religiöse Toleranz sorgen, da die von der Kirche angeführten biblischen und rechtlichen Gründe als untauglich erwiesen worden sind.

War Geldenhouwer nun aber wirklich in diesem Zusammenhang der Erste? Damit fragen wir nach seinen möglichen Quellen. Er sagt selbst ausdrücklich, er gebe die Argumente anderer wieder: "inter prudentes sapientesque viros aliquot non infimi nominis, non extremae authoritatis"[59]. Auch spricht er im Laufe seiner Erörterung immer in der dritten Person Plural. Wer sind diese anderen? Man kann in dreierlei Richtung suchen. Erstens in jener der niederländischen Humanisten, die in vieler Hinsicht von der Reformation beeinflußt waren. Dafür spricht, daß Geldenhouwers Brief als Unterschrift Antwerpen trägt und wahrscheinlich auch da veröffentlicht wurde. Überdies entstammte Geldenhouwer selbst diesem Kreis. Innerhalb dieser Gruppe war die Ketzerverfolgung eine brenzlige Frage. Die *Confutatio determinationis* und die mit dieser Schrift herausgegebene *Disputatio Groningae habita* zeigen das deutlich[60]. Die von Geldenhouwer dargebotene Argumentation findet man da jedoch nicht. Zum zweiten kann man an Luther oder Johannes Brenz denken. Es bedarf allerdings kaum der Auseinandersetzung, daß die Übereinstimmung mit Luther gering ist[61]. Mit Brenz[62] stimmt Geldenhouwer in einigem überein, an erster Stelle in der großen Linie seiner Ausführungen und weiter auch in einigen Einzelheiten[63], was jedoch durchweg auf Zufall beruhen kann. Die Gedankenwelt der beiden Männer ist jedenfalls grundlegend verschieden: Brenz redet konsequent von der Zwei-Reiche-Lehre aus, Geldenhouwer dagegen keineswegs. Überdies wurde die Schrift Brenz' erst

---

[59] Paul Frédéricq 5, 293.
[60] S. die Einleitung der neuen Herausgabe in BRN 6, 365–366, 379, 383–384.
[61] S. für Luthers Haltung zur Toleranz gegenüber Ketzern Heinrich Bornkamm (1966), 268–273.
[62] Johannes Brenz widmete 1528 der Toleranz eine eigene Schrift: *Ob ein weltliche oberkeyt ... móge die widerteuffer ... zu dem tod richten lassen*, herausgegeben in: Johannes Brenz, *Frühschriften* 2, 480–498. S. zu dieser Schrift und zur Literatur über Brenz' Stellung zur Toleranz die der Edition vorangehende Einleitung, 472–480.
[63] Brenz behandelt, ebenso wie Geldenhouwer, nacheinander die entsprechenden Stellen aus der Heiligen Schrift und dem weltlichen Recht. Seine Fragestellung ist aber eine andere als die Geldenhouwers; er beantwortet die Frage, ob eine reformatorische Obrigkeit die Todesstrafe gegen die Wiedertäufer üben solle. Das interessanteste Detail, das Brenz und Geldenhouwer gemeinsam haben, ist die Ansicht, daß die Bischöfe die Kaiser zur Ketzerverfolgung aufgefordert hätten.

im Sommer 1528 abgefaßt[64], so daß man bestenfalls an eine mir
unbekannte gemeinsame 'Quelle' denken könnte, welcher beide ihren Entwurf entlehnen. Schließlich kann man denken an Anhänger
der Radikalen Reformation. Es ist möglich, daß Geldenhouwer Hub-
maiers *Von ketzern und iren verbrennern*[65] gekannt hat. Bemerkt dieser
doch: "So volgt nun das die ketzermayster die allergrösten ketzer
sind"[66], eine Äußerung, die fast wörtlich dem gleicht, was in Geldenhouwers Brief an Karl von Geldern zu finden ist[67]. Mir ist jedoch
keine Schrift aus diesen Kreisen bekannt, deren Entwurf mit dem
Brief Geldenhouwers an Karl V. vergleichbar ist. Existierten die Gelehrten, über die er spricht, also nur in seinem Geist? Dagegen spricht
jedenfalls, daß Geldenhouwer ein wenig origineller Geist war, mehr
Popularisator als Inaugurator. Vorläufig bleibe ich daher der Ansicht, daß er tatsächlich, vielleicht aufgrund von Gesprächen mit To-
leranzgesinnten in Straßburg oder anderswo, die Meinung anderer
wiedergibt.

* * *

Ist auch etwas bekannt vom größeren Ganzen der Gedankenwelt
Geldenhouwers, in der seine Auffassung von der Ketzerverfolgung
ihren Platz hat? Der Brief an Karl V. verrät davon nicht mehr als
die Tatsache, daß der Verfasser Anhänger der Reformation war. Auch
die Briefe an die deutschen Fürsten und an Philipp von Hessen führen uns nicht weiter. Anders ist das beim Brief an Karl von Geldern.
Dort stehen zwei Themen im Vordergrund. Einerseits dies, daß das
Evangelium Christi, das Wort Gottes so schlicht wie möglich gepredigt
werden solle, für alle Menschen; daraufhin würden alle Fragen, jeder
Zank und Wortstreit, jede Ketzerei von selbst verschwinden. Zum
andern wird der Gegensatz der Kirche von Rom zur christlichen,
apostolischen Kirche herangestellt. Die erste wird gekennzeichnet durch
Herrschsucht, Unreinheit, Pracht und Prunk, die zweite durch das
eine Mittleramt Christi und den reinen Gottesdienst. Beide Themen
sind natürlich allgemeinreformatorisch, doch fällt auf, daß sie in bestimmter Weise ausgefüllt werden. Die Predigt soll, nach Geldenhouwer,
nicht nur dem Wortlaut, sondern auch dem Sinne des Evangeliums

---

[64] Ibid., Einleitung, 472–473, 476–477.
[65] Balthasar Hubmaier (1962), 95–100.
[66] Ibid., 98 (Der dreyzehend Artickel).
[67] S. Jacob Prinsen (1901), 196: "Det Dominus, ne hi qui alios tam facile et
arroganter haereticos iudicant, tandem, ut omnium haereticissimi . . . iudicentur".

folgen. Der Herr wird auch die Schlichtesten mit seiner wunderbaren und verborgenen Inspiration unterrichten. In diesem Zusammenhang sagt er: "Wie man Gott lieben soll, kann niemand, der mit diesem sterblichen Leib bekleidet ist, gehörig erklären"[68]. Die apostolische Kirche wird beschrieben als die Kirche "der Verfolgung, der Qualen, der Bedrängnis, des Hungers, des Durstes, der Kälte, der Nacktheit und von tausend Weisen des Sterbens"[69]. Dies läßt die Vermutung aufkommen, daß der Verfasser durch spiritualistische Gedanken beeinflußt wurde. Diese Vermutung wird bestätigt durch Geldenhouwers private Briefe an Cranevelt aus dieser Zeit. Dieser Einfluß begann schon bald nach Geldenhouwers Ankunft in Worms. Schon im August 1526 bittet er Cranevelt, seine Freunde in den Niederlanden zu warnen, daß sie sich nicht zu sehr auf Erasmus oder wen immer verlassen sollten, wie heilig oder gelehrt diese unserem Urteil nach auch sein möchten: "denn alle tragen wir immer Fleisch und fleischliche Affekte. Laßt sie vielmehr dem schlichten Wort des Herrn anhängen . . ."[70]. Im Dezember läßt er die gleichen Warnungen hören. "Sehr wenig ist es, was ich Menschen zutraue, es sei denn, daß ich in ihnen den Heiligen Geist höre, der sich in den heiligen Schriften reichlich äußert und in den Herzen spricht, die er inspiriert hat"[71]. Diese Äußerungen zeigen genügend, welcher Art die Einflüsse waren, die Geldenhouwer 1526 erfuhr. An welche Personen oder Kreise man denken könnte, wird aber nicht deutlich. Nichts ist bekannt von der etwaigen Existenz solcher Gruppen in Worms vor 1527[72]; ebensowenig ist klar, welche Kontakte Geldenhouwer in jener Zeit außerhalb von Worms gehabt haben könnte[73]. 1527 wird das Bild deutlicher. Ende Januar kamen Hans Denck und Ludwig Hätzer in Worms an[74]. Geldenhouwer fühlte sich bei ihnen völlig heimisch. Dies zeigt sich deutlich genug an seinem Brief an Cranevelt. Nicht nur

---

[68] Ibid., 194.

[69] Ibid., 198.

[70] Henry de Vocht (1928), Nr.198,91–93.

[71] Ibid., Nr.216,12–15.

[72] S. *The Mennonite Encyclopedia* 4, s.v. Worms, wo u.a. steht: "There was probably no Anabaptist congregation in this town before 1527".

[73] Die Liste der ihm bekannten Bücher über die Sache Luthers, die er in den *Collectanea* gibt, weist nicht in eine bestimmte Richtung; s. Jacob Prinsen (1901), 137–139. Einen Hinweis könnte die Schrift geben, die Geldenhouwer in einem Brief an Cranevelt im November 1526 nennt. Doch hat man diese bis jetzt nicht identifizieren können; s. Henry de Vocht (1928), Nr.209,74–81. Es ist natürlich auch möglich, daß er schon in Straßburg Spiritualisten kennengelernt hat.

[74] Vgl. fur diesen Kreis J.F. Gerhard Goeters (1957).

enthält dieser Brief dieselbe spiritualistische Betrachtung der Heiligen Schrift, die wir schon früher fanden[75], sondern er regte auch Cranevelt an, seine Stellung als Ratsherr im Großen Rat von Mecheln aufzugeben[76]. Überdies teilt Geldenhouwer mit, er sei damit beschäftigt die prophetischen Bücher des Alten Testaments aus dem Deutschen ins Niederländische zu übersetzen "mit Hilfe sehr gelehrter und rechtschaffener Männer, die sie auf vorzügliche Weise aus dem Hebräischen ins Deutsche übersetzt haben", und er habe ein deutsches Büchlein "De Divino Amore" ins Lateinische übersetzt[77]. Die erwähnte deutsche Übersetzung der Propheten kann nur die berühmte "Wormser Prophetenübersetzung" von Denck und Hätzer sein[78]; die Schrift über die göttliche Liebe muß Dencks *Von der waren lieb* sein[79].

Von Geldenhouwers äußeren Lebensumständen in den Jahren 1527 und 1528 wissen wir wenig. Er selbst sagt, er habe den Winter 1526–27 in sehr ärmlichen Umständen verbracht[80]. Im Sommer 1527 faßte er den Plan, mit Schwintzer in Straßburg eine Druckerei zu gründen[81]; der letztere arbeitete in Worms in der Druckerei Schöffers, des Druckers von Denck und Hätzer[82]. Geldenhouwer und Schwintzer gingen nach Antwerpen, um Geld zu diesem Zweck zu sammeln, doch gelang dies nicht[83]. Bei ihrer Rückkehr in Worms zeigte sich, daß

---

[75] S. Henry de Vocht (1928), Nr.230,11–36. Eine derartige Anschauung über die Bibel trifft man schon früher an in einer Schrift von Hans Denck, geschrieben in Augsburg in 1526, *Wer die warhait warlich lieb hat*, herausgegeben in Hans Denck 2, 67–74, sowie in dessen Bekenntnis (1525), ibid., 21,13–22,25.

[76] S. Henry de Vocht (1928), Nr.230,50–53. Er führt als Begründung an: "Quid enim de litibus Christus docuerit, et Paulus, vas electionis, nosti, mi Domine; neque ulla declaratione aut tergiversatione indigent, cum sint apertissima".

[77] S. ibid., Nr.230,36–42.

[78] S. Georg Baring (1934); J.F. Gerhard Goeters (1957), 99–104; Walter Fellmann (1967).

[79] Neu herausgegeben in Hans Denck 1, 75–86.

[80] S. Henry de Vocht (1928), Nr.230,11–15.

[81] S. Schwintzers Brief an Capito vom 1. August 1527, in: QGT 7, Nr.94.

[82] S. zu Schwintzer François Ritter (1955), 320–322; zu Schöffer ibid., 317–320.

[83] S. Henry de Vocht (1928), Nr.238; 239; 240. Sie wollten dort Geldenhouwers Stipendium einziehen, das er von Philipp von Burgund, dem Sohn des Utrechter Bischofs, bezog; da dieser soeben gestorben war, schlug diese Hoffnung jedoch fehl; vgl. ibid., Nr.117a,b; 238,10–11. Vielleicht haben sie gehofft, auch von anderer Seite Geld zu bekommen. Aus ibid., Nr.238–240 ergibt sich, daß Geldenhouwer in Antwerpen in großer Armut lebte. Schwintzer gibt in seinem Brief an Capito den Eindruck wieder, daß das Geld zur Gründung einer Druckerei in Straßburg vorhanden sei. Wahrscheinlich hat er die Sache jedoch in allzu rosigem Lichte dargestellt. Jedenfalls ist nichts daraus geworden. Vielleicht hat dabei auch eine Rolle gespielt, daß die Straßburger Reformatoren und die Obrigkeit sich den Gedanken Dencks und seines Kreises ausdrücklich widersetzten; vgl. QGT 7, Nr.66; 86.

die Behörde die dortige Täufergemeinschaft inzwischen aufgehoben hatte[84]. Am wahrscheinlichsten scheint mir, daß Geldenhouwer danach wieder nach Antwerpen ging und dort auch *De terrifico cometa* und den Brief an Karl V. geschrieben hat[85]. Weiter ist es möglich, daß er in derselben Zeit seine in Worms verfaßte Übersetzung der Propheten dem Antwerpener Drucker Vorsterman zur Verfügung gestellt hat für dessen 1528 veröffentlichte Bibelübersetzung[86]. Auf jeden Fall finden wir Geldenhouwer Ende 1528 in Straßburg[87]. Hier hatte er Verbindungen mit dem Drucker Egenolff, bei dem er mehrere Schriften veröffentlichte[88].

* * *

1529 setzte Geldenhouwer sich aufs neue für die Sache der Toleranz ein. Über die Presse Egenolffs führte er sogar einen wahren Feldzug. Einige Male gab er Teile der *Apologia adversus monachos quosdam hispanos* des Erasmus heraus[89], in denen dieser sich kritisch über das Töten von Ketzern äußert; zumeist fügte Geldenhouwer eigene Schriften hinzu. Da nicht mehr alle diese Drucke existieren, muß man sich teilweise auf entsprechende Mitteilungen des Erasmus und Bucers

---

[84] S. J.F. Gerhard Goeters (1957), 107–109; den Brief Schwintzers an Capito, in: QGT 7, Nr.94, S.125, 22–25.

[85] Dies dürfte am wahrscheinlichsten sein, da der Brief an Karl V. die Unterschrift "Antwerpiae octauo calendas Ianuarij. Anno 1527" trägt und Geldenhouwer in *De terrifico cometa*, A2rᵒ, sagt, ein Gewährsmann habe ihm über die Himmelserscheinung berichtet; er war also nicht im Rheinland. In Antwerpen hatte er als Kontaktperson seinen alten Freund Cornelius Grapheus; s. Henry de Vocht (1928), Nr.238,5–7; 240,20–21. Es steht jedoch nicht fest, daß er wieder nach Antwerpen gegangen ist. Er selbst sagt später, er sei von Worms nach Straßburg gegangen; vgl. das Zitat aus dem Vorwort eines Werkes Geldenhouwers, das Jacob Prinsen (1898), 71, gibt. Natürlich ist es möglich, daß in der Unterschrift seines Briefes an Karl V. der Ortsname fingiert ist. Auch besteht die Möglichkeit, daß er schon im Sommer 1527 nach Straßburg gegangen ist und von dort her nach Antwerpen gereist ist.

[86] S. für diese dem Anschein nach katholische, in Wirklichkeit dagegen protestantische Bibelübersetzung Cornelis Augustijn (1975). In der Übersetzung der Propheten und in den am Rande gebotenen Varianten zur Übersetzung ist der Einfluß der *Wormser Propheten* oft maßgeblich.

[87] Es steht nicht fest, wann Geldenhouwer nach Straßburg gekommen ist. Jedenfalls erwarb er schon den 24. Oktober 1528 das Bürgerrecht; vgl. Charles Wittmer/ Jean C. Meyer (1954), Nr.8714. Den 23. August 1533 schrieb Johannes Sturm an Bucer: "Tu meo nomine vicissim saluta Gerardum Noviomagum; cujus benevolentiam cum ante annos quinque isthic essem, sum expertus"; Adam G. Strobel (1838), 109.

[88] S. für Egenolff François Ritter (1955), 314–315; für seine Arbeiten als Drucker in Straßburg Josef Benzing (1954, 1955).

[89] S. für diese Schrift A 7, 1879 Einl., 1967 Einl.; Augustin Renaudet (1939), 51,275, 289–291; Erika Rummel (1989), 2, 93–96.

verlassen. Diese Mitteilungen findet man vor allem in der *Epistola contra pseudevangelicos*, in der Erasmus gegen diese Aktivitäten Geldenhouwers protestiert, in der *Epistola apologetica*, in der der Straßburger Reformator Martin Bucer die *Epistola contra pseudevangelicos* beantwortet und Geldenhouwer in Schutz nimmt, und in der *Epistola ad fratres Germaniae Inferioris*, in der Erasmus Bucer entgegnet[90]. Hieraus ergibt sich das folgende Bild[91].

Im Frühjahr 1529 veröffentlichte Geldenhouwer eine Schrift, die nach den Mitteilungen des Erasmus den Titel *Epistola Erasmi* führte. In Wirklichkeit war sie kein Brief, sondern ein Fragment des 1528 erschienenen ersten Druckes der *Apologia adversus monachos quosdam hispanos*, dem sehr wahrscheinlich mehrere der von Geldenhouwer schon früher verfaßten Briefe hinzugefügt waren, jedenfalls der Brief an die deutschen Fürsten. Für Erasmus war dies selbstverständlich ein unangenehmer Überfall. Die Schrift überraschte ihn, während er gerade seinen Umzug nach Freiburg vorbereitete. Überdies war er zu Unrecht der Meinung, Geldenhouwer habe dieses Pamphlet den auf dem Reichstag zu Speier Versammelten, der in jener Zeit tagte, geschickt.

Im Herbst erschien, wahrscheinlich gleichfalls auf Geldenhouwers Betreiben, wiederum ein Teil der Bemerkungen des Erasmus über das Töten von Ketzern aus der *Apologia adversus monachos quosdam hispanos* sowohl in Latein wie in deutscher Übersetzung, jetzt ohne daß andere Stücke hinzugefügt worden waren. Ungefähr zu gleicher Zeit erschien eine dritte Veröffentlichung, *D. Erasmi Roterodami Annotationes in leges pontificias et caesareas de haereticis. Epistolae aliquot Gerardi Noviomagi*. Sie enthielt ein kleines Fragment aus der *Apologia adversus monachos quosdam hispanos* sowie Geldenhouwers Briefe an Karl V., die deutschen Fürsten, Karl von Geldern und Philipp von Hessen. Im Dezember wurde eine deutsche Übersetzung publiziert.

Da die ersterwähnte Schrift verlorengegangen zu sein scheint, ist es unmöglich, den Umfang des darin aufgenommenen Stückes aus der *Apologia adversus monachos quosdam hispanos* und das Verhältnis der drei Schriften untereinander genau zu bestimmen. Wahrscheinlich enthielt die erste Schrift, nebst Briefen Geldenhouwers, ein ausführlicheres Stück aus der *Apologia adversus monachos quosdam hispanos*. Die

---

[90] S. für diese drei Schriften ASD 9/1, 263–425; Buceri *Opera Latina* 1, 59–225; Cornelis Augustijn (1962), 245–265.
[91] S. für das folgende die Beilage; vgl. auch Heinz Holeczek (1983), 209–222, der aber nicht fehlerfrei ist.

zweite war wahrscheinlich ein Separatnachdruck des Erasmus-Textes aus der ersten. In der dritten Schrift fand sich nur ein kleiner Teil dieses Textes, wahrscheinlich gleichfalls aus der ersten Veröffentlichung nachgedruckt, ergänzt durch die erwähnte Briefe Geldenhouwers.

Es ist in diesem Zusammenhang nicht notwendig, den Streit zwischen Erasmus, Geldenhouwer und Bucer, der sich aufgrund von Geldenhouwers Aktivitäten entwickelte, zu beschreiben[92]. Er hat zur Entwicklung des Gedankens der religiösen Toleranz nicht beigetragen. Doch sollte noch folgende Frage zur Diskussion gestellt werden: Was hat Geldenhouwer dazu veranlaßt, innerhalb von weniger als einem Jahre dreimal -wenn wir die Übersetzungen hinzuzählen, fünfmal- die Auffassungen des Erasmus über das Ketzertöten in die Öffentlichkeit zu tragen? Eine sehr nüchterne Erklärung liegt nahe und wird auch von Erasmus suggeriert[93]: Geldenhouwer war in jener Zeit bettelarm. Dadurch, daß er seinen eigenen Schriften einen Text des Erasmus hinzufügte, verschaffte er ihnen natürlich einen viel besseren Absatz. Bucer sagt sogar, nicht Geldenhouwer, sondern der Drukker habe das Stück aus Erasmus hinzugefügt. Das ist wahrscheinlich nicht zutreffend; Geldenhouwer selbst gab erst später dem Drucker die Schuld[94]. Doch ist es sehr wohl möglich daß der Verleger ihm etwas derartiges suggeriert hat.

Erasmus kann noch eine zweite Erklärung bieten: Es handle sich um einen Versuch Geldenhouwers, ihn bei den Fürsten verhaßt und verdächtig zu machen[95]. Daß die Sache nicht so einfach lag, wird klar, wenn man bedenkt, daß Geldenhouwer durchaus keinen Grund hatte, Erasmus anzugreifen. Zudem sah er noch immer hoch zu Erasmus auf[96]. Man könnte sogar sagen, daß er sich in dieser Zeit wieder stärker zu dessen Idealen hingezogen fühlte als einige Jahre zuvor[97].

---

[92] S. dafür die in Anm. 90 genannte Literatur.

[93] S. *Epist. c. pseudeuang.*, ASD 9/1, 290,181–182; Geldenhouwer bemerkt dazu in seinem Nachdruck der *Epist. c. pseudeuang.*, A7r°: "Ex suo animo alios aestimat". Es steht wohl fest, daß Geldenhouwer in diesen Jahren bettelarm war. Er sagt es selbst für die Zeit, als er nach Straßburg kam; vgl. Prinsen (1898), 71. Capito bemerkt es September 1530; vgl. Jean Rott (1971), 800; auch in Jean Rott, *Investigationes Historicae* 1, 294. Im Mai 1531 erhielt er Unterstützung; vgl. Otto Winckelmann (1922), 242.

[94] S. die Beilage.

[95] S. *Epist. c. pseudeuang.*, ASD 9/1, 287,99–102; A 8, 2264,22–24; A 9, 2441,15–16.

[96] Das zeigt sich noch in einer 1534 erschienenen Schrift; vgl. Jacob Prinsen (1898), 111–112.

[97] Im Jahre 1526 schreibt er abschätzig über Erasmus; vgl. Henry de Vocht (1928), Nr.198,27–44.87–92. Im März 1529 gibt er die Vita Philipps von Burgund heraus, in der er den Bischof zum Anhänger des Bibelhumanismus macht und ihn selbst die

"Il est plus probable qu'il entendait simplement exploiter l'autorité et le prestige du grand homme en faveur de la cause qu'il défendait"[98].

Die zuletzt zitierte Erklärung kommt mir richtig vor. Man sollte dann jedoch im Auge behalten, daß es zwischen den Auffassungen des Erasmus und denjenigen Geldenhouwers einen beträchtlichen Unterschied gab. Zwar verneint Bucer dies. Er verteidigt Geldenhouwer dem Erasmus gegenüber mit der Bemerkung, jener wolle nicht Ketzer verteidigen, sondern nur diejenigen, die zu Unrecht der Ketzerei beschuldigt werden. "Hat er doch zu gleicher Zeit öffentlich erklärt, daß diejenigen, die deutlich Ketzer sind, die Kirche Christi zerstören und den wahren Gottesdienst vernichten, mit Recht von den frommen Fürsten aus dem Wege geräumt werden, so daß es keinen einzigen Meinungsunterschied gibt zwischen ihm und Erasmus"[99]. Erasmus selbst sah es jedoch anders. Er bezeichnet den Unterschied folgendermaßen: "Ebensosehr wie diejenigen sündigen, die um welchen Irrtum willen auch immer Menschen zum Scheiterhaufen schleppen, ebensosehr sündigen diejenigen, die meinen, die staatliche Behörde habe in keinem einzigen Fall der Ketzerei das Recht zum Töten"[100]. Mit diesen letzten Worten ist die Meinung Geldenhouwers richtig wiedergegeben. Man könnte sagen, daß beide ein verschiedenes Blickfeld hatten. Erasmus erhob faktisch keine Einwände gegen die Theorie, die die Grundlage der bestehenden Praxis bildete. Seine Bedenken richteten sich gegen eine degenerierte Praxis, insbesondere gegen den unehrlichen Ablauf des Verfahrens bei der kirchlichen Behörde und gegen den Zwang, den sie auf die weltliche Obrigkeit ausübte. Strafe hielt er für notwendig, die Todesstrafe allerdings wollte er nur Empörern und Gotteslästerern auferlegen. Geldenhouwer behauptet dagegen, die staatliche Behörde dürfe keine Strafe auferlegen. Zwar kann er sich, wie wir gesehen haben, bei der Behandlung von Deuteronomium 13 nur mit einer sehr verzerrten Argumentation der Konsequenz entziehen, daß die staatliche Behörde doch gegen Ketzer einschreiten solle. Doch letzten Endes betrachtet er die Lehre und das Vorbild Christi als die höchste Norm, der auch das mosaische Gesetz weichen muß. So wird klar, daß er viel weiter geht als Erasmus.

Übersetzung des Neuen Testamentes des Erasmus mit der *Vulgata* vergleichen läßt; vgl. Jacob Prinsen (1898), 235–236, 241.

[98] *Bibliotheca Belgica* 2, 393.

[99] Bucer, *Epistola apologetica*, in: Buceri *Opera Latina* 1, 128,28–129,3.

[100] *Epist. c. pseudeuang.*, ASD 9/1, 288,139–141.

* * *

Geldenhouwers weiteres Leben ist in diesem Zusammenhang nicht interessant. 1531 wurde er Poetiklehrer in Augsburg, ab 1532 bis zu seinem Tode im Jahre 1542 war er Professor in Marburg, zuerst der Geschichte, später der Theologie[101].

Merkwürdig ist, daß seine Schriften fast ohne Nachwirkung blieben. Die *Annotationes* wurden 1609 und 1610 in Straßburg wieder gedruckt[102]. Im Kampf um die Toleranz im 16. Jahrhundert jedoch haben seine Schriften keinerlei Rolle gespielt. Dennoch sind sie bemerkenswert. Besonders der Brief an Karl V. bietet ein Plädoyer, das seiner Zeit weit voraus ist.

BEILAGE

Geldenhouwers Veröffentlichung von Textstücken aus der *Apologia adversus monachos quosdam hispanos* des Erasmus.

Im folgenden behandele ich zwei Fragen: Welche Ausgaben hat es gegeben, und was war der Inhalt der verlorengegangenen Ausgaben? Drei Ausgaben sind erhalten.

1. Die eine trägt den Titel: *D. Erasmi Roterodami Annotationes in leges pontificias et caesareas de haereticis. Epistolae aliquot Gerardi Noviomagi* (hinfort abgekürzt mit: *Annotationes*). Sie enthält ein kurzes Fragment der *Apologia adversus monachos quosdam hispanos* (hinfort abgekürzt mit: *Apolog. adv. monach. hisp.*) sowie Geldenhouwers Briefe an Karl V., die deutschen Fürsten, Karl von Geldern und Philipp von Hessen. Die Schrift wurde bei Egenolff in Straßburg gedruckt und erschien im Herbst 1529. Erasmus erwähnt diese Schrift in der *Epistola contra pseudeuangelicos* (hinfort abgekürzt mit: *Epist. c. pseudeuang.*), ASD 9/1, 287,

---

[101] Vgl. zu diesen Angaben Jacob Prinsen (1898), 113–115. Herr Assistent J.-R. Liebermann in Marburg, dem ich für seine Mühewaltung herzlich danke, hat untersucht, ob die Marburger Archivalien oder die Bibliothek noch etwas über diesen Zeitabschnitt aus Geldenhouwers Leben beitragen. Das Ergebnis war ziemlich negativ. Archivalien gibt es nicht. Ein wohl größerer Bestand von Büchern Geldenhouwers kam nach seinem Tode in den Besitz der Universität, der späteren Universitätsbibliothek; s. Gottfried Zedler (1896), 13. Tatsächlich gibt es in Marburg und Gießen, wo ein gewisser Bestand von Bänden aus Marburg ausgelagert war, Bücher, die aus dem Besitz Geldenhouwers stammen und fast alle als Besitztumsvermerk ein "turpe non putaram" enthalten. Sie weisen jedoch keine inhaltlichen Marginalien auf.

[102] Vgl. Jacob Prinsen (1901), XLVI; *Bibliotheca Belgica* 2, 396–397.

94–98, als *Annotationes Erasmi*; dort sagt er auch, sie sei erschienen "nundinis autumnalibus". Das Fragment umfaßte LB 10, 1057A (Constitutio) -E (fasciculi). S. für den völligen Titel, die Ausgabe und den Text Jacob Prinsen (1901), 177–201; für die darin aufgenommenen Stücke Geldenhouwers auch supra Anm. 36. S. weiter für diese Schrift Jacob Prinsen (1898), 88–92; Jacob Prinsen (1901), XLI–XLVI; *Bibliotheca Belgica* 2, 391–396; VD 16, Bd. 7, G 1008. In der *Epistola ad fratres Inferioris Germaniae* (hinfort abgekürzt mit: *Epist. ad fratr. Infer. Germ.*), ASD 9/1, 356,651–653, sagt Erasmus, er habe die *Annotationes* nie gesehen. Damit stimmt überein, daß es weder in der *Epist. c. pseudeuang.* noch in der *Epist. ad fratr. Infer. Germ.* Äußerungen gibt, in denen sich Kenntnisse der Briefe Geldenhouwers zeigen außer dem Briefe an die deutschen Fürsten, von dem Erasmus die ursprüngliche Separatausgabe kannte; s. Anm. 36. Zwar erteilt Erasmus in der *Epist. ad fratr. Infer. Germ.*, ASD 9/1, 414,858–860, Geldenhouwer den höhnischen Rat, zu Karl von Geldern zu gehen, "cui notus est cuique scribit tam familiariter"; vgl. A 8, 2356,6–7. Daraus braucht man aber noch nicht zu folgern, daß Erasmus den in die *Annotationes* aufgenommenen Brief kannte. Die zitierte Äußerung des Erasmus kann auf der Bemerkung Geldenhouwers zur *Epist. c. pseudeuang.* beruhen, ASD 9/1, 472–473 (Non . . . conferto) in seinem Nachdruck dieser Schrift (vgl. für diesen ASD 9/1, 313–314), B8r°: "In epistola ad Gelriorum ducem id fecimus". 1531 hat Erasmus in die zweite Edition der *Epist. c. pseudeuang.* (s. dafur ASD 9/1, 278) einen Abschnitt über die *Annotationes* eingeschoben (s. ASD 9/1, 287,98 App. crit.), der darauf hindeuten könnte, daß Erasmus damals die *Annotationes* erhalten hatte.

2. Wir besitzen von dieser Schrift auch die deutsche Übersetzung, erschienen im Dezember 1529. Sie trägt den Titel: *Verzaychnung Erasmi Roterodami über Båpstliche vnnd Kaiserliche Recht vō den Ketzern. Etlich Sendtbrieff Gerardi Noviomagi* . . . Vgl. für eine Beschreibung *Bibliotheca Belgica* 2, 397; VD 16, Bd. 7, G 1009. Der Drucker war Alexander Weissenhorn zu Augsburg; vgl. Ingrid Eiden/Dietlind Müller (1970), 687.

3. Weiter existiert ein Druck, der einen längeren Abschnitt der *Apolog. adv. monach. hisp.* in deutscher Übersetzung gibt. Er trägt den Titel: *Ejn Antwort . . . D. Erasmi . . . die ersůchung vñ verfolgung der Ketzer betreffend*, [Christian Egenolff] 1529; vgl. für diesen Druck *Bibliotheca Belgica* 2, 403–404; Heinz Holeczek (1983), 214, 301 Nr.111. Es handelt sich um eine genaue Übersetzung des größten Teils der responsio 22, LB 9, 1054C (Quoties)-1057E (inutiliter). Nur der Satz 1055F

(Praeterea-recidit) ist nicht übersetzt. Nachdrucke wurden 1530 von
Jörg Wachter in Nürnberg und von Melchior Sachse in Erfurt
vorgelegt; vgl. Michael A. Pegg (1973), Nr.1078; Heinz Holeczek
(1983), 215, 217, 218, 301 Nr.112, 113. Der Titel ist ohne Zweifel
veranlaßt durch den Seitentitel der *Apolog. adv. monach. hisp.*, der in
allen Drucken an dieser Stelle lautet: "Erasmi responsio" (v°) "de
inquisitione" (r°).

* * *

Außer diesen drei Drucken muß es noch zwei weitere gegeben haben:
   4. Die sogenannte *Epistola Erasmi*. Den Titel kennen wir nur aus
den Mitteilungen des Erasmus in der *Epist. c. pseudeuang.*, ASD 9/1,
286,82–287,91. Da Erasmus in derartigen Angaben oft ungenau ist,
hat man betreffs des Titels keine Sicherheit. Erasmus sagt, Freunde
hätten ihn gewarnt, doch ist nicht deutlich, ob sich das auf die *Epistola
Erasmi* oder auf die *Annotationes* bezieht; vgl. *Epist. ad fratr. Infer. Germ.*,
ASD 9/1, 330,56. Erasmus hat die *Epistola Erasmi* in Basel gesehen,
aber kein Exemplar besessen; s. *Epist. ad fratr. Infer. Germ.*, ASD 9/1,
356,651–652.657–658, wo Erasmus erzählt, er habe die Schriften,
die Geldenhouwer mit Erwähnung seines Namens im Titel herausgegeben hatte, nicht erhalten und er habe eine dieser Schriften in
Basel gesehen. Die genannten Schriften müssen die *Epistola Erasmi*
und die *Annotationes* sein. Die Schrift, die Erasmus in Basel gesehen
hat, kann nur die *Epistola Erasmi* gewesen sein, da die *Annotationes* erst
nach Erasmus' Abreise aus Basel im April 1529 erschienen. Die
Existenz der Ausgabe braucht also nicht bezweifelt zu werden. Auch
Geldenhouwer verneint dies in seinem Nachdruck der *Epist. c. pseudeuang.* nicht. S. für die *Epistola Erasmi*: *Bibliotheca Belgica* 2, 391–396.
Sie ist im Frühling 1529 erschienen. Erasmus war zu Unrecht der
Meinung, Geldenhouwer habe diesen Druck dem Reichstag, der in
jenen Monaten zu Speyer tagte, zugesandt; s. *Epist. c. pseudeuang.*, ASD
9/1, 286,83–86; vgl. aber die entschiedene Verneinung Geldenhouwers
in seinem Nachdruck der *Epist. c. pseudeuang.*, A4r°: "Nihil ad concilium
Spirense a me missum est. Vide ut hic innocentem me traducas".
Wahrscheinlich hatte der Titel Erasmus in die Irre geführt. Auf der
Titelseite der *Annotationes* steht u.a.: "Ad Germanorum Principes, in
conventu Spirensi"; s. Jacob Prinsen (1901), 177. Die Titelseite der
Epistola Erasmi trug wahrscheinlich einen derartigen Satz. Vgl. hierfür auch Anm. 36. Johannes Kühn weist auf eine anonyme Schrift
hin, die laut Mitteilungen des Straßburger Gesandten Pfarrer auf dem

Speyerer Reichstag in dieser Zeit in Straßburg erschienen war, und bespricht die Frage, ob damit vielleicht die *Epistola Erasmi* gemeint sein könnte. Er folgert: "Manches spricht gegen die Gleichsetzung". Vgl. DRTA.JR 7, 1, 602, bes. Anm. 1. Vgl. für die Mitteilungen Pfarrers *Politische Correspondenz Straßburg* 1, Nr.562, 566.

    5. Die lateinische Fassung der *Antwort* (s. Nr.3), wahrscheinlich mit dem Titel: *Responsio*. Am 27. September 1529 schreibt Amerbach an Erasmus: "Censura tua de hereticis, nescio unde ex tuis lucubrationibus decerpta, Latine et Germanice ductu Noviomagi excusa est Argentorati . . . Exemplar non mitto, quod intra breve temporis spacium bibliopola ad unum omnia quotquot habebat apud nos vendiderit"; A 8, 2219,11–13.21–23. Erasmus reagiert hierauf mit keinem Wort. Allen notiert zu Z.11, Amerbach meine die *Annotationes*. Dieser spricht jedoch gar nicht über die Briefe Geldenhouwers, die in die *Annotationes* aufgenommen waren und dort weitaus den größten Teil bildeten. Außerdem spricht Erasmus immer über vier Schriften, die Geldenhouwer gegen ihn herausgegeben habe; vgl. A 8, 2329,90–91; 2356, 5–6; A 9, 2358,17–18; 2380,10–12. Dazu gehören jedenfalls die *Epistola Erasmi*, die *Annotationes* und Geldenhouwers Nachdruck der *Epist. c. pseudeuang.* Es scheint mir daher wahrscheinlich, daß Erasmus für die vierte Schrift an die von Amerbach erwähnte denkt, und daß Amerbach eine Separatausgabe der Äußerungen des Erasmus über das Ketzertöten in der *Apolog. adv. monach. hisp.* gesehen hat, sowohl in lateinischer Fassung wie in deutscher Übersetzung. Die Mitteilung, daß diese Schrift auf Geldenhouwers Veranlassung herausgegeben worden sei, kann Amerbach vom Buchhändler gehört und sie kann wiederum Erasmus, der die Schrift nicht gesehen hat, veranlaßt haben zu der Bemerkung, daß Geldenhouwer alle vier Schriften "suo nomine" herausgegeben habe; s. A 8, 2380,11.

* * *

Die Frage, welches der Inhalt der *Epistola Erasmi* und der *Responsio* war, ist natürlich schwer zu beantworten. Aus den Mitteilungen, die Erasmus und Bucer über die *Epistola Erasmi* machen, ergibt sich das folgende. Erasmus sagt von der *Epistola Erasmi*, sie enthalte "fragmentum alicunde e libris meis decerptum" über die Frage des Ketzertötens und "quaedam tuo nomine simpliciter, ut ab omnibus audio, seditiosa"; *Epist. c. pseudeuang.*, ASD 9/1, 286,86; 287,90–91. Über die im Herbst 1529 erschienenen *Annotationes* sagt Erasmus: ". . . prorupit similis libellus eandem canens cantilenam"; *Epist. c. pseudeuang.*,

ASD 9/1, 287,95–96. Da die *Annotationes* ein Stück aus der *Apolog. adv. monach. hisp.* und vier Briefe Geldenhouwers enthielten, kann man folgern, daß die *Epistola Erasmi* gleichfalls ein Stück aus der *Apolog. adv. monach. hisp.* und einige Texte Geldenhouwers enthielt. Die Frage, um welche Texte es sich handelte, ist schwer zu beantworten. Nur Bucer sagt darüber vielleicht etwas an folgender Stelle: "De fragmento epistolae Erasmi, quasi iusta epistola esset ad concilium Spirense adiectisque ab ipso simpliciter seditiosis, falsum Erasmo delatum ille deierat. Epistolas illas ad principes aliquot, quibus typographus -non Noviomagus- quaedam ex Apologia contra monachos hispanienses adiunxit, neque ea truncatim decerpta, sed iustis capitibus inserta ita ut ab ipso autore distincta sunt, Noviomagus agnoscit, sed negat illas magis ad excitandas seditiones quam ad pietatem conducere"; *Epistola apologetica*, in: Buceri *Opera Latina* 1, 128,17–24. Doch ist nicht deutlich, ob er im zweiten Satz, wie im ersten, über die *Epistola Erasmi* oder über die *Annotationes* spricht, da er zwischen diesen beiden nicht unterscheidet. Auf den ersten Blick gibt der zweite Satz eine Erläuterung des ersten Satzes, und man müßte daraus schließen, daß der zweite Satz sich auf die *Epistola Erasmi* bezieht. Der zweite Satz schließt sich aber auch eng an das, was über die *Annotationes* in der *Epist. c. pseudeuang.* (vgl. ASD 9/1, 287,100–101) gesagt wird, an, so daß man daraus folgern müßte daß der zweite Satz sich auf die *Annotationes* bezieht. Man muß bedenken, daß Bucer wahrscheinlich keine dieser zwei Schriften gesehen oder benutzt, und sich auf die *Epist. c. pseudeuang.* und auf das, was Geldenhouwer über die Beschuldigungen des Erasmus sagt, verlassen hat. Da außerdem die beiden Schriften einander im großen und ganzen glichen, ist das Fehlen der Unterscheidung leicht erklärlich. Daß die Worte Bucers "neque ... sunt" besser zu der *Epistola Erasmi* als zu den *Annotationes* passen, kann darauf hinweisen, daß die Mitteilung Bucers, der Drucker habe die Stelle aus der *Apolog. adv. monach. hisp.* hinzugefügt, sich auch auf die *Epistola Erasmi* beziehen muß. Vgl. für diese Sache einen Brief Geldenhouwers an Maximilian von Burgund: "Typographorum culpam mihi imputat"; s. Jacob Prinsen (1901), 101. Ob diese Mitteilung der Wahrheit entspricht, bleibe dahingestellt. Geldenhouwer macht in seinem Nachdruck der *Epist. c. pseudeuang.* keine entsprechende Bemerkung, und Bucer schwächt seine Worte schon bald ab: "Quin si etiam ab ipso Noviomago bona fide adducta fuissent quae Erasmus pie de haereticorum poenis vulgatis in publicum libris scripsit, quid obsecro periculi ei ascivisset?"; s. *Epistola apologetica*, in: Buceri *Opera Latina* 1, 129,9–11.

Daß der Brief an die deutschen Fürsten in dieser Schrift aufgenommen war, ergibt sich aus der *Epist. ad fratr. Infer. Germ.*, ASD 9/1, 356,652–653, wenn man annehmen darf, daß Erasmus die *Annotationes* tatsächlich nicht gesehen hat.

Weiter kommt man durch eine Vergleichung der Stücke, die noch vorhanden sind. Eine genaue Vergleichung des in den *Annotationes* aufgenommenen Stückes aus der *Apolog. adv. monach. hisp.* mit dem korrespondierenden Teil der *Antwort* (Nr.3) und der vier bekannten Drucke der *Apolog. adv. monach. hisp.* (zwei Froben-Drucke, die editio princeps von 1528 und die zweite Edition von 1529, und zwei Wolff-Drucke, beide Nachdrucke des ersten Froben-Druckes, der eine der in *Bibliotheca Belgica* 2, 416, beschriebene, der andere ein noch nicht beschriebener Druck, vorhanden in München, beide von 1529) lehrt, daß die beiden erstgenannten Texte eine große Menge gemeinschaftlicher Kennzeichen haben, die sie unterscheiden von den vier Drucken der *Apolog. adv. monach. hisp.* Hier sind die folgenden Kennzeichen von Interesse – wir zitieren die vier Drucke der *Apolog. adv. monach. hisp.* mit F1, F2, W1, W2, und verweisen auf die Ausgabe des Fragmentes in Jacob Prinsen (1901).

a) *Annotationes* (Jacob Prinsen (1901), 179,3): "libro primo"; *Antwort*: "im ersten buch"; F1, W1, W2: "libro"; F2: "libro primo". Dabei ist zu bedenken, daß F2 eigentlich außer Betracht bleiben muß, da es zu spät erschien um als Grundlage dienen zu können; es handelt sich also um eine selbständige Berichtigung.

b) *Annotationes* (Jacob Prinsen (1901), 179,17): "Arrianos"; *Antwort*: "Arrianer"; F1, F2, W1, W2: "Arianos".

c) Die *Annotationes* verwenden oft eine Majuskel, wo F1, F2, W1, W2 eine Minuskel haben. Die *Antwort* hat in diesen Fällen meistens eine Majuskel, so z.B. *Annotationes* (Jacob Prinsen (1901), 179,25–26): "An" (3x); *Antwort*: "Ob"; F1, F2, W1, W2: "an"; *Annotationes* (Jacob Prinsen (1901), 179,26): "Apostolis... Apostoli"; *Antwort*: ... Apostelen... Apostteln; F1, F2, W1; W2: "apostolis... apostoli". Insgesamt gibt es 13 solcher Fälle. Obwohl es sich hier um Kleinigkeiten handelt, sind m.E. die Übereinstimmungen zu häufig, als daß man noch an Zufälle denken könnte.

Aus dem Vergleich ergibt sich zur Genüge, daß die *Annotationes* und die *Antwort* auf eine Grundlage zurückgehen, die an verschiedenen Punkten von den Drucken der *Apolog. adv. monach. hisp.* abweicht. Diese Grundlage könnte entweder die lateinische Fassung der *Antwort* oder das in die *Epistola Erasmi* aufgenommene Fragment sein. Die erste Möglichkeit ist weniger wahrscheinlich. In diesem Fall hätte nämlich Egenolff als Grundlage für die Briefe Geldenhouwers die *Epistola Erasmi* gebraucht, für das Erasmus-Fragment aber einen anderen Druck. Am wahrscheinlichsten ist also, daß die *Epistola Erasmi* ein Fragment der *Apolog. adv. monach. hisp.* im selben Umfang wie die *Antwort* enthielt, daß die lateinische Fassung der *Antwort* ein Nachdruck dieses Fragmentes war und daß das in die *Annotationes* aufgenommene kleinere Fragment ebenfalls der *Epistola Erasmi* entnommen war.

Dieses Ergebnis steht im Einklang mit der Bemerkung Bucers "neque ea truncatim decerpta, sed iustis capitibus inserta ita ut ab ipso autore distincta sunt", und mit der Bemerkung Geldenhouwers in seinem Nachdruck der *Epist. c. pseudeuang.*, A4r° zu den Worten "truncatim decerptum" (ASD 9/1, 287,100–101): "Integre excerptum est". Diese Bemerkungen sind unverständlich, wenn man sie auf das kurze Stück in den *Annotationes* bezieht. Sie passen besser zu einem größeren Stück. Die Worte Bucers "iustis capitibus inserta ita ut ab ipso autore distincta sunt" sind mir übrigens unverständlich. Die Drucke der *Apolog. adv. monach. hisp.* haben in dem entsprechenden Teil keine Einteilung in Absätze, die *Antwort* gibt einmal einen neuen Absatz.

HUMANISMUS UND REFORMATION

8. KAPITEL

DIE STELLUNG DER HUMANISTEN ZUR GLAUBENSSPALTUNG 1518–1530

Beim jetzigen Stand der Forschung ist es unumgänglich, am Anfang eines Beitrages über die Humanisten und die Glaubensspaltung in den 20er Jahren einige einführende Bemerkungen formaler Art zu machen. Der Kürze halber spreche ich über 'die Humanisten'. Kristeller hat aber mit Recht darauf hingewiesen, daß der Humanismus an sich eine philologische Tätigkeit betrifft, daß die Humanisten die 'bonae litterae' pflegen und daß eine solche Arbeit weder christlich noch unchristlich ist[1]. Auf unser Thema zugespitzt, möchte ich hinzufügen: ihre Tätigkeit war auch weder katholisch noch evangelisch, und eine Studie über die Humanisten im allgemeinen und die Glaubensspaltung wäre genau so sinnvoll wie eine über die Schmiede und die Reformation. Andererseits kann man aber nicht leugnen, daß viele Humanisten an theologischen Fragen interessiert waren und sich bemühten, ihr philologisches Interesse für die Theologie fruchtbar zu machen. Über diese Gruppe von Humanisten handle ich jetzt, eine Gruppe, die ich 'Bibelhumanisten' nenne. Ich beabsichtige, das im folgenden inhaltlich zu füllen, möchte aber zuvor einiges über die Begrifflichkeit bemerken. Man hat über 'northern renaissance'[2] oder 'deutschen Humanismus'[3] gesprochen, was den Eindruck erweckt, daß es sich um eine geographisch bestimmte Eigenart handelt. Der Ausdruck 'christian renaissance'[4] hat den Nachteil, daß er einen Gegensatz zu einer unchristlichen Renaissance suggeriert. Selbst bevorzuge ich die von niederländischen Forschern vorgeschlagene Benennung 'Bibelhumanismus'[5]. Der Ausdruck sagt jedenfalls, daß die Bibel im Denken und Wirken dieser Humanisten eine große Rolle spielte.

Tatsächlich war das Studium von Bibel und altchristlicher Literatur nach den von den Humanisten entwickelten Methoden das Zentrum

---

[1] S. z.B. Paul Oskar Kristeller (1974), 367–370.
[2] Margaret Mann Phillips (1961).
[3] Gerhard Ritter (1923).
[4] E.F. Jacob (1965).
[5] Johannes Lindeboom (1913).

ihrer Arbeit. Daß ihr gemeinsames Streben weiterführte und mehr
umfaßte, steht außer Frage. Daß es unter ihnen große Unterschiede
und sogar Gegensätze gab, zeigt schon eine Aufzählung der Namen
von einigen der wichtigsten Vertreter wie Erasmus, Reuchlin, Faber
Stapulensis und Thomas More. Dennoch bildeten sie im zweiten
Jahrzehnt des 16. Jahrhunderts eine Einheit und fühlten sich als mehr
oder weniger geschlossene Gruppe. Besonders der Reuchlinhandel
und die damit zusammenhängende Affäre der Dunkelmännerbriefe
brachten diese Einheit ans Tageslicht. Die Gruppe übte rund 1520
eine geistige Macht aus: sie wurde vom Papst und von vielen geistlichen Fürsten gefördert, sie fand am Hofe des Kaisers wie an den
Höfen vieler kleinerer Fürsten und Bischöfe ihre Gönner, die Gründung des Collegium Trilingue in Löwen[6] und die des Collège du roi[7]
in Paris sollte ihre Ideale zum Sieg führen. Obwohl die Forschung
in zunehmendem Maße anerkennt, daß es einen Bibelhumanismus
gibt, sind dessen Eigenheiten noch keineswegs hinreichend bestimmt.

Wie steht es mit der Beurteilung der 20er Jahre? Auch für diese
Periode gibt es eine communis opinio. Diese kann wie folgt beschrieben werden[8]. Anfänglich hat Luther in den humanistischen Kreisen
begeisterte Zustimmung gefunden, die Humanisten hielten Luther für
einen der Ihren. Schon bald aber hat die humanistische Bewegung
sich aufgeteilt für und wider die Reformation. Das unnatürliche Bündnis zwischen beiden Bewegungen kam an ein Ende und die meisten
Humanisten fanden ihre Heimat schließlich innerhalb der katholischen Kirche. Nach dieser Sicht war der Humanismus also für die
erste Phase der Reformation von außerordentlicher Bedeutung[9]. Nachher erschöpft sich aber seine Bedeutung in den Akzenten, die ehema-
lige Humanisten in ihrer theologischen und kirchlichen Arbeit in einem
der beiden Lager setzten: der Bibelhumanismus als solcher spielte
keine Rolle mehr. Das heißt, daß der innere Zusammenhang dieser
Gruppe offenbar doch nicht stark genug war, daß die gemeinsame
Zielsetzung zu undeutlich blieb, um die Eigenart zu wahren. Die Bewegung erstarb zwischen den Fronten der stärkeren Mächte.

Eine solche Sicht der Dinge hat als unausgesprochenen Ausgangspunkt die Annahme, daß nach den ersten Jahren der Unsicherheit

---

[6] Henry de Vocht (1951).

[7] S. für die Gründungsgeschichte David O. McNeil (1975), 46–48.

[8] Bernd Moeller (1977), 56–57, 63; Bernd Moeller (1959), 46–61; Erwin Iserloh,
146–157.

[9] Bernd Moeller (1959), 59.

die Unterschiede bereits in den zwanziger Jahren klar ans Tageslicht traten. Schon damals soll sich eine derartige Kluft zwischen Katholizismus und Reformation aufgetan haben, daß eine Wahl zwischen ihnen, jedenfalls für die Gebildeten, notwendig war. Die postulierte Deutlichkeit betrifft aber auch die humanistischen Ideale im Unterschied zur alten Kirche und zu den Forderungen der Erneuerer. Danach müßte also eine Entscheidung für Rom oder für Wittenberg heißen, daß man zugleich alte Ideale fahren ließ und von einer Partei zur anderen überwechselte. In dieser Betrachtungsweise hat der Humanismus vorbereitenden Charakter für die Entscheidungen der zwanziger Jahre. Ein eigener, bleibender Wert kommt ihm nach 1520 nicht mehr zu.

Demgegenüber möchte ich folgende These formulieren: Das theologische Programm der Bibelhumanisten ist in den 20er Jahren, trotz der kirchlichen Schwierigkeiten, weiterentwickelt worden. Ihre kirchlichen Ideale sind in dieser Periode unversehrt geblieben und sind zum Teil sogar realisiert worden, namentlich innerhalb der reformatorischen Bewegung.

Zur Erläuterung dieser These möchte ich zuerst einige Bemerkungen über die in den 20er Jahren bestehenden Grenzlinien zwischen den verschiedenen Gruppen anbringen. Jeder weiß, wie fließend die Grenzen damals noch waren. Dennoch sind wir immer der Gefahr ausgesetzt, spätere Entwicklungen in die damaligen Verhältnisse hineinzuinterpretieren. Wir wissen, daß in dieser Periode die Anfänge der Bildung eines neuen evangelischen Kirchenwesens liegen. Die Frage betrifft jetzt aber das Bewußtsein der Zeitgenossen: Waren sie sich einer stattfindenden Entzweiung bewußt? Merkten sie, deswegen eine Wahl zwischen zwei Religionen oder Konfessionen treffen zu müssen? Das Beispiel des Augsburger Reichstages ist lehrreich. Das Ausschreiben erwähnt die Aufgabe, vor der der Reichstag steht, wie "der irrung und zwispalt halben in dem hailigen glauben und der Christlichen Religion" gehandelt werden sollte. Das Ausschreiben nennt "zwitrachten", "irsal", es spricht von "ainer ainigen Christlichen warhait". Der diesbezügliche Abschnitt endet mit dem Aufruf, "durch uns alle ain ainige und ware Religion anzunemen und zuhalten, und wie wir alle unter ainem Christo sein und streiten, also alle in ainer gemainschaft, kirchen und ainigkait zuleben"[10]. Zusammengefaßt: jeder wird als Christ betrachtet und daraus folgt ohne weiteres die

---

[10] Karl Eduard Förstemann 1 (1833), 7–8.

Ermahnung zur Einigkeit, aus der Nachfolge Christi erwächst die
Einheit der Kirche. Das bedeutet aber, daß in diesem Ausschreiben
die noch bestehende Einheit der Kirche den Ausgangspunkt bildet.

Das Selbstverständnis der reformatorischen Bewegung weicht nicht
vom hier gezeichneten Bild ab. Ich verweise dafür auf den Epilog
des ersten Teils der Confessio Augustana. Dort wird festgestellt, daß
die reformatorische Lehre nicht nur in der Heiligen Schrift gegründet,
sondern auch "gemeiner christlichen, ja auch romischer Kirchen . . .
nicht zuwider noch entgegen ist". Von daher wird beanstandet, daß
die Gegner "die Unseren derhalben als Ketzer abzusondern"[11] trachten. Im Selbstverständnis der Lutheraner gibt es also aufgrund der
Einheit der Lehre eine Kirche, in welcher "tota dissensio est de paucis
quibusdam abusibus"[12]. Die altgläubigen Stände formulieren in ihrem Entwurf zum Epilog der Confutatio als Erwartung des Kaisers,
daß die protestierenden Fürsten jetzt "von solicher irer gefasten opinion
und meynung gutiglich abweichen und bei der union der heiligen
christlichen kirchen pleiben"[13]. Ihr Verständnis der Lage des Protestantismus ist das genaue Gegenteil des evangelischen Selbstbildes, es
geht indes von genau derselben Auffassung der kirchlichen Situation
aus. Diese offiziellen Stücke illustrieren die Lage am Ende der
zwanziger Jahre. Kurz gefaßt: trotz aller Differenzen, Uneinigkeiten,
offiziösen und offiziellen Verurteilungen gab es noch ein Bewußtsein
der Gemeinsamkeit.

Welche Rolle hat der Bibelhumanismus dabei gespielt? Vergegenwärtigen wir uns zuerst die theologischen und kirchlichen Ideale der
Bewegung, wie sie um 1520 besonders in den Schriften des Erasmus
klar formuliert waren[14]. Wie jede Erneuerungsbewegung beklagte der
Bibelhumanismus Mißstände in der Kirche. Er widersetzte sich -ich
spreche im folgenden völlig die Sprache dieser Kritiker- dem herrschenden Aberglauben, wie sich dieser in den kirchlichen Zeremonien
zeige; dadurch traut der Mensch den sogenannten heiligen Menschen
und Bräuchen mehr als Gott selbst. Ein zweiter Feind sei der Formalismus, das Anhäufen von Geboten, das Betonen von allerlei Menschensatzungen und die auf diese Weise über die Gewissen ausgeübte
Tyrannei. Dabei dachte man an die Fastengebote, die Ablaßpraktiken

---

[11] BSLK 83c, 83d.
[12] BSLK 83c.
[13] *Confutatio* (1979), 209.
[14] S. für das folgende Cornelis Augustijn (1986).

usw. Weiterhin beanstandete man besonders die Geldgier der Kirche und ihrer Funktionäre: die Kirche sei ein Geschäft geworden. Alle diese Kritik richtete sich gegen die Mönche, die Theologen, die Bischöfe, kurz gegen den gesamten kirchlichen Apparat. In dieser Kritik liegt, im Vergleich mit den schon längst gehörten Gravamina, wenig Neues.

Der eigene Charakter der Bewegung kommt darin zum Ausdruck, wie der Bibelhumanismus die Probleme lösen wollte. Das Zentrum der Frömmigkeit, nach Vorbild der griechischen Kirchenväter mit dem Begriff 'philosophia Christi' bezeichnet, sollte Christus sein, das große Ideal dessen Nachfolge in Niedrigkeit und Liebe. Wo und wie wird Christus gefunden? In der Antwort auf diese Frage entsteht, im Anschluß an die humanistischen Studien, eine neue Theologie, die zum Ziel hat, "daß die bonae litterae die Ehre des Herrn Christus und unseres Gottes predigen"[15]. Man strebt eine Verbindung von Theologie und antiker Bildung an, wie diese auch bei den Kirchenvätern gefunden wird. Die Kirchenvätereditionen dienen einem eindeutigen Ziel. Im Gegensatz zur überalterten Scholastik soll eine neue und zugleich alte, gemeinverständliche Theologie wiederhergestellt werden. Sie vermeidet alle lebensferne Spitzfindigkeiten und hat die Erziehung des Menschen zu Gott zum alleinigen Ziel. In dieser Hinsicht bildete das Jahr 1516, das Jahr der Veröffentlichung sowohl des Neuen Testaments wie der zehnbändigen Hieronymus-Edition, einen Wendepunkt. Dabei handelte es sich nicht nur um den Gegensatz zwischen einer wesentlich an die Tradition gebundenen und einer davon unabhängigeren Theologie, der etwa vorgeworfen wird, eine neue Bibelübersetzung könne das in der *Vulgata* gegründete Dogma der Kirche stürzen[16]. Bedeutsamer ist die dahinter stehende Vorstellung vom goldenen Zeitalter der Kirche, einer Epoche, als sie noch jung und unverdorben war. Das alte Adagium 'mundus iam senescit' findet eine neue, anregende Anwendung: zurück zu den Quellen und zur Urzeit des christlichen Glaubens, wie diese sich im Neuen Testament und in der frühen Kirche, besonders bei Origenes und Hieronymus als Bibelauslegern bezeugt finden. Ein Thema steht bei diesem Idealbild des christlichen Altertums im Vordergrund: im Gegensatz zur Kompliziertheit und Unsauberkeit der Gegenwart gab

---

[15] A 7, 1948, 36–37.
[16] Ein Beispiel ist auch der gegen Faber Stapulensis gerichtete sog. Drei-Magdalenenstreit; s. Jean-Pierre Massaut (1968), 1,425, Anm. 12; 2,41, Anm. 119 und die dort genannte Literatur.

es damals Einfalt und Sauberkeit als Merkmale der Wahrheit. Das
gilt an erster Stelle dem Glaubensinhalt: je mehr Dogmen, je mehr
Ketzereien. Dasselbe gilt aber auch für die kirchliche Praxis: Paulus
hat nur drei Menschen dem Satan übergeben, und wie führt die
Kirche jetzt das Schwert des Bannes?

Was ist nun das Wesentliche, das Ureigene der christlichen Religion,
das wir im goldenen Zeitalter und besonders im Neuen Testament
finden können? Der belgische Forscher J. Etienne hat auf "la religion
du pur esprit" als das Merkmal der Theologie des Erasmus hingewiesen[17]. Darin hat er meines Erachtens recht. Grundlegend ist für
die Bibelhumanisten der Gegensatz zwischen Fleisch und Geist, wie
sie diesen besonders bei Paulus, aber auch in den Evangelien und
schon bei Jesaja finden. Der Gegensatz kann auf unterschiedliche
Weise ausgedrückt werden: Fleisch-Geist, Sichtbar-Unsichtbar, Buchstabe-Geist, Zeitlich-Ewig, Finsternis-Licht. Die unsichtbare geistige
Welt ist immer der Himmel als Welt Gottes, aber mittels Christus ist
ein wenig von der himmlischen Welt auf die Erde gebracht. Das von
Christus gestiftete neue Volk ist völlig vom Himmel abhängig, es ist
Geist und das zeigt sich in Liebe, Freude, Frieden, Gutheit. Der
Mensch ist also sowohl des Geistes wie des Fleisches teilhaftig und
hat die Aufgabe, inmitten der fleischlichen Welt schon Geist zu sein.
Das hat keine absolute Spiritualisierung zur Folge. Das Äußerliche
ist an sich nicht sündhaft: so können die kirchlichen Zeremonien
Zeichen der Frömmigkeit und Hilfsmittel zu deren Erlangung sein.
Sie gehören aber zum Niedrigen, Unvollkommenen. Die evangelische Freiheit ist nicht nur eine höhere Stufe, im Prinzip gehört sie
auch zu einer anderen Welt. Das Äußerliche nützt nicht, wenn es
seine Parallele nicht im Innerlichen, im Herzen findet. Die größte
Gefahr der Christenheit ist der Judaismus oder Pharisäismus, d. h.
das Vertrauen auf das Äußerliche, auf die Zeremonien.

Was gehört in dieser Sicht der Wirklichkeit zum 'Fleisch'? Kurz
gesagt: der ganze äußerliche Teil, die Außenseite des kirchlichen und
religiösen Lebens. Dazu gehören das Mönchsleben und die Gelübde,
allerlei Formen von Volksfrömmigkeit, das Ablaßwesen, die Wallfahrten, die Anrufung der Heiligen, jede Pracht und Prunk in der Kirche
und besonders beim höheren Klerus. Das antithetische Element bei
dieser Betrachtungsweise liegt auf der Hand: es ist das Zurückweisen
einer Fehlentwicklung in der Kirche zugunsten einer spiritualisieren-

---

[17] Jacques Etienne (1956), 14.

den Tendenz. Die Bibelhumanisten gehen aber nun weiter. Selbst in
der Eucharistie stehen Geist und Fleisch einander gegenüber: die
äußere Handlung der Messe gehört an sich zur niederen Welt und
hat nur Wert, falls der Teilnehmende sich selbst Gott opfert. Ähnli-
ches gilt für die Beichte: der äußere Ritus ist 'Fleisch', das Beichten
des Sünders Gott gegenüber jedoch 'Geist'. Die Frage, ob die sakramentale Beichte von Christus eingesetzt sei, ist für eine solche Betrachtungsweise unwichtig. Auch in der Taufe, wie in allen andern
Sakramenten, vollzieht sich das Wesentliche im Inneren des Menschen.
Eine göttliche Handlung in den Sakramenten wird mit alledem nicht
verneint. Die menschliche Aktivität wird aber so entschieden betont,
daß auf sie aller Nachdruck fällt. Auch das Dogma der Kirche gehört zum Sichtbaren, Niedrigen. Je mehr man definiert, um so mehr
wird die Liebe erstickt und getötet durch Zwang und Drohung. Alledem gegenüber betont Erasmus die Religion des Geistes, bei der
der Mensch sich auf das Eigentliche, Wesentliche konzentriert. Das
Ganze enthält sowohl ein theologisches wie auch ein kirchliches Programm. Theologisch bedeutet es die Ersetzung des scholastischen
Denkens durch eine auf die Bibel und die Väter gegründete Theologie von primär philologischer Art. Kirchlich bedeutet es die Betonung
des geistigen Charakters des Glaubens und von daher eine scharfe
Kritik an dem äußerlichen Gebäude der Kirche. Es wundert nicht,
daß beispielsweise Joseph Lortz Erasmus, den wichtigsten Repräsentanten dieser Strömung, als eine größere Gefahr für die Christenheit
betrachtet hat als Luther, da bei Erasmus im Gegensatz zu Luther
das objektive Element ganz zurücktritt[18].

Inwiefern haben nun die Bibelhumanisten in den zwanziger Jahren in der Geistesgeschichte eine Rolle gespielt? In dieser Dekade
wird ihr theologisches Programm ohne Zweifel weiter ausgebaut[19].
An erster Stelle denke man an die Väter-Editionen und Übersetzungen. Erasmus gab zum zweitenmal Hieronymus heraus, er edierte
Augustin, Chrysostomus, Arnobius, Hilarius. Beatus Rhenanus publizierte die Tertullian-Edition und die *Historia Tripartita*, Ökolampad
übersetzte Werke von Chrysostomus und Theophylakt.

Zweitens ist die Bibelarbeit zu nennen: In diesem Jahrzehnt

---

[18] Joseph Lortz (1950).
[19] Im folgenden gebe ich nur einige Beispiele. Vgl. fur die Tätigkeit des Erasmus
Augustin Renaudet (1939), 31–40; Denys Gorce (1958); vgl. fur Ökolampad: Ernst
Staehelin (1939), 173–188.

erschienen die meisten Paraphrasen des Erasmus, der Römerbriefkommentar von Melanchthon, der Psalmen- und Evangelienkommentar Bucers, einige Prophetenkommentare Capitos, der große Jesajakommentar Ökolampads[20]. In allen diesen Werken ist die scholastische
Auslegungsweise durch die neue philologische Methode ersetzt. Ich
führe dies nicht näher aus, da im jetzigen Zusammenhang die Frage
nach dem Fortbestehen der kirchlichen Ideale des Bibelhumanismus
bei weitem die wichtigste ist.

Inwieweit sind diese Ideale auch in den zwanziger Jahren nachweisbar, besonders in reformatorischen Kreisen? Gab es in der Tat
eine gewisse Übereinstimmung zwischen dem humanistischen Kirchenreformprogramm und reformatorischem Gedankengut? Oder war es
vielmehr einem Mißverständnis oder einer Selbsttäuschung zu verdanken, daß die Humanisten in den ersten Jahren Luther gestützt
hatten? Mußten sie deswegen bald einsehen, sich in Luther und den
Seinen geirrt zu haben? Das erstere war meines Erachtens der Fall.
Zur Erläuterung möchte ich näher auf die Art und Weise, wie die
Confessio Augustana über das Äußerliche spricht, eingehen. Im ersten
Teil der Augustana kommen die Zeremonien dreimal zur Sprache.
Im Artikel über die Kirche wird behauptet, daß zur Einheit der Kirche
die Einigkeit in den Zeremonien nicht notwendig sei[21]. Im 15. Artikel wird prinzipiell zu den Riten Stellung genommen und eine Begründung für die ausführlichen diesbezüglichen Artikel des zweiten
Teiles der Augustana gegeben. Zwei Dinge werden betont. Erstens
soll man mit den Zeremonien die Gewissen nicht beschweren, "als
sei solch Ding notig zur Seligkeit". Zweitens werden alle Menschensatzungen abgelehnt, die dazu dienten, "daß man dadurch Gott
versuhne und Gnad verdiene" und dann werden namentlich Klostergelübde, Fasten und Abstinenzgebote erwähnt[22]. Es ist offenkundig,
daß eine derartige Stellungnahme den Auffassungen der Humanisten
sehr nahe kommt. Im 20. Artikel[23] taucht derselbe Gedankengang
im Zusammenhang mit den guten Werken wieder auf; dort werden

---

[20] Betreffs Erasmus sind besonders zu erwähnen die 1522 und 1523 erschienenen
Evangelienparaphrasen; s. Friedhelm Krüger (1986); betreffs Melanchthon s. Melanchthons *Werke* 4 (1963), 10–12; betreffs Bucer s. August Lang (1900); betreffs Capitos
Prophetenkommentare s. James M. Kittelson (1975), 247–248; betreffs Ökolampads
Kommentare s. Ernst Staehelin (1939), 189–219, 396–406.
[21] BSLK 61.
[22] BSLK 69–70.
[23] BSLK 75–81.

die Menschensatzungen als "kindische unnotige Werk" charakterisiert. Demgegenüber haben die Evangelischen, so sagt der Artikel,
"von rechten christlichen Ständen und Werken guten nutzlichen Bericht und Ermahnung getan". Auch hier wird besonders der Gedanke eines verdienstlichen Charakters von Mönchsleben und anderen
Werken zurückgewiesen. Im zweiten Teil der Confessio Augustana
werden viele Bräuche und Mißbräuche in derselben Weise aufgeführt,
wie in Schriften von biblischen Humanisten. Ich gebe einige Beispiele. Der 23. Artikel befürwortet die Priesterehe sehr nüchtern mit der
menschlichen Schwäche und bemerkt, daß eine Beibehaltung des
Zölibatzwanges zu einem Mangel an Geistlichen führt. Es wird auch
erstaunlich genannt, daß gerade dieses Gebot für so wichtig gehalten
wird[24]. Im 24. Artikel wird die Benutzung der Volkssprache bei der
Messe mit einem Hinweis auf 1 Kor 14 verteidigt und als Mißstand
besonders die Geldgier erwähnt: Diese hat zur Unzahl der Messen
geführt[25]. Bei der Beichte (Artikel 25) werden die geforderte Genugtuung und die daraus folgenden Ablässe und Wallfahrten beanstandet[26]. In alledem ist dieselbe spiritualisierende Tendenz nachweisbar,
wie sie bei den Bibelhumanisten auffällt. Das trifft besonders auf den
26. und 27. Artikel zu[27]. Der erste ist überschrieben mit "Von Unterschied der Speis" und von diesem Ausgangspunkt aus werden Zeremonien und Traditionen im allgemeinen ausführlich behandelt. Ein
Vergleich etwa mit *De esu carnium* des Erasmus[28] weist nicht nur fast
wörtliche Parallelen auf, nicht nur stützt sich die Augustana ferner
auf dieselben Bibelaussagen, vor allem ist -in diesem Zusammenhang
wichtiger!- die ganze Entwicklung des Gedankenganges identisch. Die
Kritik betrifft drei Punkte: die Betonung der Zeremonien verdeckt
die Lehre von Gnade und Glauben, sie verdunkelt das Gebot Gottes
zugunsten von Menschensatzungen und sie belastet die Gewissen der
Menschen, die in Verzweiflung geraten. Der zweite und dritte Vorwurf könnten ohne weiteres der erwähnten Schrift des Erasmus entnommen sein. Dasselbe trifft für den 27. Artikel zu[29]. Die hier ge-
zeichnete historische Entwicklung des Mönchslebens von Freiwilligkeit

---

[24] BSLK 86–91.
[25] BSLK 91–95.
[26] BSLK 97–100.
[27] BSLK 100–119.
[28] Diese Schrift gab er 1522 aus Anlaß der ostentativen Übertretung der Fastengebote heraus; s. infra, 220–231.
[29] BSLK 110–119.

hin zu Zwang und Härte, die getadelte Gleichsetzung von Gelübden und Taufe, die Zurückweisung des Verdienstgedankens, das alles findet sich auch in der humanistischen Polemik.

Man verstehe mich richtig. Ich behaupte nicht, daß Reformation und Bibelhumanismus im Grunde genommen eine und dieselbe Bewegung seien. Einer derartigen Auffassung widerspricht schon das Fehlen des Gedankens von einer Verdunklung der Lehre von Gnade und Glauben bei den Humanisten, während der Gedanke für die Confessio Augustana, und das nicht nur im Artikel über die Zeremonien, grundlegend ist. Ich bin aber der Überzeugung, daß die Lutherforschung im letzten halben Jahrhundert so sehr das Zentrum von Luthers Theologie, die Rechtfertigungslehre, betont hat, daß sie die von der früheren Forschung zu einseitig hervorgehobene, aber mit Recht behandelte Kritik am bestehenden Kirchenwesen vernachlässigt hat. Als Folge davon wird der Unterschied zwischen reformatorischem und humanistischem Erneuerungsprogramm überzeichnet und vernachlässigt man die vielen Parallelen. Die Reformation setzt eine längst wirksame Reformbewegung fort, größtenteils mit derselben Kritik, denselben Vorschlägen zur Besserung, demselben Idealbild der Kirche. Schon 1959 hat Bernd Moeller darauf hingewiesen, daß um 1530 die zehn oder zwanzig wichtigsten Führer der Reformation vom Humanismus herkommen; die Ausnahmen sind Luther und Amsdorff[30]. Jetzt heißt es aber, aus dieser Tatsache die richtige Schlußfolgerung zu ziehen. Sie lautet meines Erachtens, daß viele Bibelhumanisten im Wirken Luthers und seiner Anhänger die Realisierung ihrer Ideale wiedererkannt haben.

Es wäre aber falsch, die Unterschiede zu übersehen. Damit meine ich auch hier nicht die Unterschiede, die der Historiker später feststellt, sondern die, deren sich die Zeitgenossen selbst eingedenk waren. In der heutigen Forschung wird oft betont, daß Luther sich der Differenzen mehr und tiefer bewußt war als die Humanisten[31]. Ich bin der Meinung, es sei ratsam, hier sorgfältig zu unterscheiden. Was Luther betrifft, gibt es eine sehr bezeichnende Aussage vom Jahre 1533. Dort heißt es, er habe zum erstenmal einen Unterschied zu Erasmus erfahren, als er in dessen Einleitungen zum Neuen Testament die Frage las, warum die Worte und Werke Christi überhaupt noch nötig seien, wenn im Alten Testament und in den Schriften der

---

[30] Bernd Moeller (1959), 59.
[31] Ibid., 49.

Philosophen schon so viel Wahrheit und so gute sittliche Vorschriften und Vorbilder einer tadellosen Lebensführung gefunden werden könnten[32]. Zu Unrecht ist diese Aussage in der Forschung bisher völlig übergangen worden. Der Grund ist wohl, daß diese Passage aus einer späteren Zeit stammt und zudem in der Weimarana falsch identifiziert wurde[33]. Doch ist Luthers Stellungnahme sehr charakteristisch. Er wirft Erasmus vor, dieser halte Christus nicht für einzigartig, sondern eher für den Gipfelpunkt einer die ganze Menschheit umfassenden religiösen und moralischen Entwicklung[34]. Diese Spätaussage stimmt merkwürdigerweise ganz mit der frühesten Kritik Luthers an Erasmus überein. Ende 1516 schreibt er nämlich durch Spalatin an Erasmus selbst, daß Paulus bei seinem Kampf gegen die Gerechtigkeit der Werke oder des Gesetzes sowohl auf das Zeremonialgesetz wie den Dekalog ziele. Werke, die außerhalb des Glaubens an Christus getan werden, führten nicht zu wahrer Gerechtigkeit, "etiam si faciant Fabritios, Regulos et in universum integerrimos viros"[35]. Auch hier ergibt sich, daß Luther Angst hat vor einer Gleichsetzung, bei der Christus mit Aristoteles, göttliche mit menschlicher Gerechtigkeit vermischt werden. Sechs Jahre später vergleicht Luther Erasmus mit Mose, der in den Feldern Moabs starb: "nam ad meliora studia (quod ad pietatem pertinet) non provehit"[36]. Luthers Meinung nach ist bei Erasmus -und wir können das zweifelsohne auf die anderen Bibelhumanisten verallgemeinern- das Wesentlich-christliche durch eine Hochschätzung des Allgemein-menschlichen gefährdet. Die Kluft zwischen Gott und Mensch erfährt er offenbar nicht. Der Streit um den freien Willen ist von Luther her gesehen kein Zwischenfall, sondern in der Tat ein Kampf um den rechten Glauben[37].

---

[32] WA.B 7, Nr.2093,142–173, S.32–33.

[33] Infra, 296, Anm. 32. Luther irrt sich: er spielt auf eine Abhandlung des Erasmus aus dem Jahre 1522 an, als er schon seit Jahren Kritik an ihm übte.

[34] Vgl. die gegen die Humanisten gerichtete Aussage in der Confessio Augustana, Art. 20, BSLK 80–81: "quemadmodum est videre in philosophis, qui et ipsi conati honeste vivere, tamen id non potuerunt efficere, sed contaminati sunt multis manifestis sceleribus".

[35] A 2, 501,63–64.

[36] S. Luther, WA.B 3, Nr.626. Vgl. WA.B 1, Nr.35,19–20, S.90, aus dem Jahre 1517: "humana praevalent in eo plus quam divina".

[37] "Deinde et hoc in te [sc. Erasmo] vehementer laudo et praedico, quod solus prae omnibus rem ipsam es aggressus, hoc est summam caussae, nec me fatigaris alienis illis caussis de Papatu, purgatorio, indulgentiis ac similibus nugis potius quam caussis, in quibus me hactenus omnes fere venati sunt frustra"; Luther, *De servo arbitrio*, WA 18, 786, 26–29.

Was die Humanisten betrifft, war diese Frage sicherlich nicht der Scheidepunkt. Im Juni 1521 gibt der Pariser Humanist Guillaume Budé einen aufschlußreichen Überblick über die ersten Jahre von Luthers öffentlichem Vorgehen. Er rühmt dessen Scharfsinn und die Auswahl der von ihm behandelten Lehrpunkte. Luther sei aber übermutig gewesen und habe dadurch seiner eigenen Sache geschadet. Budé spricht deshalb den Wunsch aus, er möge künftig vernünftiger werden. Luther wird folgendermaßen charakterisiert: "ohne Zweifel ist er ein Mann von einem ebenso ausgezeichneten wie zügellosen Talent"[38]. Es hat keinen Sinn, Zitate anzuhäufen: ab Ende 1520 ist es das einstimmige Urteil der Bibelhumanisten über Luther, sein Anliegen sei zwar nicht schlecht, doch habe er es so vertreten, daß er seiner eigenen Sache unheilbar schadete. Erasmus nuanciert bisweilen und spricht über "impense Lutherani", "immodice Lutherani"[39] als die große Gefahr für die lutherische Bewegung. Zu diesen gehört zum Beispiel der Autor der *Bundesgenossen*[40], aber im wesentlichen auch die ganze oberdeutsch-schweizerische Reformationsbewegung. Das weist schon darauf hin, daß es sich im Urteil der Humanisten über Luther nicht an erster Stelle um die Psyche Luthers handelt, sondern eher um eine Charakterisierung der von Luther angeregten Bewegung. Es fällt auf, daß sie diese nach dem Maßstab ihrer Folgen, und zwar namentlich ihrer gesellschaftlichen Konsequenzen beurteilen. Die Reformation hatte nach ihrer Sicht zur Folge, daß einerseits Ruhe, Friede und Eintracht verschwunden sind, andererseits die Tyrannei der Mönche und Theologen um so schlimmer wurde. Es ergibt sich, daß in ihrer Beurteilung letztlich gerade die Elemente, die sie selbst angehen, unangetastet bleiben sollen. Immer sind es zwei Punkte, auf die sich ihre Kritik konzentriert. Erstens ist *De captivitate babylonica* für den Bibelhumanismus ein Wendepunkt[41]. Zweitens ist ihnen der Bauernaufstand eine notwendige Folge der reformatorischen Bewegung[42]. Das heißt also, daß sie die Reformation mißbilligen als einen Angriff auf die sakramentale Struktur der Kirche und auf die von Gott gegebene Ordnung in der christlichen Welt.

---

[38] Frans Tobias Bos (1974), 243; vgl. infra, 159 Anm. 13.

[39] S. z.B. am Anfang der *Apolog. adv. Stun. Blasph. et imp.*, die er schon im Sommer 1522 geschrieben hat; LB 9, 355E, 356D.

[40] S. für diese Christian Peters (1994), 33–51.

[41] Cornelis Augustijn (1962), 63.

[42] Erwin Iserloh, 140–141; Bernd Moeller (1977), 90–101, bes. 92–93; Heiko A. Oberman (1974), auch in Heiko A. Oberman (1986), 144–161.

Dies führt zur Frage, ob man wirklich sagen kann, daß die Reformideale des Bibelhumanismus innerhalb der reformatorischen Bewegung realisiert worden sind. Aus dem Blickwinkel der Humanisten war das sicherlich nicht der Fall. Ihr Ideal war ein allmählicher Umbau der Kirche, durchgeführt im Einverständnis mit den höchsten Autoritäten. Jetzt fanden aber, in direktem Widerspruch dazu, revolutionäre Vorgänge statt. Das hindert nicht zu sagen, daß, ideengeschichtlich gesehen, ein wichtiger Aspekt der reformatorischen Ziele, die Kirchenreform, dem Bibelhumanismus sehr nahesteht. Diese Humanisten haben das auch auf unangenehme Weise erfahren: immer sind sie der Mitschuld an der Reformation angeklagt worden. Die katholischen Gegner der Humanisten trafen damit in gewisser Hinsicht etwas Richtiges: die Luthersache steht in historischer Sicht durchaus in einer Linie mit den Streitigkeiten zwischen Anhängern des Alten und des Neuen im zweiten Jahrzehnt des 16. Jahrhunderts. Obwohl die biblischen Humanisten irgendeine Verwandtschaft immer verneint haben, hat das sie nie dazu verführt, die Evangelischen aus der Kirche oder aus der Gesellschaft auszustoßen. Im Gegenteil, auch am Ende der zwanziger Jahre nahmen sie ihren Ausgangspunkt noch immer in der Einheit des christlichen Europas. Außerdem haben sie versucht, diese Einheit auch gesellschaftlich zu gestalten. Das zeigt sich nirgends deutlicher als an den Ereignissen um den Augsburger Reichstag. Es ist kein Zufall, daß Erasmus während des Reichstages in reger Korrespondenz mit Teilnehmern stand: ich habe die Spuren von 28 von ihm geschriebenen und von 36 an ihn gerichteten Briefen gefunden[43]. Zu seinen Korrespondenten gehören die Bischöfe Balthasar Mercklin, Christoph von Stadion, Bernard von Cles und die Räte Valdés, Johann Choler, Johann von Vlatten und Johann Henckel, alles Leute, die, öfters aus humanistischen Motiven heraus, den religiösen Ausgleich wünschten. Im August 1530 schrieb der Humanistenfürst einen Brief an Campeggio, der sofort in Abschriften und verschiedenen gedruckten Ausgaben und Übersetzungen verbreitet wurde. In diesem Schreiben befürwortete er eine weitgehende religiöse Toleranz und eine damit verbundene politische Lösung der Schwierigkeiten: "Si certis conditionibus sectae sinerentur ..., grave quidem, fateor, malum esset, sed bello, et tali bello, levius"[44].

---

[43] Cornelis Augustijn (1962), 233, Anm. 56.
[44] A 9, 2366, 54–55; dieser Brief hat eine sehr große Verbreitung gefunden; s. Heinz Holeczek (1983), 235–251, der drei lateinische und neun deutsche Drucke gefunden hat.

9. KAPITEL

HUMANISTEN AUF DEM SCHEIDEWEG ZWISCHEN LUTHER UND ERASMUS

1. *Das übliche Bild*

Das Thema kann auf unterschiedliche Weise behandelt werden. Ein möglicher Einstieg ist der biographische, und wenn man diesen wählt, kommt man zu einer Fülle von Namen und Details, die nur verwirrend wirkt. Ich wähle deshalb eine problemorientierte Methode, verzichte auf alles Biographische, und versuche, in wenigen Umrissen das breite Gebiet der Jahre 1518 bis 1525 zu skizzieren.

Der Titel schließt sich eng an die übliche Sicht der Dinge an, wie man diese in den Handbüchern zur Geschichte der Reformationszeit findet. Diese kann wie folgt zusammengefaßt werden: Der große Konflikt zwischen Luther und Erasmus in den Jahren 1524 bis 1526 war entscheidend für das Verhältnis zwischen Humanismus[1] und Reformation. In den Schriften dieser Jahre wurde ein für allemal klar, welche Kluft zwischen den beiden geistigen Großmächten der Zeit bestand. Diese haben mithin Signalwirkung, in ihnen spiegelt sich die Trennung wider, die einem widernatürlichen Bündnis ein endgültiges Ende machte. Bis zu diesen Jahren denkt man sich die zwei an und für sich ganz unterschiedlichen Bewegungen von Reformation und Humanismus geeint, nachher sind alle Fäden zerrissen. Wenn ich so formuliere, klingt es fast karikaturistisch. Die Handbücher, gleichviel ob sie katholischer oder evangelischer Provenienz sind, vermeiden die Karikatur nur dadurch, daß sie den Konflikt zwischen Luther und Erasmus ausführlich erörtern und diesen auf den Nenner des Humanismus im allgemeinen bringen, ohne den Humanismus als solchen zu behandeln. "Luthers Absage an den Humanismus", wird dann das Kapitel über den Streit zwischen den beiden überschrieben[2].

Wenn wir versuchen, aus diesen Allgemeinheiten herauszukommen, müssen wir uns zuerst dessen bewußt werden, daß diesem Bild des

---

[1] Die Literatur ist unübersehbar; s. für wichtige Werke Lewis W. Spitz.
[2] So z.B. Erwin Iserloh, 146.

Streites um den freien Willen ein bestimmtes Bild sowohl des Humanismus wie auch der frühen zwanziger Jahre zugrunde liegt. Dieses kann wie folgt beschrieben werden: Erasmus ist das Haupt der humanistischen Bewegung, auf jeden Fall des deutschen Humanismus, sein Handeln ist bestimmend für die ganze Gruppe. Anfänglich stand er Luther nicht unfreundlich gegenüber, er erhielt eine gewisse Neutralität aufrecht, vielleicht unterstützte er Luther sogar, und auf seine Anhänger wirkte sich diese Haltung so aus, daß die meisten Luther für einen der Ihren hielten, so daß er begeisterte Zustimmung fand. Für die erste Phase der Reformation war der Humanismus also von außerordentlicher Bedeutung: "Ohne Humanismus keine Reformation", wie Bernd Moeller zugespitzt formuliert hat[3]. Nach dem Streit um die Freiheit des Willens teilte die humanistische Bewegung sich auf, für und wider die Reformation. Die Humanisten standen nach dieser Auffassung tatsächlich auf dem Scheideweg zwischen Luther und Erasmus. Eine Entscheidung für Erasmus war unumgänglich zugleich eine Stellungnahme wider Luther und umgekehrt. Der ausgesprochene oder unausgesprochene Ausgangspunkt dieser Sicht der Dinge ist, daß die Unterschiede bereits Mitte der zwanziger Jahre klar ans Tageslicht traten. In dieser Betrachtungsweise hat der Humanismus vorbereitenden Charakter für die Entscheidungen der zwanziger Jahre. Ein eigener, bleibender Wert kommt ihm nicht zu.

2. *Humanisten*

Dieses Bild ist zu deutlich, zu eindeutig auch. Man kann nicht auf diese Weise über Humanismus sprechen und ihn mit Erasmianismus gleichsetzen. An sich ist der Humanist an erster Stelle Philologe, er ist an Texten interessiert. Es gehört zu seinem Auftrag, die lateinische und griechische Sprache zu lernen und zu lehren, er ist auf der Suche nach Texten, er stellt den korrekten Text her, ediert ihn gegebenenfalls, kommentiert ihn und macht ihn auf diese Weise zugänglich. Es handelt sich also um die studia humanitatis, die Lektüre der klassischen Autoren mit Hilfe von Grammatik, Rhetorik usw. Mit dieser Feststellung wird nicht verneint, daß der Humanist auch selbständige Leistungen hervorbringt. Er hält Reden, schreibt Briefe,

---

[3] Bernd Moeller (1959), 59.

verfaßt Geschichtswerke, gibt Unterricht. Basis bleibt aber das Studium der klassischen Literatur[4].

Hinter diesen Tätigkeiten steht eine Weltanschauung: Nur durch diese Studien wird der Mensch zum Menschen im wahren Sinne des Wortes; das stark idealisierte klassische Altertum und die Bildung, die das Studium dieser Kultur vermittelt, ist Mittelpunkt einer neuen Bildungsart, einer neuen Wissenschaftsmethode, die der scholastischen Methode gegenübersteht. Sie arbeitet nicht anhand der 'quaestio', der systematischen Auseinandersetzung, sondern mit Texten, nicht mit dem Begriff, sondern mittels des Wortes[5]. Die Humanisten pflegen somit die bonae litterae, ohne welche das Leben inhaltslos ist. Derartige Humanisten gab es auch in Deutschland. An sich ist der deutsche Humanismus nicht anderer Art als zum Beispiel der italienische. Wenn man die Humanistenkorrespondenzen durchliest, ergibt sich das rege Interesse für allerlei Angelegenheiten: die verlorenen Bücher des Livius, die Alchimie, die Kinderlehrbüchlein, und alles sonstige. Zentral steht fast immer die klassische Literatur. Das heißt nicht, daß Leute wie Ulrich Zasius, Konrad Peutinger und Mutianus Rufus unchristlich waren. Der Unterschied, den Pastor damals für den italienischen Humanismus zwischen christlichen und antichristlichen Humanisten angebracht hat[6], ist falsch. Trotzdem war er damit etwas Wesentlichem auf der Spur.

3. *Bibelhumanisten*

Unter den Humanisten gab es solche, die sich nicht nur dem klassischen Schrifttum widmeten, sondern auch die christliche Literatur, Kirchenväter und Bibel studierten. Sie wandten die neue humanistische Methode auf die Theologie an. Dieser Einbruch der humanistischen Methode in die Theologie hatte eine Verlagerung der Schwerpunkte zur Folge, wodurch das Philologische an erste Stelle rückte. Die neue Methode richtete sich somit auch auf dem Gebiet der Theologie gegen die scholastische Methode, und bewirkte in der Bibelexegese, die es natürlich auch im Mittelalter gegeben hat, eine beträchtliche Neue-

---

[4] Paul Oskar Kristeller, *Humanismus* 2, 16–23.
[5] Cornelis Augustijn (1986), 167–171; Helmar Junghans (1984), 319–325; Paul Oskar Kristeller, *Humanismus* 2, 223–243.
[6] Ludwig von Pastor 1 (1925), 3–63.

rung. Diese Humanisten betrachteten die Bibel primär als literarisches Dokument, studierten sie, womöglich im Urtext, und kommentierten sie mit Hilfe der ältesten und somit besten Autoren. Dieselbe Methode wurde auch auf die Kirchenväter angewandt, mit Vorliebe für das exegetische Schrifttum, so daß das Studium der Väter die Bibelforschung unterstützte. Diese Humanisten möchte ich 'Bibelhumanisten', Vertreter des 'Bibelhumanismus' nennen. Der Terminus wurde vor 80 Jahren vom niederländischen Erasmusspezialisten Johannes Lindeboom geprägt[7] und wird jetzt von amerikanischen Forschern gebraucht, auch Helmar Junghans hat ihn übernommen. Selber habe ich versucht, den Begriff näher zu bestimmen[8]. Er gibt am besten die Eigenart dieses Studiums im Zusammenhang mit dem Humanismus im allgemeinen wieder. Die biblischen Humanisten fühlten sich weit über die scholastische Theologie erhaben: Sie verschafften die richtige Grundlage für alle weiterführenden Studien. Bisweilen betitelten sie sich selbst mit gespielter Bescheidenheit als 'Grammatiker' gegenüber den Theologen.

Man soll aber diese Benennung nicht überall da anwenden, wo die Bibel nach den neuen Maßstäben der humanistischen Philologie studiert wird. Eine solche Basis ist zu schmal. Ich kann auch, umgekehrt, sagen: Auf diese Weise hat der Begriff keinen eigenen Inhalt mehr, weil jeder seriöse Theologe der ersten Hälfte des 16. Jahrhunderts biblischer Humanist wird. Der Deutlichkeit halber empfiehlt es sich, nur dort von 'Bibelhumanismus' zu sprechen, wo auf jeden Fall zwei Elemente hinzukommen: die Zugehörigkeit zu einer bestimmten Gruppe, Bewegung, mit eigener Zielsetzung und eigenen Idealen; und ein noch zu umschreibendes kirchliches Ideal. Bei dem ersten Kriterium handelt es sich um eine Frage des Selbstverständnisses: Wie hat der Betreffende sich selber gesehen, empfunden? In welchen Verhältnissen sah er die eigene Arbeit, welche Freunde und Feinde hatte er, wer war gegebenenfalls sein Leitbild? Das bedeutet nicht, daß es eine einheitliche Bewegung gegeben hat, es bedeutet aber, daß sich vom Anfang des Jahrhunderts an eine Gruppe bildete, mit verschiedenen Zentren, unter Führung sehr unterschiedlicher Persönlichkeiten, in der man trotz aller Differenzen eine Gemeinsamkeit empfand, eine Zielsetzung: die Wiedergeburt der Christenheit, zugleich eine Reform

---

[7] Johannes Lindeboom (1913).
[8] S. supra, 144–147; Cornelis Augustijn (1986), 167–171; vgl. Helmar Junghans (1984), 189–191.

der Gesellschaft, mit Hilfe der biblischen und patristischen Studien, die das große Ideal der Frühkirche, der ersten Liebe und Sauberkeit der Religion vor Augen führen. Helmar Junghans hat gezeigt, daß schon um die Jahrhundertwende dieses Ideal in Basel im Kreis um Amerbach nachweisbar ist[9]. Dessen Söhne formulieren es 1516 im Vorwort des 5. Bandes der Hieronymusedition sehr schön: "Unser Vater hoffte, daß, wenn diese alte Theologie wiederaufleben würde, diese spitzfindige Art von Sophisten und dieser frostige Schlag von Theologen weniger Einfluß ausüben würden und man eher aufrichtige, ungeschmückte Christen haben würde. Studium ändert ja den Menschen und wir entwickeln uns nach dem Vorbild der Autoren, die wir täglich lesen"[10]. Es gab unter diesen Bibelhumanisten große Unterschiede, dennoch bildeten sie im zweiten Jahrzehnt des Jahrhunderts eine Einheit. Besonders der Streit um Reuchlin und die damit zusammenhängende Affäre der Dunkelmännerbriefe brachten diese Einheit ans Tageslicht. Ein Zentrum der Bewegung in Deutschland war Erasmus, sowie in Frankreich Faber Stapulensis, in England Thomas More und William Warham, sie hatte Gönner am Hofe des Kaisers, Papst Leo X. förderte sie.

Die Ideale dieser Bewegung kann ich jetzt nicht im einzelnen vorführen[11], ich kann nur schlagwortartig einige Merkmale erwähnen. Das erste ist die Betonung des Evangeliums. Aus diesem Zentrum heraus soll eine neue, gemeinverständliche Theologie aufgebaut werden, die zugleich alt ist, weil sie im Anschluß an die großen Theologen der Blütezeit des ersten, ursprünglichen Christentums eine Verbindung von Theologie und antiker Bildung anstrebt. Dadurch kommt es zu einer Reduzierung, besser gesagt einer Konzentration auf das Wesentliche, im Gegensatz zur Kompliziertheit der Gegenwart. Ein zweites Merkmal ist die Betonung der Person Jesu Christi: wer 'Evangelium' sagt, sagt 'Jesus'. Die Frage, wofür die Chiffre 'Jesus' steht, ist unschwer zu beantworten. Er ist das Vorbild, die Nachfolge Christi wird entschieden als der einzige Weg des Christen betont. Wichtiger ist dennoch, daß Jesus immer als der Mittler, und zwar

---

[9] Helmar Junghans (1984), 108–115.

[10] Hieronymus, *Opera* 5 (1516), 1v°: "Porro pater . . . hanc provinciam . . . nobis delegavit, futurum sperans ut, si vetus illa theologia revivisceret, minus valeret spinosum istud sophistarum et frigidum theologorum genus, et christianos haberemus magis ingenuos et germanos. Abeunt enim studia in vitam et tales evadimus quales quotidie legimus".

[11] S. Cornelis Augustijn (1986).

der einzige Mittler geschildert wird, mit Ausschluß aller anderen Mittler und vermittelnden Instanzen zwischen Gott und Menschen. Das Einzigartige der Person und des Werkes Christi bekommt somit eine polemische Spitze, es richtet sich gegen die damalige Kirche und gegen die menschlichen Verordnungen und Regeln, deren die Kirche voll ist. Die Kirchenkritik des Bibelhumanismus hat ihren Ausgangspunkt im Versuch, den geistlichen Charakter der Religion wieder neu hervorzuheben. Gerade weil Christus Geist ist, kann er der ausschließliche Mittler sein, nur im geistigen Bereich kann die Nachfolge stattfinden. Die vielen Zeremonien, die Volksfrömmigkeit in ihrer Vielfarbigkeit, es ist alles Fleisch, kein Geist, und deshalb nur Hemmnis, keine Hilfe auf dem Wege zu Gott.

4. Die Humanisten und Luther

Es war unumgänglich, einiges über die notwendige Unterscheidung zwischen Humanisten und Bibelhumanisten zu sagen. Die erste Gruppe ist der Sammelbegriff, die zweite enthält die Humanisten, die ein sehr bestimmtes Interesse hatten. Jetzt kehre ich zur Ausgangsfrage zurück. Wie reagierten die Humanisten auf Luthers Auftreten[12]? Für die erstgenannte Gruppe, die der Humanisten im allgemeinen, ist die Frage unschwer zu beantworten. Im großen und ganzen haben sie von Anfang an Luther abgelehnt. Meistens wird diese Tatsache dadurch erklärt, daß sie zu einer älteren Generation gehörten, die an der Erhaltung der bestehenden gesellschaftlichen Ordnung interessiert war und Experimente zurückwies. Eine derartige Begründung ist richtig, und sie trifft nicht nur für die Älteren, auch für die Jüngeren zu. Der berühmte Pariser Humanist Guillaume Budé zum Beispiel gibt Juni 1521, kurz nach dem Reichstag also, eine Beurteilung Luthers, in der er dessen Kenntnisse und Scharfsinn ebensosehr preist als er das Ungestüm und das Werben um die Volksgunst tadelt[13]. Budé war 54 Jahre alt, als er dies an Johannes Cochlaeus schrieb. Letzterer war erst 42 Jahre alt, und er, der typische Humanist, interessiert an Schulbüchern und Erziehungswesen, Mentor des jungen Hutten, trotz seiner theologischen Doktorwürde nicht sonderbar

---

[12] S. jetzt das schöne Buch von Leif Grane (1994).
[13] Budaeus, *Opera omnia* 1, 313–314: "Homo nimirum ingenii ut eximii sic impotentis . . . Multa enim ille praeclare, acute, mireque cum paucis animadvertit in parte doctrinae necessaria".

an Kirche und Theologie interessiert, hatte sich schon gegen Luther entschieden. In dieser Haltung war er kein Ausnahmefall, im Gegenteil, man kann auf berühmte Humanisten hinweisen, die frühzeitig eine gleiche Entscheidung trafen. Luther gehörte nicht zu ihrem Kreis. Sie hatten ganz andere Interessen als dieser; sein Auftreten war ihnen zu stürmisch, sie hatten keinerlei Motive, ihm zu folgen. Natürlich heißt das nicht, daß alle Humanisten sich gegen Luther erklärten. Hutten ist typisch für die Humanisten, die begeistert für Luther eintraten, nicht weil seine Theologie sie fesselte, sondern weil sie in ihm den Herold der deutschen Freiheit sahen, die ihnen am Herzen lag. Dort wird Luthers *An den christlichen Adel* seines theologischen Gehaltes beraubt und somit politisiert[14]. Die in diesen Jahren stattfindende Entzweihung im humanistischen Lager hat also mit Luther zu tun, aber Luther ist dann sozusagen der Katalysator, der die Entzündung bewirkt, selbst jedoch nicht zum Sprengstoff gehört.

Wie stand es um die Bibelhumanisten? Bernd Moeller hat nachgewiesen, daß die führenden Köpfe der Reformation in der ersten Generation so gut wie alle humanistischer Provenienz waren[15]. Seine Bemerkung stimmt, wenn man bedenkt, daß sie alle Bibelhumanisten waren: Melanchthon, Spalatin, Bugenhagen, Justus Jonas, Bucer, Capito, usw. Moeller weist mit Recht darauf hin, daß es für die Wittenberger von ausschlaggebender Bedeutung war, daß eine gesellschaftliche Gruppierung bereitstand, die neuen Impulse sich anzueignen und eine Übersetzungsfunktion zu übernehmen[16]. Bedeutet dies, daß Luther zu dieser Gruppe gezählt werden kann? Sicherlich nicht. Daß er selber von Anfang an eher die Distanz als die Nähe zu Erasmus und dessen Freunden empfand, steht außer Frage. Von den Bibelhumanisten aus ist die Frage viel schwieriger. Erasmus hat Luther nie als Parteigänger betrachtet, eher als Fremden, als scholastischen Theologen, der aber in gewisser Hinsicht sich seiner eigenen Stellungnahme annäherte.

Die meisten Bibelhumanisten gingen viel weiter. Der bekannte Brief Bucers über die Heidelberger Disputation 1518 ist vielsagend. Als er den Brief schreibt, ist er völlig im Banne Luthers. Inmitten aller Lobpreisungen Luthers kommt der Satz: "Er [Luther] stimmt in jeder Hinsicht mit Erasmus überein. Er scheint diesen sogar in der Hinsicht

---

[14] Klassisch für diesen Aspekt ist Hajo Holborn (1929).
[15] Bernd Moeller (1959).
[16] Bernd Moeller (1977), 56.

zu übertreffen, daß er da, wo dieser flüstert, öffentlich frei heraus lehrt"[17]. Bucer schreibt dies unter dem frischen Eindruck der Auseinandersetzungen Luthers, die Erasmus schon bald als Paradoxen bezeichnen wird[18], das heißt als absichtlich überspitzte Formulierungen, die an sich nicht ganz unrichtig, aber in hohem Maße mißverständlich seien. Hat Bucer Luther nicht verstanden? Meines Erachtens kann man sagen, daß es in diesen Anfangsjahren durchaus möglich war, Luther im Licht der Ideale des Bibelhumanismus, also mit einer bestimmten Brille zu lesen. Zwinglis erster Ausspruch über Luther lautet: "Luther gefällt übrigens allen Gebildeten in Zürich, sowie auch die *Ratio* des Erasmus"[19]. Das ist charakteristisch für die Bibelhumanisten: Luther in einem Atemzug mit Erasmus.

Das wundert auch nicht. Im Laufe der vorausgehenden Jahre hatte es mehrere Schwierigkeiten gegeben: die Affäre Reuchlin, die Dunkelmännerbriefe, die Drei-Magdalenen-Sache, die Samsonaffäre in der Schweiz, die Opposition gegen Erasmus in Löwen und in Rom. Die Luthersache war für diese Humanisten Teil eines Ganzen, einer Verschwörung gegen die bonae litterae, und auch wenn Luther mehr Außenstehender als Parteigänger war, wäre seine Niederlage eine Stärkung der Kräfte des gemeinsamen Feindes gewesen. Schön aus diesem Grunde waren sie Luther gewogen. Dieses Lutherverständnis war natürlich nur möglich, wenn es in der Tat eine gemeinsame Basis gab. Diese findet sich eben in der Kirchenkritik und in den kirchlichen Idealen, die Luther mit den Bibelhumanisten teilte. Nicht umsonst charakterisiert Bucer im soeben erwähnten Brief Luther als "den bekannten Beschimpfer der Ablässe"[20]. Unter diesem Titel erwarb sich Luther seine anfängliche Bekanntheit.

5. *Humanisten gegen Erasmus*

In den ersten Jahren stand somit für Bibelhumanisten nur die Entscheidung gegen Luther zur Debatte. Eine Entscheidung für Luther gab es nicht, es gab solche, die mehr oder weniger entschieden sich

---

[17] S. Bucer, *Correspondance* 1, Nr.3, 54–56.
[18] Er sagt z.B. von den ersten Märtyrern der reformatorischen Bewegung: "Certe summa et inaudita constantia mortui sunt, non ob articulos sed ob paradoxa Lutheri"; A 5, 1384,4–5.
[19] Zwingli 7 (CR 94), Nr.60, S.139,15–17.
[20] Bucer, *Correspondance* 1, Nr.3,32–33.

einsetzten für Luthers Ideen, die ihnen nicht fremd waren. Das änderte sich ab 1521, als nach und infolge der Schrift *De captivitate
Babylonica* und des Wormser Reichstages deutlich wurde, daß Luther
sich nur im Widerstand gegen die Institutionen der Kirche behaupten konnte. Danach gibt es Bibelhumanisten, die sich für Luther
erklären, und mit diesem Schritt zugleich Kritik an Erasmus üben.
Eine solche Entscheidung wurde aus zwei Gründen getroffen.

Einerseits gibt es die Entscheidung eines Zwingli. Die von ihm
geforderten und in Zürich durchgeführten Maßnahmen standen im
Einklang mit den Ideen des Erasmus. Man denke an Priesterzölibat,
Fastengebote und Bilderfrage, Themen, die in der Zürcher Reformation im Mittelpunkt standen, in denen Zwingli sachlich mit Erasmus übereinstimmte. Sobald Zwingli das an sich erasmische Programm
einer Kirchenreform auf andere Weise als die Humanisten, wider
die Hierarchie, wider den Konstanzer Bischof, auch wider Papst und
Weltkirche, ausführen wollte, warnte Erasmus ihn und zog sich von
ihm zurück[21]. Das heißt nicht, daß Zwingli sich theologisch von
Erasmus abgewandt oder dessen Theologie als ungenügend empfanden habe. Zwingli zog aber Konsequenzen, die Erasmus nicht gezogen hatte und machte auf diese Weise aus Reform Reformation. Die
etwas späteren Schwierigkeiten mit Erasmus wegen der Eucharistie
haben denselben Grund: Zwingli und andere berufen sich auf Äußerungen des Erasmus, und sie werfen ihm vor, er verleugne seine eigene
Vergangenheit jetzt, wo daraus die Konsequenzen auf dem Gebiet
der kirchlichen Praxis gezogen werden[22]. Zwingli ist kein isolierter
Fall. So wie er gab es viele im oberdeutsch-schweizerischen Gebiet.
Sie wandten sich von Erasmus ab, weil dieser ihrer Meinung nach
auf halbem Wege stehengeblieben war.

Interessanter für das hier behandelte Thema ist eine andere Gruppe,
nämlich die derjenigen Bibelhumanisten, die von Erasmus abrückten, weil sie in seinem Gedankengut Dinge vermißten, die sie im
Laufe der Zeit bei Luther gefunden hatten. Es liegt auf der Hand,
als Beispiel auf Melanchthon zu verweisen, über den wir gerade in
dieser Hinsicht durch die vorzügliche Studie von Heinz Scheible
bestens unterrichtet sind[23]. 1519 sah er Luther und seinen Anhang

---

[21] A 5, 1315,2–5: "Obsecro te per Evangelii gloriam, cui scio te unice favere, et
omnes quotquot Christi nomine censemur, favere debemus, ut si quid aedes posthac,
rem seriam agas serio, et memineris Evangelice tum modestiae tum prudentiae".
[22] S. Cornelis Augustijn (1962), 169–180; (1986), 133–136.
[23] Heinz Scheible (1984).

noch ganz im Einklang mit Erasmus, ja sogar in dessen Nachfolge. Bald darauf setzt eine Entwicklung ein, die dazu führt, daß Erasmus nur Bedeutung hat für die guten Sitten, so wie auch die heidnischen Philosophen sie lehrten. Glaube und Liebe, Lehre und Sitten stehen einander aber gegenüber, wenn nicht die Liebe aus dem Glauben entspringt. Das ist ganz im Sinne Luthers gedacht, der 1522 genauso wie 1525 in *De servo arbitrio* Erasmus als den Repräsentanten von eloquentia, ingenuum, eruditio hinstellt; Wahrheit, Geist und Glaube seien aber stärker! Scheible behandelt dann besonders die *Loci communes* von 1521. Die darin angewandte Methode geht in mancher Hinsicht auf Erasmus zurück. Er hatte den Rat erteilt, über wichtige biblische Begriffe sich eine Sammlung von Bibelaussagen zu machen, um anhand dieser mittels Vergleich und Kommentierung zu einer General-idee zu kommen. Inhaltlich weist er aber Erasmus zurück, besonders deutlich in der Frage der Willensfreiheit, so daß Erasmus im *Hyperaspistes* sogar sagte, daß er *De libero arbitrio* nicht geschrieben hätte, wenn Melanchthon ihn in jeder Hinsicht befriedigt hätte[24].

Bei Melanchthon vollzieht sich also im Laufe der Jahre eine Ent-scheidung zwischen Erasmus und Luther, nicht auf die Weise daß er auf einmal am Scheideweg stand, sondern so, daß das ganze Witten-berger Klima, und insbesondere die überragende Persönlichkeit und Lehre Luthers ihre Auswirkung nicht verfehlten. Ich möchte also von einem Prozeß sprechen, und dann liegt es auch in der Art der Dinge, daß ein solcher Prozeß nie abgeschlossen wird. Melanchthon hat nach 1524 drei Jahre lang keinen Verkehr mit Erasmus gepflegt. Danach aber werden die Fäden wieder einigermaßen angeknüpft, obwohl Melanchthon im Jahre 1529 sich noch sehr häßlich über Erasmus äußert. Einer der letzten Briefe, die Erasmus bekam, war ein Schrei-ben Melanchthons, der darauf hinwies, er habe in der neuen Edition der *Loci* von 1535 die Streitfragen derartig behandelt, daß ohne Zweifel auch Erasmus nichts mehr zu beanstanden hätte[25]. Ein merkwürdi-ges Hin und Her, nur dadurch zu erklären, daß Melanchthon in Luthers Theologie Tiefen gefunden hatte, die Erasmus nicht kannte, andererseits sich der eigenen Vergangenheit nicht entziehen wollte oder konnte.

---

[24] LB 10, 1256C.
[25] A 11, 3120,44–48. Er nennt die Willensfreiheit nicht ausdrücklich, aber es ist klar, daß diese auf jeden Fall mit einbezogen ist.

6. *Humanismus und Reformation*

Natürlich haben sich nicht alle Humanisten für Luther entschieden. Dennoch steht fest, daß eine große Zahl Luther gefolgt ist. Wichtiger ist die Feststellung, daß bei dieser Wahl die Streitschriften über die Willensfreiheit überhaupt keine Rolle spielten. Die Bibelhumanisten hatten sich in den Jahren 1524–25 längst entschieden. Wie gesagt, standen für den einzelnen sehr unterschiedliche Fragenkomplexe im Vordergrund, sei es die Lehre oder die Kirchenkritik und die Loslösung von der alten Kirche. Diese Entscheidungen hatten sich in der ersten Hälfte der 20er Jahre vollzogen, und die Jahre 1524–25 bilden in keiner Hinsicht eine Grenzlinie. *De servo arbitrio* war somit keine Absage an den Humanismus, geschweige denn *De libero arbitrio* eine Absage an die Reformation! Langfristig gesehen haben die Schriften eine Funktion beigemessen bekommen, die sie im tatsächlichen Verlauf der historischen Entwicklung gar nicht innehatten. Das stand auch mit dem Empfinden des Erasmus in Einklang. Luther hat *De servo arbitrio* immer als eine Hauptschrift betrachtet[26], Erasmus hatte mit seiner Schrift die ausgesprochene Absicht, Luther anzuregen zur freundlichen, leidenschaftslosen Behandlung eines Themas, das theologisch nicht unwichtig sei, aber nicht die Brisanz der ekklesiologischen Themen habe. Er hatte also vor, die Erregung zu beschwichtigen, den Streit auf ein ungefährliches Gebiet zu bringen. Nicht von ungefähr klagt Luther gerade über die Behandlungsart des Erasmus, so uninteressiert und kalt[27], daß er auch selber ein Jahr lang den Mut zu einer Erwiderung nicht fand.

Damit hängen die Reaktionen zusammen, die Erasmus empfing; sie waren alles andere als begeistert. Charakteristisch ist der Brief Herzog Georgs von Sachsen. Er schrieb Erasmus, daß die Schrift ihm besonders gefiel, schickte aber anbei Luthers Schrift über die Mönchsgelübde und bat Erasmus, jetzt an diesem Punkt Luther zu widerlegen[28]. Erasmus betrachtete die gesellschaftlichen Konsequenzen der von Luther ausgelösten Bewegung als viel wichtiger, und die Humanisten im allgemeinen waren derselben Auffassung. Die Reformation hatte ihrer Meinung nach zur Folge, daß einerseits Ruhe, Friede und Eintracht verschwunden waren, andererseits die Tyrannei

---

[26] Luther, WA.B 8, Nr.3162,7–8, S.99.
[27] Luther, WA 18, 600,19–20.
[28] A 5, 1503,10–17.

der Mönche und Theologen um so schlimmer wurde. In den Jahren der großen Streitschriften zeigen sie sich dann auch viel mehr am Bauernkrieg interessiert, der die ganze von Gott gebene Ordnung der christlichen Welt zerstört.

Bedeutet das Vorhergehende, daß schon anfangs der 20er Jahre der Bibelhumanismus sich aufgelöst hat, zwischen den Fronten von Reformation und alter Kirche zerbrochen ist[29]? Die Antwort auf diese Frage muß verneinend sein, und das aus zwei Gründen. Erstens ist die Fragestellung an sich falsch, weil sie von einem falschen Bild der 20er Jahre ausgeht. Damals gab es noch keine deutlichen Fronten, geschweige zwei unterschiedliche Kirchen. Wir können in historischer Perspektive zwar sagen, daß die Anfänge der Bildung eines reformatorischen Kirchenwesens auf dieses Jahrzehnt zurückgehen. Die Zeitgenossen konnten sich dessen aber noch nicht bewußt sein. Noch 1530 ist die Grundlage des Augsburger Reichstags die Annahme, daß es Entzweiung in der einen Kirche gibt, ein Zwiespalt allerdings, der geheilt werden sollte und konnte. Zweitens spielten gerade der Bibelhumanismus und dessen Zielsetzungen und Ideale eine gewisse Rolle im Bewußtsein der noch bestehenden Gemeinsamkeit.

Man sollte in der Ausarbeitung dieser These sorgfältig differenzieren. Der Bibelhumanismus als Bewegung zerbrach in den 20er Jahren nicht völlig, die Verbindungen brachen von Zeit zu Zeit ab und wurden danach auch wieder angeknüpft. Das frühere Gefühl der Zusammengehörigkeit war aber verschwunden. Anders steht es um die anderen Merkmale, die ich erwähnt habe, die Bibelarbeit und das Reformprogramm. Was das erste betrifft, nenne ich einige Beispiele: die Auflagen der Edition des Neuen Testaments und die *Paraphrasen* des Erasmus, Bugenhagens Kommentare, den großen Jesajakommentar Ökolampads, den Römer- und Kolosserbriefkommentar Melanchthons, die Prophetenkommentare Capitos, die Psalmen- und Evangelienkommentare Bucers. In all diesen Werken ist die scholastische Auslegungsweise durch die neue philologische Methode ersetzt. Das gleiche gilt von den Kirchenvätereditionen und Übersetzungen. Dieses Material wurde auch hüben und drüben gebraucht, wie zum Beispiel die Druckorte der Übersetzungen von Erasmusschriften und Fragmenten zeigen. Wichtiger ist, daß das ganze Jahrzehnt hindurch das humanistische Kirchenreformprogramm und die diesbezüglichen Forderungen und Maßnahmen in der evangelischen Bewegung eine derartige

---

[29] Siehe für das folgende supra, 141–153.

Übereinstimmung aufweisen daß die Schlußfolgerung unumgänglich ist, daß die Reformation in dieser Hinsicht eine Fortsetzung und Realisierung des humanistischen Programms enthält. Man denke zum Beispiel an den zweiten Teil der Confessio Augustana, wo Zeremonien, kirchliche Bräuche und Mißbräuche, Gelübde usw. behandelt werden.

Die Reformation ist somit zum Teil eine Fortsetzung des Bibelhumanismus, wie der Reformkatholizismus in einer etwas späteren Phase das ebenfalls zum Teil war. Absichtlich formuliere ich "zum Teil", denn gerade lutherische Reformation und Humanismus sind, mehr als die oberdeutsch-schweizerische Reformation und Humanismus, an schwerwiegenden Punkten entgegengesetzter Meinung. Aus diesem Grunde wird Erasmus auch so unterschiedlich bewertet. Hören wir auf zwei Reformatoren, beide aus der bibelhumanistischen Bewegung. Der erste ist Melanchthon, 1529: "Erasmus hat den Samen sehr vieler schädlicher Lehren in seinen Büchern gesät. Diese hätten einst noch viel schlimmere Unruhen hervorgerufen, wäre nicht Luther aufgetreten und hätte er nicht die Menschen zur Begeisterung für andere Sachen gebracht. Diese ganze Tragödie über das Abendmahl hat bei ihm angefangen. Wie gelassen ist er überall Arius und dessen Partei gegenüber . . . Wo steht in seinen Büchern ein recht christliches Wort über Rechtfertigung und Obrigkeitsrecht?"[30] Diese Worte sind kennzeichnend für die Humanisten, die die theologische Distanz zwischen Luther und Erasmus empfunden haben. Der zweite ist Bucer, Repräsentant der oberdeutsch-schweizerischen Reformation. Er sagt 1528: "Was ist auch eym Christenmenschen nütz oder noth zů wissen, das nit Erasmus Roter[odamus] lang vor Luther überflüssig gelert hab? Allein die gegen menschensatzungen hat er mehr anzeigen dann gewaltiglich stürmen wòllen"[31].

7. Schlußfolgerungen

Zum Schluß unterbreite ich einige Schlußfolgerungen.

1. Man unterscheide zwischen Humanisten im allgemeinen und Bibelhumanisten.

---

[30] MBW 1, 807.5, S.347= CR 1, Nr.624.
[31] Bucer, *Deutsche Schriften* 2, 379,24–27.

2. Die Humanisten im allgemeinen haben Luther im großen und ganzen frühzeitig abgelehnt.

3. Hauptsächlicher Grund war dabei die Aufrechterhaltung der bestehenden gesellschaftlich-religiösen Ordnung.

4. Die Bibelhumanisten haben Luther bis 1521 als Gesinnungsgenossen oder mindestens als interessierten Außenstehenden betrachtet.

5. Der Grund dieser Betrachtungsweise war eine gemeinsame Basis, die Kritik am Kirchenwesen.

6. In der Periode nach 1521 sind die meisten Bibelhumanisten von Erasmus abgerückt, entweder weil dieser nicht zum Bruch mit der Kirche kömmen wollte -so die oberdeutsch-schweizerische Bewegung-, oder weil die Theologie Luthers sie fesselte.

7. Diese Distanzierung von Erasmus aus zwei sehr unterschiedlichen Gründen führte innerhalb der Reformation zur entgegengestellten Beurteilung des Erasmus: entweder als den Anfänger, bei dem alles im Keim schon gefunden wird, oder als den Zerstörer des Christentums.

8. Die Schriften *De libero arbitrio* und *De servo arbitrio* haben in diesem Entscheidungsprozeß eine sehr untergeordnete Rolle gespielt.

9. Die Ideale der Bibelhumanisten auf religiös-kirchlichem Gebiet sind zum Großteil in die evangelische Bewegung hineingeflossen. Sie realisierten sich sowohl in der Reformation als im Reformkatholizismus.

10. KAPITEL

HUTTEN UND ERASMUS: *EXPOSTULATIO* UND *SPONGIA*

Der Kampf zwischen Hutten und Erasmus im Jahr 1523 stieß in Deutschland sofort auf reges Interesse. Erasmus galt als der bedeutendste Humanist der Zeit in Deutschland, den meisten sogar als der hervorragendste deutsche Humanist überhaupt. Auch Hutten hatte ihn hoch verehrt. Huttens so persönlicher Angriff auf den Meister wurde im allgemeinen als würdelos erfahren: es sei gemein, Erasmus' Namen so durch den Dreck zu ziehen[1]. Merkwürdigerweise hat Huttens negatives Lutherbild trotzdem schon bald in hohem Maße das Erasmusbild in Deutschland bestimmt[2]. Eine Analyse des Konflikts in historischer Beleuchtung zeigt, daß er nicht wie ein Blitz aus heiterem Himmel entstand, sondern den fast notwendigen Ausgang einer allmählich wachsenden Entfremdung zwischen zwei grundverschiedenen Menschen bildete und, weit darüber hinaus, den Zusammenstoß von zwei grundverschiedenen Geistesrichtungen. Eine Erörterung dieses historischen Vorgangs kann deshalb dazu beitragen, den Hintergrund des Konflikts zu verstehen.

* * *

Ulrich von Hutten[3] wurde 1488 auf der Burg Steckelberg in Franken aus einer reichsritterlichen Familie geboren. Mit elf Jahren wurde er auf die Klosterschule der Abtei Fulda geschickt, spätestens 1505 hat er das Kloster verlassen. Damit begann eine Vagantenzeit, die ihn in viele deutsche Städte und nach Wien führte. In diesen Jahren widmete er sich den humanistischen Studien. 1512 zog er nach Italien, um Rechtswissenschaft zu studieren, 1514 kehrte er nach Deutschland zurück und kam an den Hof des Mainzer Erzbischofs Albrecht von Brandenburg. Von 1515 bis 1517 studierte er wieder in Italien,

---

[1] S. dazu infra, 186–187 und Anm. 112–114.
[2] S. infra, 314–317.
[3] S. für ihn: Hajo Holborn (1968); Heinrich Grimm (1971); s. für seine Schriften Josef Benzing (1956); für die Jahre 1519–21 seines Lebens Fritz Walser (1928); Jean Rott (1974), auch in Jean Rott, *Investigationes Historicae* 1, 464–496; für die letzten Monate seines Lebens Hans Gustav Keller (1952); für sein Verhältnis zu Erasmus Werner Kaegi (1925).

wo er freundliche Aufnahme bei den Humanisten fand und sich mehr
an seiner humanistischen Ausbildung als am juristischen Studium
interessiert zeigte. 1517 nach Deutschland zurückgekehrt, wurde er
von Kaiser Maximilian I. zum "poeta laureatus" gekrönt, und im
selben Jahr trat er als Hofrat in den Dienst des Mainzer Erzbischofs.
Im August 1514 hatte er in Mainz Erasmus kennengelernt[4]. Eine
zweite Begegnung fand im Frühjahr 1515 in Frankfurt statt[5]. Der
erste Brief Huttens an Erasmus, geschrieben im Oktober 1515, ist
charakteristisch für sein Verhältnis zu ihm[6]. Er sieht in Erasmus den
"Germanum Socratem" und bedauert es, sich nicht zu seinen Füßen
dem Studium der griechischen Sprache widmen zu können. Nicht
weniger charakteristisch ist jedoch, daß bei ihrem ersten Zusammen-
treffen Erasmus Hutten die Veröffentlichung des *Triumphus Capnionis*
abriet[7]. Hutten war begeistert von Erasmus, Erasmus hat Hutten
hochgeschätzt[8], aber immer eine gewisse Zurückhaltung geübt, eine
Zurückhaltung, die in diesen Jahren durch das ungestüme Verhalten
Huttens verursacht wurde, das Erasmus nicht billigte und das er zu
hemmen versuchte[9].

Schon während seines zweiten Aufenthalts in Italien war Huttens
Romfeindlichkeit stärker und sein deutscher Patriotismus glühender
geworden. Aber in dieser Zeit richtete er seine Kritik noch hauptsächlich gegen die Scholastik und die "Dunkelmänner". Seit dem
Augsburger Reichstag von 1518, der so enttäuschend für alle, die
auf Besserung der politischen Lage gehofft hatten, verlaufen war,
wandte er sich noch entschiedener gegen Rom. In seiner die Türken-
frage behandelnden und an die deutschen Fürsten gerichteten *Exhor-
tatoria* griff er den kurialen Einfluß in Deutschland, besonders die
Finanzwirtschaft der Kurie an[10]. Weiter konnte er aber mit Rücksicht auf Albrecht von Mainz einstweilen literarisch nicht gehen. Im
Sommer 1519 lernte er Franz von Sickingen näher kennen. Das
energische und anfänglich erfolgreiche Eingreifen Sickingens in die
Reuchlinsache stärkte seine Hoffnung auf ein freies Deutschland. Diese
Hoffnung bekam durch die Wahl des jungen Kaisers Karls V. neue

---

[4] *Spongia*, ASD 9/1, 203,923–924.
[5] Ibid., ASD 9/1, 203,928–929.
[6] A 2, 365.
[7] *Spongia*, ASD 9/1, 202,923–928.
[8] S. zum Beispiel ibid., ASD 9/1, 117,9–11; 178,307–309; 200,841–844.
[9] Ibid., ASD 9/1, 128,122–126; 202,918–921.
[10] S. Heinrich Grimm (1971), 77–78.

Nahrung. Seit der Leipziger Disputation im Sommer 1519, als Luther durch seine Leugnung des göttlichen Rechtes der päpstlichen Gewalt die Grundlagen des Papsttums erschütterte, betrachtete Hutten auch Luther als Kampfgenossen gegen Rom. Auf Huttens Bitte beurlaubte Albrecht ihn im August 1519 unter Weiterzahlung seines Gehaltes. Nach diesem Abschied aus dem aktiven Dienst in Mainz hatte er die Hände frei, um sein kirchenpolitisches Reformprogramm in einer Reihe von Schriften darzulegen. Der Angriff gegen die Romanisten erreichte seinen Höhepunkt in dem berühmtem Dialog *Trias Romana*, der im April 1520 erschien[11].

Das Verhältnis zu Erasmus war in dieser Zeit noch ungetrübt. Zwar hatte Hutten einen von Erasmus an Albrecht von Mainz gerichteten Brief, in dem dieser sein Urteil über Luther aussprach und den er Hutten im Herbst 1519 zugeschickt hatte mit der Bitte, ihn je nach der Stimmung des Kurfürsten zu übergeben oder zu vernichten, publiziert ohne ihn zu überreichen, aber Erasmus hat diese Indiskretion damals offenbar nicht allzu ernst genommen[12]. Erasmus hatte 1519 noch die Hoffnung, Hutten für die humanistischen Studien erhalten zu können. Als Hutten ihn von seinem Vorhaben benachrichtigte, sich an dem Kriege gegen Herzog Ulrich von Württemberg zu beteiligen[13], war seine Reaktion: "Laudo fortem animum, sed tamen si me audies, seruabis Huttenum Musis"[14].

Eine Änderung in ihrem Verhältnis vollzog sich im Sommer 1520, als Hutten in Löwen Erasmus besuchte. Hutten reiste nach Brüssel, um in den Dienst Ferdinands von Österreich zu treten, und auch in der Hoffnung, ihn für seine Pläne zu gewinnen. Auf dieser Reise besuchte er Erasmus, um ihn um Empfehlungsschreiben an einflußreiche Bekannte am Hofe zu bitten. Kurz vor der Abreise aus Mainz hatte Hutten erfahren, daß der Beschluß gefaßt wäre, Luther zu exkommunizieren und daß man in Rom die Absicht hätte, mit Gewalt gegen ihn selbst vorzugehen. Noch stärker als zuvor sah er jetzt in seinem eigenen Kampf den gleichen, den Luther führte. Aber wichtiger war, daß er zu der Überzeugung gelangte, daß für die Ausrottung der päpstlichen Tyrannei ein gewaltsamer Kampf gegen die Romanisten unumgänglich sei. Bei seiner Unterredung mit Erasmus

---

[11] S. Hajo Holborn (1968), 107, 113–114; Heinrich Grimm (1971), 78, 80–81; Fritz Walser (1928), 14–18.
[12] S. *Spongia*, ASD 9/1, 192,706–193,720; Cornelis Augustijn (1962), 40–41.
[13] A 3, 923,22–24.
[14] A 3, 951,33–34.

hat Hutten darüber gesprochen. Erasmus konnte aber nicht glauben, daß es ihm Ernst sei, warnte vor einem solchen tollen Unterfangen und betonte, daß eine solche Sache ganz außerhalb seines Blickfeldes läge. Obwohl er Hutten tatsächlich Empfehlungsschreiben mitgab, muß seine Zurückhaltung doch wohl spürbar gewesen sein[15]. Denn die beiden Briefe, die Hutten 1520 an Erasmus geschrieben hat, zeigen zum ersten Mal eine kritische Einstellung[16]. Er wirft ihm vor, er rücke von Luther ab und leugne ihre Gemeinsamkeit. Auch tadelt er ihn wegen seiner furchtsamen Haltung in der Reuchlinsache. Er bittet Erasmus, ihn wenigstens nicht zu bekämpfen und versucht den Pfaffenkrieg vor ihm zu rechtfertigen. Das Jahr 1520 ist der Wendepunkt in ihrem Verhältnis. Ein Entfremdungsprozeß zwischen beiden hat eingesetzt. Hinfort geht jeder von ihnen seinen eigenen Weg. Bezeichnend für das erkaltende Verhältnis ist, daß der Briefwechsel aufhört[17]. Die Freundschaft verflüchtet sich, aber verkehrt sich nicht in ihr Gegenteil. In Huttens Briefen von 1520 fehlt die alte Bewunderung für Erasmus nicht. Die Äußerungen des Erasmus über Hutten vom Anfang 1521 zeigen keine Feindschaft, nur Bedauern[18]. An Budé schreibt er: "Amabam et festiuum Hutteni ingenium: id Lutherana tempestas Musis eripuit"[19].

Huttens Reise nach Brüssel war erfolglos geblieben, er hatte sogar die Stadt fluchtartig verlassen müssen, weil die Inquisition Jagd auf ihn machte. Auch Mainz bot ihm nicht länger Sicherheit. Nachdem er im September 1520 Zuflucht in Sickingens Ebernburg gefunden hatte, trieb er seine politische Agitation mittels einer Flut von Schriften, jetzt in der deutschen Sprache geschrieben, um möglichst viele Menschen zu erreichen und zum Pfaffenkrieg aufzurufen. Er drohte jetzt, daß, wenn der Kaiser und die Fürsten versagen sollten, er selbst die Waffen ergreifen werde. Nachdem die zu Anfang des Wormser Reichstages in ihm neu erwachte Hoffnung auf den Kaiser am Ende des Reichstages zerstört worden war, befand er sich in einer völlig isolierten Lage. Während des Reichstages war er mit List und Tücke

---

[15] *Spongia*, ASD 9/1, 138,417–422; 202,909–917.

[16] A 4, 1135; 1161.

[17] Nach dem Besuch in Löwen sind 1520 wahrscheinlich nur noch die zwei genannten Briefe Huttens vom 15. August und 13. November geschrieben worden; vermutlich wurde der letzte nie abgeschickt; aus den Jahren 1521 und 1522 sind keine Briefe erhalten, auch keine Spuren eines Briefwechsels; s. Werner Kaegi (1925), 230–231, 237.

[18] S. Werner Kaegi (1925), 230.

[19] A 4, 1184,25–26; vgl. A 4, 1202,274–275.

von den kaiserlichen Diplomaten mundtot gemacht und ausgeschaltet worden, auch war er sich des Unterschiedes mit Luther bewußt geworden, und nach dem Reichstag konnte er Sickingen, der sich an den Kaiser gebunden hatte, nicht zum Eingreifen bewegen. Ende Mai oder Anfang Juni 1521 verließ Hutten enttäuscht und empört die Ebernburg, um auf eigene Faust den Pfaffenkrieg zu führen. Er rief den Krieg aus, aber der erhoffte Widerhall blieb aus, und bald mußte Hutten, der erkrankt war, sich auf der Burg Dürmstein (Dirmstein) verstecken, wo er bis Mitte November blieb. Vom Herbst 1521 bis zum Herbst 1522 versuchte er, mit geringem Erfolg, hin und wieder seinem eigenmächtigen 'Pfaffenkrieg' neues Leben einzublasen. Nachdem es im Mai 1522 zwischen Hutten und dem aus dem kaiserlichen Dienst entlassenen Sickingen wieder zur Annäherung gekommen war, nahm Sickingen den schon früher gefaßten Plan, gegen Kurtrier zu ziehen, wieder auf. Der Anfang September 1522 begonnene Marsch gegen Trier scheiterte jedoch innerhalb einiger Wochen. Daraufhin kehrten sich der Trierer Erzbischof und die mit ihm verbündeten Fürsten gegen Sickingen. Hutten war nunmehr auf Sickingens bedrohter Burg Landstuhl nicht länger sicher, und da er zur Verteidigung der Burg wegen seiner Krankheit[20] nicht tauglich war, floh er. Über Schlettstadt zog er nach Basel, wo er in der zweiten Hälfte des Novembers ankam[21].

* * *

Dorthin hatte sich Erasmus 1521 zurückgezogen, um nicht in die Bekämpfung des Lutheranismus in den Niederlanden verwickelt zu werden[22]. Selbstverständlich wollte Hutten ihn besuchen. Er hatte Beatus Rhenanus schon gesagt, daß er Erasmus Mut machen wollte und später schrieb er, daß er Erasmus ermahnen wollte[23]. Obwohl Eras-

---

[20] Hutten litt ab 1508 an Syphilis und ist auch an dieser Krankheit gestorben; s. Hajo Holborn (1968), 36–37, 179–180; Heinrich Grimm (1971), 26–28, 133–134; Hans Gustav Keller (1952), 64–67.

[21] In der *Expostulatio*, Böcking 2, 181,10 teilt Hutten mit, daß er sich mehr als fünfzig Tage in Basel aufgehalten hat. Da es feststeht, daß er am 18. Januar 1523 Basel verließ, muß er dort in der zweiten Hälfte Novembers angekommen sein. Dies stimmt mit der Äußerung Glareans in einem Brief an Zwingli vom 28. November 1522 überein, daß Hutten in Basel sei und er schon zweimal mit ihm gespeist habe. S. für diese Angaben Hans Gustav Keller (1952), 22, 24.

[22] *Spongia*, ASD 9/1, 191,646–648 und die dortige Anmerkung.

[23] Ibid., ASD 9/1, 130,193–131,216; 190,633; Hutten, *Expostulatio*, Böcking 2, 185,13: "... admonere volebam".

mus von dieser Absicht Huttens nichts wußte, vermutete er natürlich wohl, daß Hutten ihn aufsuchen wollte. Er ließ daher Hutten sofort durch den jungen Heinrich Eppendorf ausrichten, er möge ihn nicht besuchen, falls es sich nur um einen Höflichkeitsbesuch handeln sollte[24]. Als Eppendorf Erasmus später berichtete, daß Hutten ihm diese Bitte nicht übelgenommen hatte, aber doch gern eine Unterredung mit ihm wünschte, erwiderte Erasmus, daß er es lieber vermeiden würde, aber zu einer Unterredung bereit wäre, wenn Hutten Wert darauf legen würde. Er fragte sich aber, ob Hutten wohl ein kaltes Zimmer vertragen könnte. Eppendorf teilte Erasmus mit, daß das Letzte nicht der Fall war[25]. Es kam zu keiner Begegnung, und das entsprach ganz Erasmus' Wunsch[26]. "Huttenum non vidi, nec hoc tempore videre cupio" lautet Erasmus' erste Äußerung über Huttens Anwesenheit in Basel[27]. Auf die Frage, was Erasmus bewogen haben mag, einer Unterhaltung mit Hutten aus dem Wege zu gehen, hat Erasmus eine dreifache Antwort gegeben. Einmal vertrug Erasmus keine Ofenwärme, während er annahm, daß der kranke Hutten sie nicht entbehren konnte[28]; zum anderen fürchtete er, Hutten und seine Freunde bewirten zu müssen, wenn sie einmal in seinem Hause

---

[24] *Spongia*, ASD 9/1, 123,21–124,26; A 5, 1356,7–10; A 7, 1934,251–252; Hutten, *Expostulatio*, Böcking 2, 181,2–4; 185,13–19.

[25] *Spongia*, ASD 9/1, 124,29–46; A 5, 1342,691–696; 1356,13–15; 1376,22–24; A 7, 1934,283–284. Erasmus sagt, daß er ihm selbst Geld angeboten habe; *Spongia*, ASD 9/1, 126,111–112.

[26] In der Darstellung der Ereignisse folge ich den Mitteilungen des Erasmus in der *Spongia*. Wenn diese Mitteilungen wahrheitstreu sind, ist es hauptsächlich Eppendorfs Schuld, daß Erasmus und Hutten sich nicht getroffen haben; *Spongia*, ASD 9/1, 120,53–54. Es gibt dafür auch zwei Belege. Später, als Hutten in Mühlhausen war, erfuhr Erasmus von diesem, daß Eppendorf niemals mit ihm über die Ofenwärme gesprochen hätte; s. A 7, 1934,275–283. Außerdem hat Hutten in der *Expostulatio* nirgendwo die spätere Einladung des Erasmus (s. *Spongia*, ASD 9/1, 124,38–44) erwähnt. Er wußte nur, daß Erasmus eine Unterredung mit ihm abgelehnt hatte; s. ibid., ASD 9/1, 126,116–117; 132,250. In diesem Fall hätte Eppendorf diese Einladung nie überbracht; vgl. Werner Kaegi (1925), 465, 467–468, 474–475. S. für die Rolle Eppendorfs infra, Anm. 36. Man kann aber aus diesen zwei Argumenten ebensogut schließen, daß dieses Gespräch zwischen Erasmus und Eppendorf über eine eventuelle Unterredung mit Hutten nicht in der in der *Spongia* erwähnten Form stattgefunden hat und daß die diesbezüglichen Angaben in der *Spongia* eine Selbstrechtfertigung des Erasmus darstellen; vgl. *Spongia*, ASD 9/1, 132,239–241.

[27] A 5, 1331,57–58.

[28] *Spongia*, ASD 9/1, 124,41–43; A 5, 1342,694–696; 1356,13–15; A 7, 1934,275–284; s. auch Hutten, *Expostulatio*, Böcking 2, 180,11–181,11; *Spongia*, ASD 9/1, 132,239–241. Vgl. für die Empfindlichkeit des Erasmus gegen Ofenwärme A 4, 1248, 10 Anm. Mit Recht weist Werner Kaegi (1925), 466–467, darauf hin, daß man dieses Motiv ernst nehmen soll.

wären[29]. Das wichtigste Motiv war jedoch ohne Zweifel, daß Erasmus sich keine Blöße geben wollte, indem er jetzt mit Hutten in Verbindung trat. Dahinter verbarg sich natürlich das Bedürfnis, sich von jemandem fern zu halten, der sich so tollkühn aufgeführt hatte, daß er von niemandem zu seinem Verbündeten begehrt wurde[30]. Dies war jedoch nicht das einzige. Nach dem Verlassen der Niederlande hatte Erasmus eine Zeitlang geschwiegen. Durch das Auftreten Hadrians VI. hatte er aber Hoffnung bekommen, daß eine Übereinstimmung in den kirchlichen Angelegenheiten doch noch erreicht werden könnte. Gerade in dieser Zeit bemühte sich Erasmus, die Voraussetzungen für einen Vermittlungsversuch zu schaffen. Aber dann mußte er alles vermeiden, was seine Position als unparteiischer Schiedsrichter gefährden konnte. In diese Politik ließ sich ein Besuch Huttens nicht einfügen[31].

Erasmus und Hutten blieben miteinander in Verbindung, der Kontakt war selten und kam nur mittelbar zustande über Heinrich Eppendorf[32]. Er war ein noch junger Mann, als er 1520 zum ersten Mal mit Erasmus in Berührung kam. Er stammte wahrscheinlich aus

---

[29] A 5, 1496,6–11; s. für seine bedürftige Lage A 5, 1356,49–51; Hajo Holborn (1968), 179; Heinrich Grimm (1971), 127.

[30] In der *Spongia* sagt Erasmus, daß Albrecht von Mainz, Franz von Sickingen und Huttens Verwandte ihn weggeschickt hatten und daß Luther ihn sogar als einen Feind seiner Sache betrachtete; ASD 9/1, 129,166–130,171; 120,49–50; 162,978–979; 184,485–487; Werner Kaegi (1925), 466.

[31] S. *Spongia*, ASD 9/1, 124,23–24; 126,110–11; 128,142–146; A 5, 1356,7–13. Johannes Botzheim hatte ihn gewarnt; s. A 5, 1335,63–64: "Quod Huttenum ad colloquium non admiseris, suspitionem tollit captandi consilii, sed apud hos qui id norunt". Erasmus hatte diese Warnung zu Herzen genommen; s. A 5, 1342,684–703. Cf. auch die Mitteilung des Basilius Amerbach, zitiert infra, Anm. 35 und die Äußerung Glareans gegenüber Joachim Vadian am 18. Januar 1523: "Est tamen, quod te scire velim, Huttenum adesse, sed nullo comitatu ac ab Erasmo prohibitum, ne se accedat; quod cur factum sit, haud equidem certe scio; coniicere fortassis licebit. Aegre fert Erasmus, bona studia his tumultibus implicari . . ."; *Vadianische Briefsammlung* 3, Nr.334, S.1.

[32] Heinrich Eppendorf, 1496– nach 1551(?), studierte in Leipzig. Er besuchte Erasmus 1520 in Löwen, studierte 1520–22 in Freiburg und lebte 1522–23 im Humanistenkreise in Basel. Nach dem Tode Huttens ging er nach Straßburg. Sein Streit mit Erasmus entwickelte sich zu einer persönlichen Fehde um die Gunst seines Landesherrn Georg von Sachsen, deren Höhepunkt 1528–31 erreicht wurde. Während dieses erbitterten Streites hat Erasmus ihn 1528 in *Adag.* 844 (LB 2, 349F–350B) lächerlich gemacht (s. Margaret Mann Phillips (1964), 130–131) und 1529 im Colloquium "Ἱππεὺς ἄνιππος" (ASD 1/3, 612–619). Er gab in den folgenden Jahren in Straßburg verschiedene Übersetzungen heraus. S. für ihn *Contemporaries of Erasmus* 1, s.v. und die dort genannte Literatur; für seinen Streit mit Erasmus auch A 7, 1934 Einl.

einer Familie von Bauernschulzen, er selbst behauptete adliger Abstammung zu sein und tat sich nicht wenig darauf zugute. In Basel verkehrte er im Kreis der Humanisten, und Erasmus schätzte ihn sehr[33]. Seinerseits verehrte er Erasmus[34]. Der Umgang mit Hutten bewirkte in ihm eine Veränderung. Hutten war äußerst empört über Erasmus' Weigerung, ihn zu empfangen, trotz all seiner Bemühungen, ihm eine Einladung abzulocken[35]. Erasmus' Weigerung bekam für ihn einen Symbolwert: ebenso wie Erasmus jetzt ihn verleugnete, versuchte er auch, sich überhaupt der Mitverantwortung in der Bewegung gegen Rom zu entziehen, deren Hauptvertreter Luther und Hutten waren. Es scheint, daß Eppendorf im Lauf der etwa anderthalb Monate, die Hutten in Basel verbrachte, immer mehr unter dessen Einfluß kam[36].

---

[33] A 4, 1122,10–11; 1125,50; A 5, 1283,16–19; 1325,8–9; 1331,60; 1342,334–335; A 7, 1934,409–411; *Spongia*, ASD 9/1, 188,585–586.

[34] S. A 4, S. 617. Cf. seinen Brief an Bonifacius Amerbach, Op. Ep. IV, p. 616 = *Die Amerbachkorrespondenz* 2, Nr.855. Das bedeutet nicht, daß Eppendorf ein Vertrauter des Erasmus war. Kennzeichnend in dieser Hinsicht ist, daß er Zwingli berichtet, Erasmus würde in kurzem sich positiv über die *Suggestio deliberandi* Zwinglis äußern; s. Zwingli 7 (CR 94), Nr.253, S.625,8–626,1, wo Eppendorf natürlich nicht über Luther (wie S.626, Anm. 4 annotiert ist), sondern über Erasmus schreibt. In Wirklichkeit äußerte Erasmus sich sehr negativ; s. A 5, 1327,6–13.

[35] Hutten, *Expostulatio*, Böcking 2, 186,4–6: ". . . quo te vt prouocarem, saepenumero praeter domum tuam, vbi nihil tum negocii mihi fuit, cum amicis deambulaui; neque dubito quin sic oberrantem plus semel videris"; vgl. auch die Mitteilung des Basilius Amerbach: "Fuit et Huldrichus Huttenus iam mensem nobiscum in diuersorio floris. Quem Erasmus, ne se inuiseret ob suspitiones odiosas, per ministrum admonuit, quod sepius Huttenus in conuiuio dicere solet . . ."; *Die Amerbachkorrespondenz* 2, Nr.902,28–31, datiert den 7. Januar 1523.

[36] Anfang Dezember 1522 nannte er Hutten "et religionis et libertatis Germanicae vnico vindici"; Zwingli 7 (CR 94), Nr.253, S.625,4. Erasmus spricht später von "amicitiam συναποθνησκόντων"; vgl. A 7, 1934,328. Besonders charakteristisch ist, daß Erasmus in der *Spongia* Eppendorf Huttens Achates nennt; ASD 9/1, 133,233–234. Auch sagt Erasmus, daß Eppendorf sich als ein "propugnator Hutteni" erwies; s. A 7, 1934,376–379. Vgl. auch A 5, 1383,3–4, wo Erasmus schreibt, daß Eppendorf seine Pläne in Basel zusammen mit Hutten schmiedete. Es steht wohl fest, daß Eppendorf eine Doppelrolle gespielt hat. Er erzählte Erasmus, daß Hutten die Verweigerung eines Gespräches gut aufgenommen hätte, obwohl er dessen Erbitterung darüber kannte; cf. *Spongia*, ASD 9/1, 124,29–36; 132,234–235; A 7, 1934,252–258; vgl. auch die Ausflucht Eppendorfs: *Spongia*, ASD 9/1, 125,66–67. Vielleicht hat er die spätere Einladung des Erasmus nie überbracht und also nicht mit Hutten über die Ofenwärme gesprochen, aber wohl Erasmus mitgeteilt, daß Hutten kein kaltes Zimmer vertragen konnte; vgl. supra, Anm. 26, 28. Vgl. auch A 7, 1934,255–272, wo Erasmus sagt, daß Eppendorf behauptete, Hutten wäre ihm freundlich gesinnt, während er in Wirklichkeit drohende Reden gegen ihn führte und er andererseits bei Hutten die Worte des Erasmus verdrehte, wofür Erasmus ein Beispiel gibt. Auch nachdem Hutten nach Mühlhausen übergesiedelt war, spielte Eppendorf seine

Nach Huttens Abreise aus Basel am 18. Januar 1523[37] unterhielt
Eppendorf einen regelmäßigen Kontakt mit ihm[38]. Mehrere Male
besuchte er Hutten, der sich nun in Mühlhausen aufhielt; auch wech-
selten sie Briefe miteinander[39]. Inzwischen lebte Erasmus in der
Annahme, daß ihm Hutten nicht unfreundlich gesinnt war[40]. Eppendorf zeigte ihm zwar einen Brief von Hutten, in dem dieser ihm
auftrug, Erasmus zu warnen, daß ein Angriff gegen Luther das Ende
ihrer Freundschaft bedeuten würde, aber das nahm Erasmus nicht
schwer: er hatte nicht die Absicht gegen Luther zu schreiben[41]. Darauf
berichtete Eppendorf, der Hutten besucht hatte, jedoch, daß dieser
mit der Niederschrift eines "atrox libellus" gegen Erasmus beschäftigt wäre, da Erasmus ihm in Basel eine Unterredung verweigert
hatte[42]. Aus der *Expostulatio* geht hervor, daß Erasmus' Brief an
Laurinus[43] für Hutten der unmittelbare Anlaß war, gegen Erasmus
zur Feder zu greifen[44]. Dieser Brief des Erasmus war gerade bei Froben
in Basel in einem Bändchen erschienen, in dem auch der erste Druck
des *Catalogus lucubrationum*[45] und ein Brief des Erasmus an die Theologen

---

Doppelrolle weiter; s. A 7, 1934,273–275 und infra, Anm. 67. In A 5, 1437,15–23;
A 7, 1934, 246–250 sagt Erasmus, daß Eppendorf schon 1522, bevor Hutten nach
Basel kam, ihm feindlich gesinnt war. Das stimmt aber mit dem Tatbestand nicht
überein; s. supra, Anm. 33. Im späteren Brief A 5, 1437 und im viel späteren A 7,
1934 weist Erasmus Eppendorf eine viel größere Rolle zu als in der *Spongia*. Der
lebende Gegner Eppendorf schien ihm dann wichtiger als der tote Hutten. Dem
entspricht, daß er A 5, 1437,25–27 sagt, daß die Initiative von Eppendorf ausgegangen war, was doch sehr unwahrscheinlich ist. Es ist im Gegenteil nicht unmöglich,
daß Eppendorf zuerst in der Tat vermitteln wollte, aber sehr bald unter den Einfluß
Huttens geriet. Jedenfalls ist seine Handlungsweise nur dann verständlich, wenn man
annimmt, daß schon bald das Motiv, Hutten gegen Erasmus aufzuhetzen und das
Motiv, Geld zu erpressen, eine Rolle gespielt haben; s. für das erste Motiv infra,
Anm. 67,68; für das zweite Motiv infra, Anm. 58. A 5, 1376,25–26 weist darauf
hin, daß Erasmus erst spät, d.h. im Sommer 1523, die Doppelrolle Eppendorfs
durchschaut hat. Vgl. für das Ganze auch Werner Kaegi (1925), 472–476.
[37] S. supra, Anm. 21.
[38] Für das folgende gibt es hauptsächlich drei Quellen: die Berichte des Erasmus
in der *Spongia*, seinen Brief an Goclenius aus 1524 (A 5, 1437) und seinen Brief an
Botzheim vom Jahre 1528 (A 7, 1934). Im großen und ganzen folge ich der erstgenannten Quelle, da die beiden Briefe nicht nur aus späterer Zeit sind, sondern auch
die Fakten nicht der Reihe nach wiedergeben.
[39] *Spongia*, ASD 9/1, 124,47–59; 131,222–225.
[40] Ibid., ASD 9/1, 131,219–221; 132,255–260; A 7, 1934,284–286.
[41] *Spongia*, ASD 9/1, 131,222–227.
[42] Ibid., ASD 9/1, 124,59–63; 131,227–229; A 5, 1356,1–3; 1437,39–41.
[43] A 5, 1342, datiert den 1. Februar.
[44] Hutten, *Expostulatio*, Böcking 2, 186,14–15: "Et tamen continui me, cum
nudiustertius arbitror affertur huc illa prius a me commemorata ad Laurinum epistola...".
[45] A 1, S.1–46.

zu Löwen[46] aufgenommen waren[47]. Sie stellten einen Teil des Versuches dar, den Erasmus in dieser Zeit unternahm, die beiden Parteien miteinander zu versöhnen[48]. In dem Brief an Laurinus brachte Erasmus unverblümt seine Einwände gegen die Lutheraner zur Sprache. Hier war die Kampfansage: der Angriff gegen Luther, vor dem Hutten gewarnt hatte[49]. Huttens Wut wurde noch gesteigert durch die lässige Art und Weise, mit der Erasmus über die Ofenwärme sprach, die der eine nicht ertragen und der andere nicht entbehren konnte, als die Ursache, warum sie sich nicht begegnet waren[50]. Sein schlimmer Argwohn hatte sich vollauf bestätigt: die Affäre in Basel war kein unglücklicher Zufall gewesen, sondern war bezeichnend für Erasmus' Versuch, den Kopf aus der Schlinge zu ziehen.

Erasmus erschrak sehr, als er von Huttens bedrohlicher Stimmung erfuhr, und auf Anraten von Eppendorf und von Beatus Rhenanus schrieb er einen Brief an Hutten, in dem er ihn beschwor, nichts zu unternehmen[51]. Der Brief hatte nicht den gewünschten Erfolg. Die Antwort, die Hutten Eppendorf mitgab, war sogar ausgesprochen scharf. Er ließ Erasmus sagen, daß er ihm innerhalb von drei Tagen seine Schrift zuschicken werde[52]. Erasmus versuchte noch in einem

---

[46] A 5, 1301; s. für diesen Brief *Spongia*, ASD 9/1, 147,613–616.

[47] Dieser Band wurde laut Angabe des Druckers im April 1523 herausgegeben; s. A 5, 1342 Einl. Da A 5, 1356 den 3. April datiert ist, bleibt wenig Zeit übrig für die in der *Spongia*, ASD 9/1, 124,59–126,80 erzählten Ereignisse. Hutten sagt aber ausdrücklich, daß erst der Brief an Laurinus ihn zum Schreiben der *Expostulatio* veranlaßte. Da es keine Gründe gibt, die Datierung von A 5, 1356 zu bezweifeln, muß man entweder annehmen, daß sich die in der *Spongia* erwähnten Ereignisse innerhalb von nicht mehr als drei Tagen abgespielt haben, oder daß der Band tatsächlich schon Ende März erschienen ist. Das erste ist nicht unmöglich, da Mühlhausen nur dreißig Kilometer von Basel entfernt ist; auch das zweite ist nicht auszuschließen, da die Datierung eines Buches anzeigt, wann der Drucker die Ausgabe erwartete, was natürlich eine gewisse Ungenauigkeit impliziert.

[48] S. für diese Schriften und für die Absichten des Erasmus Cornelis Augustijn (1962), 93–114.

[49] Hutten, *Expostulatio*, Böcking 2, 236,22–237,1: ". . . illa ter infelici epistola, qua veluti classicum cecineris . . ."

[50] S. Hutten, *Expostulatio*, Böcking 2, 180,9–181,13; A 5, 1342,689–696; vgl. auch *Spongia*, ASD 9/1, 132,244; A 7, 1934,277–283.

[51] A 5, 1356, datiert den 3. April; cf. *Spongia*, ASD 9/1, 125,67–126,80; A 6, 1614,15–19.

[52] Dieser Brief ist verlorengegangen; vgl. für ihn *Spongia*, ASD 9/1, 126,80–88; 204,953. Vielleicht ist er derselbe als der in der *Spongia*, ASD 9/1, 130,193–195, erwähnte. Erasmus glaubte, daß Hutten ihn mit diesem Brief einschüchtern wollte; vgl. *Spongia*, ASD 9/1, 126,81–82; A 1, S.28,3–6. Vgl. für den Zorn Huttens ASD 9/1, 206,29–30. Aus der Ankündigung Huttens kann man ersehen, daß die *Expostulatio* wahrscheinlich schon fast oder ganz fertig war, da man für eine Abschrift einige

Antwortschreiben, Huttens Zorn zu besänftigen[53], aber es war schon zu spät. Handschriftliche Exemplare der *Expostulatio* waren bereits nach Basel und Zürich gesandt worden[54]. Im Mai schrieb Hutten einen Brief an Erasmus; nach Erasmus' eigenem Zeugnis führte Hutten in ihm aus, daß die *Expostulatio* schon beim Drucker sei, ihre Freundschaft aber unter der Bedingung wiederhergestellt werden könnte, daß Erasmus keine Gegenschrift herausgäbe[55]. Er ließ es offen, ob die Schrift gedruckt werden würde oder nicht[56]. Erst danach erhielt Erasmus selbst ein Exemplar der *Expostulatio*[57]. Freunde des Erasmus hatten noch versucht, durch Geldangebote die Ausgabe zu verhindern. Erasmus sah ein, daß diese nicht mehr abzuwenden war[58].

* * *

Zeit benötigte. Hutten muß die *Expostulatio* in Mühlhausen im April sehr rasch geschrieben haben, wie auch Brunfels sagt in seiner *Responsio* (s. für sie infra, 187–188), Böcking 2, 341,17–18, da er sofort mit der Niederschrift anfing, nachdem er den Brief des Erasmus an Laurinus bekommen hatte (s. supra, Anm. 44, 47) und dieser Brief Huttens wahrscheinlich nicht lange nach dem Empfang des Briefes des Erasmus vom 3. April geschrieben sein wird.

[53] Dieser Brief ist verlorengegangen; vgl. für ihn *Spongia*, ASD 9/1, 126,90–91; 204,952–964, wo Erasmus den Inhalt ziemlich umständlich wiedergibt. Vielleicht ist dieser Brief derselbe als der A 7, 1934,275–277 genannte.

[54] *Spongia*, ASD 9/1, 117,3; 126,88–90; 204,953–954; Brunfels, *Responsio*, Böcking 2, 327,44–45: "Fieri potest vt descriptus a Luca quodam Turegium peruenerit, sed eodem tempore quo redditus est tibi tuus"; s. auch infra, Anm. 57. Aus A 5, 1384,59–60; 1437,44–46 ("exemplar epistolae" bezieht sich nicht, wie Allen, A 5, 1437, 45 Anm. behauptet, auf Huttens Antwort auf den Brief des Erasmus vom 3. April, sondern auf die *Expostulatio*, wie man ersehen kann aus A 5, 1437,59–60); A 7, 1934,332 ergibt sich, daß in kurzer Zeit mehrere Abschriften der *Expostulatio* verbreitet worden waren.

[55] *Spongia*, ASD 9/1, 126,91–94; 204,949–953. Vielleicht war dies auch der Brief, in dem Hutten die *Expostulatio* "mitissimam pro rei atrocitate" nannte; s. *Spongia*, ASD 9/1, 132,266–267; 198,808–809. Auch 132,244 und A 7, 1934,277–283 beziehen sich vielleicht auf diesen Brief.

[56] S. A 5, 1384,60, wo Erasmus an Zwingli schreibt, die *Expostulatio* sei mehreren Druckern angeboten. Schon bald war eine Abschrift nach Zürich geschickt worden (s. supra, Anm. 54), offenbar um sie dort drucken zu lassen. Man braucht also nicht anzunehmen, daß, als Hutten diesen Brief schrieb, die *Expostulatio* schon in Straßburg bei dem Drucker Schott war.

[57] S. *Spongia*, ASD 9/1, 126,94–95; A 7, 1934,322–327. Brunfels behauptet, Erasmus habe sofort nachdem Hutten die *Expostulatio* abgeschlossen hatte, eine Abschrift bekommen; er ist aber der Sache nicht ganz sicher; s. *Responsio*, Böcking 2, 341,19–20: "Inde statim redditus tibi est; nisi forte tabellarii fraude aliquid factum est"; vgl. auch supra, Anm. 54.

[58] *Spongia*, ASD 9/1, 126,95–101; A 5, 1356,47–51; 1383,4–9; 1384,67–68; 1397, 4–6; 1437,41–48; A 7, 1934,294–338. Es ist mir nicht deutlich, ob A 5, 1383,9–13 sich auch auf denselben Versuch bezieht; hier sind die Summen viel größer als die in A 7, 1934 genannten und man kann auch nicht sagen, daß in der *Expostulatio* der Krieg erklärt wird im Namen eines anderen als Huttens. Es ging faktisch um Er-

In der Tat erschien im Juni oder Anfang Juli die *Cum Erasmo Roterodamo
presbytero theologo expostulatio* bei Johannes Schott in Straßburg[59]. Sie ist
gut und schwungvoll geschrieben und hat tiefen Eindruck gemacht.
Hutten beginnt mit dem Anlaß, das von Erasmus verweigerte Gespräch und mit dem Grund, den Erasmus hierfür in seinem Brief an
Laurinus gegeben hatte[60]. Ausführlich spricht er danach über Erasmus' Verhältnis zu Hoogstraten, Reuchlin, den Löwener Theologen,
Hadrian VI., Prierias, Eck, Lee und anderen. Seine Absicht hierbei
ist stets die gleiche: er will nachweisen, daß Erasmus immer die Fahne
nach dem Wind gedreht, Ränke geschmiedet und geheuchelt hat,
immer unzuverlässig und wankelmütig gewesen ist[61]. Aber im Mittelpunkt der *Expostulatio* steht die Frage, warum Erasmus, der die Reformation anfänglich unterstützte, ihr schließlich untreu und ihr Gegner
geworden sei. Gleich nach der Einleitung stellt Hutten diese Frage[62],
sie klingt im ganzen ersten Teil an, der von Erasmus' Verhältnis zu
Freund und Feind handelt, und kommt ausdrücklich und eingehend
zur Sprache im zweiten Teil, der Erasmus' Verhältnis zur Reformation

---

pressungsversuche. Es ist nicht deutlich, von wem diese angeregt worden sind, von
Hutten oder von Eppendorf. Aus A 5, 1437,41–42 könnte man schließen, daß
Eppendorf die Initiative dazu ergriffen habe. Man darf diese Folgerung aber nicht
ohne weiteres ziehen, da Erasmus in diesem Briefe Eppendorf eine viel größere
Rolle als in der *Spongia* zuweist (s. dafür supra, Anm. 36); s. aber auch *Spongia*, ASD
9/1, 205,964–965. A 5, 1383,2–8; A 7, 1934,336–338 weisen darauf hin, daß Hutten
zumindest mit den Erpressungsversuchen einverstanden war, und *Spongia*, ASD 9/1,
207,41–45, sagt sogar, daß Hutten der Initiator war. Wichtig ist A 5, 1356,47–51,
woraus sich ergibt, daß Erasmus schon am 3. April, nachdem er gerade vernommen hatte, daß Hutten gegen ihn schreibe, glaubte, daß die Absicht, Geld zu erpressen, im Spiel war; s. auch *Spongia*, ASD 9/1, 125,69–71. Erasmus behauptet
auch, der Drucker habe Geld gegeben; ibid., ASD 9/1, 207,46–47. S. für die bedürftige Lage Huttens und Eppendorfs supra, Anm. 29; A 5, 1437,14–15. Cf. für
die Rolle Eppendorfs supra, Anm. 36.
  [59] S. für den Titel A 5, 1356,63; 1437,29–30. Der Text findet sich in Böcking 2,
180–248. S. für die Drucke Josef Benzing (1956), Nr.186–190, S.107–109. Für die
Datierung der Ausgabe sind folgende Äußerungen wichtig. Am 9. Juni 1523 schrieb
Nikolaus Gerbel aus Straßburg an Johannes Schwebel: "Edetur etiam expostulatio Hutteni"; *Centuria Epistolarum* (1597), Nr.17, S.47. Am 18. Juni 1523 berichtete
Capito aus Straßburg an Erasmus: "Hutteni libellum excusum aiunt"; A 5, 1368,28.
Am 13. Juli 1523 schrieb Konrad Grebel aus Zürich an Joachim Vadian: "Affertur
Hutteni item inuectiua in Erasmum"; *Vadianische Briefsammlung* 3, Nr.353, S.26.
Erasmus selbst erwähnt die *Expostulatio* zum ersten Mal Am 19. Juli; A 5, 1376,
17–28. Aus diesen Briefstellen ergibt sich, daß die Datierung, die Josef Benzing
(1956), 107 gibt (Anfang Juni), wahrscheinlich zu früh ist. Schott hatte schon
mehrere Werke Huttens herausgegeben. S. für Huttens Verhältnis zu ihm Heinrich
Grimm (1964).
  [60] Hutten, *Expostulatio*, Böcking 2, 180,9–186,14.
  [61] Ibid., Böcking 2, 192,3–214,17.
  [62] Ibid., Böcking 2, 186,15–192,3.

zum Thema hat[63]. Seine Antwort ist vielfältig: "Er schlägt sich selbst
verschiedene Möglichkeiten vor, die alle nicht aus dem Leben des
Erasmus, sondern aus dem Arsenal seiner eigenen moralischen Logik
gegriffen sind: Er versucht nacheinander Ruhmsucht, Eifersucht,
Feigheit, Habsucht als Motive des Erasmus anzunehmen. Da ihm
keines einleuchtet, kombiniert er alle in ein groteskes Zerrbild mora-
lischer Schwächen und macht aus dem Wort des Erasmus, man
brauche die Wahrheit nicht überall vorzubringen, den erwünschten
Beweis"[64]. Zwei Zitate mögen das verdeutlichen. "Hactenus dubium
seruasti animum, caute admodum vt alter Metius in occasionem
intentus: quamobrem in tantum auctis aduersariis, vt victoriam penes
nos desperes, quem pro victore habes, ei te adiungis, nulla bona conscientia, sed vel mutuato a fortuna consilio, vel illis victus conditionibus
vel metu, vt dixi, ne oppressis nobis nihil in te mitius (quod futurum
ne ego quidem dubitaui) quam in quenquam nostrum ab aduersariis
consulatur"[65]. "Quid faciendum igitur? Decertandum omnino et comi-
nus congrediendum, vt intelligant omnes quam iniquam rem, quam
violata ac prorsus constuprata conscientia sis aggressus"[66].

Erasmus verdächtigte sogleich Eppendorf, großen Anteil am Ent-
stehen der *Expostulatio* gehabt zu haben, vor allem, daß er Hutten
angespornt habe, gegen ihn zu schreiben[67]. Hutten bestritt dies, was
für Erasmus ein Grund mehr war, seinen Verdacht für begründet
zu halten[68]. Es ist nicht möglich, in allen Einzelheiten festzustellen,

---

[63] Ibid., Böcking 2, 214,17–248,9.

[64] Werner Kaegi (1925), 495.

[65] Hutten, *Expostulatio*, Böcking 2, 232,10–16; Mettius Fufetius war der Sage nach
das letzte Oberhaupt von Alba Longa. Er unterwarf sich den Römern. Später übte
er Verrat und wurde hingerichtet.

[66] Ibid., Böcking 2, 248,4–7.

[67] Es gibt vom Anfang an bei Erasmus zwei Arten von Aussagen. Einerseits spricht
er über diejenigen, die Hutten angespornt haben, im Plural; s. *Spongia*, ASD 9/1,
120,79–81.86; A 5, 1356,21–23; 1384,67–68; 1397,5–7; 1427,79–80; 1432,46–48;
1437,24–25; den zweiten Druck des *Cat. lucubr.*, A 1, S.27,13–16; 28,29–32; 31,
2–3. Andererseits gebraucht er den Singular und nennt bisweilen den Namen
Eppendorfs; s. *Spongia*, ASD 9/1, 134,292–294; 156,859–860; 158,882–883.886–887;
188,584–586; A 5, 1376,25–26; 1383,1–4; 1437,8–11.25–35; A 7, 1804,165–168;
1934,56–65.244–246.294–296. Daraus kann man schließen, daß Erasmus sofort
Eppendorf besonders im Verdacht hatte, aber wußte, daß auch andere Hutten beeinflußt hatten. Aus dem in der *Spongia*, ASD 9/1, 131,222–225 genannten Brief
Huttens kann man ersehen, durch welche Behauptungen Hutten angeregt wurde,
gegen Erasmus zu schreiben. S. für zwei deutliche Beispiele des Einflusses Eppendorfs
infra, Anm. 70. Vgl. für weitere Beispiele supra, Anm. 36.

[68] *Spongia*, ASD 9/1, 132,268–270; 134,277–278; 188,584–586; 202,898–899; A 5,
1437,71–80; A 7, 1934,56–65.

welchen Anteil Eppendorf daran gehabt hat, da sich der Verkehr zwischen Hutten und Erasmus über ihn abspielte. Sicher ist jedoch, daß Erasmus' Verdacht gegen ihn im großen und ganzen der Wirklichkeit entsprach.

Erasmus war außerdem der Überzeugung, daß Eppendorf auch Material zur Entstehung der *Expostulatio* beigetragen hatte. Zu einem Großteil bezieht die *Expostulatio* sich auf Erasmus' Brief an Laurinus. Dieser Teil ist sicher von Hutten sowie auch die Redaktion der ganzen Schrift, aber die Frage erhebt sich, ob dies auch für den ersten Teil gilt, in dem Erasmus' Beziehungen zu einer Reihe von Zeitgenossen dargestellt werden. Die Quellen zu diesem Teil, wie übrigens auch zu verschiedenen Stellen im zweiten Teil, sind die veröffentlichten Briefe des Erasmus. Hat Hutten selbst all dieses Material zusammengetragen in der kurzen Zeit, die er der Arbeit an der *Expostulatio* widmete? Erasmus war seiner Sache nicht sicher. In der *Spongia* stellt er einen Unterschied im Stil zwischen verschiedenen Abschnitten der *Expostulatio* fest: einiges davon sei früher geschrieben. Auch meint Erasmus, daß andere Material aus seinen veröffentlichten Briefen gesammelt hätten[69]. Auch noch später war Erasmus der Meinung, daß Eppendorf einen großen Anteil gehabt hatte. Es ist möglich, aber unbeweisbar. Eppendorf wird wohl bestimmte Äußerungen des Erasmus Hutten zugetragen haben[70], auch ist es wahrscheinlich, daß er Hutten Arbeitsmaterial aus den *Epistolae ad diuersos* zur Verfügung gestellt hat[71].

---

[69] *Spongia*, ASD 9/1, 204,975–981; 179,351–352. Da letztere Äußerung sich auf eine Stelle aus dem zweiten Teil der *Expostulatio* bezieht, kann man, wenn man die beiden Aussagen des Erasmus miteinander verbindet, nur die Schlußfolgerung ziehen, daß seines Erachtens der erste Teil der *Expostulatio*, also S.180–214, schon früher von Hutten geschrieben sei. Dem widerspricht aber die Tatsache, daß auch in diesem Teil, obgleich nicht häufig, A 5, 1342 und der *Cat. lucubr.* eine Rolle spielen. Brunfels sagt, daß die *Expostulatio* ganz in Mühlhausen geschrieben sei; *Responsio*, Böcking 2, 341,17–19.

[70] A 5, 1437,27–36. In der *Expostulatio*, Böcking 2, 213,8–15 steht, daß Erasmus die Basler Theologen Ber und Gebwiler preist. Ihre Namen kommen aber weder in A 5, 1342 noch in dem *Cat. lucubr.* vor. In den Briefen des Erasmus wird Ber verschiedene Male genannt, aber Gebwiler nicht. Man muß also wohl schließen, daß die Mitteilung über die Haltung des Erasmus gegenüber Gebwiler von Eppendorf stammt. Auch Erasmus hat diese Schlußfolgerung gezogen; s. *Spongia*, ASD 9/1, 158,882–883.886–887. Weiter gibt die *Expostulatio*, ASD 9/1, 213,2–5 eine Äußerung von Erasmus über den *Malleus* des Fabri wieder. Erasmus hatte dieses Buch im September 1522 in Konstanz eingesehen; *Spongia*, ASD 9/1, 156,862–158,865. Da Eppendorf Erasmus auf dieser Reise begleitet hatte, wird auch diese Mitteilung wohl von ihm herrühren.

[71] Zu einer Bestimmung des Anteils Eppendorfs an der Zusammenstellung der

Das letzte, wobei, wie Erasmus glaubte, Eppendorf die Hand im Spiel hatte, war die Veröffentlichung der *Expostulatio*. Nachdem Hutten während seines Aufenthaltes in Mühlhausen im April 1523 die *Expostulatio* in kurzer Zeit geschrieben hatte[72], wurde Anfang Juni bekannt, daß die Schrift herausgegeben werden würde, und sie erschien in der zweiten Hälfte Juni oder spätestens Anfang Juli[73]. Sogleich hat Erasmus vermutet, daß Eppendorf sich hiermit befaßt hatte[74]. Später weiß Erasmus in allen Einzelheiten zu erzählen, worin die Arbeit Eppendorfs in dieser Hinsicht bestanden hat[75]. Mit Hutten, der wahrscheinlich im Juni aus Mühlhausen nach Zürich geflüchtet war, hatte Erasmus offenbar noch einen ziemlich regelmäßigen Kontakt[76].

* * *

Nach dem Erscheinen der *Expostulatio* war Erasmus beinahe außer sich. Seine erste Reaktion war: "Emoriar, ... si crediturus eram in vniuersis Germanis esse tantum inhumanitatis, impudentiae, vanitatis, virulentiae, quantum habet vnus libellus Hutteni"[77]. Hutten hatte sozusagen aus einem Hinterhalt gegen einen Freund geschrieben[78]. Man bekommt fast den Eindruck. daß Erasmus bis zum letzten Augenblick gehofft hat, daß die Herausgabe doch nicht stattfinden würde[79]. Er war überzeugt, daß Hutten und Eppendorf von ihm nur Geld

---

Expostulatio liefern dessen Unterstreichungen und Randbemerkungen in seinem Exemplar von Erasmus' *Epistolae ad diuersos* das einzige vorhandene Material; s. für eine Erörterung dieser Stellen die Beilage.

[72] S. supra, Anm. 52.

[73] S. supra, Anm. 59.

[74] A 5, 1377,1–2; *Spongia*, ASD 9/1, 204,964–965. Brunfels schreibt, der Drucker versichere, die Schrift Huttens habe ihn "per alium amicum" erreicht; s. *Responsio*, Böcking 2, 342,45–46.

[75] Easmus war überzeugt, daß Eppendorf nicht nur bei der Ausgabe vermittelt, sondern sogar auch Korrekturen gelesen hatte; s. A 5, 1437,59–66; A 7, 1934,57–63.294–296.345–348.

[76] A 5, 1437,71–72: "Quum interea frequenter inter nos scriberemus Huttenus et ego ...". Spuren von Briefen findet man *Spongia*, ASD 9/1, 126,102–103; 132,269–270; 134,277–278; 202,898–899; 204,964–965; vgl. A 5, 1437,71–77; A 7, 1934, 339–345. Es ist nicht bekannt, wann Hutten Mühlhausen verließ und nach Zürich ging; s. A 5, 1376, 30 Anm. und Hans Gustav Keller (1952), 25, 41, woraus sich ergibt, daß am 16. Juni seine Anwesenheit in Zürich erwähnt wird.

[77] A 5, 1376,17–19; vgl. *Spongia*, ASD 9/1, 198,832–199,834; A 5, 1383,1–2: "... nihil adhuc accidit mihi indignius hoc facto Hutteni"; A 5, 1411,20–21; 1445, 46–47.

[78] *Spongia*, ASD 9/1, 117,11–12.

[79] Die Ausgabe war offensichtlich für Erasmus eine Überraschung; s. *Spongia*, ASD 9/1, 117,13–14; 118,18–20.

hatten erpressen wollen als Preis für ein Unterbleiben der Publikation. "Neuter fecit odio mei, quum de vtroque sim bene meritus, sed amore praedae"[80]. Diese Äußerung stellt den besten Beweis für den gänzlichen Unverstand des Erasmus gegenüber der *Expostulatio* dar. Wenn ein Eindruck beim Lesen der *Expostulatio* überwiegt, dann ist es wohl dieser, daß hier ein Mann das Wort führt, der aus voller Überzeugung spricht, der überzeugt ist, daß die Haltung des Erasmus unannehmbar ist. Darin liegt auch die Stärke der *Expostulatio*. Hutten spricht die Meinung aus, die viele, Katholiken sowohl als Lutheraner, von Erasmus hegten. Das Bild, das er von Erasmus entwirft, ist jahrhundertelang allgemeingültig gewesen: Erasmus als der Mann, der seine Worte und Taten nach den Umständen richtet, keine eigene Meinung verteidigt oder hat, sondern sich aus Opportunismus ohne Bedenken der stärksten Partei anschließt.

Erasmus war sich darüber im klaren, daß er Huttens Angriff abwehren und seinen Einfluß einschränken mußte. Er richtete sich an Zwingli mit einem Brief, in dem er sich über die Aufnahme beklagte, die Hutten im Gebiet von Zürich gefunden hatte[81]. Der Überbringer des Briefes brachte zudem die Beschwerde vor, daß Zwingli nicht dafür gesorgt hatte, daß die *Expostulatio* unterdrückt wurde[82]. In seiner Antwort bestritt Zwingli jede Verantwortlichkeit für die Aufnahme Huttens[83]; er schrieb jedoch auch, daß Erasmus ein Zauderer sei und daß man Taten von ihm erwarte[84]. Erasmus entgegnete gereizt; er machte Zwingli völlig verantwortlich für die Haltung von Zürich in Bezug auf Hutten und mahnte ihn, Hutten in Schranken zu halten[85]. Zugleich suchte er seine eigene Lage und sein Verhältnis zu Luther zu verdeutlichen[86]. Erasmus richtete sich auch an den Züricher Stadtrat und bat diesen ebenfalls, Hutten zu zügeln[87]. Erasmus'

---

[80] A 5, 1383,8–9; vgl. supra, Anm. 58.

[81] Weder dieser Brief noch die Antwort Zwinglis sind erhalten. Aus A 5, 1384, mit der Erasmus diese Antwort erwiderte, ergibt sich aber, daß Erasmus als erster geschrieben hatte. Aus ihm läßt sich der ungefähre Inhalt von Huttens Brief rekonstruieren. S. für diesen Vorwurf A 5, 1384,60–76; vgl. A 5, 1376,29–30; *Spongia*, ASD 9/1, 118,23–32.

[82] A 5, 1384,96–97.

[83] A 5, 1384,73–75.

[84] A 5, 1384,20.39–40.

[85] A 5, 1384,73–75.82–85.

[86] A 5, 1384,2–19.

[87] S. A 5, 1379 und Hans Gustav Keller (1952), 41, 60–61, der auf den möglichen Zusammenhang dieses Schreibens mit einem Beschluß der eidgenössischen Tagsatzung hinweist. Wahrscheinlich spielt Erasmus in A 5, 1384,82–83 auf A 5,

Absicht war wahrscheinlich vor allem zu verhindern, daß eine zweite, erweiterte Ausgabe der *Expostulatio* erschien[88].

Viel mehr aber war Erasmus daran gelegen, den Eindruck der
Expostulatio und des darin von ihm gegebenen Bildes zu verwischen.
Obwohl er im Juli ernstlich krank war, schrieb er in der zweiten
Hälfte dieses Monats, auf Anraten maßgebender Freunde, wie er selbst
sagt in sechs Tagen, die *Spongia aduersus aspergines Hutteni*. Es dauerte
aber nahezu bis Mitte August, ehe Froben die benötigten Druckpres-
sen frei hatte, so daß die *Spongia* erst Anfang September erschien,
kurz nachdem Hutten gestorben war – ein unglücklicher Umstand,
der Erasmus viele Vorwürfe eingetragen hat[89]. Erasmus wollte Hutten in seiner Gegenschrift nicht mit gleicher Münze heimzahlen. Als
Luther ihm einige Zeit später die Veröffentlichung der *Spongia* vorwarf, wies Erasmus darauf nachdrücklich hin: "In Spongia modestiam
desideras, quum ibi de vita Hutteni luxu, scortis, alea perditissima,
de stultissimis illius gloriis nulli quamuis amico ac pacienti tolleran-
dis, de decoctionibus, de extorta a Carthusiensibus pecunia . . . deque
aliis illius facinoribus vulgo eciam notis nullum in Spongia verbum
fecerim"[90]. Er tat das einzige, was er für nötig erachtete: "Respondimus
illi; imo non respondimus, sed impudentem calumniam a nobis
depulimus"[91]. Der Grund hierfür findet sich in einer einen Monat
später geschriebenen Stelle: "Mihi videtur hactenus plus satis insani-
tum. Postea quam quod factum est, id infectum fieri non potest,
superest vt malum quoad licet sepeliatur"[92]. Darum gab Erasmus seiner

---

1379 an; er hat darüber wohl auch an Botzheim geschrieben; s. A 5, 1382,49–50,
wo "De Hutteno sedando" sich eher auf A 5, 1379 als auf die *Spongia* bezieht.
Hutten hat sich anläßlich dieses Briefes des Erasmus an den Rat von Zürich gewandt; s. Hans Gustav Keller (1952), 62–63.

[88] Ökolampad, der das Vertrauen Huttens genoß (s. Allen, A 5, 1376, 30 Anm.)
hatte Erasmus gesagt, daß Hutten eine vermehrte Fassung der *Expostulatio* fertigge-
stellt hätte; s. auch *Spongia*, ASD 9/1, 118,20–21; A 5, 1384,76–77; vgl. auch *Spongia*, ASD 9/1, 120,55–61.

[89] S. für die hier genannten Angaben A 5, 1378 Einl.; *Spongia*, ASD 9/1, 120,90–
122,105. Konrad Grebel in Zürich hatte schon am 6. September 1523 die *Spongia*
an Vadian gesandt; s. *Vadianische Briefsammlung* 2, Nr.323, S.445. Dieser Brief ist am
Ende datiert: "die Solis post Verenae anno MDXXII". Die Jahreszahl muß natürlich 1523 sein. Der Brief ist also nicht vom 7. September 1522, wie der Herausgeber angibt, sondern vom 6. September 1523.

[90] A 5, 1445,37–40.43–44. Erasmus war der Meinung, daß er Hutten geschont
hatte; s. *Spongia*, ASD 9/1, 119,37–38; *Cat. lucubr.*, A 1, S.27,12–13; S.28,7–36.

[91] A 5, 1384,70–71.

[92] S. das Vorwort zur zweiten Ausgabe der *Spongia*, ASD 9/1, 120,61–63; vgl.
A 5, 1397,4; 1427,79–80: "Spongiam meam nunquam ita mihi laudabis quin oderim".

Schrift auch diesen Titel: sie war ein Schwamm, um Huttens Geifer
wegzuwischen[93]. "Die Spongia bleibt im wesentlichen eine Verteidi-
gungsschrift"[94].

Der *Spongia* geht ein Brief an Zwingli voran[95], in dem Erasmus sie
als Gegengift gegen die *Expostulatio* bezeichnet[96]. In der *Spongia* selbst
hält sich Erasmus an die Gliederung, die Hutten seiner Schrift zugrunde gelegt hatte. Auch er geht von der Hutten verweigerten Unterredung aus und erzählt in diesem Zusammenhang ziemlich ausführlich die Ereignisse der letzten Monate[97]. Das Kernstück der *Spongia*
ist in zwei Teile gegliedert. Zuerst behandelt Erasmus eingehend sein
Verhältnis zu mehreren Zeitgenossen[98]. Dabei sucht er fortwährend
Huttens Beschuldigung, daß er seinen Freunden untreu geworden sei
und sich nun bei seinen ehemaligen Feinden einschmeicheln wolle,
zu entkräften. Besondere Aufmerksamkeit richtet er auf seine Einstellung zu Reuchlin[99]. Der zweite Teil[100] handelt ausschließlich von Erasmus' Verhältnis zu Luther, der lutherischen Bewegung und in diesem Zusammenhang auch von seiner Einstellung zur römischen Kirche
und zum Papst. In diesem Teil bemüht sich Erasmus nachzuweisen,
daß sich seine Einstellung nicht grundsätzlich geändert hat. Niemals
habe er ohne Vorbehalt hinter Luther gestanden, ebensowenig stehe
er jetzt hinter dessen Feinden. Das Ganze ist ein ununterbrochener
und manchmal beredter Protest gegen den Maßstab, den Hutten an
Erasmus angelegt hatte, und den Erasmus nicht gelten lassen kann
und will: "Tot epistolis, tot libellis, tot testificationibus perpetuo clamo
me neutri factioni velle inuolui"[101]. Er weiß um seine eigene Aufgabe:
"Proueho bonas literas ac synceriorem et simpliciorem illam theo-
logiam pro viribus instauro, idque quoad viuam facturus sum siue
amico siue inimico Luthero..."[102]. Das brachte mit sich, daß sich
Erasmus nicht von vornherein für oder gegen die Altgläubigen ent-
schied. "Cum eruditis ferme omnibus mihi intercesserat amicitia ante

---

[93] *Spongia*, ASD 9/1, 120,54–58; 120,91–121,92; 123,2–5; 207,47–208,49; 210,141;
Cat. lucubr., A 1, S.27,8–9.
[94] Werner Kaegi (1925), 497.
[95] *Spongia*, ASD 9/1, 117,1–118,33.
[96] Ibid., ASD 9/1, 117,3–4.
[97] Ibid., ASD 9/1, 123,2–132,271.
[98] Ibid., ASD 9/1, 132,272–160,921.
[99] Ibid., ASD 9/1, 142,494–145,594.
[100] Ibid., ASD 9/1, ab 160,922.
[101] Ibid., ASD 9/1, 162,952–953.
[102] Ibid., ASD 9/1, 170,109–111.

Lutherum cognitum. Ex his quidam post coeperunt fauere Luthero; non ideo renunciaui eis amiciciam ciuilem. Quidam mutati sunt, nunc parum bene de Luthero sentientes; nec ideo desino habere pro amicis. Nec ita me libro vt ad victricem partem aduolem"[103]. Darum kann Erasmus auch sagen, daß er im Grunde stets nach einem einzigen Ziele gestrebt hat: "Non est constantiae semper eadem loqui, sed semper eodem pertendere"[104]. Besondere Aufmerksamkeit widmet er Huttens Kritik an seiner Äußerung, daß man die Wahrheit nicht immer auszusprechen braucht[105], an Huttens Vorwurf, daß er aus Furcht wankelmutig ist[106], und daß ihm der Sinn nach Ruhm und Ehren steht, sogar wenn dadurch andere geschädigt werden[107]. Er schließt mit einem Rat an beide Seiten: "Vtraque pars alteri sese attemperet. Obsequium parabit amicitiam, peruicacia tumultum gignet"[108].

Die *Spongia* fand guten Absatz, so daß bereits im Oktober ein neuer Druck nötig war. Dies gab Erasmus die Gelegenheit darzulegen, wie es zur Veröffentlichung des ersten Druckes gekommen war und so den Vorwurf zu entkräften, daß er sich gegen einen Toten verteidigt hatte. Er tat dies in einem neuen Vorwort, das an die Stelle des Briefes an Zwingli trat[109]. Auch diese Auflage war bald vergriffen[110]. Insgesamt erschienen sieben Drucke, alle in den Jahren 1523 bis 1525[111].

* * *

Von den Reaktionen auf den ganzen Streit interessierten Erasmus natürlich vor allem die von Luther und Melanchthon. Luther war nicht froh über die *Expostulatio*, urteilte aber noch viel härter über die *Spongia*[112]. Indem er sein Urteil in einem an Konrad Pellikan in

---

[103] Ibid., ASD 9/1, 177,291–295.
[104] Ibid., ASD 9/1, 192,674–675.
[105] Ibid., ASD 9/1, 184,500–188,569.
[106] Ibid., ASD 9/1, 188,602–192,673.
[107] Ibid., ASD 9/1, 194,744–200,872.
[108] Ibid., ASD 9/1, 210,123–124.
[109] Ibid., ASD 9/1, 118,34–122,107; vgl. auch A 5, 1406,35–39.
[110] A 5, 1397,3–4, eine Stelle, die sich wohl auf die Ausgabe vom November 1523 und nicht auf die Ausgabe vom Oktober bezieht, wie Allen annimmt; s. A 5, 1389 Einl. und vgl. *Spongia*, ASD 9/1, 113, Anm. 143.
[111] S. für eine Aufzählung der Drucke ASD 9/1, 113–114.
[112] WA.B 3, Nr.661,7–16, S.160, datiert den 1. Oktober 1523. Dieser Brief wurde im Sommer 1524 zusammen mit Erasmus Albers *Iudicium* veröffentlicht, s. infra 189. Vgl. die Mitteilung Gerbels in einem Brief an Schwebel: "Hessenus scripsit Scoto nostro Expostulationem Hutteni supra modum displicere Luthero et Philippo . . ."; *Centuria Epistolarum* (1597), Nr.20, S.56.

Basel gerichteten Brief aussprach, sorgte Luther dafür, daß dieses sogleich Erasmus zu Ohren kam[113]. Melanchthon verurteilte die *Expostulatio* scharf, über die *Spongia* enthielt er sich des Urteils[114]. Mehr Mühe bereitete Erasmus, was in seiner eigenen Umgebung nach der Veröffentlichung der *Expostulatio* und der *Spongia* geschah. Bereits vor dem Erscheinen der *Spongia* wußte Erasmus, daß Buschius einen Angriff gegen ihn vorbereitete[115]. Bald darauf berichtete Erasmus, daß man in Straßburg wieder etwas Ungeheuerliches plane[116]; tatsächlich erwogen sowohl Buschius wie Brunfels, den verstorbenen Hutten gegen die Bezichtigungen der *Spongia* zu verteidigen. Beide zögerten[117], und Buschius unternahm schließlich nichts[118]; wie Erasmus berichtete, wurde er von Melanchthon zurückgehalten[119]. Aber Brunfels blieb, nachdem er erfahren hatte, daß Erasmus mit einer Schrift von ihm rechnete[120], energisch bei seinem Vorhaben. Anfang 1524 erschien bei Schott in Straßburg seine *Pro Vlricho Hutteno defuncto ad Erasmi Roterodami Spongiam Responsio*, zusammen mit einer durchgesehenen Ausgabe der *Expostulatio*[121]. Es war keine großartige Schrift; sich eng an die *Spongia* anschließend gab er zu Erasmus' Äußerungen einen kritischen, manchmal höhnischen Kommentar. Die Schrift war jedoch aus ehrlicher Entrüstung entstanden: er wollte einen Freund verteidigen, der dies selbst nicht mehr tun konnte[122]. In einem am Ende der *Responsio* abgedruckten offenen Brief an Erasmus[123] trat seine

---

[113] S. Erasmus' Äußerungen, A 5,1397,7–8; 1408,13–14; 1415,38–40; 1416,17–18; 1429,7–9; 1437,168. Später schrieb Luther Erasmus selbst; s. A 5, 1443,24–28 und die Antwort des Erasmus, A 5, 1445,37–59.

[114] S. MBW.T 2, 279,18–20; 282,12–14; 286,17–21; 287,8–11; 288,2–16; 289, 9–15; 292,21–27; 319,13–14. Erasmus hat jedenfalls den Brief Melanchthons an Oswald Ulin (Nr.288) gekannt (s. MBW.T 2, 297,2–6) und wahrscheinlich auch wohl seinen Brief an Ökolampad (Nr.292). Aus dem *Cat. lucubr.*, A 1, S.29,2–7, ergibt sich, daß er drei Briefe Melanchthons gelesen hat. Er war erfreut über dessen Urteil; s. A 5, 1429,7–9; 1437,96–97.168–169.

[115] S. A 5, 1383,30–32; 1386,28–29.

[116] A 5, 1397,6–7; *Spongia*, ASD 9/1, 120,60–61 (Vorwort des zweiten Druckes).

[117] A 5, 1406,21–25.48–64.

[118] A 5, 1383, 31 Anm.

[119] A 5, 1437,170–171.

[120] S. A 5, 1406,65–71.

[121] S. für die Drucke Josef Benzing (1956), Nr.187–189, S.108–109; A 5, 1405 Einl. In A 5, 1466,25–26 erwähnt Erasmus einen zweiten Druck, den er nicht gesehen hat; s. auch A 7, 1804,145. Einen dritten Druck nennt er in A 8, 2293,6–8; A 9, 2615,356–357. Die Schrift ist herausgegeben in Böcking 2, 325–351. Otto Brunfels, um 1488–1534; s. für ihn *Contemporaries of Erasmus* 1, s.v. und die dort genannte Literatur; für sein Verhältnis zu Erasmus Karl Hartfelder (1893).

[122] S. das Vorwort, A 5, 1405,5–6.

[123] A 5, 1406.

Absicht deutlich und manchmal beredt zutage: Erasmus wende sich
in der *Spongia* nicht nur gegen Hutten, sondern auch gegen das Evangelium und gegen die Luthersache[124]; er bedaure es, Erasmus widersprechen zu müssen[125], aber niemand habe sich schlimmer gegen das
Evangelium aufgelehnt als Erasmus[126], wollte dieser doch sowohl Papsttum wie Evangelium, Finsternis wie Licht, Unkraut wie Weizen[127]. Er
schilderte die Gegensätze äußerst scharf: Erasmus vertraue auf Rom,
er und seine eigenen Mitkämpfer aber auf Gott[128].

   Erasmus fühlte sich durch die *Responsio* tief in seiner Ehre verletzt.
Niemals sei Brunfels durch ein Wort von ihm verletzt worden[129], und
nun sei er noch dümmer und wütender als Hutten[130]. Erasmus beschwerte sich denn auch beim Straßburger Stadtrat über die Tätigkeit von Schott[131]. Er war aber offenbar so mißtrauisch gegenüber
der Stimmung in der Stadt, daß er diesen Brief an Kaspar Hedio
sandte mit der Bitte, ihn, wenn es ihm ratsam schien, zu übergeben
oder andernfalls zurückzuhalten[132]. Er wagte es nicht, auf die *Responsio*
zu antworten, da er wußte, daß dann viele andere ebenfalls Schmäh-
schriften veröffentlichen würden[133]. Er gelangte immer mehr zu der
Überzeugung, daß er das Opfer von allerlei Machenschaften war[134].

---

[124] A 5, 1406,27–34.
[125] A 5, 1406,177–179.
[126] A 5, 1406,185–188.
[127] A 5, 1406,188–190.
[128] A 5, 1406,263–273.
[129] A 5, 1445,54–55; 1477,29–30.
[130] A 5, 1429,10–11; 1432,49–50; 1477,4–11; 1531,15–16: "... quem ipse Lutherus
magis execratur quam ego".
[131] A 5, 1429.
[132] Hedio unterdrückte den Brief, hielt aber den Inhalt nicht geheim. Erasmus
nahm ihm diese Handlungsweise übel und warf ihm vor, daß er dem Drucker Schott
geholfen hatte, einer Bestrafung zu entgehen. Vgl. Cornelis Augustijn (1980).
[133] S. A 5, 1432,50–52. Im Jahre 1525 schrieb er Brunfels, daß er nicht im Sinne
hatte, eine Gegenschrift herauszugeben; A 6, 1614,8–12.
[134] So glaubte Erasmus, daß Brunfels nicht aus eigener Initiative gegen ihn geschrieben hatte. Anfänglich sagt er im allgemeinen, daß Brunfels "alieno instinctu"
geschrieben habe, A 5, 1429,18–20, wo schwerlich Capito gemeint sein kann, wie
Allen, 1429, 20 Anm. suggeriert; es liegt näher hier an Eppendorf oder vielleicht an
Buschius zu denken. Später aber sieht er meistens Capito als den Schuldigen an;
s. A 5, 1437, 99–101; 1459,61–67; 1496,108–110; A 7, 1804,168–170; 1991, 33–36;
1992,313–317. Im September 1524 beschwerte er sich sogar bei Capito; s. A 5,
1485; 1496,111–112 und noch 1530 kam er auf die Sache zurück; s. *Epist. ad fratr.
Infer. Germ.*, ASD 9/1, 388,346–390,384. In A 7, 1934,59.63–65.348–351 beschuldigt er aber Eppendorf; s. auch A 8, 2294,9–10. Erasmus war auch entrüstet über
das Benehmen Hedios; dieser hatte Capito die Abschrift eines Briefes von Melanchthon an Michael Hummelberg gegeben, und Capito hatte wiederum Eppendorf

Noch Jahre später führte er diese Schrift als Beispiel für die Angriffe der Lutheraner gegen ihn an[135].

Im Sommer 1524 erschien noch das *Iudicium de Spongia Erasmi* von Erasmus Alber[136]. Die kleine Schrift, die zusammen mit einem Brief von Erasmus und dem oben erwähnten Brief Luthers an Pellikan herausgegeben wurde, hatte nicht viel zu bedeuten. Sie erregte natürlich aufs neue Erasmus' Zorn[137], aber an eine Erwiderung dachte Erasmus weniger denn je[138], wenn er auch in der zweiten Ausgabe des *Catalogus lucubrationum*, die im September 1524 erschien, einen längeren Passus einfügte, worin der Streit mit Hutten ausführlich zur Sprache kommt[139].

Wie tief Huttens Beschuldigungen Erasmus getroffen haben, zeigt eine Äußerung im *Hyperaspistes* 1 aus dem Jahre 1526. Luther hatte in *De servo arbitrio* eine Anspielung auf die *Expostulatio* gemacht[140]. Erasmus fährt auf: "Nonne sciebam futurum, vt ex maledicis libellis aliquid mutuareris in me iaculandum?"[141].

---

die Abschrift gezeigt. Erasmus hatte diesen Brief, in dem Melanchthon sich geringschätzig über Eppendorf äußerte, Hedio geschickt, um ihn vor Eppendorf zu warnen; s. A 5, 1496,112–119.

[135] S. A 6, 1700,9–10; A 7, 1804,145; 1902,25–26; 1991,22–36.

[136] Die Schrift ist herausgegeben in Böcking 2, 373–378. S. für die Drucke Böcking 1, 85*–86*, Nr.XLV^c 2a,b; Luther, WA.B 3, Nr.661 Einl., S.159–160; VD 16, Bd. 1, A 1496–1498; für die Zeit der Ausgabe A 5, 1397 Einl. Die Schrift wird vielleicht gemeint A 5, 1437,36–38; 1459,21–23; 1477,46–47. Melanchthon hatte erfahren, daß diese Schrift von Philipp Eberbach veröffentlicht worden war; s. MBW.T 2, 339,11–13.
Erasmus Alber, um 1500–1553; s. für ihn TRE 2, 167–170 und die dort erwähnte Literatur; für sein Verhältnis zu Erasmus Franz Schnorr von Carolsfeld (1884).

[137] S. A 5, 1466,26–27; 1496,162–166. Er betrachtete Buschius als den Verfasser und das vergrößerte seine Wut noch; s. A 5, 1466,27–29; 1496,85–107. In A 1523, 102–104 gesteht Erasmus, daß er sich betreffs des Autors geirrt hat. Das von Erasmus A 5, 1496,137–138 erwähnte Gerücht, Farel hätte eine vermehrte Ausgabe besorgt, muß ebenfalls unzutreffend gewesen sein.

[138] A 5, 1466,33–34.

[139] *Cat. lucubr.*, A 1, S.27,3–31,3.

[140] S. Luther, WA 18, 648,17–18: "vt rectissime dixerit, qui te ipsissimum Protheon aut Vertumnum appellauit . . ."; vgl. *Spongia*, ASD 9/1, 165, 47 Anm.

[141] *Hyperasp.* 1, LB 10, 1295D.

Eppendorfs Exemplar von Erasmus' Epistolae ad diuersos

Eppendorfs Exemplar der *Epistolae ad diuersos* befindet sich jetzt in
der Bodleian Library in Oxford; s. A 4, S.615–619. Anhand der von
Eppendorf vorgenommenen Unterstreichungen und Randbemerkun-
gen kann man feststellen, welche Stellen aus Erasmus' Briefen von
Eppendorf als wichtig betrachtet wurden. Eine Vergleichung dieser
Stellen mit der *Expostulatio* führt zu den folgenden Ergebnissen.

Eppendorf hat besonders auf Personen und Gruppen geachtet, die
auch in der *Expostulatio* erwähnt werden. So gibt es viele Unterstreichungen und Randbemerkungen zu Stellen, die über Luther handeln. Da in der *Expostulatio* keine Briefstellen des Erasmus über sein
Verhältnis zu Luther erwähnt werden, brauchen sie hier nicht genannt zu werden. Auffällig ist, daß viele von Hutten im ersten Teil
der *Expostulatio* genannten Personen und Gruppen von Eppendorf in
irgendeiner Weise hervorgehoben werden. So zeigt Eppendorf Interesse für Hoogstraten. Zu A 4, 1196,551–553 hat er die Bemerkung
"Hochstratus" (S.609); zu A 4, 1030 steht eine herbe Bemerkung;
s. A 4, S.618, Nr.27. Auch zu A 4, 1006 gibt es kleine Bemerkungen
(S.616–621), jedoch nicht zu Z.63–72, die in der *Expostulatio* zitiert
werden; cf. *Expostulatio*, Böcking 2, 192,8–16 und für Hoogstraten
192,8–198,1. Öfters wird die Aufmerksamkeit auf Stellen gelenkt, die
über Reuchlin handeln. So werden zu A 2, 333,122–124 die Worte
"tam . . . prouerbialis" unterstrichen (S.80); zu A 2, 334,178–179 steht
"Reuchlinum defendit et laudat" (S.77); zu A 2, 335,303–306 steht
"Reuchlini laus", wobei "in . . . possit" unterstrichen ist (S.73); zu A 4,
1006,314–324 steht "Erudita certe distinctio!" (S.621) und zu A 4,
1167,75–77 "Caussa Reuch.", wobei die Worte "cum . . . peteretur"
unterstrichen sind (S.527). Zu A 4, 1129,1–14 (vgl. das Zitat *Expostulatio*,
Böcking 2, 202,10–17, für Hutten sehr wichtig) steht "Licentior Erasmi
lingua" (S.495). Vgl. für Reuchlin *Expostulatio*, Böcking 2, 199,1–205,20.
Eppendorf macht eine Bemerkung über Schiner s. A 4, S.617, Nr.2
und für Schiner *Expostulatio*, Böcking 2, 188,16–17. Über die Kölner
Theologen bemerkt Eppendorf zu A 3, 948,35–36 "Colonia sancta
meretrix", wobei "schola . . . propugnatores" unterstrichen ist (S.281).
A 4, 1111,43–46 ist hervorgehoben mit dem Worte "Colonia" (S.644).
S. für die Kölner Theologen *Expostulatio*, Böcking 2, 206,7–207,4.
Eppendorf macht beißende Bemerkungen über die Dominikaner;

s. A 4, S.618, Nr.25,26 und für die Dominikaner *Expostulatio*, Böcking 2, 207,4–7. Die in der *Expostulatio*, Böcking 2, 207,3–4 zitierte Äußerung über die Löwener Theologen aus A 4, 1164,64–65 ist unterstrichen (S.491). Aleandros Name wird von Eppendorf hervorgehoben. S. zu Ep. 1167: A 4, S.618, Nr.33; zu A 4, 1195,53 steht die Bemerkung "Aleandri mores" (S.598), während A 4, 1236,184–185 ("et... praesertim") unterstrichen ist (S.650). S. für Aleandro *Expostulatio*, Böcking 2, 207,11–209,3. Auch Prierias wird genannt; s. A 4, S.618, Nr.32. S. für ihn *Expostulatio*, Böcking 2, 212,1–5. Einmal erwähnt Eppendorf den Namen des Caracciolo; s. A 4, S.618, Nr.33. S. für Caracciolo *Expostulatio*, Böcking 2, 212,5–8. Dreimal wird Eck in den Bemerkungen genannt. Zu dem unterstrichenen Satz A 3, 844,179– 183 steht "Eckius notatur" (S.111); s. weiter A 4, S.618, Nr.29,32. S. für Eck *Expostulatio*, Böcking 2, 212,8–12. Es gibt mehrere Bemerkungen über Fabri; s. für sie A 4, S.618, Nr.28–32 und für Fabri *Expostulatio*, Böcking 2, 212,12–213,2. Öfters beachtet Eppendorf Baechem; s. A 4, S.618, Nr.19–24. S. für Baechem (Egmondanus) *Expostulatio*, Böcking 2, 213,17–214,10. Es gibt zwei Bemerkungen über Lee; s. A 4, S.617, Nr.12,13 und für Lee *Expostulatio*, Böcking 2, 214,13–15.

Außer diesen Bemerkungen über bestimmte in der *Expostulatio* genannten Personen und Gruppen ist es beachtenswert, daß besondere Aufmerksamkeit auf Stellen gelenkt wird, die sich auf Hutten beziehen. Viermal geschieht das durch die einfache Bemerkung "Huttenus", nämlich zu A 4 1114,10–12 (S.509); 1184,25–26 (S.557, der Satz ist zudem unterstrichen); 1202,274–275 (S.659); 1195,136– 141 (S.599); vgl. für diese letzte Stelle *Expostulatio*, Böcking 2, 184,1–3. Weiterhin gibt es die folgenden Bemerkungen zu A 3,951: "More suo suauis" zu Z.29–31, "Mars" zu Z.35–36, "Triumphus Hutteni" zu Z.41–43 (S.295). Zu A 3,923,24–27 gibt es die Bemerkung "Quod Spongia praestabit" (S.294).

Für Eppendorfs Verhältnis zu Erasmus ist die A 4, S.617, Nr.16 zitierte Äußerung wichtig. Sie stimmt völlig überein mit der Meinung Huttens in der *Expostulatio*.

In Hinsicht auf *Expostulatio*, Böcking 2, 239,3–17 ist sehr auffällig, daß Eppendorf Briefstellen, in denen Deutschland, Deutsche und die Niederlande erwähnt werden, stark beachtet. So sind A 2, 421,32– 33 ("nihil... Gallum") und A 2, 534,31 unterstrichen (S.9,41). Zu A 2, 307,9–16 steht "Germania" und "Germanus iam es, Eras!" (S.472, 615; der Brief ist zweimal aufgenommen). Zu A 4, 1123,2–10 heißt es "Nusquam non prodit suos in Germanos affectus" (S.504). Zu A 4, 1217,39–40 steht "Germani nihil celant", wobei die Worte "qui . . . palam" unterstrichen sind (S.660).

Aus *Expostulatio*, Böcking 2, 225,3–12 ergibt sich, daß Hutten sehr entrüstet war über Erasmus' Äußerung, daß die Wahrheit nicht unter allen Umständen ausgesprochen werden sollte. Eppendorf hat verschiedene derartige Aussagen in den Briefen herausgehoben. In A 4, 1053,56–58 hat er die Worte "Veritatis . . . animo" unterstrichen und dazu bemerkt "Veritatis oratio. Quibus sepius accidat mentiri" (S.624). Zu A 4, 1119,40–41 bemerkt er "Veritas non vbique proferenda" (S.523). Zu A 4, 1167,164–173 steht "Veritatis r<ati>o" und "Nescio certe an hoc pacto in fidei negocio agendum sit", wobei der Satz Z.169–172 unterstrichen ist (S.529). In A 4,1195 hat er den Satz Z.105–109 unterstrichen und dazu bemerkt "Veritas" und zu Z.115–119 hinzugesetzt "Dixi alias, vt nesciam an in re tam seria recipienda sit hec sententia" (S.598,599). A 4, 1219,100 ist unterstrichen, mit der Bemerkung "Moderatio" (S.668).

Über Rom und Papsttum, die im zweiten Teil der *Expostulatio* eine so große Rolle spielen, gibt es auch Bemerkungen. Zu A 3, 964,87–88 steht "vbi nunc euectus est Christus et in locum restitutus Antichristus" (S.293); zu A 4, 1156,56–61 "Odium Romani pontificis" und zu Z.84–89 "Bulla Ro. Pon." (S.516); zu A 4, 1039,99–101 "Autoritas Ro. Pon." (S.553); zu dem unterstrichenen Satz A 4, 1144, 75–77 "Pon. Ro. verus splendor" (S.544). Betreffs Erasmus' Verhältnisses zum Papst gibt es zwei Unterstreichungen, zu A 4, 1167,418–419 ("quam . . . dissentire") und zu A 4, 1236,175–176 ("ego . . . dignitati") (S.533,650); vgl. zu diesen Äußerungen *Expostulatio*, Böcking, 219,2; 218,19. Dabei bedenke man aber, daß die *Expostulatio*, Böcking 2, 218–227 mehrere Stellen zitiert, die von Eppendorf nicht in den Briefen hervorgehoben sind.

Aus dem Vorhergehenden ergibt sich, daß Hutten bestimmte Angaben Eppendorfs bei der Abfassung der *Expostulatio* verwendet hat. Eine nähere Bestimmung seines Anteils bleibt aber unmöglich. Es betrifft ja nur Unterstreichungen und Bemerkungen, die zu kurz sind um daraus weiter gehende Folgerungen zu ziehen. Außerdem bedenke man, daß feststeht, daß Hutten mindestens einmal eine ältere Ausgabe der Briefe des Erasmus benutzt hat; s. *Spongia*, ASD 9/1, 143,494–495 Anm. Auch trägt die *Expostulatio* gewiß das persönliche Gepräge Huttens, nicht nur in der Betrachtung Luthers und des Papsttums, sondern auch in der Auswahl derjenigen Personen, zu

welchen Hutten in besonderer Beziehung stand; so ist es nicht zufällig, daß gerade Hoogstraten und Reuchlin einen hervorragenden Platz
bekommen haben. Andererseits sind die Übereinstimmungen wohl
so augenfällig, daß die Folgerung, Eppendorf habe einen Anteil an
dem Zustandekommen der *Expostulatio* gehabt, unumgänglich ist.

ERASMUS, DIE SCHWEIZ UND DIE GLAUBENSSPALTUNG

11. KAPITEL

ZWINGLI ALS HUMANIST

Das Thema ist zentral für das Verständnis Zwinglis und ist deshalb immer wieder auf Interesse gestoßen. Es hat, wie jede derartige Fragestellung, auch etwas Unechtes an sich. Man kann den Menschen nicht in Stücke reißen und die verschiedenen Teile je irgendeiner Strömung zusprechen, womöglich mit Jahreszahlen. Einer solchen Vivisektion widersetzt sich die Einheit der Person, sicherlich auch der Persönlichkeit Zwinglis. Die Frage ist nur dann berechtigt, wenn wir versuchen, unter Anerkennung dieser Einheit, einen bestimmten Strang seiner Persönlichkeit, der mit anderen verknüpft, das Gewebe seines Lebens bildet, aufzuzeigen. Daß wir dabei auch nach der Patenschaft fragen, is unumgänglich. Im folgenden stütze ich mich in vieler Hinsicht auf die bisherige Forschung, ohne den Leser mit Namen und Titeln zu belästigen. Nur wo ich eigene Wege gehe, weiche ich von dieser Regel ab. Zur Einführung in die Problematik fange ich mit einem groben Überblick des Forschungsstandes an.

Die heutige Forschung ist nur als Reaktion auf das von Walther Köhler so meisterhaft geprägte Bild zu verstehen. Er hat den "Begründer des reformierten Glaubenstyps"[1] skizziert in der Verbindung von Reformation und Humanismus. Der Humanismus sei in diesem Amalgam Denkweise und Weltanschauung, von den Antiken herrührend. Vernunft und Bildung, Wesenszüge des Humanismus, durchdringen bei Zwingli das Reformatorische, wofür menschliches Versagen und Glaube charakteristisch sind[2]. Dieser Sicht traten Arthur Rich und Gottfried W. Locher entgegen. Sie haben Zwingli als Reformator betrachtet, nicht in der Verbindung von Reformation und Humanismus, sondern gerade in der Gegenüberstellung von beiden. Er wird zum Reformator dadurch, daß er sich vom Humanismus loslöst und sich ganz der Bibel zuwendet[3]. Die beiden Auffassungen kommen darin überein, daß Erasmus und sein Einfluß auf Zwingli im Zentrum stehen: Erasmus ist die Verkörperung des Humanismus, der

---

[1] Walther Köhler (1952), 264.
[2] Ibid., 265–266.
[3] Arthur Rich (1949), passim.

sich bei Zwingli vorfindet. Sie berühren einander auch im Gedanken
einer "reformatorischen Wende" bei Zwingli, gehen freilich auseinander in der Bestimmung deren Art: Ist sie Wendung vom Intellekt
zum Willen, wie Köhler definiert[4], oder aber Wendung vom Intellekt
zum Glauben, wie Locher meint[5]?

Im folgenden gehe ich zwar auch auf diese Fragen ein, die Thematik
'Zwingli als Humanist' fordert dennoch eine andere, zum Teil aber
auch genauere und breitere Fragestellung. Dabei spielt das Chronologische eine gewisse Rolle, die beherrschende Frage ist jedoch nicht,
zu welchem Zeitpunkt Zwingli zum Reformator wurde. Das Thema
hat drei Aspekte, die ich der Reihenfolge nach behandle. Der erste
betrifft die humanistische Methode, der zweite die humanistische
Bewegung, der dritte die humanistischen Inhalte. Das heißt also, daß
ich zuallererst auf die Frage eingehe, inwiefern Zwingli die humanistische Wissenschaftsmethode übernommen hat. Zweitens kommen
die Personen zur Sprache: In wiefern hat Zwingli im humanistischen
Kreis gelebt und, genauer bestimmt, in welchem Humanistenkreis?
Damit ist auch ein Einstieg in einen dritten Komplex gegeben: Welches
Gedankengut verdankt Zwingli der humanistischen Methode und
Bewegung? Keine dieser Fragen ist neu, deren Kombination kann
meines Erachtens neue Erkenntnisse beibringen.

1. *Zwingli und die humanistische Wissenschaftsmethode*

Die Frage nach der humanistischen Wissenschaftsmethode ist verhältnismäßig jung. In der heutigen Humanismusforschung wird sie
mit Recht stark betont. Der Humanist ist an erster Stelle Philologe,
er ist an Texten interessiert. Es handelt sich also um die studia
humanitatis, die Lektüre der klassischen Autoren mit Hilfe von Grammatik, Rhetorik usw.[6] Aus anderem Blickwinkel kann man sagen,
daß das humanistische dem scholastischen Schrifttum gegenübersteht,
der Form und den Interessen nach. Wenn man dies auf die Theologie anwendet, soll man zuallererst auf das Formale schauen und
feststellen, daß der Einbruch der humanistischen Methode in die Theologie eine Verlagerung der Schwerpunkte zur Folge hat, wodurch

---

[4] Walther Köhler (1952), 75.
[5] Gottfried W. Locher (1969–1973), 59.
[6] Paul Oskar Kristeller, *Humanismus* 2, 9–29.

das Philologische an erster Stelle rückt[7]. Die neue Methode richtet sich somit auch auf diesem Gebiet gegen die scholastische Methode, bewirkt aber auch in der Bibelexegese, die es natürlich auch im Mittelalter gegeben hat, eine beträchtliche Neuerung. Dieser 'Bibel-humanismus' -dieser Terminus gibt am besten die Eigenart dieses Studiums im Zusammenhang mit dem Humanismus im allgemeinen wieder- betrachtet die Bibel primär als literarisches Dokument, studiert sie, wo möglich im Urtext, kommentiert sie mit Hilfe der ältesten und somit besten Autoren. Dieselbe Methode wird auch auf die Kirchenväter angewandt, mit Vorliebe für das exegetische Schrifttum, so daß das Studium der Väter die Bibelforschung unterstützt.

Es ist an der Zeit, daß wir uns Zwingli zuwenden, und zwar unter diesem Gesichtspunkt. Erstens sind wir dann an seinen Büchern und deren Benutzung interessiert[8]. Er besaß um 300 bis 350 Bücher, eine für die damaligen Verhältnisse größere Bibliothek. Was den Ankauf betrifft wurde sie fast völlig vor 1521 zusammengebracht. Die üblichen klassischen Autoren hatten ihren gebührenden Platz erhalten, auch die in Humanistenkreisen als Lieblingsautoren geltenden wie Lukian, Plutarch, Aulus Gellius, Catull, Juvenal, Quintilian, Cicero. Besonders Seneca schätzte Zwingli sehr: "ein grosser und allerheiligster Mann, ein Heide, aber fast mehr noch ein Theologe"[9]. Es fällt auf, daß er auch später, voll beschäftigt in Zürich, diese Autoren noch studierte[10]. Eine erste Frucht dieser Studien gibt der gelehrte Pfarrer von Glarus 1510 in einem Fabelgedicht, ganz im humanistischen Stil, mit den geziemenden Anspielungen auf Vergil und andere versehen[11]. Es ist das Spiel, das er, Repräsentant einer kleinen geistigen Elite, inmitten der Amtsverpflichtungen und der scholastisch-theologischen Studien spielte. Mit Theologie oder Bibelhumanismus hatte das gar nichts zu tun.

Daß es auch ernst werden kann, zeigt ein Brief aus dem Jahre 1513, in dem er dem Freund Joachim Vadian mitteilt, er habe mit Griechisch angefangen: außer Gott könne keiner ihn davon abbringen; er mache es ja nicht aus Ehrgeiz, sondern umwillen der "sacratissimae

---

[7] Ibid., 223–242.
[8] S. dazu Walther Köhler (1921).
[9] Zwingli 13 (CR 100), 60,5–6.
[10] S. Zwingli 8 (CR 95), Nr.514, S.677–678. Seneca war einer der Lieblings-autoren Zwinglis. Er zitiert ihn ausführlich in *De providentia*, wo er ihn "ille animorum unicus ex gentibus agricola" nennt; s. Zwingli 6/3 (CR 93/3), 106,5–110,11, das Zitat Zwingli 6/3 (CR 93/3), 109,14. Vgl. weiterhin Rudolf Pfister (1952), s.v. Seneca.
[11] Zwingli 1 (CR 88), 1–22.

litterae", der allerheiligsten Literatur[12]. Hat er sein Vorhaben ausgeführt? Es ist unbekannt, aber das besagt wenig: Zwingli bleibt in diesen Jahren ein Unbekannter. Seine Bemerkung klingt ziemlich modisch, und das erweckt einen gewissen Verdacht. Vadian nimmt sie in seinem Antwortbrief wohl nicht ganz ernst, außerdem schätzt er das Griechische nur als Hilfe zum Verständnis des Lateinischen, aber vielleicht waren ihm die Trauben auch zu sauer: er hatte nämlich mit Griechischstudien angefangen, aber schon bald aufgegeben, natürlich aus Geldnot[13].

Kehren wir zurück zur Bibliothek. Sie zeigt, daß Zwingli einige griechische Grammatiken besaß und zwei Lexika[14]. Auch mit Hebräisch hat er angefangen. Er besaß die grundlegenden Werke Reuchlins und Capitos, fand es aber ein "geistloses und verdrießliches Studium"[15]. Selbstverständlich war der Besitz solcher Bücher für den damaligen Pfarrer nicht. Das Gleiche gilt für die Vätereditionen. Sie waren in Zwinglis Bibliothek fast alle vertreten: Athanasius, Basilius, Chrysostomus, Cyrillus von Alexandrien, Johannes Damaskenus, Ambrosius, Augustin, Cyprian, Gregor der Große, Hilarius usw. Er studierte die neun Bände der Hieronymus-Edition so gewissenhaft, daß ihm das Fehlen eines Blattes auffiel[16]. Die humanistischen Autoren sind nicht reichlich vertreten. An selbständigen Schriften besaß Zwingli zum Beispiel die Gesamtausgabe des Pico della Mirandola[17] und das *Psalterium Quincuplex* des Faber Stapulensis. Bei weitem den wichtigsten Bestandteil an Humanistenwerken bildete aber seine Erasmusbibliothek. Sie umfaßt rein philologische Werke, aber auch die *Adagia*, die Sprüchesammlung also, die auch zur Propaganda erasmischer Ideale dienen sollte, und eine Vielzahl von kleineren theologischen Traktaten. Auch die wichtigeren theologischen Werke sind alle da: die *Ratio verae theologiae*, ursprünglich eine der Einleitungen zum Neuen Testament, das *Neue Testament* selbst, das *Enchiridion*, und die *Paraphrase zu den Korintherbriefen*.

Inwiefern hatte Zwingli seine Bücher nicht nur im Schrank, sondern auch in den Händen? Im Sommer 1520 schreibt Zwingli über seinen Freund Komtur Schmid: "Er behandelt nur die Heiligen Schrif-

---

[12] Zwingli 7 (CR 94), Nr.9, S.22,8–12.
[13] Zwingli 7 (CR 94), Nr.9a, S.24,2–17.
[14] Walther Köhler (1921), 10.
[15] Zwingli 7 (CR 94), Nr.199, S.497,27–29.
[16] Zwingli 7 (CR 94), Nr.74, S.164,11–14.
[17] Walther Köhler (1921), 12.

ten und dazu Autoren wie Origenes, Cyprian, Chrysostomus, Hieronymus, Ambrosius und andere". Offensichtlich bilden sie für Zwingli
eine Art von Kanon, und stehen sie im Gegensatz zu den Scholastikern, von denen es heißt: "Immer wieder seufzt er -und wir treffen
uns oft-: o, unglückselige Stunden, die ich durch die Ungunst des
Schicksals über diesem Dornenstrauch vertan habe". Das ist zum Teil
ein Selbstporträt – auch Zwingli besaß Scholastiker und er hat sie,
wie sich aus Randglossen ergibt, studiert. Der Freund ist ihm aber
"Zeuge des Evangeliums", sowie er auch sich selber fühlt und er
tröstet sich damit: "so oft meine Hörer ihm zuhören, fangen sie an
etwas weniger über mich entrüstet zu werden, weil sie auch einen
anderen Evangeliumszeugen hören", wenn Schmid über den Römerbrief predigt[18]. Der ganze Passus ist ungemein aufschlußreich: Wie
wird man zum Zeugen des Evangeliums? Die Antwort ist klar und
einfach: Wenn man die Heilige Schrift und dazu die richtigen Ausleger benutzt. Der Kanon dieser Autoren kommt fast völlig mit der
Liste überein, die Erasmus im *Enchiridion* nennt, nur daß dieser statt
Cyprian Paulus und Augustin aufzählt und auch seine Vorliebe begründet: es geht um die Ausleger, "die sich möglichst weit vom Lite-
ralsinn entfernen"[19].

Wenden wir uns den Büchern Zwinglis zu und sehen wir, ob diese
späteren Aussagen, Heilige Schrift und die richtigen Ausleger, mit
seinem eigenen Studiengang in Einklang sind[20]. Kronzeuge ist die
Abschrift der Paulusbriefe, die sich Zwingli anhand der ersten Erasmus-
edition des Neuen Testamentes 1516–1517 anfertigte. Die Abschrift
als solche zeigt, daß er sich den Rat des Erasmus zu Herzen genommen hatte, den er im *Enchiridion* las: "Vor allem aber sollst du dich
mit Paulus vertraut machen. Diesen sollst du immer in der Tasche
haben . . . und ihn schließlich sogar auswendig lernen"[21]. Die Fehler
zeigen, daß Zwingli jetzt erst richtig mit Griechisch anfing[22], aus den
Randglossen erhellt, daß er die *Annotationes* des Erasmus hundertemal
benutzte, aber darüber hinaus besonders Ambrosius (d.h. den Ambro-
siaster), Hieronymus und Origenes. Cyprian fehlt fast völlig, Chrysostomus wird nie erwähnt[23]. Bei Chrysostomus liegt ein naheliegender

---

[18] Zwingli 7 (CR 94), Nr.144, S.324,23–325,2.
[19] Erasmus, *Enchir.*, LB 5, 8D.
[20] S. dazu Oskar Farner (1946), 239–246, und besonders Alfred Schindler (1984).
[21] Erasmus, *Enchir.*, LB 5, 66A. Siehe dazu auch J.F. Gerhard Goeters (1969), 268.
[22] S. Zwingli 12 (CR 99), 3.
[23] Zwingli 12 (CR 99), 4–9; Oskar Farner (1946), 238–241.

Gedächtnisfehler vor: ihn benutzte Zwingli gerade 1519 zu seinen Reihenpredigten über Matthäus[24]. Das Ergebnis bestätigt sich bei den Marginalien in anderen Büchern. Augustin hat er mehrmals sorgfältig durchgearbeitet[25], weiterhin Chrysostomus[26], und in besonderem Maße Hieronymus[27] und Origenes[28]. Er hat also gewissenhaft als Bibelexeget gearbeitet und versucht, nach den Maßstäben seiner Zeit anhand der Väter sich das benötigte Material zueigenzumachen. Das war genau das Ideal der Bibelhumanisten und es ist nicht erstaunlich, daß deren größter Vertreter nicht nur reichhaltig in der Bibliothek vorhanden war, sondern daß seine exegetische Methode im Gegensatz zur scholastischen auch als Norm galt. Das zeigt sich etwa schön bei einer Randbemerkung in Ecks *Chrysopassus*. Dieser wirft die Frage auf, ob Gott auf irgendeine Weise Unwahres sagen könne und er weist dann auf 1. Mose 3,22 hin: Siehe, Adam ist geworden wie unser einer – was doch eine Unwahrheit sei. So habe auch Christus öfter durch eine Unwahrheit die Wahrheit gesagt. Zwingli ärgert sich: "O guter Erasmus, stopfe die Ohre zu, damit du nicht hörst, daß auf so sophistische Art behandelt wird, was wir in den Heiligen Schriften als allerlieblichst anerkennen"[29].

Die Frage stellt sich ein, ob diese neue Methode auch in der praktischen Tätigkeit Zwinglis durchgewirkt hat. Es gibt das bekannte Selbstzeugnis, er habe im Jahre 1516 angefangen, das Evangelium zu predigen[30]. Wichtiger sind die Worte Hedios. Er hörte im Frühjahr 1518 Zwingli in Einsiedeln. Als er anderthalb Jahre später vernahm, daß Zwingli ernstlich krank sei, übermittelte er ihm den Eindruck, den die Predigt seinerzeit auf ihn gemacht hatte: "eine schöne, gelehrte, gewichtige, inhaltsreiche, eindringliche und evangelische Predigt, von der Art, daß sie die Kraft der alten Theologen erneuerte (abspiegelte) ... Diese Predigt also hat mich so entzündet, daß ich den Zwingli aufs innigste lieb zu gewinnen, zu ihm aufzusehen und ihn zu bewundern begann"[31]. Ein schöneres Zeugnis kann man sich kaum wünschen, auch keines, das so klar besagt, was die Väter

---

[24] J. F. Gerhard Goeters (1969), 270–271.
[25] S. Zwingli 12 (CR 99), 135.
[26] Zwingli 12 (CR 99), 169–170.
[27] S. Zwingli 12 (CR 99), 299–300.
[28] S. Oskar Farner 2 (1946), 245.
[29] Zwingli 12 (CR 99), 252,33–35.
[30] Vgl. zum Beispiel Gottfried W. Locher (1979), 71.
[31] Zwingli 7 (CR 94), Nr.98, S.213,9–214,1; vgl. J.F. Gerhard Goeters (1969), 269–270.

für die neue Predigt bedeuteten: keine sklavische Nachahmung, eher Lehrer in der richtigen Exegese.

Biblischer Humanist ist Zwingli geblieben, auch in späteren Jahren verläßt er diese Methode nicht. Noch 1529 zitiert er beim Marburger Gespräch den Philipperbrief griechisch. Luthers bissige Reaktion auf dieses seines Erachtens pedantische Verhalten "Leset Teutsch oder latein, nit griechisch" wird von oben herab erwidert: "Verzeihet, daß ich das griechische Testament gebraucht habe. Seit zwölf Jahren gebrauche ich es, das lateinische habe ich nur einmal gelesen"[32].

Wichtiger ist natürlich die Prophezei, die Bibelschule am Großmünster und am Fraumünster, wo für Chorherren, Stadtgeistlichkeit und fortgeschrittene Schüler Altes, beziehungsweise Neues Testament ausgelegt und anschließend dem Volk in Predigten verkündigt wurden. Schon die Namensgebung ist programmatischer Art. Sie geht zurück auf 1. Korinther 14, wo die Propheten nach Zwingli diejenigen sind, welche "die gschrifft des götlichen worts ußlegind". So seine Schrift *Von dem Predigtamt*[33], aber auch schon ein Brief 1520, in dem er das Lob des Unterrichts und des Lehrers singt, aber dann bemerkt, daß der echte Prophet doch wichtiger sei als der echte Ausleger oder in Sprachen Redende[34] – das heißt: Der Prediger sei wichtiger als der Schulmeister. Es geht dies alles auf die *Annotationes* des Erasmus zur einschlägigen Stelle aus 1. Korinther 14 zurück. Erasmus hatte Paulus' Worte "Ich danke Gott, daß ich mehr in Zungen rede als ihr alle. Aber ich will in der Gemeinde lieber fünf Worte mit dem Verstand reden, damit ich auch andere unterweise, als zehntausend Worte in Zungen", scharf kritisch auf das Beten und Singen im Gottesdienst bezogen und das Ideal geschildert: "Zuallererst soll die Stimme des Propheten gehört werden, um den Sünder in seinem Gewissen zu widerlegen, die Verzagten zu trösten, die Schlafenden anzustacheln, um die Geheimnisse des Heiligen Geistes ans Licht zu bringen. Die Jüngeren (aetas tenera) sollen eher in dieser Übung unterrichtet werden"[35]. Das ist buchstäblich das Programm, das Zwingli vor Augen stand und das in der offiziellen Ordnung ganz im Geiste des Erasmus dargelegt wird[36]. Das Eröffnungsgebet der Prophezei mit

---

[32] Walther Köhler (1929), 30.
[33] Zwingli 4 (CR 91), 395,25; vgl. Ulrich Gäbler (1983), 92–93.
[34] Zwingli 7 (CR 94), Nr.144, S.326,21–23.
[35] Erasmus, *Annot. in NT*, LB 6, 732C.
[36] S. Zwingli 4 (CR 91), 701,6–21.

seiner schönen Bitte "daß wir in das, was wir recht verstanden haben, umgestaltet werden"[37], ist ein Widerhall van Erasmus' Worten, wenn er in der von Zwingli so geschätzten *Ratio* den Theologen auf das Ziel seines Studiums hinweist: "Dies sei dein erstes und einziges Ziel, dies deine Begierde, beabsichtige dies Eine, daß du dich änderst, dich hinreißen läßt, begeistert wirst, umgestaltet in das, was du lernst"[38].

Inhaltlich gilt das Gleiche. Die exegetischen Werke Zwinglis -und in diesem Zusammenhang ist die Frage, inwiefern sie Produkt einer Zusammenarbeit sind, unwichtig- sind sogar ganz nach dem Muster des Erasmus angeordnet. Sie sind richtige Annotationes, kein fortlaufender Kommentar, eine Mischung von kurzen philologischen Bemerkungen und längeren inhaltlichen, gegenwartsbezogenen Auseinandersetzungen, völlig im Stil des Erasmus. Ich gebe ein Beispiel. Bei der Auslegung von 2. Mose 15,26 "wirst du tun was recht ist in seinen (Gottes) Augen . . ." bemerkt Zwingli: "Nichts kann auf menschlicher Ebene so recht vom Menschen getan werden, daß er darin nicht sündigen würde, frei wäre von aller Schuld, nichts das völlig vollkommen und untadelhaft wäre. Aber dann ist es recht, wenn er es so tut, wie Gott befiehlt, und wenn er nur das tut, was Gott vorschreibt. Die Septuaginta hat diesen Sinn beachtet und übersetzt: und seine Befehle vor ihm tun. Die Dinge, welche Gott selber vorschreibt, sind erst recht Befehle in den Augen Gottes"[39].

Im Vorhergehenden habe ich versucht, Zwingli in dem Sinne als Humanisten oder genauer ausgedrückt, als Bibelhumanisten zu zeichnen, daß er die humanistische Methode in der Theologie angewandt hat. Gern wäre ich auf diesem Gebiet noch einen Schritt weiter gegangen und hätte die Frage beantwortet, inwiefern Zwingli, der humanistischen Methode verpflichtet, neuere Literaturgattungen übernommen hat. Leider fehlen die benötigten Vorarbeiten, und deshalb weise ich nur kurz darauf hin, daß es sich lohnen würde, diese Frage zu untersuchen. Im *Commentarius de vera ac falsa religione* weist Zwingli im kurzen Vorwort an den Leser auf die Benennung 'commentarius': er ist mit einem Brief an einen Freund zu vergleichen, aber weitläufiger, zwangsloser[40]. Das heißt also, es sei nicht die bekannte quaestio, ebensowenig eine Predigt oder ein erbaulicher Traktat, schon gar

---

[37] Zwingli 4 (CR 91), 365,4; vgl. 702,8–9; s. Gottfried W. Locher (1969–1973), 60–61.
[38] Erasmus, *Rat. ver. theol.*, LB 5, 77B.
[39] Zwingli 13 (CR 100), 369,3–9.
[40] Zwingli 3 (CR 90), 637,17–18.

nicht der bekannte Kommentar. Seine Worte klingen fast zaudernd, und der Ton ist der gleiche wie Melanchthon ihn hören läßt in seiner Einleitung zu den *Loci*, auch wenn der Inhalt abweicht. Beide suchen offenbar eine neue Form und haben die richtige noch nicht gefunden. Das gilt aber auch für mich: auf diesem Gebiet ist es heutzutage unmöglich, eine Synthese zu bieten.

2. *Zwingli und die humanistische Bewegung*

Tendenz der heutigen Humanismusforschung ist, den Terminus auf das Formale zu beschränken. Das scheint mir doch zu schmal zu sein. Die Frage ist unumgänglich, wie der Betreffende sichselber gesehen, empfunden hat: Zu welchem Kreise gehörte er und wollte er gehören? Es handelt sich also um eine Frage des Selbstverständnisses. In welchen Verhältnissen sah er die eigene Arbeit, welche Freunde und Feinde hatte er, wo steht er unter dem Einfluß einer bestimmten Gruppe, was war sein Lebensideal, wer war gegebenenfalls sein Leitbild? Nehmen wir zum Beispiel Luther. Eine Zeitlang bedienen sich einige seiner Werke der humanistischen Methode, er korrespondiert auch mit Humanisten, es wäre aber verfehlt, ihn aufgrund dieser Äußerungen zum Humanisten zu machen.

Bei Zwingli liegt die Sache anders. Die jetzige Forschung unterscheidet zweierlei Einfluß, in zwei aufeinander folgenden Lebensphasen nachweisbar. Zuerst gehöre Zwingli zum schweizerischen Humanismus[41], nach 1516 zur erasmianischen Bewegung, eine Phase die bis 1522/3 fortdauere und mit der reformatorischen Wende ihren Abschluß finde. Offen gestanden ist mir nicht klar, wo man diesen schweizerischen Humanismus suchen sollte, und noch weniger, aus welchem Grund Zwingli dazu gehören sollte. Ich beschränke mich auf das letzte. Zwingli stand mit Glarean und Vadian, die bekanntesten schweizer Humanisten, in Verbindung. Die ersten Briefe, die erhalten sind, erweisen sich als typische Humanistenbriefe: überschwengliches Lob, Bücherneuigkeiten usw. Dazu kommen drei Publikationen aus den Jahren 1510 bis 1514/6, die nicht nur von Kenntnissen der Klassiker, sondern auch von einem gewissen schweizerischen Nationalgefühl zeugen. Das ist alles. Die Briefe haben nichts

---

[41] Vgl. Werner Näf (1947); J.F. Gerhard Goeters (1969), 261; Gottfried W. Locher (1979), 51–54.

typisch-schweizerisches an sich, die Werke schon. Das ist aber keineswegs unüblich. Die Humanisten waren im allgemeinen zur Betonung der städtischen und nationalen Eigenart geneigt. Auch das "ich wünsche Weltbürger zu sein"[42] des Erasmus kann nicht darüber hinwegtäuschen, daß er sich als Holländer fühlte, diesem Gefühl freilich typisch holländisch meistens durch Kritik an seine Landsleute Luft machte. Kurz, bisher sehe ich keine Indize dafür, das sich Zwingli zu einem eventuell vorhandenen schweizerischen Humanismus bekannt haben sollte.

Anders steht es natürlich um einen ganz anderen Kreis, den Basler Humanistenkreis. Auch wenn wir berücksichtigen, daß nur wenige Briefe aus der Zwingli-Korrespondenz erhalten sind, fällt auf, daß ab 1516 die Zahl der Schreiben wächst, ab 1519 sogar sprungweise und daß die Korrespondenten zum Großteil zum Basler Humanistenkreis gehören. Anhand dieser Briefe ist es möglich, die allmählige Aufnahme Zwinglis in den Kreis zu verfolgen. Sein Anhaltspunkt war natürlich Glarean, ein alter Freund, seit 1514 in Basel ansässig, der ihn Frühjahr 1516 bei keinem Geringeren als Erasmus einführte. Der Brief, den Zwingli nach seinem Besuch an den Humanistenfürsten richtete -ein anderer Terminus ist angesichts des überschwenglichen Tons des Briefes kaum möglich- läßt den tiefen, fast religiösen Eindruck spüren, den Erasmus auf ihn gemacht hatte. Sowie einst die Franzosen und Spanier nach Rom zogen um Livius zu sehen -er zitiert Erasmus' Lieblingsautor Hieronymus- so habe er die Reise nach Basel gemacht mit dem einzigen Ziel, Erasmus zu besuchen. Sogar die äußere Gestalt -zart, aber harmonisch- stehe ihm jetzt beim Lesen seiner Schriften lebendig vor Augen. Ja, er wirft sich Erasmus zu Füßen, sogar eine Abweisung wäre noch eine Gunst[43]. Die Antwort, in Eile geschrieben, war förmlich und in der Tat eher zurückhaltend als werbend: "Laß, lieber Ulrich, gelegentlich auch deine Feder spielen, sie ist der beste Meister des Wortes"[44]. Im Jahre 1516 ist Glarean noch die bedeutendste Stütze in Basel. Er widmet Zwingli am Ende des Jahres eine Gedichtsammlung- und das heißt doch wohl, daß Zwingli in Basel kein völlig Unbekannter mehr war[45]. Nach seiner Abreise 1517 übernimmt Beatus Rhenanus die Rolle eines Verbin-

---

[42] Zwingli 7 (CR 94), Nr.235, S.580,2.
[43] Zwingli 7 (CR 94), Nr.13, S.35-36.
[44] Zwingli 7 (CR 94), Nr.14, S.38,2-3.
[45] Zwingli 7 (CR 94), Nr.21, S.51-52.

dungsmannes und mit ihm ist Zwingli zum innersten Basler Humanistenkreis durchgedrungen. Andere Korrespondenten folgen: Johann Froben, Ludwig Ber, Wilhelm Nesen, Kaspar Hedio, Capito, alle treten sie mit Zwingli in Verbindung. Ein Beispiel genügt um diesen Entwicklungsgang zu skizzieren: Im Oktober 1516 warnt Glarean Zwingli, er solle dem Buchdrucker und Händler Froben möglichst freundlich schreiben, damit dieser, wenn neue Bücher in Basel anlangen, auch ihn bedenkt. Es gibt nämlich viele Halbwisser, die sich auf gute Bücher stürzen, ohne sie je zu lesen[46]. Februar 1519 ist Zwingli soweit, daß Froben ihm Bücher schenkt, ohne einen Dankbrief zu bekommen[47]. Der Mittelpunkt dieses Basler Kreises war Erasmus. August 1514 bis Mai 1516 lebte er, mit Ausnahme von einigen Monaten, in Basel. Seitdem hatte er den Basler Kreis für sich gewonnen. Die Maßlosigkeit dieser Verehrung wird zum Beispiel klar in der Entrüstung, die Beatus Rhenanus Zwingli gegenüber zeigte, als er vernahm, Leo Jud habe den Wunsch geäußert, Erasmus solle Theobald von Geroldseck, den Pfleger des Stifts Einsiedeln, irgendwie in seinen Werken ehrenvoll erwähnen. "Ich habe den Eindruck, Leo versteht nicht genügend, wie groß Erasmus ist. Er meint vielleicht, dieser sei unser einer. Erasmus ist aber nicht nach normalen Maßstäben zu messen. Er hat das menschliche Niveau in gewissem Maß überstiegen"[48].

Diese exzessive Erasmusverehrung darf uns nicht darüber hinwegtäuschen, daß es letzten Endes nicht nur die Person, sondern an erster Stelle eine Ideenwelt war, die Menschen anzog und begeisterte. So wünscht Beatus Rhenanus, Zwingli solle den Schulmeister Oswald Myconius bitten, die *Ratio verae theologiae* des Erasmus in der Fastenzeit oder an Festtagen seinen Hörern zu erklären[49]. In Antwort darauf bestellte Zwingli mehrere Exemplare der *Ratio*, und zugleich auch der *Paraclesis*, so daß Myconius die beiden Einleitungsschriften zum Neuen Testament zusammen behandeln konnte[50]. Er fügte hinzu: "Luther gefällt übrigens allen Gebildeten in Zürich, sowie auch die *Ratio* des Erasmus; sie gefällt mir sosehr, daß ich mich nicht erinnere, je so viel Frucht in einer so kleinen Schrift gefunden zu haben"[51].

---

[46] Zwingli 7 (CR 94), Nr.19, S.47,17–48,3.
[47] Zwingli 7 (CR 94), Nr.60, S.138,8–12.
[48] Zwingli 7 (CR 94), Nr.114, S.254,18–21.
[49] Zwingli 7 (CR 94), Nr.59, S.137,7–12.
[50] Zwingli 7 (CR 94), Nr.60, S.139,14–15.
[51] Zwingli 7 (CR 94), Nr.60, S.139,15–18.

Der Grund seiner Ehrfurcht und Bewunderung gibt Zwingli schon im ersten Schreiben an Erasmus 1516 wieder. Er ist "der Hochverdiente für die Literatur und die Geheimnisse der Heiligen Schrift", die Heiligen Schriften hat er vor Barbarei und Sophisterei geschützt[52]. Das ist eindeutig: Zwingli entscheidet sich gegen die Scholastik, für das Studium von Bibel und alter Theologie. Sein Anschluß an den Basler Kreis ist programmatisch, und die dortigen Freunde unterstützen ihn in seinen Studien. Mehr als das: Die Parteigänger weisen einander auf Bücher hin, tauschen Neuigkeiten aus, erzählen über Streit und Sieg, nehmen auch einanders Interessen wahr. So ist der Ruf Zwinglis nach Zürich kaum denkbar ohne Myconius und den Humanistenflügel der Chorherren. Das Interesse des Kreises betrifft aber auch eine breitere Umwelt: Die Samsonaffäre, die Schwierigkeiten des Erasmus in Löwen, die Reuchlinsache, die Dunkelmännerbriefe, -und das Auftreten Luthers.

Das erste Mal taucht sein Name in einem Brief von Beatus Rhenanus auf: "Über Luther haben wir noch nichts Zuverlässiges vernommen. Wir haben vollauf über den Ablaßprediger -Samson selbstverständlich- gelacht, den du in deinem Brief leibhaftig abgemalt hast", und dann geht es ausführlich weiter über Ablässe, italienischen Geldgier, Zeremonien, päpstliche Macht, Fegefeuer, fiktive Heiligenmirakel, usw.[53] Die Mitteilung über Luther ist wahrscheinlich durch eine Anfrage Zwinglis veranlaßt, der um ihn in Sorgen war[54]. Waren es ja gerade die für Luther äußerst gefahrlichen Monate Ende 1518. Die erste bekannte Äußerung Zwinglis über ihn habe ich schon vorgeführt: Luther und Erasmus' Einleitungen zum Neuen Testament in einem Atemzug. Die Aussage hat nichts Außerordentliches an sich, sie gibt das Normalbild Luthers wieder, das der Basler Kreis -und nicht nur dieser- hat. So holen sich die Berner Ende Dezember 1518 aus Basel Lutherdrucke, und das ruft bei Beatus Rhenanus den Kommentar hervor: "Ich freue mich, mein Zwingli, lebhaft, so oft ich sehe, daß die Welt zur Besinnung kommt, die Träume der Schwätzer fahren läßt und die tüchtige Lehre verfolgt"[55]. So wird Luther zum Bibelhumanisten gemacht, nicht nur von Beatus Rhenanus und Zwingli: Der ganze Basler Kreis ist einstimmig auf seiner Seite. Stimmt

---

[52] Zwingli 7 (CR 94), Nr.13, S.36,13–14.17–18.
[53] Zwingli 7 (CR 94), Nr.49, S.114,7–115,17.
[54] Zwingli 7 (CR 94), Nr.59, S.136,1–2.
[55] Zwingli 7 (CR 94), Nr.53, S.123,3–5.

eigentlich das Wort "gemacht", oder stand Luther zu dieser Zeit vielleicht den Bibelhumanisten näher als oft gedacht wird? Wir wissen
nicht, welche Lutherschriften nach Bern gebracht wurden. Es ist aber
bekannt, daß Froben Ende November einen dicken Sammelband
-490 Seiten- mit den wichtigsten damals erschienenen Werken ediert
hat. Er hatte damit einen schlagenden Verkauferfolg und der Band
wird, bisweilen erweitert, im Verlauf von zwei Jahren viermal nachgedruckt[56]. Dieser Luther war für die Basler also der Wittenberger
Luther. Und welcher Luther war das? Die Bulle 'Exsurge Domine'
vom Juni 1520 ist dafür bezeichnend. Obwohl man in Rom damals
mehr Lutherschriften kannte als die Basler Ende 1518, drehen sich
die inkriminierten Sätze zum Großteil um Buße, Ablässe, und den
Papst. Dieser Luther war bekannt, und in seiner Kritik an kirchlichem
Brauchtum und kirchlichen Mißständen in weiten Kreisen akzeptiert[57].
Lochers Urteil is bekannt: Zwingli habe bis gegen 1520 Luther "humanistisch mißverstanden"[58]. Das Urteil ist meines Erachtens unrichtig. Eher sollte es heißen, er habe Luther humanistisch verstanden,
und eine andere Verstehensmöglichkeit gab es außer beim engsten
Freundenkreis in Wittenberg nicht, und schon gar nicht in Basel, wo
ja der Verstehenshorizont der Erasmianisch-humanistische war.

Es wundert nicht, Zwingli mit der Kolportage deutscher Lutherschriften beschäftigt zu finden. Er wird aufgefordert, schon im voraus eine große Bestellung beim Drucker zu geben, und dann von
der Kanzel herab den Verkauf zu fördern. Es fällt aber auf, daß
Zwingli antwortete, daß er besonders dann ein größeres Quantum
abnehmen wolle, wenn Luther auch die Anbetung der Heiligen einigermaßen erörtere: "ich habe sie nämlich verboten"[59]. Damit meint
er den Mißbrauch, an die Heiligen das Vaterunser zu richten[60]. So
wird Luther in Zwinglis Wirken in Zürich eingegliedert, nicht umgekehrt. Usteri hat schon vor einem Jahrhundert darauf hingewiesen:
". . . unter allen in den ersten Züricher Jahren von ihm [Zwingli]
gelesenen und glossierten Büchern habe ich nicht ein einziges gesehen, darin an irgendeiner Stelle auf Luther verwiesen ist, während
die Werke des Erasmus und der Väter als das beständige Vademecum

---

[56] Vgl. Eike Wolgast/ Hans Volz (1980), 431–450.
[57] Vgl. Arthur Rich (1949), 75 Anm. 5; supra, 67–69, 160–161.
[58] Gottfried W. Locher (1969–1973), 56.
[59] Zwingli 7 (CR 94), Nr.82, S.181,3–10.
[60] S. Zwingli 2 (CR 89), 170,11–16.

erscheinen"[61]. Das stimmt völlig mit den aus dem Briefwechsel gewonnenen Ergebnissen überein. Sind Zwingli und der Basler Humanistenkreis somit in den Jahren 1520/1 zu einem Verschwörerklub
geworden gegen die Ketzerbannung Luthers? Die These hat Kalkoff
verfochten und Walther Köhler ist seiner Meinung beigetreten[62]. So
kann man das heutzutage nicht mehr sagen. Es stimmt schon, daß
Luther in Basel sehr einflußreiche Gönner hatte und daß dieser Kreis
mit dem der Humanisten zusammenfiel. Die angebliche planmäßige,
politische Aktion des Erasmus und seiner Freunde hat es in Wirklichkeit nie gegeben. Was es gab, war eine begeisterte Gruppe für
die Erneuerung von Kirche und Theologie, die Luther als einen der
Ihrigen begrüßte.

Wann scheidet Zwingli aus dieser Gruppe aus? Im Jahr 1521 hatte
schon eine gewisse Abgrenzung stattgefunden, der Basler Kreis hatte
sich einigermaßen von Luther distanziert. 1522 war für Zwingli das
Jahr der Entscheidung. Am Anfang des Jahres hat er Erasmus in
Basel besucht, dieser bekam noch den Eindruck, daß Zwingli auf
seine Mahnungen höre, im März gab es noch wechselseitige Einla-
dungen[63], aber nach dem berüchtigten Wurstessen in der Fastenzeit
war es aus: Zwinglis *Von Erkiesen und Freiheit der Speisen* hat zum Ausgangspunkt, die Kirche habe nicht das Recht, in solchen Dingen
Vorschriften zu machen. Erasmus war sachlich mit Zwinglis Auffassung einverstanden, er rief auch die Kirchenführer dazu auf, Raum
zu schaffen für Freiheit hinsichtlich kirchlicher Gesetze bezüglich des
Fastens, des Zölibats und sonstigen, betonte aber auch die Notwendigkeit des Gehorsams gegenüber der Kirchenleitung. Die Schrift
Archeteles hat den entgültigen Bruch hervorgerufen. Sofort nach der
Lektüre griff Erasmus seiner Gewohnheit völlig zuwider -er war kein
Nachtarbeiter- spät in der Nacht zur Feder: "Ich beschwöre dich bei
der Ehre des Evangeliums . . ., wenn du künftighin etwas herausgibst,
so nimm eine ernste Sache ernst . . . Frage gelehrte Freunde um Rat,

---

[61] Joh. Martin Usteri (1886), 143. Wichtig sind die Korrekturen der späteren
Forschung, besonders auch die Auseinandersetzungen von Martin Brecht, der darauf hinweist, daß Zwingli mehr Lutherschriften studiert hat, als man bisher annahm; s. Martin Brecht (1985), 301–319. Interessant ist dabei, daß nach Brechts
Auffassung Zwingli Luther als Exegeten benützt hat und daß er auch dessen
Galaterkommentar benützte; s. S.314–316, und vergleiche oben Anm. 57.
[62] Walther Köhler (1921), 19–23. Später gibt Köhler dieses Bild des Basler Huma-
nistenkreises nicht mehr.
[63] S. Zwingli 7 (CR 94), Nr.198, S.494,12–13 und Anm. 5; Nr.199, S.497,20–21.

ehe du etwas veröffentlichst"[64]. Die Fäden reißen ab: der letzte bekannte Brief an Beatus Rhenanus datiert vom Juli 1522[65], der erste
Ökolampadbrief vom 10. Dezember 1522 ist in bestem Humanisten-
stil verfaßt -der Autor war ein bekannter Hebraist, ein Helfer des
Erasmus gewesen- aber in schöner Anspielung auf den Bibeltext
machte er klar, Zwingli sei für ihn David, dem er zur Seite stehen
wolle, sei es eher bei dem Troß als mit gegürtetem Schwert[66].
Welche Bedeutung hat Zwinglis Ausscheiden aus dem Basler Kreis?
Es heißt nicht, daß er die humanistische Methode der Bibelexegese
aufgibt, das haben wir gesehen. Und es ist klar, daß Methode und
Inhalte hier eng verbunden sind, ineinanderfließen. Es heißt aber
-und das fällt ins Gewicht!- daß Zwingli das Programm einer Kirchenreform auf andere Weise, wider die Hierarchie, wider den Bisschof,
auch wider Papst und Weltkirche, ausführen will. Damit kommen
wir zur letzten Frage, der des Inhaltlichen.

3. *Zwingli und das humanistische Gedankengut*

Stellen wir zuerst fest, daß sich bis 1515/6 eine Entwicklung bei
Zwingli nicht beobachten läßt. Er kannte die scholastische Theologie, hat aber nichts Theologisches publiziert; er studierte die klassischen Autoren und hat die daraus gewonnenen Kenntnisse in einigen Gelegenheitsgedichten gebraucht – und das ist alles. Greifbar wird
Zwinglis Standpunkt, und auch dann noch sozusagen aus zweiter
Hand, aus späteren Selbstmitteilungen nämlich, erst 1515–1516. Darüber spricht er sich jedoch 1523 deutlich aus: "Ich hab, vor und ee
dhein mensch in unserer gegne ütz von des Luters namen gwüßt
hab, angehebt das euangelion Christi ze predgen im jar 1516, also,
das ich an dhein cantzel ggangen bin, daß ich nit die wort, so am
selben morgen in der meß zů eim euangelio gelesen werdend, für
mich näme und die allein uß biblischer gschrifft ußleite"[67]. Sonstige
Aussagen weisen auf die Jahre 1514/5[68]. Diese verschiedenen Angaben stimmen inhaltlich überein: 1514/5 fängt eine Entwicklung an,
die 1516 zum Durchbruch, zur Tat führt: "das euangelion Christi

---

[64] Zwingli 7 (CR 94), Nr.236, S.582,2–6.
[65] Zwingli 7 (CR 94), Nr.222, S.548–550.
[66] Zwingli 7 (CR 94), Nr.258, S.635,bes.19–21; vgl. 1 Sam.30,24.
[67] Zwingli 2 (CR 89), 144,32–145,4.
[68] S. Zwingli 2 (CR 89), 217,8–14.

predgen". Dabei hat Erasmus eine große Rolle gespielt: 1523 nennt Zwingli ihn namentlich -ich komme auf die Aussage noch zurück-, 1527 heißt es, es gäbe "viele und vortreffliche Männer, die, bevor Luthers Name so berühmt war, einsahen, worauf es bei der Religion ankam"[69]. Ohne Zweifel zählt Zwingli Erasmus zu diesen Männern[70]. Diese Selbstdarstellungen sind im Einklang mit dem, was Zwinglis Bibliothek, seine Lektüre und die Annäherung an Erasmus und die Beziehungen zum Basler Humanistenkreis uns lehren. Ob man mit vielen von einer 'Bekehrung' sprechen soll? Falls ja, war es keineswegs eine plötzliche. Sie erfolgte aus dem Studium -und man kann sich für einen Theologen eine schlechtere Art von Bekehrung denken- denn bei Zwingli war es eine Bekehrung aufgrund der Lektüre von Erasmus und den Kirchenvätern.

Was enthielt das aber, auf welche Gedankenspur wurde er gebracht? Der erste Eindruck, den man gewinnt, ist der einer Reduzierung, besser gesagt einer Konzentrierung auf das Eigentliche, das Wesentliche. Zwingli spricht von: "ratio Euangelii"[71], die Art, oder: der Grund des Evangeliums, oder von "Kraft und Inbegriff des Evangeliums"[72]. Am besten unterscheidet man drei sich gegenseitig ergänzende und stärkende Gedankengänge. Zuallererst kommt die Betonung des Evangeliums, des Wortes Gottes: es ist die einzige entscheidende Instanz im Leben des Einzelnen sowie der Kirche. Der Terminus 'das Evangelium predigen' ist Inbegriff dieser Wertschätzung. Es fängt alles an mit der Lektüre der Bibel und daraufhin wird die Bibel zum Probierstein[73]. Am schönsten formuliert Zwingli 1522: "und als ich vor ietz siben oder acht jar vergangen mich hůb gantz an die heyligen gschrifft lassen, wolt mir die philosophy und theology der zanggeren ümmerdar inwerffen. Do kam ich zum letsten dahin, das ich gedacht..., du můst das alles lassen liggen und die meinung gottes luter uß sinem eignen einvaltigen wort lernen. Do hůb ich an got ze bitten umb sin liecht, und fieng mir an die geschrifft vil lichter werden -wiewol ich sy bloß laß-, denn hette ich vil comment und ußleger gelesen"[74]. Die Heilige Schrift also, und zwar im Ge-

---

[69] Zwingli 5 (CR 92), 712,25–713,2; vgl. Wilhelm H. Neuser (1977), 66–67.
[70] S. Zwingli 5 (CR 92), 815,18–817,3, wo er zu Luther sagt, dieser hätte ohne Valla, Erasmus, Reuchlin und Pellikan seine Bibelarbeit nicht leisten können.
[71] Zwingli 5 (CR 92), 712,24.
[72] Zwingli 5 (CR 92), 713,3.
[73] Zwingli 1 (CR 88), 319,6–7.
[74] Zwingli 1 (CR 88), 379,22–30.

gensatz zu 'comment', d.h. Erfundenes, Erdichtetes[75], und 'ussleger',
die Exegeten[76]. Das heißt nicht, daß er die Kirchenväter verabschie-
det, wohl daß er sie kritisch benutzt. Aufschlußreich ist ein Passus
über die Fürbitte der Heiligen, wo Zwingli sagt daß er zu dieser
Frage die Heilige Schrift und die Väter zu Rate zog, dann aber
bemerkte, daß die Patres, welche die Fürbitte bejahten, sich dabei
zwar auf eine Bibelstelle beriefen, diese jedoch "den sinn nit [habe],
den sy iro woltend angwinnen"[77]. Deshalb habe er die Fürbitte verworfen. Hier wird deutlich, daß das Studium der Bibel und der Väter,
wie er es in diesen Jahren pflegte, inhaltliche Folgen hatte.

Ein zweites Merkmal ist die Betonung der Person Jesu Christi:
Wer 'Evangelium' sagt, sagt 'Jesus'. Selber beschreibt Zwingli, wie er
dazu kam, zu glauben "das zwüschend got und uns nieman mitlen
mag denn der einig Christus"[78]. Er habe es um 1514/15 in einem
Gedicht des Erasmus gelesen. "Hie hab ich gedacht. Nun ist es ie
also. Warumb süchend wir denn hilff by der creatur?"[79] So habe ihn
Erasmus auf den Weg gebracht. Zwar habe er auch andere Lieder
bei Erasmus gefunden, gerichtet an die Heiligen, aber das habe ihm
nicht mehr die Überzeugung nehmen können "das Christus unser
armen seelen ein eyniger schatz sye"[80]. Genau die gleichen Zusam-
menhänge schildert Zwingli Luther gegenüber: "Das ist unsere Ab-
solution, Sühne, Genugtuung und die Vergebung all unserer Sünden, wenn wir glauben an Jesus Christus". Und wie ist er zu dieser
Überzeugung gekommen? Dadurch, daß er das Johannesevangelium
und Augustinus' Auslegung, mitsamt den Briefen des Paulus griechisch las[81]. Der Weg der Bibel führt also zu Jesus Christus als dem
einzigen Mittler, dem einzigen, der uns mit Gott versöhnt. Erasmus
gegenüber gilt das Gleiche wie den Vätern gegenüber: Er bringt ihn
auf den Weg, ohne daß Zwingli ihm kritiklos folgt.

Die Betonung der Einzigartigkeit des Werkes Christi hat, wie aus
diesen Zitaten deutlich wird, eine polemische Spitze. Sie richtet sich
gegen die damalige Kirche und gegen die Kirchenlehre. Dies ist das

---

[75] Die Bedeutung von 'comment' ist nicht, wie der Herausgeber meint, 'Kommentar', sondern 'Erfundenes', 'Erdichtetes', sowie das lateinische 'commentum'.

[76] S. Gottfried W. Locher (1969–1973), 57. Sehr deutlich ist auch Zwingli 1 (CR
88), 145,5–21.

[77] Zwingli 2 (CR 89), 217,26.

[78] Zwingli 2 (CR 89), 217,7–8.

[79] Zwingli 2 (CR 89), 217,13–14.

[80] Zwingli 2 (CR 89), 217,18–19.

[81] Zwingli 5 (CR 92), 713,2–714,1.14–16.

dritte Charakteristikum. Es gibt in dieser Hinsicht keine schönere Schrift als den *Archeteles*, in dem die Frischheit seiner Überzeugung ihren unmittelbarsten Ausdruck findet. Zwingli wird nicht müde, die Worte zu wiederholen: Drückende Verordnungen und Regeln, menschliche Verordnungen, kleinliche Zeremonien, die Windbeutelei menschlicher Unverschämtheit[82]. Demgegenüber steht "die evangelische Freiheit"[83].

In der Einleitung dieser Schrift schildert Zwingli das menschliche Geschlecht, wie es nach Glückseligkeit trachtet. Es wendet sich an die Philosophen, aber deren Uneinigkeit ist groß. Es richtet sich an die Christen. Da aber ist die Uneinigkeit noch größer als bei den Heiden. "Streben doch die einen nach Seligkeit durch menschliche Überlieferungen und durch die Elemente dieser Welt, das heißt nach ihrer menschlichen Gesinnung, die andern verlassen sich allein auf Gottes Barmherzigkeit und Verheißungen"[84]. Stark betont Zwingli hier die Notwendigkeit einer Entscheidung, vor welcher der Mensch steht. Es ist ein Entweder-Oder: entweder menschlich, oder göttlich; entweder eigenes Wirken, oder das Vertrauen auf Gott. Das gilt nicht nur für das Vorwort, die Schrift als ganzes ist von diesem Geist durchzogen.

Zusammenfassend läßt sich folgendes feststellen. In den Jahren 1514–1516 lernt Zwingli: Das Evangelium ist in der Kirche das höchste Gut; Inhalt des Evangeliums ist Jesus Christus als der einzige Mittler zwischen Gott und Menschen; es ist seine Aufgabe, dieses Evangelium zu predigen, und das heißt zugleich, daß er im Namen der evangelischen Freiheit die seelenlosen menschlichen Zeremonien bekämpft. Nur in diesem Zusammenhang ergibt sich die Einheit des Programms. Erasmus ist dabei der große Lehrer. Genau das sagt Zwingli später im Rückblick, und diese Aussagen entsprechen den Tatsachen. Das obige Programm ist das Reformprogramm des Erasmus, gekennzeichnet durch die drei Elemente: Betonung der Schrift, Christus als Mittler und Bekämpfung aller Versuche der Selbsterlösung. Bezeichnend ist zum Beispiel, daß die "menschlichen Überlieferungen und die Elemente dieser Welt", die Zwingli in seiner wichtigsten Schrift aus den Anfangsjahren, dem *Archeteles*, so scharf ablehnt, dem Gedanken nach natürlich von Paulus herrühren, dem Wortlaut nach aber eher auf

---

[82] Zwingli 1 (CR 88), 271,1.12.29; 272,1–2.
[83] Zwingli 1 (CR 88), 272,16.
[84] Zwingli 1 (CR 88), 260,8–10.

Erasmus zurückgehen[85]. Als zweites Beispiel nenne ich die Gegenüberstellung von Brunnen und Bächlein in Zwinglis *Bitte und Ermahnung*: Zwinglis Worte gehen auch hier direkt auf Erasmus zurück[86].
Inhaltlich ist der Einfluß des erasmischen Bibelhumanismus auf Zwingli
entscheidend.

Die schwierige, heikle Frage ist die nach einer sogenannten reformatorischen Wende. Hat Zwingli eine zweite Änderung durchgemacht,
die ihn erst zum Reformator machte? Locher formuliert: "In den
Jahren ca. Juli 1520 bis Juli 1523 entfaltete sich aus Zwinglis reformatorischem Christusglauben seine ausgeführte reformatorische . . .
Theologie"[87]. Hinsichtlich der genaueren Datierung sowie der von
ihm erfahrenen Einflüsse gibt es Differenzen, die neuere Forschung
-Köhler, Rich, Locher, Neuser, Gäbler[88]- stimmt aber überein in der
Annahme, daß es in dieser Zeit eine reformatorische Wende gegeben hat. Dagegen behaupte ich, daß es in Zwinglis Schriften keine
Spur von einer prinzipiellen Änderung gibt und daß er auch retro-
spektiv nie von einer gedanklichen, theologischen Wende spricht,
nach der großen grundsätzlichen Wende, die ihn auf die Spur des
Erasmus geführt hatte.

Meine These ist weniger kühn als sie auf den ersten Blick zu sein
scheint. Ich leugne keineswegs eine weitere Entwicklung bei Zwingli,
möchte allerdings die Frage stellen, aus welchem Grund man eine
"reformatorische Wende" annimmt. Der einzige Grund ist meines
Erachtens, daß viele immer noch dem liberalen Erasmusbild verhaf-
tet sind. In der gesamten Zwingli-Literatur kehren die gleichen Urteile
über Erasmus zurück, fast schlagwortartig: Es gehe Erasmus -und in
seiner Spur Zwingli, bis 1520- um die beste Philosophie, um Ver-
sittlichung der Religion, um Diesseitsethik, Schuld vor Gott spiele
keine Rolle, usw.[89] Folgerichtig wird dann eine Entwicklung Zwinglis
konstruiert, in der er diese schwarze Lebensphase verläßt und zum

---

[85] Erasmus, *Annot. in NT*, LB 6, 817DE.
[86] Zwingli 1 (CR 88), 220,5–221,15. Das Bild ist bei Erasmus geläufig. Man findet es z.B. in der wichtigen Widmung von Erasmus' Ausgabe des Neuen Testamentes, gerichtet an Leo X. Vgl. Cornelis Augustijn (1986), 82, 96–97.
[87] Gottfried W. Locher (1979), 86.
[88] Vgl. Arthur Rich (1949), 96–151; Joachim Rogge (1963), 129–131; J.F. Gerhard Goeters (1969), 269–271; Wilhelm H. Neuser (1977); Ulrich Gäbler (1983),
46–49. Beachtenswert ist eine neue Studie von Gerhard Goeters, die viel nuancier-
ter ist; s. J.F. Gerhard Goeters (1985).
[89] Vgl. z.B. Joachim Rogge (1963), 126–127; J.F. Gerhard Goeters (1969), 263–
265; Gottfried W. Locher (1979), 68–71.

Reformator wird. In dieser Entwicklung betont die Forschung besonders zwei Momente. Erstens komme Zwingli erst 1520–1523 zum richtigen Schriftverständnis. Vorher bildete die Exegese der Kirchenväter eine autoritative Größe, jetzt komme es zum "sola scriptura", zur einzigen Autorität der Schrift. Zweitens lasse der Optimismus nach, die Hoffnung auf Besserung von Welt und Kirche verschwinde, und stattdessen melde sich ein Prädestinationsdenken an. Zwangsläufig wird Zwinglis Vergangenheit düster geschildert, ab 1520–23 steht der Reformator vor uns.

Was läßt sich dazu sagen? Ohne jede Frage hat sich Zwingli auch in diesen für sein ganzes Leben und Werk entscheidenden Jahren weiter entwickelt. Was die zwei genannten Momente betrifft, so ist der zweiten Behauptung nicht zuzustimmen. Sie stützt sich auf eine meines Erachtens falsche Erklärung einer einzigen Zwingli-Briefstelle, wo dieser in biblischer Sprache sein Gottvertrauen in Worte faßt[90]. Das ist weder typisch-reformatorisch noch ist Humanismus mit Optimismus identisch. Es stimmt aber, daß sich in seiner Schriftauffassung einiges ändert. Ich drücke mich absichtlich vorsichtig aus. Vielleicht wäre es besser, zu sagen, daß sich in seinem Schriftgebrauch etwas ändert. Anfänglich zeigt sich Zwingli an einer richtigen Exegese der Schrift, mit Hilfe von früheren Auslegern, interessiert. Damit ist er auf der Linie des Erasmus, es handelt sich um ein hermeneutisches Prinzip. Jetzt aber tritt der Gedanke hervor, daß gerade "die Ungebildetesten, wenn sie nur fromm sind, die Schrift in Übereinstimmung mit der Absicht Gottes möglichst unbefangen verstehen", weil der Geist Gottes eher diejenigen lehrt, die das Göttliche lieben[91]. In dieser Äußerung aus dem Jahre 1523 geht es nicht um die richtige Schriftauslegung, sondern um die Frage, wo rechte Lehre ist, um die ekklesiologische Frage: wo ist die wahre Kirche? Das ist eine wichtige gedankenliche Änderung, und es ist nicht von ungefähr, daß sie

---

[90] Zwingli 7 (CR 94), Nr.151, S.341–345. Mit Recht sagt Martin Brecht (1985), 308: "Eine häufig behauptete Resignation des Absenders über den christlichen Humanismus wird man ihm nicht entnehmen dürfen"; vgl. 309: "Der Brief dokumentiert damit schwerlich einen Bruch in Zwinglis Entwicklung".

[91] Zwingli 1 (CR 88), 322,2–3. Man bedenke dabei aber, daß auch die Lage sich seit dem Auftreten Luthers geändert hatte. Die Gegner Luthers gebrauchten jetzt die Kirchenväter als verpflichtende Norm, nicht als exegetisches Hilfsmittel; s. Cornelis Augustijn (1967–1968). Im gleichen Zusammenhang heißt es aber auch, Zwingli 1 (CR 88), 322,17–20: "Haud dissimiliter faciunt hac tempestate quidam, qui mox ut pius ac eruditus quis quid ex scriptura mundius clariusque deprompserit, in haec prorumpunt: Quis tibi hanc autoritatem dedit, ut id doceres? hoc patrum tantum est". Interessanterweise heißt es hier "pius ac eruditus".

im Sommer 1520 zum ersten Mal begegnet und jetzt, 1523, deutlich formuliert wird, das heißt genau zu dem Zeitpunkt, da Zwingli aus dem Basler Humanistenkreis ausscheidet, weil er das Programm einer Kirchenreform wider Hierarchie und wider Papst auszuführen bereit ist. Beide Begebenheiten sind nur im Zusammenhang richtig zu verstehen: Weil Kirche nicht Bischof, Papst oder Konzil heißt, sondern die Leitung des Geistes Gottes, ist die Reform der Kirche durchzuführen nach den Anweisungen des Geistes, gegebenenfalls wider alle kirchliche Gewalt. So wird aus Reform Reformation. Will man von einer reformatorischen Wende sprechen, so liegt sie auf der Ebene der Kirche, und zwar zugleich in der Ekklesiologie und im Handeln. Das hat Walther Köhler richtig bemerkt, sei es, daß er Zwingli bis 1522 viel zu aufklärerisch gezeichnet hat.

Wir haben gesehen, daß Zwingli das selber nicht als einen Bruch empfunden hat, eher als eine Weiterentwicklung auf der Basis der von Erasmus übermittelten Ideen. Das gilt nicht nur für Zwingli, sondern für die ganze oberdeutsch-schweizerische Reformation. Die oberdeutsch-schweizerische Reformatoren waren ihrer Überzeugung nach via Erasmus, durch seine Hilfe, zum Evangelium gekommen, mit ihm hat, ihrer Meinung nach, alles Neue angefangen. Sie brauchten keine neue Wende, weder in den Bahnen Augustins, noch in denen Luthers. Einem Selbstbild kann eine optische Täuschung zugrunde liegen. Man hat es aber ernst zu nehmen, solange die Täuschung nicht nachweisbar ist. Das ist aber der Fall. Zwingli hat sein Verhältnis zu Erasmus am schönsten in einem Brief aus dem Jahre 1525 charakterisiert. Er erzählt, er habe von einem Hausgenossen des Erasmus, aus zuverlässiger Quelle also, die erste Reaktion des Erasmus erfahren, als dieser den *Commentarius* gelesen hatte. Erasmus habe gesagt: "O guter Zwingli, was hast du geschrieben, das ich nicht schon früher geschrieben habe". Zwingli bemerkt dazu wörtlich: "Das schreibe ich deswegen, damit du siehst, wie sehr Eigenliebe uns vom richtigen Weg abbringt. Hätte Erasmus doch unseren Stoff mit seiner Feder behandelt!"[92] Die Frage, ob der Bericht zuverlässig ist, ist kaum interessant, obwohl es sehr erasmisch klingt, dieses leicht ironische "O guter Zwingli". Bezeichnend ist, daß Zwingli ihn für wahr hält, und es tief bedauert, daß Erasmus die gute Sache im Stich gelassen habe. Nach eigener Überzeugung ist er sich selbst, der eigenen Vergangenheit und somit dem Bibelhumanismus in erasmischer Färbung treu geblieben.

---

[92] Zwingli 8 (CR 95), Nr.371, S.333,26–334,3.

Spürt man, so lautet meine letzte Frage, diese Übereinstimmung auch in Zwinglis Theologie? Die Frage beschränkt sich nicht auf das Reformprogramm, sie fährt bis in die tieferliegende Theologie hinein. Bleibt die Theologie Zwinglis der erasmischen verwandt? Ich habe nicht die Absicht, ein so umfassendes Problem hier auszuführen, ich beschränke mich auf zwei Hinweise, die weiterer Forschung einen Weg zeigen mögen. Der erste Hinweis gilt dem Methodischen. Es empfiehlt sich, von den Differenzen zwischen Zwingli und Luther auszugehen, und besonders von den Punkten, bei denen Zwingli den Wittenberger bekämpft hat. Da erhebt sich nämlich die Frage, ob die Unterschiede etwas mit eventuellen humanistischen Einflüssen zu tun haben. Die Spätschrift über die Vorsehung (1530) ist dazu besonders geeignet. Ich denke dann nicht sosehr an auffällige, aber doch isolierte Aussagen wie zum Beispiel das Lob der Schönheit des menschlichen Körpers[93], als vielmehr an die wiederholte Bekämpfung von Luthers *De servo arbitrio*. An vielen Stellen richtet sich Zwingli gegen Luthers Gotteslehre[94], gegen Luthers Auffassungen vom Menschen[95], vom Gesetz Gottes[96] und, im Rahmen seiner eigenen Vorstellung von der ewigen Ordnung und Regierung Gottes, gegen Luthers Anschauung des Heidentums[97]. Es würde sich lohnen, an diesen Punkten das erasmische Gedankengut zum Vergleich heranzuziehen. Mein zweiter Hinweis richtet sich auf die Suche nach einer zentralen Leitidee, in der die verschiedenen Differenzen ihre Einheit finden. Es liegt auf der Hand, an die heißumstrittene Abendmahlslehre zu denken. Unmöglich ist das nicht, denn sie ist ein Indiz für das unterschiedliche Grundverständnis der beiden Opponenten. Selber würde ich mit der Lehre vom Gesetz anfangen und diese als Zentrum betrachten. Sowohl 1523 wie 1530 hat Zwingli Luthers Gesetzesverständnis entschieden zurückgewiesen, beide Male aber auch unverkennbar seinen Unwillen über diesen unverschämten Gedanken Luft gemacht. Luther soll doch Bescheidenheit und Demut lernen. Seine Lehre, das göttliche Gesetz führe nur zur Erkenntnis der Sünde, zeuge von Verachtung des Gesetzes, das doch "ein offnung und anzeigen des willens gottes" ist[98]. Von daraus lassen sich die Linien

---

[93] S. Zwingli 6/3 (CR 93/3), 120,7–8.
[94] S. Zwingli 6/3 (CR 93/3), 150,6–152,12.
[95] S. Zwingli 6/3 (CR 93/3), 121,10–14.
[96] S. Zwingli 6/3 (CR 93/3), 127,19–132,13.
[97] S. Zwingli 6/3 (CR 93/3), 182,15–183,13.
[98] Zwingli 2 (CR 89), 232,5, aus *Auslegen und Gründe der Schlußreden*. Diese Schrift

zu den anderen Differenzen deutlich ziehen, und zugleich wird an
diesem Punkt klar, wie sehr Zwingli Erasmusschüler ist, und wie sehr
der reformierte Protestantismus eine eigene Sicht von Gott und vom
Menschen und deren Verhältnis zueinander entwickelt hat.

---

richtet sich, besonders in der Auslegung des 22. Artikels, aber nicht nur da, gegen
Luthers Auffassung. Zwingli 6/3 (CR 93/3), 130,20–131,6.

12. KAPITEL

ERASMUS' SCHRIFT ÜBER DIE FASTENGEBOTE 1522

Am 15. November 1521 kehrte Erasmus nach einem dreijährigen Aufenthalt in den Niederlanden nach Basel zurück. Er kam in eine Stadt, die auf den ersten Blick noch nicht von den kirchlichen Streitigkeiten erschüttert schien, die ihm die letzten Jahre in den Niederlanden so vergällt hatten[1]. Gelehrte und Kirchenleiter, an der Spitze sein Verehrer Bischof Christoph von Utenheim, hießen ihn von Herzen willkommen[2]. Eine gewisse Erleichterung erfüllte ihn in diesen ersten Monaten, er konnte etwas mehr Abstand von den Auseinandersetzungen um Luther nehmen[3].

Aber es zeigte sich bald, daß die Ruhe in Basel nur Schein war. In der Passionszeit von 1522 wurden die kirchlichen Fastengebote wiederholt ostentativ übertreten. Man aß Eier und warf die Schalen zum Fenster hinaus[4]. Am Palmsonntag (13. April) bewirtete der Arzt Sigismund, ein geschickter Chirurg und Steinschneider, in seinem Haus vor der Stadt seine Gäste mit gebratenem Spanferkel. Es ging dabei um etwas mehr als nur um ein Fest. Zu den Geladenen gehörten Geistliche aus der Stadt und Hermannus Buschius, bekannt als Parteigänger Luthers[5]. Der demonstrative Charakter dieses Vorfalles war

---

[1] *De interdicto esu carn.*, ASD 9/1, 19,4–5; für die Jahre in den Niederlanden s. Cornelis Augustijn (1962), 22–74.

[2] A 5, 1342,218–224.

[3] A 4, 1244; 5, 1252.

[4] Das wird m.W. nur von Erasmus bezeugt; *Scholia*, ASD 9/1, 65,17–19. Daß es in dieser Zeit mehrere Fastenfrevel gab, zeigt das Protokoll des Domkapitels, das "die so wol bey gaist- als weltlichen burgern und studenten zue Basell eingeriszne und wider der kirchen gebott frevenlich üebende fresserey" erwähnt; vgl. AGBR 1, Nr.90, S.34.

[5] S. für den Spanferkelschmaus und für Sigismund Rudolf Wackernagel (1924), 327–328, 19*–20*; *Scholia*, ASD 9/1, 65,19–20; 66,32–33; A 5, 1353,177–187. Erasmus entschuldigt Sigismund damit, daß er mondsüchtig sei; *Scholia*, ASD 9/1, 66,30–32; A 5, 1353,183–185. Vgl. auch AGBR 1, Nr.126, S.48, wo die Bürgermeister von ihm sagen "... daz wir den selben gefangenen nit wol by synnen sin ... achten". Erasmus sieht 1524 Hermannus Buschius als den Hauptschuldigen an; A 5, 1496,85–89. Ein unbekannter Chronikschreiber nennt als solchen den Spitalpfarrer Wolfgang Wissenburg; *Basler Chroniken* 7 (1915), 306,8–9: "Er was auch der erst, der die suo halff fressen zu Kluben". Vielleicht war Sigismund auch an vorhergehenden Demonstrationen beteiligt; cf. AGBR 1, Nr.89, S.34, datiert den 12. April.

offensichtlich. Daß sich in Zürich zur selben Zeit das gleiche ereignete[6], unterstrich die Art dieser Übertretung kirchlicher Fastenvorschriften. Erasmus beschreibt die Situation später wie folgt: "Iam
dogmata Luteri regnabant. Et hic per seditiosos quosdam summo contemptu et insultatione consuetudinis ecclesiasticae, inducebatur sarco-
phagia, ducebantur vxores, aliaque multa fiebant aduersus ecclesiastica instituta"[7]. Er gibt hier ein verzeichnetes Bild, denn in Basel war
noch nichts geschehen[8]. Aber diese Provokationen waren die ersten
Vorzeichen der kommenden Ereignisse[9]. Es ging den Teilnehmern
um die "evangelische Freiheit"[10]. Es kümmerte sie nicht, daß Menschen wie Erasmus ihnen übereiltes Handeln vorwarfen, das der Sache
Luthers nur schaden konnte und das die Sklaverei verschlimmerte[11].
Der Bischof und das Domkapitel berieten rasch über die nötigen
Maßnahmen[12]. Vorläufig konnten sie wenig ausrichten, da sich der
Rat geschlossen gegen sie wandte[13]. Der Bischof beschränkte sich daher
darauf, die Prediger zusammenzurufen und sie zu ermahnen, alle
aufrührerischen Reden zu unterlassen und dem Volk die Einhaltung
der kirchlichen Satzungen einzuschärfen[14]. Als es in der Stadt immer
unruhiger wurde, gelang es dem Bischof und der Universität im Juni
schließlich, den Rat für sich zu gewinnen[15]. Der Bischof erließ ein

---

[6] Oskar Farner 3 (1954), 237–247.

[7] A 6, 1620,43–47; selbst sagt er später, daß er sich damals einem "schismati . . .
tum hic exorienti" widersetzte; *Supputat. error. in cens. N. Bedae*, LB 9, 484D.

[8] Auch Priesterehen hatten noch nicht stattgefunden; Rudolf Wackernagel (1924),
350–351. Vielleicht wußte Erasmus aber, daß die Sachlage in Zürich verschieden
war; *De interdicto esu carn.*, ASD 9/1, 243–245; Oskar Farner 3 (1954), 283–296.

[9] Der anonyme Chronikschreiber kehrt es um und berichtet zu 1524: "Auch etlich priester, burgerskünd und sunst priester, die hindersessen gesein seiend und die
suo an dem heyligen palmtag gefressen, hand vil miszbruch und irrung gepredigt, damit
sie ir übertrettung und die verspottung desz lambs Christi Jesu, vergleichnet einer
suo, möchtent grundfestenen und beschirmen"; *Basler Chroniken* 7 (1915), 271,19–24.

[10] *De interdicto esu carn.*, ASD 9/1, 22,115–116. Wenig Ernst ist zu spüren bei
Hermannus Buschius, der Zwingli um Auskünfte über die Züricher Vorgänge bittet
mit den Worten: "Scribe, te rogo, paucis nobis quoque exitum tuae istius fabulae,
quo rideamus eciam magis"; Zwingli 7 (CR 94), Nr.204, S.509,14–15.

[11] *De interdicto esu carn.*, ASD 9/1, 22,118–23,122; A 5, 1496,85. Ähnlich dachte
Glareanus; Zwingli 7 (CR 94), Nr.206, S.514,105–106: "Non paulum aggrauauit sus
ille in die palmarum comestus causam Lutheri"; *Vadianische Briefsammlung* 2, Nr.308,
S.427: "Tragoedia hic est odiosa sane, ab iis excitata potissimum, qui Lutheri causam
tuentur; sed satis inepte vi agere conantur, quae maturitate agere oportebat".

[12] AGBR 1, Nr.90, S.34; Zwingli 7 (CR 94), Nr.204, S.509,11–13. Vgl. für das
folgende Rudolf Wackernagel (1924), 328–329; Karl Gauß (1930), 189–191.

[13] *Die Amerbachkorrespondenz* 2, Nr.877, Anm. 2. Auch Erasmus deutet auf einen
gewissen Unterschied hin; *Scholia*, ASD 9/1, 65,14–16.

[14] AGBR 1, Nr.104, S.38.

[15] *Die Amerbachkorrespondenz* 2, Nr.877 Einl., 27–28.

Mandat, das die bereits mündlich gegebene Ermahnung bekräftigte[16]. Der Rat verbot jede Diskussion über die strittigen Fragen[17]. Der Bischof verzichtete darauf, die Übertreter der Fastenordnung zu bestrafen[18]. Buschius und Sigismund, obwohl sie nicht unter seine Gerichtsbarkeit fielen, fanden es doch ratsam, Basel zu verlassen[19]. Sigismund wurde ein knappes Jahr später im Elsaß festgenommen[20]. Er wurde als Ketzer verurteilt, wobei auch die Vorfälle in Basel eine Rolle spielten, und auf grausame Weise hingerichtet[21].

* * *

Schon früh wurde Erasmus in diese Angelegenheit verwickelt. Es war zwar deutlich, daß er mit den Ereignissen vom Palmsonntag nichts zu tun hatte -es ist sogar fraglich, ob er sich zu dieser Zeit in Basel aufhielt[22]-, aber als die Rädelsführer vom Bischof vorgeladen wurden, beriefen sie sich auf das von Erasmus gegebene Beispiel[23]. Tatsächlich hatte Erasmus in der Fastenzeit Hühnerfleisch gegessen, nach seinen eigenen Worten auf Anraten seines Arztes, insgeheim und äußerst selten[24]. Aber er war krank gewesen[25] und hatte übrigens schon vorher Dispens von den Fastengeboten vom Papst erhalten[26].

Dies wird die Veranlassung gewesen sein, die Erasmus zur Feder

---

[16] AGBR 1, Nr.105, S.38-40.

[17] Ein eventuelles Ratsmandat ist nicht überliefert. Vgl. *Die Amerbachkorrespondenz* 2, Nr.877 Einl.; Bernhard Riggenbach (1877), 88-89; in margine findet man dort: "Decretum Basilien. senatus"; der Text schweigt aber über ein Mandat.

[18] AGBR 1, Nr.104, S.38; Zwingli 7 (CR 94), Nr.206, S.515,2-4.

[19] S. für Buschius *Die Amerbachkorrespondenz* 2, Nr.878,20-21. Sigismund war wahrscheinlich im Juni schon in Weil am Rhein; AGBR 1, Nr.95, S.35. Später wohnte er in Schlettstadt; *Scholia*, ASD 9/1, 67, 24 Anm.; AGBR 1, Nr.128, S.48.

[20] *Scholia*, ASD 9/1, 67, 24 Anm.

[21] Die ausführlichste Nachricht über seinen Tod gibt Erasmus, *Scholia*, ASD 9,1, 66,25-30. Vgl. für andere Nachrichten und für die Gründe seiner Verurteilung ibid., 25-30 Anm.

[22] Erasmus wollte nach den Niederlanden reisen, kam aber nicht weiter als Schlettstadt; vgl. für seine Absichten und für die Ursachen seiner Rückkehr nach Basel Cornelis Augustijn (1962), 84-85. Die Reise fand zwischen dem 31. März und dem 20. April statt; sie dauerte wenigstens zehn Tage; s. A 5, 1273 Einl.; 1302,45-46.

[23] *De interdicto esu carn.*, ASD 9/1, 46,837-839; 49,953-954; *Scholia*, ASD 9/1, 66, 34-36.

[24] *De interdicto esu carn.*, ASD 9/1, 46,842-851; 48,903-904; *Scholia*, ASD 9/1, 66, 36-38.

[25] *De interdicto esu carn.*, ASD 9/1, 46,856-47,863; *Scholia*, ASD 9/1, 66,38; A 5, 1248, 10 Anm.; 1267, 10 Anm.

[26] *De interdicto esu carn.*, ASD 9/1, 46,850-851; 48,901-902; *Scholia*, ASD 9/1, 66,39-40; A 4, 1079, 5 Anm.; A 5, 1353,4-5.55-56. Eine offizielle Genehmigung vom Jahre 1525 ist erhalten; A 6, 1542.

greifen ließ[27]. Er schrieb eine *Epistola apologetica de interdicto esu carnium deque similibus hominum constitutionibus*, gerichtet an den Bischof von Basel[28] und datiert den 21. April. Später erklärte er, daß dieser Brief nicht zur Veröffentlichung bestimmt gewesen sei, sondern für den kleinen Kreis in Basel, der unmittelbar an den Wirren in der Stadt beteiligt war[29]. Es ist natürlich die Frage, inwieweit man eine solche Äußerung wörtlich nehmen muß; Erasmus mußte damit rechnen, daß eine Schrift, die brennende Tagesfragen behandelte, doch in die Öffentlichkeit gelangen würde[30]. Dies geschah denn auch, Abschriften wurden verbreitet, Anfang Juli besaß Botzheim in Konstanz ein Exemplar[31], und Erasmus befürchtete, daß irgendein Drucker eine Ausgabe veranstalten würde. Außerdem drängten ihn sowohl die Mitglieder der Universität, besonders der Theologe Ludwig Ber, als auch der Bischof, die Schrift herauszugeben. Auf Wunsch von Erasmus und vom Bischof las Ber zweimal die Arbeit sorgfältig durch; Erasmus verarbeitete die Änderungsvorschläge, und am 6. August erschien bei Froben die revidierte Fassung[32]. Die ursprüngliche Fassung kennen wir nicht, und wir wissen denn auch nichts von den vorgenommenen Änderungen.

Wovon handelt der Traktat?[33] Der Titel ist in gewissem Sinne

---

[27] Vgl. für das folgende *Cat. lucubr.*, A 1, S.33,33–39; A 6, 1581,717–725; *Supputat. error. in cens. N. Bedae*, LB 9, 484D–485A; *Scholia*, ASD 9/1, 66,45–51.

[28] Christoph von Utenheim (gest. 1527), entstammte einem elsässischen Adelsgeschlecht und gehörte zu dem Kreis der elsässischen Humanisten. Er war Kanoniker des Thomasstiftes in Straßburg, dann Kanonikus in Basel. Nachdem er 1502 zum Bischof von Basel ernannt worden war, versuchte er vergebens die Geistlichkeit zu reformieren. Im Anfang erregte das Auftreten Luthers seine Sympathie, die sich aber bald in klare Ablehnung verwandelte. Seine politische Stellung in Basel war zu schwach, um mit Erfolg gegen die reformatorische Bewegung Widerstand leisten zu können. 1527 verzichtete er auf seine Würde und starb kurz darauf. Sein Tod bedeutete für Erasmus den Verlust eines Verehrers und Gönners. Seinerseits hat Erasmus sich immer mit Achtung und Bewunderung über ihn geäußert. Vgl. für ihn *Contemporaries of Erasmus* 3, 361–362.

[29] A 6, 1581,724–725: "... sed vt temperarem motus quosdam qui tum hic exoriebantur ab istis Euangelicis, vt vocant".

[30] Das bekannteste Beispiel ist die Herausgabe des Briefes an Albrecht von Mainz vom 19. Oktober 1519; vgl. *Spongia*, ASD 9/1, 192,707–193,719.

[31] *Vadianische Briefsammlung* 2, Nr.317, S.437. Die Worte Botzheims an Vadian kennzeichnen diese Weise von Verbreitung: "Scripsit [Erasmus] nuper praelongam epistolam ... de esu carnium in quadragesima, quam his diebus recepi transscribendam. Erasmica est, hoc est: absolutissima, quam amico cuidam legendam dedi, alioqui ad te missurus. Quam si non videris, fac sciam; curabo quam primum, vt habeas".

[32] Vgl. für das Datum den Kolophon, ASD 9/1, 13, Nr.1.

[33] Im folgenden verweise ich nicht nach den diesbezüglichen Stellen des Textes; man

irreführend. Die Verteidigung der eigenen Haltung nimmt im ganzen nur einen geringen Platz ein. In erster Linie setzt sich Erasmus mit drei Themen auseinander: Fastenvorschriften, Priesterzölibat und obligatorische kirchliche Feiertage. Er hält diese kirchlichen Gebote an und für sich für wertvoll. Alle drei entstanden aus einer freiwilligen, spontanen Lebenshaltung und können Hilfsmittel bei der Ausübung der wahren Frömmigkeit sein. Freiwillige Bräuche entwickelten sich zu bindenden kirchlichen Bestimmungen. Auch dies mißbilligt Erasmus nicht. Ihr Wert ist jedoch nur relativ. Erasmus wirft die Frage auf, ob in der historischen Entwicklung nicht vielleicht der Zeitpunkt gekommen sei, wo die Gefahr derartiger Gebote größer sei als ihr Nutzen. Er verurteilt die Vorfälle in Basel ohne Vorbehalt: Menschen, die so handeln, zeigen, daß sie noch nicht reif für die wahre evangelische Freiheit sind. Andererseits bilden die bestehenden Gebote indes eine Bedrohung der echten Freiheit, die Christus und Paulus predigten. Bei der Erörterung der drei Vorschriften zeigt sich Erasmus über zwei Dinge besonders entrüstet. Das eine betrifft den sozialen Aspekt. Namentlich die Fastengebote belasten die Armen viel mehr als die Reichen, und die zunehmende Zahl der Feier- und Ruhetage gefährdet ihre Existenz. Das zweite ist die Geldsucht der Kirche, die bei der Handhabung der kirchlichen Gebote und der Erteilung von Dispensationen eine so große Rolle spielt.

Erasmus untersucht auch ausführlich die Grundlage dieser Gesetze: inwiefern können solche kirchlichen und also menschlichen Vorschriften verpflichtend sein? Sollte es tatsächlich Gottes Willen entsprechen, daß die Kirche solche Gebote unter Androhung der ewigen Verdammnis bei deren Übertretung erläßt? Und war dies die Absicht derjenigen, die diese Vorschriften erließen? Sogar die Übertretung von in der Bibel festgelegten Geboten Gottes bedeutet nicht immer eine Todsünde. Erasmus gibt keine allgemeingültigen Antworten auf diese Fragen. Wohl erklärt er ausdrücklich, daß ein großer Unterschied besteht zwischen Sünden im biblischen Sinn des Wortes und der Übertretung solcher menschlichen Regeln.

Hinter all dem verbirgt sich natürlich eine bestimmte Ekklesiologie. Für Erasmus ist die Kirche keine statische Größe, sie muß sich immer auf die Bedürfnisse einer neuen Zeit richten. In dem schönsten Teil seiner Abhandlung zeichnet Erasmus das Bild der Kirche als der

---

entnehme dies dem Abschnitt über die Komposition der Schrift, infra, 228–229.

Gemeinschaft, die ihrem Wesen nach durch die Liebe bestimmt wird. Er greift dabei die hierarchische Struktur der Kirche in keiner Weise an. Aber die Autorität des Bischofs darf nicht in Tyrannei gegen die Gläubigen entarten. "Es sind Schafe, aber eher von Christus als von den Bischöfen ... Das Volk ist nicht für die Bischöfe da, sondern die Bischöfe sind berufen um des Volkes willen ... Der Bischof soll darum über das Volk herrschen wie ein Vater über seine Kinder herrscht, wie ein Mann über seine geliebte Braut"[34]. In dieses Verhältnis paßt die väterliche Ermahnung, nicht der tyrannische Zwang. Erasmus sieht das Problem der Kirchengebote also nicht isoliert. Auch in dieser Hinsicht ist der Titel etwas irreführend. Es geht ihm um die Art der Kirchengemeinschaft, die konkrete Frage nach bestimmten kirchlichen Vorschriften wird dem untergeordnet.

* * *

Inwiefern handelt es sich hier um neue Gedanken?[35] Es erübrigt sich, näher auseinanderzusetzen, daß sich die hier von ihm dargelegten Ideen völlig in seine Gedankenwelt einfügen, so wie man sie von ihm kannte. Bereits im *Enchiridion* hatte Erasmus alle äußerlichen Zeremonien in der Kirche relativiert und in diesem Zusammenhang auch die Fasten- und Speisegesetze erwähnt[36]. Im Jahre 1515 äußerte sich Erasmus in der damals erschienenen Ausgabe der *Adagia* sehr konkret zu den Feiertagen. Seiner Meinung nach würden sie vollkommen verkehrt begangen und müßte ihre Anzahl drastisch vermindert werden[37]. In der ersten Ausgabe der *Annotationes* zum Neuen Testament (1516) war er nicht weniger konkret. Bei Römer 14,1 fällt die Bemerkung auf, daß man unter den Christen beinahe mehr Aberglauben in der Auswahl der Speisen antreffe als dies jemals bei den Juden der Fall gewesen sei, und daß man hierin die echte Frömmigkeit sehe und einander danach beurteile[38]. In der Glosse zu Kolosser 2,21 klagt Erasmus über die Tyrannei, die auf diese Weise

---

[34] ASD 9/1, 38,590–591; 39,596–597; 39,610–40,611.

[35] Im folgenden bemühe ich mich nicht um Vollständigkeit; ich versuche aber, die Hauptmomente aufzuzeigen. Vgl. für die Äußerungen des Erasmus über Fasten- und Speisegesetze Jean-Pierre Massaut (1968), 2, 163–167; für seine Äußerungen über das Zölibatsgebot ibid., 2, 188–191; Emile V. Telle (1954), 153–192. In diesen Studien wird nicht zwischen den verschiedenen Editionen der *Annot. in NT* unterschieden.

[36] LB 5, 20DE; 26D; 37B,E.

[37] Vgl. *Adag.*1512, LB 2, 586F–587B.

[38] "At hodie videmus inter christianos prope plus esse superstitionis in ciborum

ausgeübt werde[39]. An anderer Stelle kritisiert er die Anhäufung der
Feiertage[40]. In der zweiten Ausgabe der *Annotationes* zum Neuen Testament findet sich zum ersten Mal die berühmte Auslegung von
Matthäus 11,30. In ihrem Mittelpunkt steht der Passus: "Vere blandum
est iugum Christi et leuis sarcina, si praeter id quod ille nobis imposuit,
nihil imponeretur ab humanis constitutiunculis. Praeter mutuam cha-
ritatem nihil ille praecipit...". In diesem Zusammenhang nennt
Erasmus namentlich die Speisevorschriften und die zahlreichen Feiertage, die beide mit der Geldsucht der Kirche verknüpft seien. In
der *Ratio verae theologiae*, die dieser Ausgabe des Neuen Testamentes
beigefügt ist, stellt Erasmus die christliche Liebe und die Zeremonien
einander unter dem Motto gegenüber: "Ex cerimoniis oriuntur dissi-
dia, e caritate pax"[41]. Auch hier nennt er die Speisegebote und die
Feiertage als Beispiele für die Zeremonien. Im Vorwort zu der neu-
en Ausgabe des *Enchiridion*, erschienen 1518, tadelt er die Lebenshaltung, die mit den Speisegeboten oft verbunden ist[42], und im Vorwort
zu den *Paraphrases in Corinthios* erklärt Erasmus, daß es besser wäre,
wenn solche Gebote gänzlich aufgehoben würden[43]. In dem berühmten Brief an Šlechta, 1521 herausgegeben, äußert sich Erasmus zu
den Feiertagen auf eine Weise, die bereits vollkommen dem entspricht,
was er im Jahr darauf an seinen Bischof schreiben wird[44]. Im März
1522, in der neuen Ausgabe der *Colloquia*, findet man einen Abschnitt
über Fasten- und Speisegesetze und über die Art, wie diese Gesetze

---

delectu quam vnquam fuerit apud Iudaeos; nec ista iam tolerantur, sed in his
absolutam constituunt pietatem, pro illis omni telorum genere depugnamus, ex his
iudicamus, auersamur, execramur proximum ceu parum christianum".
    [39] "... atque his cerimoniis subigebant velut in tyrannidem quos Christus liberos
esse voluit. Et vtinam his quoque temporibus non idem facerent sacerdotes quidam
omissis iis quae propius ad pietatem pertinent".
    [40] *Annot. in Rom.* 14,5, LB 6, 640DE: "At christianis quilibet dies aeque sanctus
est, non quod obseruandi non sint festi dies, quos deinde sancti patres instituerunt,
quo commodius plebs christiana conueniret ad concionem ecclesiasticam et cultum
diuinum, sed eos perpaucos... Verum haud scio an expediat quibuslibet ex causis
festa festis accumulare, praesertim cum videamus eo redisse christianorum mores, vt
quam olim conducebat ad pietatem haec instituere tam nunc conducibile videatur
eadem antiquare".
    [41] LB 5, 106F. Vgl. *Rat. ver. theol.*, LB 5, 106C–107E; 111F–113B. Der erste
Abschnitt befindet sich größtenteils schon in der Edition vom Jahre 1519. Der zweite
Abschnitt ist ganz aus der Edition vom Jahre 1520. Vgl. für die verschiedenen
Editionen Erasmus (Holborn, 1933), XV–XVIII.
    [42] A 3, 858,458–464.
    [43] A 3, 916,143–148.244–254.
    [44] A 4, 1039,180–196.

auferlegt werden, der in Kurzfassung das gleiche bietet wie die *Epistola de interdicto esu carnium*[45].

Zur Zölibatspflicht nahm Erasmus zum ersten Mal, auf vorsichtige Weise, in dem *Encomium matrimonii* von 1518 Stellung: "Mihi sane videtur non pessime consulturus rebus ac moribus hominum, qui sacerdotibus quoque ac monachis, si res ita ferat, ius indulgeat coniugii"[46]. Diese Schrift hatte in Löwen, und nicht nur dort, sogleich Proteste hervorgerufen, da die Verherrlichung der Ehe und der irdischen Liebe, die man darin antraf, den Wert des keuschen Lebens herabsetze[47]. Dennoch wiederholte Erasmus in der zweiten Ausgabe der *Annotationes* zum Neuen Testament zweimal diese Auffassung[48]. Er wies ebenfalls darauf hin, daß es unter der großen Zahl der Priester nur wenige gäbe, die das Zölibatsgebot einhielten. Auch in diesem Fall war, seiner Meinung nach, die Geldsucht der kirchlichen Würdenträger das größte Hindernis um die bestehenden Gebote zu ändern. Diese Äußerungen stimmen im wesentlichen bereits mit den entsprechenden Stellen in der *Epistola de interdicto esu carnium* überein.

Zusammenfassend kann man sagen, daß Erasmus die konkreten Fragen, die er in der *Epistola de interdicto esu carnium* behandelt, alle schon in früheren Schriften anrührte. Das Neue liegt in erster Linie darin, daß Erasmus seine Gedanken jetzt in einer ausdrücklich der Behandlung dieser Fragen gewidmeten Schrift zusammenfaßt, und das in einer Situation, in der diese Fragen eine neue Aktualität erhalten hatten. Außerdem bedenke man, daß der Zusammenhang, in den sie nun gestellt wurden, zum Teil von dem früherer Äußerungen abwich. Bis jetzt hatte er sich mit den Fasten- und Speisegeboten sowie mit den Feiertagen stets im Rahmen der Erörterung von Wert und Unwert kirchlicher Zeremonien befaßt. Seiner Ansicht über den Zölibat lag die Überlegung zugrunde, daß ein Gebot, das so häufig und mit stillschweigender Billigung der kirchlichen Autoritäten übertreten wird,

---

[45] ASD 1/3, 207,2662–208,2703. Vgl. für diesen Abschnitt Franz Bierlaire (1969).

[46] ASD 1/5, 402,224–404,226. Das *Encom. matrim.* wurde in *De conscr. ep.* in der Edition vom August 1522 aufgenommen; ASD 1/2, 170,172,192. Dabei wurde dieser Passus erheblich erweitert; vgl. ASD 1/2, 418,1–10.

[47] In Löwen griff Jean Briard diese Schrift an; vgl. die Einleitung zu dem *Encom. matrim.*, ASD 1/5, 370–372 und die dort genannte Literatur. Massaut nimmt an, daß *De vita et moribus sacerdotum* (1519) von Josse Clichtove sich auch gegen das *Encom. matrim.* richtete; vgl. Jean-Pierre Massaut (1968), 2, 191–203.

[48] Vgl. *Annot. in 1.Cor.*7,1, LB 6, 685F; *1.Tim.*3,2, LB 6, 933F–934C. In der ersten Edition der *Annot. in NT* sagt Er. nichts über den Zölibat; in der zweiten Edition äußert er sich sehr vorsichtig: "haud scio an magis expediat"; "fortassis iudicabit magis expedire".

seinen Sinn verloren habe. Nun werden dieselben Äusserungen in einen breiteren Zusammenhang gebracht.

* * *

Dies führt uns zur Komposition der *Epistola de interdicto esu carnium.* Im allgemeinen ist dies nicht die stärkste Seite seiner Schriften. Desto auffälliger ist es, wie ausgezeichnet diese Abhandlung komponiert ist. Nach einer Einleitung[49], in der Erasmus die Ereignisse in Basel skizziert, befaßt er sich in einem ersten Teil mit der kirchlichen Gesetzgebung zu den Feiertagen, mit den Bestimmungen über den Zölibat und mit den Fasten- und Speisevorschriften an sich[50]. Im zweiten Teil erörtert er diese Fragen im Rahmen der kirchlichen Gemeinschaft überhaupt[51]. Hierauf folgt die Schlußfolgerung zu diesem Thema[52], woran sich eine Rechtfertigung seiner eigenen Haltung anschließt[53]. Im Epilog wird das Ergebnis, zu dem er gekommen ist, noch einmal auf die Einstellung zu den Fasten- und Speisegeboten zugespitzt[54].

Der erste Teil gliedert sich in zwei Abschnitte. Zunächst erörtert Erasmus den Wert kirchlicher Bestimmungen bei Zeremonien im allgemeinen[55]. Er geht von der Fastendisziplin aus[56] und erklärt, wie die kirchliche Gesetzgebung in einer historischen Entwicklung an die Stelle der ursprünglich freiwilligen Enthaltung trat[57]. Da in der Kirche die Ordnung ein wichtiges Gut ist, müßten Veränderungen in diesen Dingen behutsam und ohne Erschütterungen durchgeführt werden[58]. Von diesem Gesichtspunkt aus verurteilt Erasmus die Handlungsweise mancher Neuerer in Basel[59]. Andererseits sollten die Kirchenfürsten jedoch das große Gut der Freiheit des Christen im Auge behalten[60]. Danach erläutert Erasmus die Anwendung dieser Grundregel auf die Bestimmungen hinsichtlich der Feiertage[61], des

---

[49] *De interdicto esu carn.*, ASD 9/1, 19,3–20,18.
[50] Ibid., ASD 9/1, 20,19–33,406.
[51] Ibid., ASD 9/1, 33,407–44,781.
[52] Ibid., ASD 9/1, 45,782–46,830.
[53] Ibid., ASD 9/1, 46,831–48,914.
[54] Ibid., ASD 9/1, 48,915–50,960.
[55] Ibid., ASD 9/1, 20,19–24,146.
[56] Ibid., ASD 9/1, 20,19–42.
[57] Ibid., ASD 9/1, 20,43–21,60.
[58] Ibid., ASD 9/1, 21,61–22,114.
[59] Ibid., ASD 9/1, 22,115–23,134.
[60] Ibid., ASD 9/1, 23,135–24,146.
[61] Ibid., ASD 9/1, 24,147–26,213.

Zölibats[62] und der Fastendisziplin[63]. In allen drei Fällen lautet seine Schlußfolgerung: Diese Gesetze müssen geändert werden, unter Leitung der Kirchenfürsten, ohne übereiltes Auftreten des Volkes und ohne Tumult.

Der zweite Teil, der die oben genannten Fragen in einen größeren Zusammenhang rückt, gliedert sich in drei Abschnitte. Zunächst stellt Erasmus die Frage, inwiefern diese kirchlichen Satzungen verpflichtend sind[64]. Nach einer vorsichtig formulierten negativen Antwort befaßt er sich mit zwei möglichen Einwänden gegen diesen Standpunkt. Der erste betrifft die Handhabung der Ordnung in der Kirche[65]. An dieser Stelle zeichnet er das Ideal einer kirchlichen Gemeinschaft, in der die Kirchenführer Väter und Diener der Herde sind. Der zweite Einwurf ist, den Schwachen im Glauben könne ein Ärgernis gegeben werden[66]. Diesem Argument hält Erasmus entgegen, daß sich die Situation seit den Tagen des Paulus vollkommen geändert habe und daß jetzt eher das gottlose Leben der Kirchenfürsten Anstoß errege.

In seiner Schlußfolgerung[67] behandelt Erasmus den Wert kirchlicher Zeremonien im allgemeinen. Er will ihren Nutzen nicht gänzlich leugnen, aber seiner Meinung nach überwiegen die Gefahren. Zusammenfassend sagt er: "Haec si immodice adhibeantur, obruunt euangelicam libertatem. His fidere, vt fere vulgus hominum solet, pestis est verae pietatis. Ex his obtrectare fratri venenum est euangelicae religionis"[68].

* * *

Was wollte Erasmus mit dieser Schrift erreichen? Er hatte in erster Linie die Situation in Basel vor Augen. Der Zustand in der Stadt hatte sich zugespitzt; Erasmus spricht später sogar von einem drohenden Schisma[69]. Er war davon überzeugt, daß beide Parteien, die sich jetzt bildeten, Fehler hatten. Der altkirchlichen Partei warf er

---

[62] Ibid., ASD 9/1, 26,214–28,268.
[63] Ibid., ASD 9/1, 29,269–33,406.
[64] Ibid., ASD 9/1, 33,407–38,560.
[65] Ibid., ASD 9/1, 38,561–42,689.
[66] Ibid., ASD 9/1, 42,690–44,781.
[67] Ibid., ASD 9/1, 45,782–46,830.
[68] Ibid., ASD 9/1, 45,809–811.
[69] *Supputat. error. in cens. N. Bedae*, LB 9, 484D; vgl. auch *Scholia*, ASD 9/1, 66, 60–61.

Aberglauben vor[70]. Es stecke etwas Heuchlerisches im krampfhaften
Festhalten an den kirchlichen Vorschriften, solange man die Übertretung der Gebote Gottes nicht ahnde[71]. Der anderen Partei warf er
Unbesonnenheit vor[72]: als ob aus der absichtlichen Verletzung der
Bestimmungen hervorgehe, daß man wirklich evangelisch sei![73] Er
betonte denn auch zwei Dinge. Einerseits müßte man den Ubeltätern
mit großer Langmut begegnen und viel durch die Finger sehen[74],
andererseits müßte der kirchlichen Autorität gehorcht werden[75]. Zu-
frieden stellte er später fest, daß seine Bemühungen Früchte getragen hatten[76].

Letzten Endes aber war sein Ziel weiter gesteckt. Im Jahre 1526
sagt er darüber, daß damals eine Beratung vor der Tür gestanden
sei, auf der ein jeder sein Rettungsmittel gegen die Übel der Zeit
hätte vorbringen können[77]. Es ist nicht klar, was Erasmus hiermit
konkret meinte[78]. Aber seine Absicht ist deutlich genug. Er war zum
ersten Mal mit der reformatorischen Bewegung in Berührung gekommen, so wie sich diese in der Schweiz zu entfalten begann. Ähnlich
wie er sich früher vorsichtig für Luther eingesetzt hatte, so plädierte
er jetzt für ein weises Vorgehen gegenüber der schweizerischen
Bewegung. Obwohl seine Schrift das eigenmächtige Auftreten der
reformatorischen Gruppe mißbilligt, stellt sie einen Aufruf an die Kirche dar, die Sache ernst zu nehmen und diese Bewegung vernünftig
und behutsam in kirchliche Bahnen zu leiten.

* * *

Die Schrift hatte einen erstaunlichen Erfolg. Allein in den Jahren
1522 und 1523 erschienen wenigstens elf Ausgaben und später noch

---

[70] *Scholia*, ASD 9/1, 66,62–63.
[71] Erasmus arbeitete dies in einem von ihm nie publizierten Brief aus; A 5,
1353,138–176.
[72] *Scholia*, ASD 9/1, 66,61–62; A 5, 1496,85–86; A 6, 1581, 723–725; 1620,
44–48.
[73] A 5, 1353,209–212.
[74] *De interdicto esu carn.*, ASD 9/1, 46,816–820.
[75] Ibid., ASD 9/1, 21,61–69; 38,562–576; *Scholia*, ASD 9/1, 84,514–516.
[76] A 6, 1620,48; *Supputat. error. in cens. N. Bedae*, LB 9, 484DE.
[77] *Supputat. error. in cens. N. Bedae*, LB 9, 484E: "Et agebatur de concilio vel generali
vel prouinciali, in quo qui vellent adferrent remedia, quibus haec mala possent
componi. Id mihi videbatur fieri posse, si Germanorum querimoniis concederentur
quaedam, quae salua pietate christiana concedi possent".
[78] Vielleicht denkt Erasmus dabei an den zweiten Nürnberger Reichstag (1522–
23) oder an den dort erhobenen Ruf um ein freies Konzil.

eine weitere Anzahl, sowie zwei deutsche und zwei englische Übersetzungen[79]. Hierbei fällt auf, daß Froben keine Neuausgabe veran-
staltete. Vielleicht hielt Erasmus selber dies nicht für wünschenswert[80].
Erst 1532 gab er einen nahezu unveränderten Neudruck mit ausführlichen Erläuterungen heraus, die einen verteidigenden Charakter
tragen[81].

Das Werk wurde von der reformatorischen Gruppe nicht günstig
aufgenommen. Erasmus sprach selber davon, daß gerade diese Schrift
als erste die Wut der 'Lutheraner' gegen ihn entfachte[82], und er erwähnt sogar protestantische Streitschriften gegen die *Epistola de interdicto
esu carnium*[83]. Derartige Schriften sind mir nicht bekannt. Sicher ist,
daß sich in Basel die Stimmung gegen Erasmus ziemlich verschärfte:
Buschius wollte nichts mehr von Erasmus und seinen Freunden wissen[84], und für die reformatorische Partei in der Stadt gilt das gleiche[85].
Wahrscheinlich bezieht sich Zwinglis Äußerung, Erasmus habe mehr
von dem allzu sanftmütigen Eli als von dem strengen Elia an sich[86],
auf diese Schrift.

Auf katholischer Seite löste die *Epistola de interdicto esu carnium* einen
Sturm von Protesten aus[87]. Noch 1531 zählte diese Schrift zu den
drei Werken des Erasmus, die am meisten Anstoß erregen[88]. Die von
Erasmus gewünschte Wirkung hat sie nicht gehabt. Erasmus hielt die
Verhaltensweise, für die er in dieser Schrift plädierte, für so wichtig,
daß er immer wieder darauf zurückkam[89]. Andere dachten anders
darüber. Die Gegensätze lagen tiefer als Erasmus vermutete.

---

[79] S. für diese Drucke ASD 9/1, 13–17.
[80] S. die Einleitung zu den *Scholia*, ASD 9/1, 58.
[81] S. die Einleitung zu den *Scholia*, ASD 9/1, 53–63.
[82] A 6, 1620,48; 1679,46–49; A 8, 2134,152–153; *Supputat. error. in cens. N. Bedae*,
LB 9, 484E. Erasmus spricht dabei über 'Lutheraner', womit er an die Evangelischen im allgemeinen denkt.
[83] *Scholia*, ASD 9/1, 66,54–55.
[84] A 5, 1496,85–98; *Die Amerbachkorrespondenz* 2, Nr.878,20–22.
[85] A 8, 2134,150–153; *Supputat. error. in cens. N. Bedae*, LB 9, 484E; 485A.
[86] *Suggestio deliberandi*, Zwingli 1 (CR 88), 440,17–441,3.
[87] S. die Einleitung zu den *Scholia*, ASD 9/1, 53–57.
[88] A 9, 2566,83–86; A 10, 2868,12–32.
[89] In seinem Gutachten an den Basler Stadtrat, A 6, 1539, ca. Januar 1525;
s. Cornelis Augustijn (1962), 166–168. Auch *De sarc. eccles. concord.*, ASD 5/3, 245–
313, vom Jahre 1533, gibt im Grunde dieselben Empfehlungen; Cornelis Augustijn
(1962), 277–282. Erasmus sagt selbst: "Proinde qualia scripsi in eo libello [sc. *De
interdicto esu carn.*], talia sum ausus scribere duobus pontificibus Adriano VI. et Clementi
VII. atque Cardinali Campegio, cui negotium hos tumultus componendi datum erat";
Supputat. error. in cens. N. Bedae, LB 9, 484E. Der Brief an Hadrian VI. ist A 5, 1352,

dessen Schluß von Erasmus nicht publiziert wurde. Der Brief an Campeggio ist wahrscheinlich der von Erasmus A 5, 1422,72–75 versprochene. Der Brief an Clemens VII. kann nicht A 5, 1418 sein, da nur Zeile 69–71 ganz unbestimmt in diese Richtung weisen. Erasmus muß also auf einen späteren Brief deuten, den er nicht publiziert hat. Vgl. für diese Briefe Cornelis Augustijn (1962), 111–113,131.

13. KAPITEL

ERASMUS UND FAREL IN KONFLIKT

Im Jahre 1557 waren Farel und Beza mit noch zwei Begleitern auf Durchreise im Gasthof Zum wilden Mann in Basel. Vor der Mahlzeit kam das Gespräch auf Erasmus. Farel sagte von diesem, er sei "omnium mortalium deterrimus, improbissimus, nequissimus, sceleratissimus, scelestissimus, perditissimus ac impiissimus nebulo". Beza schimpfte nicht, nannte Erasmus aber einen Arianer, der die ganze Rechtfertigungslehre verneinte[1]. Die Anschuldigungen Bezas sind nicht geradezu neu, schon zu Erasmus' Lebenszeit wurden sie öfters gehört. Die Worte Farels sind nur eine Schimpfkanonade, und dafür kann man Verständnis haben. Vor dreiunddreißig Jahren hatte der Rat von Basel auf Erasmus' Anregung hin den jungen Farel, der noch kein volles Jahr in der Stadt war, ohne weiteres der Stadt verwiesen. Was hatte Erasmus dazu gebracht? Ohne Zweifel hatte das Gespräch, das er kurz zuvor mit Farel geführt hatte, ihn dazu veranlaßt.

Dieses Gespräch ist Gegenstand dieser kurzen Untersuchung. Was ist uns von der Unterredung bekannt? Inwieweit und in welcher Hinsicht ist sie aufschlußreich für die theologischen Positionen der beiden Gesprächspartner in dieser Zeit?

Zuerst eine kurze Bemerkung über den Quellenbestand. Erasmus nennt "prahlerische Briefe" Farels über ihr Gespräch, von denen er einen gesehen habe, in dem manchmal in zehn Zeilen kein einziges wahres Wort stecke[2]. Solche Briefe gibt es jetzt nicht mehr: wir sind auf die Mitteilungen des Erasmus angewiesen. Dieser hat schon 1524 einen kurzen Bericht veröffentlicht[3] und 1529 einen längeren, der sich in einem schon 1524 geschriebenen Brief befindet[4]. Beide sind

---

[1] S. für diese Äußerungen, gegen welche bald von Erasmus' Erben und Testamentsvollstrecker Protest eingelegt wurde, Paul-F. Geisendorf (1967), 89. Die Originale sind dargestellt in *Erasmus en zijn tijd* (1969), 2,153, Nr.550,551. Merkwürdigerweise ist die Erklärung dieser Dokumente völlig unrichtig, vgl. ibid. 1, Nr.550,551.

[2] A 5, 1496,131–134; 1510,41–43; *Epist. ad fratr. Infer. Germ.*, ASD 9/1, 394,447–396,457.

[3] In der zweiten Edition des *Cat. lucubr.*, A 1, S.31,8–27.

[4] A 5, 1510,16–40.

längst in der Forschung verarbeitet[5]. Daneben gibt es zwei meines
Wissens noch nicht verarbeitete Äußerungen des Erasmus aus den
Jahren 1524 und 1526. Im folgenden beschränke ich mich zuerst auf
eine sich auf die beiden bekannten Berichte stützende Darstellung.
Danach folgt eine Behandlung der zwei anderen Stellen.

Das kurze Gespräch, das um Juni 1524 datiert werden kann, kam
zustande, als Erasmus zufälligerweise auf Farel stieß. Er ergriff die
Gelegenheit, sich dessen Worte wegen zu beschweren: hatte ihn ja
Farel einen Bileam gescholten, der aus Geldgier sich selbst verdingt
habe, das Volk Gottes zu verfluchen. Der Grund dieser Anschuldigungen war, daß Erasmus den Fürsten, besonders dem Papst, angeboten hatte, Ratschläge für eine friedliche Lösung der Schwierigkeiten
auf religiösem Gebiet zu erteilen[6]. Nach einigen Worten über diese
Affäre nahm das Gespräch eine theologische Wendung. "Ich fragte
ihn", berichtet Erasmus, "warum er der Meinung sei, man solle die
Heiligen nicht anrufen. Vielleicht weil es nicht ausdrücklich in der
Heiligen Schrift stand? Er bejahte. Darauf hieß ich ihn, deutlich aus
der Heiligen Schrift anzuzeigen, daß der Heilige Geist anzurufen sei.
Er sagte: Wenn er Gott ist, soll er angerufen werden. Ich drang darauf,
das aus den Schriften anzuzeigen. Dabei versicherte ich wiederholt,
daß ich disputationsartig spreche und wir sachlich völlig einig seien"[7].

Selbstverständlich hat die Unterredung nicht zu einem Verständnis
zwischen den Männern beigetragen. Das war auch kaum möglich:
Sie waren grundverschiedene Menschen und setzten sich grundverschiedene Ziele. Farel, "a man on fire with zeal from the crown of
his red head to the sole of his gospellor's feet upon the mountains"[8],
wollte die Welt zum neuen Evangelium bekehren, er wünschte den
radikalen Bruch. Erasmus war seines Erachtens ein schwankender,
zaudernder Mensch: Frobens Frau verstehe mehr von Theologie als
Erasmus[9]. Andererseits war ein solcher Heißsporn wie Farel, außerdem noch ein Feind der bonae litterae, Erasmus wesensfremd und
verhaßt: er verhaspelte dessen Namen sogar immer zu 'Phallicus'.
Ohne Bedenken benutzte er seinen Einfluß zuungunsten Farels.

---

[5] Vgl. N. Weiss (1920); *Guillaume Farel 1489–1565* (1930), 124–130; Cornelis
Augustijn (1962), 139–141; Jean-Pierre Massaut (1983), 11–30.
[6] *Cat. lucubr.*, A 1, S.31,11–33,2; A 5, 1510,17–22; *Epist. ad fratr. Infer. Germ.*, ASD
9/1, 396,452–456.
[7] A 5, 1510,24–30.
[8] Preserved Smith (1923), 376–377.
[9] A 5, 1510,59–61.

Dies alles ist klar. Versuchen wir aber auch, was bisher vernachlässigt wurde, die theologische Differenz zu bestimmen. Erasmus hatte natürlich keine beliebige Frage zur Diskussion gestellt. Was war aber der Grund, daß er Farel gerade diese Fragen über die Rechtmäßigkeit von der Anrufung der Heiligen und des Heiligen Geistes stellte? Der Skopus wird klar, wenn wir seinen *Modus orandi deum* vom Oktober 1524 lesen. Seiner Meinung nach dreht sich alles um folgende Fragen: kann die Christenheit das lehren oder verordnen, was nicht ausdrücklich in der Heiligen Schrift vorgefunden wird? Oder soll man eher sagen: wenn die Schrift es weder gebietet noch verbietet, soll man es weder auferlegen noch untersagen? Die letztere Lösung ist Erasmus zu einfach, die erstere zu rigoros. Die Anrufung der Heiligen ist ein alter und frommer Brauch, aber andererseits war die alte Kirche doch eher dazu geneigt, nichts zu wagen, was nicht in der Schrift stand[10]. Aus welchem Grunde stellte aber Erasmus diese Fragen an Farel? Die Antwort liegt auf der Hand. In seinen im Frühjahr in Basel verteidigten Thesen hatte Farel als erste und grundlegende formuliert: "Christus hatt uns die aller volkumneste regel ze leben für gezaychnet, wölcher nit gebürt, etwas hinzů ze setzen oder hinweg zů nemen"[11]. Ich nehme an, daß Erasmus persönlich der Disputation nicht beigewohnt hatte[12], die Thesen aber gelesen hatte und über den Hergang der Disputation unterrichtet war. Wir wissen über den Verlauf nichts. Soviel ist aber klar, daß Farel ein strenges Schriftprinzip befürwortet hat, und das der kirchlichen Praxis und den kirchlichen Satzungen gegenübergestellt hat.

Jetzt müssen wir die zweite Äußerung des Erasmus herziehen. Es handelt sich auch hier um einen Bruchteil ihrer Unterredung. In der im Sommer 1524 geschriebenen Abhandlung *De libero arbitrio* spricht Erasmus über Leute, "welche, wenn eine Meinungsverschiedenheit über den Sinn der Schrift auftaucht, uns, wenn wir die Auslegung

---

[10] Vgl. *Mod. orandi Deum*, ASD 5/1, 144,829–147,896; vgl. infra, 303. Dieser Abschnitt macht klar, aus welchen Gründen Erasmus seine Frage stellte und was er damit beabsichtigte. Die Parallelen mit A 5, 1510,24–32, sind überzeugend.

[11] Vgl. für den Text der Thesen A.-L. Herminjard 1, Nr.91, S.193–195; AGBR 1, Nr.195, S.95–105. Richtig ist m.E. die Bemerkung: "Man hat die Aufeinanderfolge der Thesen unlogisch und konfus gefunden . . .; sie sind das aber durchaus nicht, sobald man beachtet, daß der in These 1 aufgestellte Grundgedanke von der vollkommenen Lebensregel Christi, welcher nichts beizufügen noch abzuziehen ist, einfach in zweimal sechs weiteren Thesen, zuerst auf den Klerus, dann auf die Christen überhaupt, angewandt wird"; vgl. Zwingli 8 (CR 95), Nr.329, Anm. 2.

[12] Derartigen öffentlichen Versammlungen wohnte er nie bei.

der alten Rechtgläubigen vorbringen, sofort entgegenrufen: Sie waren
nur Menschen. Auf die Frage, an welchen Merkmalen man erkennen könne, welches die wahre Auslegung der Schrift ist, da auf beiden Seiten nur Menschen stehen, antworten sie: Durch das Merkmal
des Geistes"[13]. Zickendraht hat schon angenommen, daß Erasmus an
Farel denkt[14]. Im *Hyperaspistes* kommt Erasmus 1526 darauf zurück.
Jetzt spricht er, ohne einen Namen zu nennen, über "einen Menschen"
und macht völlig deutlich, daß er Farel meint. Über ihr Gespräch
sagt er jetzt: ". . . als ich jenem so weit zugestimmt hatte, daß dem
einen oder anderen sein Geist Sicherheit gebe, fuhr ich zu fragen
fort, woraus das für mich feststehen könnte, der ich nicht die Gabe
besässe, fremde Geister zu unterscheiden; so komme es, daß . . . seine
Sicherheit meinen Zweifel nicht beseitigte. Jener führte die Erörterung auf die Schrift zurück; als ich ihm wiederum die verschiedenen
Auslegungen einwendete, antwortete er nichts anderes als: der Geist,
der Geist"[15].

Tragen die Erinnerungen des Erasmus dazu bei, das Bild Farels,
auch das theologische Bild, deutlicher zu schildern? Auch hier ergibt
sich, daß ihr Gespräch sich offenbar um die Fragen von Schrift und
kirchlichem Brauchtum drehte, die Farel in seinen Thesen gestreift
hatte und die auch Erasmus in dieser Zeit beschäftigten. Man gewinnt den Eindruck, daß ihre Diskussion jetzt einen Schritt weiterge-
kommen war und "die Frage nach einem objektiven Kriterium der
Wahrheit" behandelte, eine Frage, auf die Erasmus bald darauf in
der Einleitung der Schrift *De libero arbitrio* eingehen würde[16]. Farel
hatte in der siebenten These gesagt: "Der underdruckt das evangeli,
der das evangeli ungewisz macht"[17]. Das klingt schön, aber die Frage
ließ sich nicht unterdrücken, wie man in einer grundsätzlichen Meinungsverschiedenheit, wie es jetzt in der Kirche gab, ein brauchba-

---

[13] *De lib. arbitr.*, LB 9, 1220AB. Die Übersetzung entnehme ich Erasmus (Welzig
1969), 32–33.
[14] Karl Zickendraht (1909), 25, der mit Recht auf A 5, 1523,125–127, hinweist.
[15] *Hyperasp.* 1, LB 10, 1299BC. Er sagt über seinen Gesprächspartner: "Imo novi
quendam, cui non crediderim hunc adesse Spiritum quem sibi vindicabat, cum eum
compererim certissimis argumentis mendacissimum simul et gloriosissimum ac
maledicentiae insatiabilis". In seinen Briefen hatte er Farel in ähnlicher Weise charakterisiert. In *De servo arbitrio* hatte Luther bei seiner Besprechung der diesbezüglichen
Stelle aus *De lib. arbitr.* nicht, wie Erasmus getan hatte, über "indicium Spiritus",
sondern über "iudicium Spiritus" gesprochen; vgl. Luther, WA 18, 653,19–20. Es
ist auffällig, daß Erasmus sich dieser Änderung seiner Worte anschließt.
[16] Ich entnehme dies Erasmus (Schumacher 1956), 7.
[17] AGBR 1, Nr.195, S.104.

res, anwendbares Kriterium finden könnte. Erasmus behauptet, Farel habe als solches das "indicium Spiritus" genannt, das Merkmal des Geistes. Nebenbei sei bemerkt, daß Luther dies, gerade als quasi objektives Kriterium abgewiesen hat[18]. Nach dem *Hyperaspistes* hat Farel zuerst auf die Schrift als festen Grund gewiesen, und, als Erasmus die unterschiedliche Auslegung der Schrift einwendete, auf den Geist. Welche Gedanken kann man sich dabei machen? Die Frage ist nicht unwichtig, um so mehr da die theologische Entwicklung Farels in dieser Zeit weitgehend unbekannt ist.

Ich möchte vorschlagen, die *Epistres et Evangiles pour les cinquante et deux sepmaines de lan* vom Jahre 1525 als Hilfsmittel zur Erklärung zu benutzen. Diese Predigtsammlung für das Bistum Meaux, verfaßt von Faber Stapulensis und seinen Schülern[19], ist bekanntlich eines der ältesten Zeugnisse des Evangelismus in Frankreich. Als Farel 1523 aus Frankreich floh, hatte er seine theologische Bildung in diesem Kreis empfangen. Wenn wir versuchen, die Aussagen Farels -gehen wir davon aus, daß Erasmus sie nicht ganz falsch verstanden hat- zu verstehen, können wir diese Predigtsammlung benutzen, um ihre theologische Tragweite, ihren theologischen Gehalt zu skizzieren. Man verstehe mich recht. Ich beschäftige mich nicht mit der Frage, ob und inwieweit Farel in der Entstehung dieser Sammlung mitbeteiligt war, ich sehe sie auch nicht als unmittelbare Quelle für unsere Kenntnisse betreffs Farels. Sie ist aber eine wichtige Quelle zur Erkenntnis der Gedanken, die in diesem Kreis lebten und die einen großen Einfluß auf Farels geistige Entwicklung geübt haben. Es handelt sich um das geistige Klima, in dem er einige Zeit gelebt hatte.

Die Herausgeber dieser Schrift kennzeichnen die Gedankenwelt der *Epistres et Evangiles* mit drei Stichwörtern: théologie de la parole de Dieu, théologie de la foi, théologie de l'église[20]. Mit Recht erwähnen sie die Theologie des Wortes Gottes als erstes Merkmal. Überall in den Predigten wird auf Gottes Wort der höchste Wert gelegt. Es ist nicht zufällig, daß die Verurteilung durch die Sorbonne neben der Glaubenslehre besonders die Schriftlehre rügt[21]. In der Heiligen Schrift wird der Wille Gottes erklärt, durch sie wird die

---

[18] Vgl. Luther, *De servo arbitrio*, WA 18, 653,2–4.
[19] Vgl. Jacques Lefèvre d'Etaples (1964); derselbe (1976). Im folgenden benutze ich diese letzte Edition. Vgl. auch Guy Bedouelle (1976).
[20] Jacques Lefèvre d'Etaples (1976), XLV–LII.
[21] Vgl. Jacques Lefèvre d'Etaples (1964), 41–51.

Seele eines jeden Christen geistlich genährt[22]. Jeder Bischof und Pfarrer
hat die Predigt als erste Aufgabe, von der auch Verfolgung ihn nicht
abhalten darf[23]. "O que la parolle de Jesuchrist est puissante et de
grande vertu"[24]. Nicht umsonst hat Abraham die Brüder des Lazarus
auf das Wort Gottes verwiesen[25]. Jesus ist die Tür des Schafstalles,
sein Wort der Schlüssel, und wer nicht durch die Stimme und Lehre
Christi das Reich Gottes hineingehen will, ist ein Dieb und Mörder[26]. Wer das Wort Gottes nicht liebt, ist kein Christ[27]. Dieses Wort
fordert uns zum Glauben auf und schenkt zugleich auch den Glauben[28]. Wie ist es aber möglich, daß nicht alle das Wort verstehen
und als lebendigem Wort Gottes trauen? Eine Antwort gibt zum
Beispiel die Predigt über Johannes 6. Die fünf Gerstenbrote, mit denen
Jesus das Volk füttert, bedeuten die fünf Bücher Mosis. Das Gesetz
hat, wie die Gerste, eine harte Schale; nur wenn man es geistlich
versteht, erquickt es die Seele[29]. Bei dieser Darlegung handelt es sich
nicht primär um den Unterschied zwischen Altem und Neuem Testament. Es gilt die Heilige Schrift als solche, "die uns völlig verborgen,
dunkel und unnütz ist ohne Glauben, und ganz geöffnet, erleuchtet
und nützlich durch den Glauben"[30]. Der Mensch kann das Wort
ohne Glauben hören, ohne innerlich zu schmecken, was er äußerlich
hört. Aber wie der Taubstumme sich selbst nicht heilen konnte, so
wird die geistliche Taubstummheit nicht genesen, wenn nicht die
mächtige Hand des Allmächtigen unsere Ohren und unseren Mund
berührt[31]. In der Predigt über 2 Korinther 3 heißt es: "Solange das
lebendige Wort Gottes nicht durch brennenden Glauben in unseren
Herzen gewurzelt ist . . ., folgen wir dem Buchstaben nach, wiesehr
wir auch lernen und studieren, ja sogar das Alte und Neue Testament auswendig konnten"[32].

Hier kommen wir dem grundsätzlichen Gegensatz auf die Spur:
Buchstabe-Geist, oder: Fleisch-Geist. Dieser Gegensatz durchzieht

---

[22] Jacques Lefèvre d'Etaples (1976), 364.
[23] Ibid., 314–315.
[24] Ibid., 344.
[25] Ibid., 232, eine von der Sorbonne zensurierte Stelle.
[26] Ibid., 223–224, von der Sorbonne zensuriert.
[27] Ibid., 212.
[28] Ibid., 250.
[29] Ibid., 90, 364.
[30] Ibid., 359.
[31] Ibid., 294.
[32] Ibid., 291.

immer wieder die Auslegung, sehr stark zum Beispiel bei den Worten
und Gleichnisreden Jesu. Gott ist Geist, Jesus spricht hohe, geistliche Worte. Solange der Mensch diese menschlich, fleischlich versteht, kann er sie nicht tragen[33]. Er traut ja dem Fleisch, der Kreatur,
und folgt den Götzen seines Herzens. Der geistliche Mensch aber
traut Gott, er hört dessen Worte im Herzen[34]. Systematisierend könnte
man zusammenfassen: In der Heiligen Schrift spricht der Heilige Geist;
wenn der Mensch im Glauben das Wort Gottes hört, empfängt er
den Heiligen Geist und hört in der Schrift die wahre evangelische
Lehre; dann durchdringt das Wort sein Herz[35] und wird er wahrlich
frei[36]. "C'est le sainct esperit doncques qui ouvre l'intelligence de la
parolle de Dieu en noz cueurs"[37]. Damit ist keine intellektuelle Fähig-
keit gemeint. Im Gegenteil, diejenigen, die sich für klug und weise
halten, sehen nichts und haben nur ein fleischliches Urteil, sie sind
ganz blind[38]. Man kann nur mit den Ohren des Geistes das Myste-
rium in den Gleichnissen Jesu verstehen[39] und er gibt seinen Jüngern
"le sens et l'intelligence des escriptures", das heißt: den Heiligen Geist,
"ce grand esperit"[40].

Demgegenüber stehen die Schriftgelehrten, die glaubten Gott zu
kennen, und die Pharisäer, die ihre Gerechtigkeit aus ihren Werken
und aus menschlichen Traditionen zu erwerben suchten[41]. Die Ak-
tualisierung liegt auf der Hand: diese Traditionen sind "noz intelli-
gences", "folles opinions", "conceptions"[42]. Die Welt ist voll von Be-
trügern und Ungläubigen und so wird es bleiben, bis die Geheimnisse
Gottes, Jesus und sein Wort, treulich gepredigt und empfangen werden in den Herzen aller Gläubigen[43]. Es ist der Teufel selbst, der
durch menschliche Traditionen das Wort verhindern will[44], so daß
das Volk sich hüten soll, verführt zu werden[45]. Die Stellung des Geistes
in dieser Konfrontation wird scharf umschrieben in einer Predigt über

---

[33] Ibid., 190.
[34] Ibid., 278–279.
[35] Ibid., 267.
[36] Ibid., 192.
[37] Ibid., 212.
[38] Ibid., 109–110.
[39] Ibid., 109.
[40] Ibid., 169.
[41] Ibid., 93, 241–242.
[42] Ibid., 37.
[43] Ibid., 14, von der Sorbonne zensuriert.
[44] Ibid., 83–84, von der Sorbonne zensuriert.
[45] Ibid., 269.

Johannes 15,26–16,4 über den kommenden Tröster: "wenn wir sehen, daß Jesus Christus rein in der Welt verkündigt wird . . ., daß die Kleinen entflammen und sich verwandeln, und die Großen, aufgeblasen von menschlicher, weltlicher Kenntnis sich dagegen widersetzen, und die Macht der Welt sich sträubt, ist das das Zeichen, daß dieser große Tröster, dieser Geist der Wahrheit, der Zeugnis ablegt über Jesus Christus, gekommen ist. Und diejenigen, die dann Jünger, Liebhaber der Wahrheit sind, legen auch durch diesen großen Geist Zeugnis ab"[46].

Es ist meines Erachtens gut möglich, die in den *Epistres et Evangiles* entwickelten Gedanken zur Aufklärung der Diskussion zwischen Erasmus und Farel zu benutzen. Von vornherein steht fest, daß eine Rekonstruktion des Gespräches unmöglich ist. Man kann sich aber den ungefähren Verlauf folgendermaßen vorstellen. Gegenstand der Unterredung war, mit veranlaßt durch Farels Thesen, das Verhältnis zwischen Schrift und Kirche, zugespitzt auf die Frage der kirchlichen Bräuche. Bekanntlich war Farel sehr aufgeregt durch Erasmus' *Exomologesis*[47], in der dieser unter der Anerkennung, daß die Beichte nicht von Christus eingesetzt worden war, eine Handhabung als kirchliche Verordnung, unter Beseitigung der Mißstände, nicht für unmöglich erklärte. Nach Farel war die Schrift und nur die Schrift die entscheidende Instanz. Erasmus war dessen viel weniger sicher. Natürlich erkannte er die Autorität der Heiligen Schrift völlig an, aber eine kritische Bejahung der kirchlichen Bräuche war seines Erachtens mit dem Schriftprinzip nicht von vornherein im Widerspruch. War die Schrift auch wirklich immer in allen Unterteilen klar? Seine Frage über die Anrufung des Heiligen Geistes stellte er offenbar in diesem Zusammenhang: nirgends in der Heiligen Schrift wurde ja zum Heiligen Geist gebetet, und doch war es keine Fehlentwicklung, wenn das jetzt geschah. Farel war davon überzeugt, daß man auf diese Weise die Schrift unsicher machte. Die Gewißheit der Heiligen Schrift lag seines Erachtens darin, daß in ihr der Heilige Geist sprach und daß eben derselbe Geist in den Gläubigen wirkte und ihnen die Schrift erklärte. Solche Äußerungen riefen das Ärgernis des Erasmus hervor. Man konnte wohl unaufhörlich vom Geist reden, aber damit wäre sachlich nichts gewonnen. Es wäre nur ein sinnloses Geschrei: Spiritus, Spiritus.

---

[46] Ibid., 207.
[47] Vgl. A.-L. Herminjard 1, Nr.103, Anm. 32. Die *Exomolog.*, LB 5, 145–170, erschien Frühjahr 1524.

Bleibt die Frage: ist auch anderweitig eine derartige Theologie bei
Farel nachweisbar? Es ist leider unmöglich, dazu Schriften Farels aus
der Zeit um 1524 zu benutzen. Zum Vergleich kommt nur die
Sommaire, wahrscheinlich vom Jahre 1534, in Betracht[48]. Sie behandelt
nacheinander zuerst die Menschenlehre und -traditionen, dann die
Heilige Schrift. Im ersten Abschnitt finden wir deren Zurückweisung
genauso wie in den *Epistres et Evangiles* und aus denselben Gründen[49].
Im zweiten[50] wird die entscheidende Funktion der Heiligen Schrift
stark betont: auch dies entspricht den *Epistres et Evangiles*. Viel weniger betont Farel aber die Wirkung des Geistes. In der *Sommaire* sagt
er darüber: "ny a doctrine que celle qui est contenue en sa saincte
Escripture: ne aussi pour iuger des esperitz. cest a dire/de quel esperit
est meu et mene celluy qui parle"[51]. Vielmehr steht jetzt im Vordergrund das Prinzip: scriptura sui ipsius interpres[52].
   Die Ursache dieser Änderung leuchtet ein. Die Berufung der Täufer
auf den Geist und ihr Anspruch, sie verträten die wahre Geistes-
kirche, machten es Farel unmöglich, jetzt auf dieselbe Art und Weise
über den Heiligen Geist zu sprechen wie in seinem Unterhalt mit
Erasmus 1524. Damals bildete der Widerstand gegen kirchliche Institutionen, die die Wirkung des Geistes erstickten, wie der Kreis von
Meaux ihn vertrat, den Hintergrund seiner Berufung auf den Geist,
der Freiheit verbürgt. Farel war nicht bereit, sowie Erasmus das tat,
die geschichtliche Entwicklung mit zu berücksichtigen. Die Ansprüche der Täufer hatten aber schon in der zweiten Hälfte der zwanziger
Jahre gezeigt, wie gefährlich eine isolierte Berufung auf den Geist
sein konnte. Deshalb zog Farel sich auf ein strenges Schriftprinzip
zurück. Das war jedoch eine Notlösung, mit der die sehr wesentlichen Fragen, die hier auftauchten, und die Erasmus schon in *De
libero arbitrio* aufgedeckt hatte, nicht beantwortet wurden.

---

[48] Guillaume Farel (1935). Vgl. für die Datierung Elfriede Jacobs (1978), 29–44;
David N. Wiley (1983).
[49] Guillaume Farel (1935), C6r°–7r°.
[50] Ibid., C7r°–D1v°.
[51] Ibid., C8r°.
[52] Der Wortlaut macht einen gewissen Einfluß des Vorwortes zur Bibel von Faber
Stapulensis plausibel; man vergleiche Guillaume Farel (1935), D1r°–v° mit dem Vorwort, in: Eugene F. Rice Jr. (1972), 513.

LUTHER UND ERASMUS

HIERONYMUS IN LUTHERS *DE SERVO ARBITRIO*. EINE TEILUNTERSUCHUNG ZU LUTHERS VÄTERVERSTÄNDNIS

Nicht weniger als elfmal nennt Luther den von Erasmus so geschätzten Kirchenvater Hieronymus in seiner berühmten Schrift *De servo arbitrio*. Im folgenden beabsichtigte ich, diese Äußerungen zu besprechen, nicht der Reihe nach, sondern thematisch angeordnet[1]. In meiner Erörterung versuche ich deutlich zu machen, daß das Thema nicht bedeutungslos ist, sondern einen wichtigen Aspekt von Luthers Verhältnis zu seinem theologischen Vermächtnis und zum zeitgenössischen Bibelhumanismus beleuchtet.

Zuerst behandle ich eine Stelle, die exemplarisch ist für Luthers Einstellung zu Hieronymus im allgemeinen. Alle übrigen Stellen, an denen Hieronymus' Name erwähnt wird, stehen im Rahmen der Bibelauslegung. Diese Passagen kann man in zwei Gruppen einteilen. Ich diskutiere zunächst die fünf Stellen, in denen Luther auf inhaltliche Aspekte der von Hieronymus dargebotenen Schriftauslegung eingeht, und zwar auf das Gottesbild, auf das Bild des Menschen und auf die Bedeutung des Terminus 'Werke des Gesetzes'. Darauf erörtere ich fünf Aussagen über die von Hieronymus angewandte Methode, zu unterscheiden in Aussagen über die Einheit der Schriften, über Paulus' Gebrauch des Alten Testaments und über Schriftauslegung als Spiel. Zuletzt unterbreite ich einige Schlußfolgerungen.

Luthers Einstellung zu Hieronymus

Beim ersten Mal, wo Hieronymus überhaupt erwähnt wird, zitiert Luther mit Widerwillen und ziemlich inkorrekt dessen Ausspruch

---

[1] Ich zitiere nach Luther, WA 18. Die Edition in Luther, St. 3, 170–356, erwähne ich, wenn ich ihr etwas entnehme. Übersetzungen entnahm ich, oft ziemlich umgeändert, Otto Schumacher (1937). In der Übersetzung von Erasmus, *De libero arbitrio* folge ich Winfried Lesowsky, in Erasmus (Welzig 1969).

"nuptiae terram replent, virginitas paradisum"[2]. Er ist ihm ein Beispiel der skandalösen Aussprüche, derer sich die Kirchenväter schuldig gemacht haben. Sein Urteil ist nicht mild: gottlos, sakrilegisch,
blasphemisch. Luther verrät selbst den Grund seiner Härte. Gerade
die schlimmsten Väterstellen, so setzt er auseinander, werden von
seinen Gegnern zum Angriff auf ihn benutzt. In diesem Zusammenhang nennt er das allerdings gelehrte Buch, das Johann Fabri jüngst
gegen die Lutheraner herausgegeben hatte[3]. Luthers soeben erwähn-
tes Urteil bezieht sich auf die jetzt zur Diskussion stehenden Worte
des Hieronymus. Ein Blick in die sonstigen Stellen, wo Luther sich
über Hieronymus äußert, lehrt aber, daß er die Person des Hieronymus nicht von dessen Auffassungen trennt. Mit Origenes sei Hieronymus der Kirchenvater, der die Schriften am törichtsten auslegt[4], er
sei ein "perversor scripturae"[5], der nur Geschwätz hören lasse[6] und
eher die Hölle als den Himmel verdiene[7]. Diese Beispiele genügen;
nirgends ist eine positivere Einstellung nachweisbar.

Inhaltliche Aussagen

a. *Das Gottesbild*

Eine zweite Stelle bezieht sich auf die Exegese von Jesaja 63,17:
"Warum läßt du uns, Herr, abirren von deinen Wegen und unser
Herz verstocken, daß wir dich nicht fürchten?" Der Ausspruch be-
gegnet bei Erasmus, zusammen mit den bekannten Stellen über die
Verstockung des Pharao, im Abschnitt, in dem er die Schriftstellen
behandelt, die den freien Willen auszuschließen scheinen[8]. Erasmus

---

[2] Luther, WA 18, 649,17–21: "Virginitas coelum, coniugium terram replet". Luther hatte wohl im Gedächtnis *Adversus Iovinianum* 1,16; PL 23,235C. WA, St. 3 und
das Register in WA 63, 223, Sp.2, verweisen zu Unrecht auf *Epist.* 22,19; PL 22,405–
406; CSEL 54,168–170. WA 63, 225, Sp.2 verweist für denselben Ausspruch in
einer anderen Schrift auf die Stelle aus *Adversus Iovinianum*.
[3] Sein *Opus adversus nova quaedam et a christiana religione prorsus aliena dogmata Martini
Lutheri* war in Rom 1522 zum ersten Mal herausgegeben worden. 1524 erschien ein
etwas veränderter Neudruck in Köln unter dem Titel *Malleus in haeresim Lutheranam*.
In dieser letzten Fassung wurde das Buch aufs neue herausgegeben; s. Johann Fabri
(1941, 1952).
[4] Luther, WA 18, 703,27–28.
[5] Luther, WA 18, 734,4.
[6] Luther, WA 18, 739,28.
[7] Luther, WA 18, 764,20–21.
[8] *De lib. arbitr.*, LB 9, 1230A–F.

hatte diese Aussprüche erheblich abgeschwächt und somit gemildert: Gott verhärtet, wenn er den Sünder nicht sofort züchtigt, und er erbarmt sich, wenn er ihn bald durch Betrübnisse zur Reue einlädt. Für diese Auslegung hatte Erasmus sich auf Origenes und hinsichtlich der Jesajastelle auch auf Hieronymus bezogen[9]. Es ist klar, aus welchem Grund Hieronymus und Erasmus, beide nach dem Vorbild des Origenes, diese exegetische Entscheidung getroffen hatten. Erasmus sagt: "Weil es aber als unsinnig erscheint, daß Gott . . . das Herz des Menschen verhärtet haben soll . . .". Das in diesen Bibelstellen zutage tretende Gottesbild ist zu hart; Gott wird ein unzuverlässiger, willkürlicher Gott.

Luther geht heftig gegen eine derartige Auslegung vor[10]. Er spricht von einer Leichtfertigkeit im Auslegen, die mit einer neuen und unerhörten Grammatik alles über den Haufen werfe. Das Resultat sei, daß man in der Bibel das Gegenteil vom Wortlaut lese. Habe Erasmus völlig vergessen, daß sie nur mit der heiligen Schrift als Norm miteinander streiten sollten? Origenes und Hieronymus seien ja so ungefähr die denkbar schlechtesten Exegeten: "cum inter Ecclesiasticos scriptores nulli fere sint, qui ineptius et absurdius divinas literas tractarint quam Origenes et Hieronymus"[11]. Luther macht sich stark für eine Auslegung, die unvoreingenommen den Text zu Wort kommen läßt. Er macht sich sogar lustig über eine Exegese, die mittels der unfundierten Annahme von Tropen den Bibeltext in sein Gegenteil umbiegt. Man kann sich dabei natürlich auch fragen, inwiefern es eine Rolle spielt, daß Luthers Gottesbild sich erheblich von dem des Hieronymus und des Erasmus unterscheidet, so daß er deren exegetische Umdeutung nicht braucht. Auf diese Frage komme ich noch zurück.

b. *Das Menschenbild*

Zwei weitere Stellen in *De servo arbitrio* befassen sich mit dem Menschenbild und in diesem Zusammenhang auch mit Hieronymus[12]. An

---

[9] Hieronymus, *Commentarii in Isaiam* 63,17; PL 24,643AB: "Non quo Deus erroris causa sit et duritiae, sed quo illius patientia nostram exspectantis salutem, dum non corripit delinquentes, causa erroris duritiaeque videatur". Hieronymus ist also vorsichtiger als Erasmus.

[10] Luther, WA 18, 699,24–704,27.

[11] Luther, WA 18, 703,22–28.

[12] Luther, WA 18, 733,22–736,5; 739,23–745,19.

beiden Stellen setzt Luther sich mit Erasmus auseinander über die Bedeutung des Wortes 'caro', Fleisch, in Genesis 6,3 und Jesaja 40, 6–7. In der erstgenannten Bibelstelle heißt es als Gotteswort: "Mein Geist soll nicht immerdar im Menschen walten, denn auch der Mensch ist Fleisch"; in der zweiten: "Alles Fleisch ist Gras ... Das Gras verdorrt ...; denn des Herrn Odem bläst darein". Erasmus hatte beide Schriftstellen in Luthers *Assertio omnium articulorum* als Belege für die Unfreiheit des menschlichen Willens gefunden[13]. Er hatte selber argumentiert, 'Fleisch' bedeute hier nicht eine gottlose Leidenschaft des Menschen, sondern in Genesis 6 die Schwäche unserer zum Sündigen geneigten Natur, in Jesaja 40 die natürliche Schwäche des Menschen, seine Ohnmacht gegenüber Gott, und 'Geist' sei an beiden Stellen der Zorn Gottes[14]. Erasmus bestreitet nicht, daß 'Fleisch' auch 'impius affectus' bedeuten könne, aber öfter deute der Terminus auf den Menschen als ein schwaches Wesen. Beide Male beruft er sich für seine Auffassung auf Hieronymus[15].

An beiden Stellen weist Luther diese Exegese entrüstet zurück. Wie ist es möglich, daß Erasmus auch jetzt wieder die Auffassungen des Hieronymus ins Feld führt? Es handelt sich doch nicht um Hieronymus. Wir sollen die Schriften auslegen, nicht den Unfug des Hieronymus. "Ein Christ soll daher wissen, daß Origenes und Hieronymus mit all ihren Anhängern einem verhängnisvollen Irrtum erliegen, wenn sie leugnen, daß 'Fleisch' an diesen Stellen 'gottlose Gesinnung' bezeichnet"[16]. Die Beispiele, welche Erasmus für eine solche Deutung gegeben hatte, weist Luther ab. Nein, überall wo 'Fleisch' und 'Geist' in der Schrift als Gegensätze nebeneinander angeführt werden, ist 'Fleisch' alles, was dem Geist Gottes gegenübersteht. Nur dort, wo dieser Gegensatz nicht begegnet, bezeichnet 'Fleisch' die Lage, in der der Mensch sich befindet, seine Körperlichkeit. An solchen Stellen bedeutet das Wort einfach 'Körper', wie er mit Beispielen klarmacht.

Aus welchem Grund finden sich bei Luther diese ausführlichen Erörterungen, mit Beispielen verdeutlicht? Eine Antwort ist: Luther geht eindeutig als Exeget vor; er erkennt, daß ein und dasselbe Wort

---

[13] Luther, WA 7, 143,34–35; 144,15–26.

[14] *De lib. arbitr.*, LB 9, 1235CD,1236A–D.

[15] Vgl. Hieronymus, *Quaestiones hebraicae in Genesim* 6,3: "fragilis est in homine condicio"; PL 23, 948A; CChr.SL 72, 9,33–34; *Commentarii in Isaiam* 40,6, mit einer schönen Ausarbeitung des Themas der 'fragilitas carnis'; PL 24, 416D–417A; CChr.SL 73, 457,24–36.

[16] Luther, WA 18, 735,27–28.

unterschiedliche Bedeutungen haben kann, und er versucht herauszufinden, in welchem Fall eine bestimmte Bedeutung vorliegt. Damit befolgt er ein gesundes exegetisches Prinzip: der etwaige Gegensatz zu 'Geist' ist entscheidend für die Bedeutung von 'Fleisch'.

Dennoch genügt es nicht, diesen Grund aufzuzeigen. Das ergibt sich schon aus der Heftigkeit Luthers: Er beschuldigt Origenes, Hieronymus und Erasmus mehrmals und auf ungestüme Weise der Verdrehung der Schriften. Folglich stellt sich die nicht zu unterdrückende Frage: Ist Luther vielleicht von seiner Sicht des Menschen her geradezu gezwungen, die genannten Bibelstellen anders auszulegen als Erasmus es tat? Es ist offenbar, daß Erasmus' Bild des Menschen ziemlich flach ist. Der Mensch gilt ihm als schwach, und aus diesem Grund neigt er auch zur Sünde, er ist aber kein nur von der Sünde geprägtes Wesen. Im Einklang damit ist auch Erasmus' Gottesbild etwas flach. Gott ist zwar hoch über uns erhaben, aber ein Gott, der nicht mindestens unseren menschlichen Maßstäben von Gerechtigkeit und Güte entspricht, ist undenkbar. Luthers Menschenbild ist grundsätzlich von diesem Menschenbild unterschieden. Seine Auslegung der Genesisstelle ist dafür sehr charakteristisch. Luther ist der Meinung, es handle sich hier um eine Aussage des erzürnten Gottes, und steht damit in betontem Gegensatz zu Hieronymus, der erklärt hatte, Gott habe aus Mitleid seinen Zorn auf einen bestimmten Zeitraum beschränkt. Luther begründet das damit, daß er auf den Zusammenhang dieser Worte hinweist: "satis ostendunt praecedentia et sequentia cum effectu diluvii"[17]. Er folgt somit einem gesunden exegetischen Grundsatz. Bald aber ergibt sich, daß auch sonstige Faktoren im Spiel sind, wenn er seine eigene Auslegung des Gotteswortes gibt: Mein Geist, der in Noah ist, überführt diese Gottlosen durch das Wort der Predigt und durch das Leben der Frommen, aber umsonst. Die Menschen, die Fleisch sind, werden verblendet und verstockt, je mehr Gott sie richtet. Die Auseinandersetzung gipfelt in einen echten Lutherausspruch: "Cum igitur homines sint caro Deo ipso teste, nihil sapere possunt nisi carnem, ideo nihil valere liberum arbitrium nisi ad peccandum"[18]. Auch Luthers Auslegung der Jesajastelle ist charakteristisch, aber zugleich gesucht. Jesaja spricht von "allem Fleisch", das heißt vom ganzen Volk, also auch von

---

[17] Luther, WA 18, 734,17–18.
[18] Luther, WA 18, 735,20–21. Ich folge dem Luther, St. 3, 303,15–16 dargebotenen Text.

Reichen, Weisen und Gerechtfertigten, und vom ganzen Menschen,
also auch vom Höchsten im Menschen. Das Schönste und Höchste
im Menschen, es ist alles gottlos[19]. Alles zusammengenommen sieht
es danach aus, als sei Luthers Exegese dieser Schriftstellen mindestens
so sehr durch seine theologischen Grundgedanken bestimmt als umgekehrt seine Theologie durch die Schriftpassagen, auf die er sich stützt.

c. Das Gesetz

Zwei weitere Stellen beschäftigen sich mit der Bedeutung des Wortes
'Gesetz' in Paulus' Briefen. An erster Stelle behandelt Luther Römer
3,20: "Durch die Werke des Gesetzes kann kein Mensch vor ihm
gerecht sein"[20]. Der absolute Ausspruch spielt eine gewichtige Rolle
in Luthers Sündenlehre, auch in De servo arbitrio. Man findet immer
die Ausrede, erörtert Luther, es handle sich hier um die Zeremo-
nialgesetze. Tatsächlich findet sich dies bei Hieronymus: Die Juden
wären der Meinung, sie könnten durch ein pünktliches Einhalten der
Kultgesetze die ewige Seligkeit erlangen[21]. Wütend fährt Luther gegen
Hieronymus los: er irre und sei unwissend, er habe eher die Hölle
als den Himmel verdient, "wenn nicht eine besondere Gnade einge-
griffen hat"[22]. Sogar wenn dieser Irrtum in der Kirche der einzige
wäre, genüge dieser eine, um das Evangelium zu verwüsten, so pesti-
lent und virulent sei er. Mit Recht weist Luther darauf hin, schon
Augustin sei ihm mit Nachdruck entgegengetreten.

Erasmus hat Hieronymus' Auslegung übernommen. Es gibt seiner
Meinung nach einen Fortschritt in der Offenbarung. Wir sind weiter-
gekommen als die Juden; wir wissen, daß der Mensch nicht durch
Beobachtung von Vorschriften äußerlicher Art die Gnade erlangt;
entscheidend ist die Frömmigkeit des Herzens. Die Heilsgeschichte
entwickelt sich in einem Prozeß vom Niedrigen zum Höheren. Ein
Rückfall in äußere Vorschriften wäre somit ein Rückfall ins Judentum,
in eine veraltete und niedrigere Religion. Luthers Theologie kennt
eine derartige historische Dimension nicht, seine Exegese ist existen-
tieller Art. Gesetzeswerke sind alle Versuche des Menschen, selbst
eine eigene Gerechtigkeit durch die eigenen guten Werke zu erwerben.

---

[19] Luther, WA 18, 740,21–31.
[20] Luther, WA 18, 763,31–766,34.
[21] Dies findet sich besonders im *Galaterkommentar*.
[22] Luther, WA 18, 764,20.

Bald kommt Luther auf die Funktion des Gesetzes zurück, und zwar in seiner Behandlung von Galater 3,19: "Was soll nun das Gesetz? Es ist um der Sünden willen hinzugekommen"[23]. Auch hier weist Luther Hieronymus zurück: "Propter transgressiones . . . non quidem coercendas, ut Hieronymus somniat . . . Sed propter transgressiones augendas". In Luthers Sicht der Dinge liegt der Galatertext auf einer Linie mit der Aussage in Römer 3,20, der Stelle, welche Luther gerade zuvor besprochen hatte: Durch das Gesetz kommt Sündenerkenntnis. Aber auch nicht mehr als das. Das Gesetz zeigt, so führt Luther hier an, unsere Krankheit, Sünde und Tod, aber es hilft dem Menschen nicht, und noch weniger kann der Mensch sich selber helfen[24].

Die in *De servo arbitrio* entwickelte Gesetzeslehre liegt fest in Luthers Theologie verankert. Die beiden hier skizzierten Grundgedanken begegnen beide zum Beispiel auch im ersten *Galaterkommentar* von 1519, das heißt sogar in der am stärksten humanistisch angehauchten Schrift Luthers[25]. Bedeutungsvoll für unser jetziges Thema ist auch, daß in beiden Fällen Luther in seinem Kommentar darauf hinweist, daß er von Hieronymus, den er doch unablässig benutzt, in dieser Hinsicht abweicht. Erstaunlich ist dies nicht. Das erste Mal, daß Luther, noch ein völlig unbekannter Mönch, durch Spalatin mit dem berühmten Erasmus Kontakt aufzunehmen versucht, bittet er Spalatin, Erasmus auf seine Gesetzesauffassung anzusprechen. Weshalb folgt Erasmus Hieronymus und nicht Augustin? Dadurch ist seine Auslegung von 'Werken des Gesetzes' grundfalsch. "Wir werden nicht dadurch gerechtfertigt, daß wir das Gute tun, sondern wir wirken das Gute dadurch, daß wir sozusagen gerechtfertigt werden und sind"[26].

Diesen Teil zusammenfassend, kann man sagen, daß in diesen drei Themen, dem Bild Gottes, dem des Menschen und der Gesetzesauffassung, Luther sich diametral Hieronymus -und Erasmus!- entgegenstellt. Nach Luthers Ansicht steht hier das Zentrum des Evangeliums auf dem Spiel. Hieronymus ist der Inbegriff aller Theologie, die Luther verabscheut.

---

[23] Luther, WA 18, 766,35–767,18.
[24] Luther, WA 18, 766,8–34.
[25] Luther, WA 2, 436–618. Vgl. zum Charakter des Kommentars supra, 53–70.
[26] Luther, WA B 1, Nr.27, S.69–72; das Zitat Z.29–31, S.70. Auch in der ersten Edition des *Galaterkommentars* hatte Luther für das Gesetzesverständnis auf Augustin hingewiesen; s. WA 2, 468,35–36.

Die exegetische Methode

Bisher handelte es sich immer um Stellen, an denen Luther auf
Hieronymus' Bibelauslegung einging. Die Hauptsache dabei war stets
die inhaltliche Seite. Daneben gibt es aber mehrere Aussagen über
Hieronymus, in denen Luther die exegetische Methode, die Herme-
neutik, in den Vordergrund rückt. Natürlich war diese auch in der
Praxis der Bibelauslegung mit im Spiel; die Unterscheidung ist also
nicht prinzipieller Natur. In den jetzt zu behandelnden Stellen bringt
Luther die Methode jedoch ausdrücklich zur Sprache. Schriftauslegung ist nach seiner Ansicht ja keine rein technische Angelegenheit;
es werden theologische Entscheidungen getroffen, und diese stehen
im Zusammenhang mit den exegetischen Prinzipien. Jetzt sind diejenigen Stellen an der Reihe, in denen Luther sich mit Hieronymus
über die richtige Methode der Bibelauslegung auseinandersetzt.

a. *Die Einheit der Schrift*

An einer ersten Stelle befaßt Luther sich mit Jesaja 40,2: "Sie [Jeru-
salem] hat von der Hand des Herrn doppelt empfangen für alle ihre
Sünden"[27]. Erasmus hatte behauptet, nach Hieronymus handele der
Ausspruch von Gottes Strafe, nicht von seiner Sündenvergebung[28].
Luther bricht los: Jesajas Worte sind klar, warum wird dann Hieronymus gegen mich alarmiert, ein Mensch ohne Urteilsvermögen und
ohne Sorgfalt? Wir sollten doch allein anhand der Schriften disputieren. Nach Aussage der Evangelisten handelt dieses ganze Kapitel von
der Sündenvergebung. "Und wir sollten leiden, daß Hieronymus uns,
wie das seine Art ist, die jüdische Verblendung als historischen Sinn
und sein Geschwätz als Allegorie verbrämt?"[29] Der gleiche Vorwurf
begegnet noch einmal: "Sollen wir nun das herrliche Schriftwort, das
den freien Willen niederschlägt, mit dem jüdischen Unrat besudeln
lassen, den Hieronymus und die *Diatribe* herbeigeschafft haben? Das
sei fern!"[30].

Es ist von vornherein klar, daß Luthers Exegese unrichtig ist.
Außerdem ist sein Vorwurf an Hieronymus unberechtigt: Dieser folgt

---

[27] Luther, WA 18, 736,34–738,29.
[28] *De lib. arbitr.*, LB 9, 1235F.
[29] Luther, WA 18, 737,7–8.
[30] Luther, WA 18, 738,22–24.

überhaupt keinen jüdischen Kommentatoren. Er sagt ausdrücklich, jeder, der den Heiligen Geist in sich habe, sei ein Tröster und habe den Auftrag, das Volk, das heißt: nicht Israel, sondern das aus vielen Völkern zusammengesetzte Gottesvolk, zu trösten[31]. In Hieronymus' Auslegung wird also die Jesajastelle stark neutestamentlich gedeutet. Dennoch wäre es voreilig, Luthers Worte als reine Verleumdung abzutun. Zuerst sollten wir verstehen, worauf Luther abzielt. Mit der "jüdischen Verblendung" meint er, daß Hieronymus in der jüdischen Geschichte die doppelte Strafe sucht, welche Gott seinem Volk auferlegt hat[32]. Luther denkt selber an eine doppelte Gnade, bestehend aus Sündenvergebung und Aufhebung des Gesetzes[33]. Er ist vollkommen überzeugt von der Richtigkeit seiner Exegese, so vollkommen, daß er Hieronymus sogar der Verkehrung der Grammatik bezichtigt. Er kann seiner Sache so gewiß sein, weil in Matthäus 3,3 Johannes der Täufer als die Stimme des Rufenden erscheint: Der gepredigte Christus hat doch keine Strafandrohung erfüllt[34]. Aufgrund dieser Überzeugung, daß er im Gegensatz zu Hieronymus und zu Erasmus das richtige hermeneutische Prinzip der 'scriptura sui ipsius interpres' angewandt habe, kommt Luther zu seinem zweiten Vorwurf: die Allegorie des Hieronymus tauge nicht. Sie sei nur Phantasie, weil ihr eine feste Grundlage, wie er selber diese gefunden hatte, fehle. Die ständigen Vorwürfe an Origenes und Hieronymus wegen ihrer falschen Allegorie finden ihren Grund in Luthers Überzeugung, er allein habe für seine Schriftauslegung festen Boden unter den Füßen. Eine zweite Bemerkung darüber, daß bisweilen Origenes sogar für Hieronymus zu weit in seinen Tropen gehe[35], ist vor diesem Hintergrund verständlich.

b. *Paulus' Gebrauch des Alten Testaments*

Interessant ist die dritte Stelle, an der Hieronymus erwähnt wird[36]. Luther bespricht hier eine Paulusstelle, in der dieser, wie Luther

---

[31] *Commentarii in Isaiam* 40,2; PL 24, 414BC; CChr.SL 73, 454,21-31.
[32] Ibid.: "Iuxta historiam recepit Hierusalem de manu Domini duplicia peccata sua: semel a Babyloniis, secundo a Romanis"; PL 24, 415A; CChr.SL 73, 455, 55-57.
[33] Luther, WA 18, 738,12-13.
[34] Luther, WA 18, 737,4-6.9-10.
[35] Luther, WA 18, 701,4-7.
[36] Luther, WA 18, 722,30-724,26.

annimmt, einen Genesistext zitiert als Beweisstelle für die Präde-
stinationslehre. Erasmus hatte darauf hingewiesen, daß diese Genesisstelle an ihrem eigenen Platz eine andere Bedeutung hatte, als Paulus
ihr beimißt[37]. Luther weist diese Auffassung zurück und fügt hinzu,
daß sogar, wenn Erasmus recht hätte, Paulus' Ausspruch nicht wert-
los sei. "Verum illud Hieronymianum est, qui non uno loco audet
superciliose satis, sed simul ore sacrilego dicere, ea pugnare apud
Paulum, quae suis locis non pugnant"[38]. Für Hieronymus zeigt Luther
nur Geringschätzung: er verstehe die Schriften überhaupt nicht. Der
zitierte Ausspruch weckt seine helle Wut. Er zitiert ihn noch einmal
mit der Einführung: "Anathema sit igitur, qui dixerit . . ."[39]. Die Anspielung auf Galater 1,8–9 charakterisiert ihn als 'anderes Evangelium'.
Auch die Bezeichnung 'sakrilegisch' kehrt zurück, und zwar am Ende
des Abschnittes, in der hyperbolischen Umkehrung des mißbilligten
Ausspruches: "ut possis contra Hieronymi et Diatribes sacrilegam
sententiam dicere, fortius ea pugnare locis suis quam apud Paulum"[40].
Offensichtlich geht die Sache Luther sehr nahe.

Aber worum handelt es sich? Die typisch hieronymische Äußerung, welche der Kirchenvater nach Luthers Meinung mehrmals getan
hat, ist nicht auf den ersten Blick klar, wie schon die unterschiedlichen Übersetzungen von 'pugnare' zeigen: 'beweisen', 'darauf abzielen', 'schliessen, die Sache bekrefftigen'[41]. Als rhetorischer Terminus
bedeutet der Ausdruck 'verba pugnantia' oder 'verba inter se pugnantia': Gegensatzwörter[42]. Diese Bedeutung ist hier aber unmöglich.
Daß der Ausspruch bis heute nicht bei Hieronymus nachgewiesen
werden konnte[43], macht die Sache nicht einfacher. Die zwei weiteren
Stellen in *De servo arbitrio*, wo ich das Wort gefunden habe[44], sind
nicht einleuchtend. Behilflich ist eine Passage im *Galaterkommentar* von
1535, in der Luther es als Synonym für den Ausdruck gebraucht:
'dicta detorquere in alienam sententiam'[45]. Selbstverständlich ist dies

---

[37] *De lib. arbitr.*, LB 9, 1232E.
[38] Luther, WA 18, 723,2–4.
[39] Luther, WA 18, 723,16–17.
[40] Luther, WA 18, 724,17–18.
[41] Otto Schumacher (1937) übersetzt mit 'beweisen'; Winfried Lesowsky (Erasmus
(Welzig 1969)) mit 'darauf abzielen'; Justus Jonas mit 'schliessen', 'die sache bekrefftigen' (vgl. WA 18, 724 Anm.).
[42] Vgl. Heinrich Lausberg (1960), § 797.
[43] Vgl. Luther, WA 63, 233, Sp.2.
[44] Luther, WA 18, 727,5; 761,2.
[45] Luther, WA 40 II, 44,15–17: "Hieronymus et qui eum secuti sunt, notant
S. Paulum, quod multa sacrae Scripturae dicta detorqueat in alienam sententiam.

eine pejorative Umschreibung. Wenn man dem Rechnung trägt, könnte das Wort 'pugnare' bedeuten: eine Bedeutung haben, Stoßkraft haben, Ausdruckskraft haben. Auch die Stellen, an denen das Wort bei Erasmus vorkommt[46] -zum Teil geht Luther darauf zurückerlauben eine solche Auslegung. Wir können hier also übersetzen mit: "daß Worte bei Paulus eine Bedeutung haben, welche sie an ihrem ursprünglichen Platz nicht haben", und zwar "eine stärkere, kräftigere Bedeutung"[47].

Welche Quelle hatte Luther jedoch für den Ausspruch oder für das mehr oder weniger buchstäbliche Zitat des Hieronymus? Die neueste Edition von *De servo arbitrio* denkt an *De libero arbitrio*[48]. Tatsächlich begegnet hier 'pugnare', nicht jedoch der Ausspruch, wie Luther ihn kennt. Erasmus sagt: "ut hoc testimonium apud Paulum non admodum pugnet ad probandam necessitatem, sed potius ad retundendam arrogantiam Iudaeorum"[49]. Erasmus nennt Hieronymus' Namen nicht, aber es ist an sich natürlich möglich, daß Luther beim Lesen dieser Stelle sich an diesen Namen und den Wortlaut des Ausspruchs erinnerte. Viel wahrscheinlicher ist meines Erachtens ein anderer Hergang. Sofort nach dem Erscheinen von Erasmus' *Annotationes* zum Neuen Testament 1516 hatte Luther in seinen Vorlesungen dieses Hilfsmittel gebraucht. Hier konnte er den genauen Wortlaut der von ihm als Hieronymusaussage zitierten Äußerung finden, und zwar nicht an einer beliebigen Stelle, sondern in den *Annotationes* zu 1. Kor 7, die wegen der Brisanz der erörterten Themen von Priesterzölibat und Ehescheidung besonders nach der Erweiterung in der zweiten Edition die Aufmerksamkeit auf sich zogen und lebhafte Diskussionen hervorriefen[50]. In einer Bemerkung zu 1. Kor 7,1 "bonum est homini mulierem non tangere" sagt Erasmus, daß Hieronymus in

---

Hinc dicunt apud Paulum pugnare, quae suis locis non pugnant". In der Vorlesung ist dies: "Hieronymus et Erasmus fundunt virus in ecclesiam, quasi Paulus erraret in citando dicta scripturae sanctae"; vgl. Luther, WA 40 II, 44,3–5. Auffällig ist, daß Luther in der Vorlesung die Aussage ohne weiteres Hieronymus zuschreibt, der Kommentar aber weniger entschlossen ist.

[46] *De lib. arbitr.*, LB 9, 1232F, 1233BC, 1235B.
[47] Luther, WA 18, 723,4.16–17; 724,18.
[48] Luther, St. 3, 291 Anm. 780.
[49] LB 9, 1232F.
[50] Einige Jahre später studierte Luther die vierte Edition des Novum Testamentum mit den *Annotationes* und fügte viele Randbemerkungen hinzu. Es ist charakteristisch für das damalige Interesse, daß er dabei einen verhältnismäßig großen Teil seiner Bemerkungen den *Annotationes* zu 1. Kor 7 widmete; vgl. Luther, WA 60, 210, 19–213,3.

Adversus Iovinianum den Ausspruch des Apostels schon auf die schlichte
Berührung beziehe. Nach Erasmus ist eine derartige Auslegung vielleicht erlaubt, wenn wir die Schrift etwas spielerisch oder als Trost-
wort gebrauchen. In der seriösen Behandlung einer theologischen Frage
zieme sich eine solche Methode von Schriftauslegung aber nicht,
"etiamsi hoc vel in primis sibi permittit Hieronymus, idque factum
defendit exemplo Pauli, apud quem ait pugnare testimonia, quae suis
locis non pugnant"[51]. Diese *Annotatio* fand sich schon in der ersten
Edition, und sie blieb in den späteren Editionen unverändert. Beiläufig
vermerke ich, daß es nicht unbedingt notwendig ist, Erasmus' Worte
als Hieronymuszitat zu verstehen; es ist gut möglich, sie als freie
Wiedergabe von Hieronymus' Worten aufzufassen. Es gibt noch eine
zweite Stelle in Erasmus' Schrifttum, die in Betracht kommt. In der
erweiterten Fassung des *Lob der Torheit* vom Jahre 1514 treibt die
Torheit ihren Spott mit den Theologen, die die Bibel beliebig auslegen. In diesem Zusammenhang wird Paulus erwähnt: "... cum apud
divum Paulum pugnent divinae scripturae verba, quae suo loco non
pugnant (si qua fides illi πενταγλώττῳ Hieronymo)...". Hieronymus
habe ja darauf hingewiesen, daß Paulus die Aufschrift auf dem Altar
in Athen nur sehr teilweise und überdies noch geändert wiedergegeben habe[52]. Erasmus denkt bei diesen Worten an Hieronymus'
Tituskommentar[53]. Der von Luther mißbilligte Hieronymusausspruch
kommt dort aber nicht vor. Gerade weil Hieronymus an dieser Stelle
eingehend die Frage behandelt, auf welche Weise Paulus Aussagen
außerbiblischer Autoren unter Einschluß der Altarinschrift gebraucht,
wird es um so wahrscheinlicher, daß Luther gegen einen nicht exi-
stierenden Hieronymusausspruch ankämpft. Wie immer es sein mag,
ich weiß kaum zu sagen, was größere Bewunderung abnötigt: das
Gedächtnis und die Schlagfertigkeit Luthers, der, sobald er das
'pugnare' in *De libero arbitrio* liest, sich an eine dieser Stellen -viel-
leicht an beide- erinnert, oder das böswillige Vergnügen, mit dem er
Erasmus dessen eigenen Ausspruch um die Ohren schlägt[54]! Jetzt, so

---

[51] LB 6, 685C.

[52] *Moria*, ASD 4/3, 182,997-184,4. Michael Andrew Screech (1975), 155-158,
behandelt diese Stelle und besonders die Bedeutung von 'pugnare'. Er weist noch
mit Recht auf Erasmus, *Apolog. ad Fabr. Stap.* hin; LB 9, 51AB. Es ist aber fragwürdig, ob Luther diese Schrift gekannt hat. Screechs Auslegung, 'pugnare divinae
scripturae (Dativ)' bedeute 'für die Heilige Schrift kämpfen', ist angesichts der Stellen aus *De lib. arbitr.* unmöglich.

[53] *Commentarii in Epistolam ad Titum* 1,12; PL 26,571A-574C.

[54] Die beiden Erasmusstellen kommen in der Gedankenführung in hohem Maße

sagt er implizit, tut Erasmus genau das, was er bei Hieronymus etwas herablassend beanstandet hat[55].

Dies heißt nicht, daß Luther die Sache nicht ganz ernst nimmt. Im Gegenteil, die Bibel als Wort Gottes steht auf dem Spiel, und aus diesem Grund ist Luther so heftig. Die Schrift ist eine Einheit, und deshalb ist es unmöglich, daß Paulus eine alttestamentliche Aussage, welche er zitiert, nicht in genau dem gleichen Sinn gebraucht, den sie an ihrem ursprünglichen Platz hatte. Mit diesem Ernst hängt es auch zusammen, daß Luther im *Galaterkommentar* von 1535 auf die Hieronymusaussage zurückkommt, und auch dabei in tiefster Entrüstung: "non minus sceleste quam impie"[56].

c. *Bibelauslegung als Spiel?*

Die letzten zwei Stellen, an denen Luther im Rahmen der hermeneutischen Fragen Hieronymus erwähnt, bespreche ich zusammen. Beide Male macht Luther Erasmus den Vorwurf, er lege die Schrift aus, als handle es sich um ein Spiel. Luther deutet dies an mit "in illis [scripturis] ludere" und "in verbis Dei ludit". Die Bedeutung des 'ludere' ist klar: Erasmus nimmt die Bibelauslegung nicht ernst, er versucht nicht, nach bestem Wissen den Sinn der Schrift zu erfassen.

Eine erste Passage ist stark ironisch gefärbt. Luther beschäftigt sich mit Erasmus' Auslegung der Bibelstellen über die Verstockung des Pharao und macht sich darüber lustig. Dann folgt: "Wo bleiben jetzt deine Tropen? Wo bleibt Origenes? Und Hieronymus? Wo bleiben die bewährtesten Lehrer, denen der eine Luther unbedachtsam widerspricht? Aber der Unverstand des Fleisches nötigt dazu, so zu sprechen, solange er in Gottes Worten sein Spiel treibt und nicht glaubt, daß diese ernst zu nehmen sind"[57].

Die zweite Passage geht auf die Bedeutung von 'caro' ein. Die

---

überein. Es ist dann auch kaum möglich zu entscheiden, welche Stelle zuallererst als Quelle für Luther in Betracht käme. Vielleicht kann man der Stelle aus der *Moria* eine mögliche Priorität einräumen. Es ist ja klar, daß Luther an alttestamentliche Zitate denkt, die Paulus auf eigenwillige Weise gebraucht hätte. Hieronymus handelt darüber aber gar nicht. Der Zusammenhang in der *Moria* suggeriert aber, Hieronymus denke an alttestamentliche Zitate.

[55] Natürlich muß man, wenn das angebliche Hieronymuszitat einmal gefunden würde, die hier von mir vorgeschlagene Lösung neu erwägen. Auch dann wäre es aber nicht von vornherein ausgeschlossen, daß Luther über Erasmus zitiert.

[56] Luther, WA 40 I, 432,20–26, das Zitat Z.25; vgl. 432,7–9; 24,3–6; 40 II, 44, 3–5.15–17.

[57] Luther, WA 18, 704,37–40.

Bibelstelle, sagt Luther, ist an sich vollkommen klar. Kein Wunder, daß die Schriften dunkel genannt werden, "si sic licet in illis ludere, ac si Virgilicentonas in illis quaeras"[58], als wäre es erlaubt, so in ihnen zu spielen, als ob man Vergiliocentonen in ihnen suche. Ein 'cento' ist ein Flickgedicht, aus Versen und Versteilen bekannter Dichtungen zusammengestoppelt, hier also aus Vergil. Der Vorwurf lautet: Erasmus beachtet den Zusammenhang der von ihm gebrauchten Bibelstellen nicht, er behandelt sie als Einzelaussagen, welche jedermann beliebig deuten kann, so daß jede Norm fehlt und eine seriöse Diskussion über die Absicht und den Zusammenhang der einzelnen Bibelaussagen unmöglich ist.

Ein glänzender Ausspruch! Luther erwähnt Hieronymus' Namen nicht, er spielt aber auf den berühmten Brief 53 an Paulinus über die rechte Weise der Schriftauslegung an. In diesem Brief klagt Hieronymus über die Frechheit von allerlei Leuten, die es wagen, ohne jegliche Vorbereitung die Schriften auszulegen, welche sie selbst gar nicht verstehen. Er nennt mehrere Beispiele einer falschen Haltung gegenüber den Schriften. Wie könnte man je die Schriften verstehen, wenn keiner sie auslegte! Mit einem reichlichen Maß an Selbstironie erwähnt er in diesem Zusammenhang das Beispiel von Menschen, die wie er selbst von den 'saeculares litterae' zu den heiligen Schriften gekommen sind. Der eigentliche Sinn der Schriften ist ihnen gleichgültig, sie lassen sich nicht dazu herab nachzuforschen, was die Propheten und Apostel gesagt haben, sie lesen freimütig ihre Meinungen in die Schriften hinein. "Quasi non legerimus Homerocentonas et Vergiliocentonas ac non sic etiam Maronem sine Christo possimus dicere Christianum . . .". So wird die Bibel zum Spruchbuch, in das jeder das Seinige hineinliest[59]. Diesen Brief benutzt Luther hier[60], und er richtet ihn an erster Stelle gegen Erasmus. Sofort zieht er aber auch Hieronymus mit hinein. "Mit solchem Geschwätz haben Hieronymus und sein Origenes die Welt erfüllt. Sie sind schuld an diesen verderblichen Praktiken, daß man sich nicht kümmert um die Einfalt der Schriften"[61]. Die Einfalt der Schriften bedeutet, daß sie zusammenkommen in ein Evangelium und daß man in diesem Kern einen Maßstab für die Deutung der Schriften besitzt.

---

[58] Luther, WA 18, 734,24–25.
[59] Vgl. Hieronymus, *Epist.* 53,7; PL 22, 544; CSEL 54, 454,1–3.
[60] Daß Luther den Hieronymusbrief kannte, steht fest; er benutzte ihn öfters, vgl. Luther, WA 63, 223–224.
[61] Luther, WA 18, 735,1–3.

Die Frage ist noch offen, aus welchem Grund Luther für den
Mangel an exegetischer Methode, den er Erasmus und dessen Vorgängern vorwirft, den Ausdruck 'ludere in scripturis' gebraucht. Es
liegt auf der Hand, daß er ihn entweder bei Hieronymus oder bei
Erasmus vorgefunden hat. Was Hieronymus betrifft, kannte Luther
ohne Zweifel den Schlußsatz eines Briefes an Augustin, in dem Hieronymus diesen dazu aufrief, den Streit zu beenden und stattdessen
die Schriften zu studieren: "In scripturarum, si placet, campo sine
nostro invicem dolore ludamus"[62]. Schwieriger ist es, festzustellen, ob
Luther auch auf einen bestimmten Passus aus Erasmus' Schrifttum
reagiert. In der *Ratio verae theologiae* hatte Erasmus das Verb tatsächlich gebraucht, aber in negativer Bedeutung. In seiner dortigen Behandlung der allegorischen Methode nennt er Ambrosius' Schriften
als Exempel für die Anwendung einer zu weitgreifenden Allegorese
und Hieronymus (!) als deren Kritiker[63]. In diesem Zusammenhang
sagt er: "in rebus sacris neque ludendum est . . .". Ebenfalls erwähnt
er, daß Ambrosius die Allegorie anwandte, um die Festlichkeit des
Sonntages zu unterstreichen, aber auch dann ist sein Urteil ziemlich
abwertend: "Falls jemand sich erlaubt, bisweilen zu spielen . . ."[64]. Es
ist aber sehr gut möglich, daß Luther auch jetzt die soeben genannte
Stelle der *Annotationes in Novum Testamentum* vor sich hatte. Wenn Erasmus dort die gekünstelte Auslegung des 'mulierem non tangere', die
er bei Hieronymus gefunden hatte, ablehnt, tut er das mit den Worten:
"Id quod fortasse concedendum est in Divinis Litteris, quoties aut hor-
tamur aut consolamur aut deterremus aut ludimus. In disputatione

---

[62] Hieronymus, *Epist.* 115; PL 22,935; CSEL 55, 397,4–5. Es gibt noch eine zweite
Stelle, an der Hieronymus 'ludere' im Zusammenhang mit der Bibelauslegung gebraucht, aber der Wortlaut macht klar, daß er dort eher an kindlich-naives Spielen
denkt. Vgl. Hieronymus, *Commentarii in Abdiam*, prologus, über einen Kommentar,
den er in seiner Jugend geschrieben hatte: "Quid igitur? Condemnamus in quibus
pueri lusimus? Minime"; PL 25, 1150C; CSEL 76, 350,31–32.

[63] LB 5, 125B–126B; vgl. die kritische Edition in Erasmus (Holborn 1933), 278,18–
281,9. Die im Text zitierten Worte stehen im folgenden Zusammenhang: "Atque
haec quidem licet plausibiliter et argute dicerentur in schola declamatoria, tamen in
rebus sacris neque ludendum est neque decet argutari neque expedit torquere quic-
quam, ne, dum falsa defendimus, veris fidem abrogemus"; 279,35–280,3. Diese Worte
beziehen sich offensichtlich nicht auf Hieronymus, sondern auf Ambrosius; das vorhergehende Hieronymuszitat wurde erst 1522 eingeschoben.

[64] Erasmus (Holborn 1933), 280,30–281,9: "Quod si quis sibi permittit in his ludere
nonnumquam, huic plus erit veniae in exhortando, in consolando, in reprehendendo
quam in asserenda veritate . . . [es folgt ein Beispiel]; praestat enim huiusmodi iocis
animum relaxare, qui tametsi vim faciunt nonnullam scripturis, tamen admonent rei
cuiuspiam salutaris".

seria nolim id fieri, etiamsi hoc vel in primis sibi permittit Hieronymus". Obwohl vorsichtig und zaudernd, ist Erasmus hier etwas positiver als in der *Ratio verae theologiae*[65].

Das angeführte Erasmuszitat zeigt den himmelweiten Unterschied
im Gefühlswert an, den das Wort 'ludere', angewandt auf das Schrift-
studium, bei den beiden Antagonisten hat. Im Sprachgebrauch des
Erasmus ist 'ludere' Begriffen wie 'spielerisch', 'locker', 'unbeschwert',
'eher erbaulich als völlig ernst gemeint' verwandt. Eine lockerere
Anwendung der Schriften hat seine Berechtigung unter der Voraus-
setzung, daß man eine solche Methode nicht in die Behandlung streng-
theologischer Fragen einmischt. Bei Luther findet sich der Vorwurf:
"Hunc locum sic eludit Diatribe..."[66], mit dieser Bibelstelle treibt
De libero arbitrio ihr Spiel, ihren Spott. Das gleiche Wort, von diesen
beiden Männern in den Mund genommen, bekommt einen diametral entgegengesetzten Klang. Dieser Gegensatz der religiösen Emp-
findung war unüberbrückbar. Unüberbietbar scharf war er schon
von Augustin zum Ausdruck gebracht worden in seiner bissig-
ablehnenden Antwort an Hieronymus: "Equidem quantum ad me adti-
net, serio nos ista quam ludo agere mallem"[67].

Schlußfolgerungen

Ich runde diese Untersuchung ab mit einigen Folgerungen, die einerseits die Ergebnisse zusammenfassen, andererseits diese in die geistige Biographie Luthers einordnen.

Ein erstes drängt sich unaufhaltsam auf. Obwohl Hieronymus in

---

[65] LB 6, 685C. Es ist sogar möglich, daß diese Stelle oder der Passus aus der
Moria Luther zu seinem Bild der Vergiliocentones angeregt hat; vgl. LB 6, 685CD,
wo Erasmus sofort nach dem angeblichen Hieronymuszitat fortfährt: "Verum ab iis
interim periculum est, quibus mos ex quocunque libro quatuor aut quinque verba
decerpere ac velut ex oraculo proferre, haud perpendentibus quid praecesserit, quid
consequatur, cum quo agatur, quid agatur, quorsum et quo animo dictum sit"; ASD
4/3, 184,4–9. Ohne den Terminus zu nennen, beschreibt Erasmus hier genau seinen Inhalt. Bezüglich des 'ludere' kann man bei Erasmus keine geradlinige Entwicklung aufzeigen. Die positivste Beurteilung, diejenige in den *Annot. in NT*, stammt
vom Jahre 1516, die kritischste (Anm. 63) datiert von 1519, und das Anm. 64 gegebene Zitat, das der Beurteilung in den *Annot. in NT* wieder näher liegt, wurde
1523 eingeschoben.

[66] Luther, WA 18, 722,33.

[67] Hieronymus, *Epist.* 116,2 [= Augustinus, *Epist.* 82,2]; PL 22, 936; CSEL 55,
398,7–8.

De servo arbitrio keine herausragende Stellung einnimmt, bezieht Luther ihn bei der Behandlung wichtiger Fragen ein, öfter zusammen mit Origenes. Ein Grund für diesen Tatbestand ist, daß Erasmus in *De libero arbitrio* diese beiden Exegeten vielfach zu Rate gezogen hatte, um schwierige und umstrittene Bibelstellen richtig auszulegen. Luthers Auseinandersetzung mit Erasmus wurde an diesen Stellen fast automatisch auch zu einer Auseinandersetzung mit Origenes und Hieronymus. Hinzu kommt, daß Luther, ganz abgesehen von Erasmus, diese beiden Kirchenväter als die Vertreter par excellence einer Bibelauslegung und einer Theologie, welche er verabscheute, betrachtete. Eine Abrechnung mit Erasmus bekam dadurch auch den Charakter einer Abrechnung mit Origenes und Hieronymus. Aus diesem Grund nimmt Hieronymus keinen eigenständigen Platz ein. Er ist für Luther nur insofern interessant, als sich bei ihm deutlich zeigt, zu welchen verhängnisvollen Konsequenzen eine falsche Bibelauslegung und eine falsche Theologie führen. Mit seiner Polemik gegen Hieronymus zielt Luther eigentlich auf Erasmus ab.

Zweitens kann man sagen, daß Luthers negative Beurteilung von Hieronymus' Theologie nicht erst seit heute oder gestern feststand. Sein oben zitierter für Erasmus bestimmter Brief an Spalatin vom Jahre 1516 -man kann ihn als seinen ersten Brief an Erasmus ansehen- gibt im wesentlichen das gleiche Urteil ab, und zwar aus dem gleichen Grund. In Luthers Sicht der Dinge ist Hieronymus' Gesetzesverständnis nichts anderes als eine Erscheinungsform der Theologie, welche die ständigen Versuche des Menschen, sich selber vor Gott zu rechtfertigen, legitimiert. In dieser Theologie stehen weder Gott noch Mensch am richtigen Platz. Luther weiß schon früh, daß Erasmus das Gesetzesverständnis des Hieronymus teilt. Seiner Ansicht nach teilt Erasmus mit Hieronymus auch dessen grundfalschen zentralen theologischen Ansatzpunkt[68]. In dieser Hinsicht gibt es keinerlei Entwicklung bei Luther. 1525 denkt er genauso über diese Zentralfrage wie 1516, und die Jahre hindurch stellt er seine Leser immer wieder vor die gleiche Alternative: Augustin oder Hieronymus.

Drittens geht es um Hieronymus' Bibelauslegung. Natürlich ist sie eng mit seiner ganzen Theologie verwoben. Eine Abweisung von Hieronymus' Gesetzesverständnis bedeutete eine Ablehnung seiner Auslegung von zentralen Stellen in den Paulus-Briefen. Dennoch ist

---

[68] Bezeichnend ist Luther, WA.B 1, Nr.35,15–26, S.90 vom Jahre 1517, wo Luther diese Kritik an Erasmus übt und sie auch mit Hieronymus in Verbindung bringt.

Luthers Beurteilung des Exegeten Hieronymus anfangs erstaunlich positiv. Bei der Heidelberger Disputation von 1518 ist Augustin selbstverständlich Luthers patristische Autorität wie kein anderer, aber auch Hieronymus wird nicht zurückgewiesen[69]. Auch Luthers *Galaterkommentar* von 1519 zeigt ein überraschendes Maß an Achtung vor Hieronymus und an Benutzung dessen Kommentars. In dieser Hinsicht äußert Luther in *De servo arbitrio* eine entgegengesetzte Ansicht. Neu war diese Ansicht aber nicht. Der Bruch hatte sich schon 1520 ergeben. Das deutlichste Zeugnis der Änderung ist die Einleitung zur *Assertio omnium articulorum*, die programmatischen Charakter hat. Hier macht Luther klar, "quo campo, quibus armis et signis" er mit seinen Gegnern streiten will. Sein Programm ist äußerst deutlich: nur die Schrift hat Autorität, sie ist "sui ipsius interpres, omnium omnia probans, iudicans et illuminans"; die Väter haben keine. Augustin und Hieronymus waren beide in großen Irrtümern befangen[70]. Der Grund der Haltung Luthers gegenüber den Vätern liegt auf der Hand: er wurde mit der Waffe von Väteraussprüchen angegriffen. An der ersten Stelle aus *De servo arbitrio* haben wir das gleiche festgestellt. Später haben wir gesehen, daß Luther konsequent auch den Bibelforscher Hieronymus zurückweist.

Ein letzter Punkt ist die Frage, inwiefern Luthers hermeneutischer Ansatz eine richtige Schriftauslegung verbürgte. Natürlich kann die Frage im Zusammenhang dieser kurzen Untersuchung nicht in ihrer ganzen Reichweite zur Diskussion gestellt werden. Dennoch soll bemerkt werden, daß, obwohl Luther sich der hier auftauchenden Probleme sehr wohl bewußt war[71], seine exegetischen Ergebnisse das Ziel öfter weit verfehlten. Wir sahen verschiedene frappante Beispiele dafür. Luther hat in *De servo arbitrio* Erasmus mehrmals vorgeworfen, er käme seinem Versprechen, allein aufgrund der Heiligen Schrift seine Untersuchung anzustellen, nicht nach. Wir hatten auch dazu ein Beispiel. Von Luthers Standpunkt aus war der Vorwurf berechtigt. Soviel kann man aber schon aufgrund dieser Untersuchung feststellen, daß Luthers Exegese so sehr von seiner ganzen Theologie beherrscht wurde, daß auch in seiner Auslegung von konkreten Bibelstellen ziemlich viel 'Luther' zugegen war!

---

[69] Vgl. Heiko Jürgens (1975), 71–78.

[70] Luther, WA 7, 96,1–101,8; die Zitate finden sich 96,2 und 97,23–24.

[71] Luther, WA 7, 97,5–7: "Primum, sepositis omnium hominum scriptis, tanto magis et pertinacius insudandum erat solis sacris, quo praesentius periculum est, ne quis proprio spiritu eas intelligat...".

15. KAPITEL

HYPERASPISTES 1: DIE LEHRE DER 'CLARITAS SCRIPTURAE' BEI ERASMUS UND LUTHER

Erasmus' *De libero arbitrio* und Luthers *De servo arbitrio* sind zumindest dem Namen nach hinlänglich bekannt. Mit dem *Hyperaspistes*, Erasmus' Antwort auf *De servo arbitrio*, verhält es sich anders. Meines Wissens gibt es keine Studie, die speziell diesem umfangreichen Werk gewidmet ist. Oskar J. Mehl stellt fest: "Hier klafft eine kirchenge-schichtliche Lücke, die dringend gebüßt werden muß"[1]. Man kann sich mit vollem Recht fragen, ob seine Bemerkung zutrifft. Erasmus wollte sich mit dem *Hyperaspistes* gegen Luthers Angriff verteidigen[2]. Das Werk wurde in zwei Teilen veröffentlicht. Der erste Teil er-schien im März 1526, der zweite Teil erst im September 1527[3]. Dieser letzte Band behandelt, in engem Zusammenhang mit Luthers Dar-stellungen, auf erschöpfende Weise das große Problem des freien und unfreien Willens. Das dicke Buch ist aber ein außerordentlich trok-kenes Werk geworden.

Der *Hyperaspistes* 1 ist ein viel interessanteres Werk. Seine Kompo-sition hat viele Schwachstellen; aber man kann von einem Werk, das bereits zwei Wochen, nachdem Erasmus *De servo arbitrio* erhalten hatte, erschien, auch nicht viel mehr erwarten. Obwohl Luthers Buch be-reits 1525 veröffentlicht wurde, gelangte es erst im Februar des darauffolgenden Jahres in Erasmus' Hände, als ein Freund in Leip-zig es ihm schickte[4]. Dies war für Erasmus nicht sehr angenehm. Er vermutete auch sofort eine boshafte Absicht: Die Anhänger Luthers wollten zumindest für einige Monate den errungenen Sieg genießen[5];

---

[1] Oskar J. Mehl (1960), 145. Merkwürdigerweise sagt der Artikel beinahe nichts über den *Hyperasp.* Oskar J. Mehl (1962) ist etwas ergiebiger. Dennoch ist auch dieser Aufsatz reicher an Ausrufen als an Inhalt.

[2] Der Titel gibt dies schon an; Hyperaspistes heißt : Schildträger, Verteidiger; s. A 5, 1334,584.

[3] S. für den Text der beiden Teile LB 10, 1249–1336; 1335–1536. Es gibt zwei deutsche Übersetzungen des ersten Teils: Erasmus (Welzig 1969), mit lateinischem Text; Erasmus, *Schutzschrift* (1986). Der zweite Teil wurde nie übersetzt.

[4] A 6, 1678,18–19; vgl. A 6, 1667,4–5; 1679,74.

[5] A 6, 1667,5–6; 1678,16–18; 1679,76–78; 1683,12–15.

denn Erasmus' Erwiderung könnte bis zur Herbstmesse nicht mehr erscheinen[6].

Es stand für Erasmus außer Frage, daß dieses Werk nicht ohne Erwiderung bleiben konnte; er müßte seine Antwort so schnell ausarbeiten, daß diese doch noch rechtzeitig zur Frankfurter Frühlingsmesse erscheinen konnte[7], "so daß sie sich nicht ungestraft rühmen würden, Erasmus besiegt zu haben"[8]. Das verlangte sowohl von Erasmus als auch von der Druckerei von Froben eine ungeheure Anstrengung. In weniger als vierzehn Tagen, nachdem Erasmus Luthers *De servo arbitrio* bekommen hatte, konnte Erasmus' Erwiderung verschickt werden[9]. Es war natürlich eine Improvisation[10], und folglich enthält Erasmus' Werk, der *Hyperaspistes* 1, nur die Erwiderung auf den ersten Teil von *De servo arbitrio*. Beginn März 1526 erschien die erste Ausgabe, im Juli die zweite, und im selben Jahr erschien ebenfalls eine deutsche Übersetzung[11].

Erasmus beschränkt sich auf Bemerkungen zum Vorwort von *De servo arbitrio* und hält sich an dieselbe Reihenfolge. Er unterstreicht vor allem das Problem der 'claritas scripturae'. Erasmus hatte dieses Problem bereits in *De libero arbitrio* hervorgehoben. Luther hatte es im Vorwort zu *De servo arbitrio* weiter verfolgt, und jetzt widmet Erasmus seine ganze Erwiderung dieser Frage. Das Thema war wichtig und würde in den kommenden Jahrzehnten noch an Interesse gewinnen: Grund genug, uns mit diesem Werk zu beschäftigen. Ich werde im folgenden den Kern des Inhalts vom *Hyperaspistes* 1, Erasmus' Reaktion auf Luthers Lehre von der 'claritas scripturae', analysieren.

* * *

Um Erasmus' Darstellungen richtig einschätzen zu können, ist es notwendig, zuerst auf die bereits kurz angesprochene Vorgeschichte zurückzukommen. Luther hatte sich immer auf die Heilige Schrift berufen und er hatte behauptet, daß er anstatt der menschlichen Lehren, die in der Kirche die Vorherrschaft übernommen hatten, das Evangelium verkünde. Im Vorwort zu den *Assertiones* (1521) hatte

---

[6] A 6, 1667,9–13; 1678,16–18; 1679,76–78; 1683,12–15.
[7] A 6, 1674,33–34; 1678,16–18; 1679,74–78; 1683,12–15.
[8] A 6, 1697,17–18.
[9] A 6, 1667,9–14; 1674,33–34; 1678,18–20; 1679,74–76; 1683,12–17; A 7, 1815, 53–55.
[10] A 6, 1697,17.
[11] A 6, 1667 Einleitung.

er diesen Standpunkt verteidigt, und sich gegenüber der Beschuldigung, die Autorität der Kirchenväter zu leugnen, gerechtfertigt. Melanchthon hatte im selben Jahr in seinen *Loci communes* analoge Theorien vorgebracht. Ihre Gegner hatten sich noch nicht sehr deutlich zu diesen Ansichten geäußert, als Erasmus 1524 *De libero arbitrio* schrieb. Man kann sich vorstellen, daß Erasmus sich sehr für diese Fragen interessierte. Das Problem des freien oder unfreien Willens war für ihn nur ein akademisches Problem, eine Frage, die die Gelehrten in aller Ruhe besprechen sollten, die jedoch keine Konsequenzen für die Lehre oder die Ausübung der Frömmigkeit hatte. Die Fragen zur Autorität der Schrift waren eine ganz andere Sache. Erasmus beschäftigt sich mit ihnen in der zweiten Einleitung zu seinem Werk[12] und nimmt dabei vor allem Melanchthons Bemerkungen als Ausgangspunkt[13].

Erasmus sagt zu Beginn ganz offen, daß Luthers Prinzip, nur die Heilige Schrift gelten zu lassen, ihm viel Mühe erspare; deshalb sehe er auch nicht die Notwendigkeit, die Aussagen der griechischen und lateinischen Kirchenväter oder der Scholastiker zum fraglichen Problem miteinzubeziehen[14]. Dennoch hindert ihn das nicht daran, eine beeindruckende Reihe von Schriftstellern anzuführen[15] und er zieht die Schlußfolgerung: "Von den Zeiten der Apostel an bis auf den heutigen Tag hat es keinen Schriftsteller gegeben, welcher völlig die Kraft des freien Willens beseitigte, mit Ausnahme einzig des Mani und des Johannes Wiclif"[16]. Ist all denen nicht mehr Gewicht beizulegen als der Privatmeinung eines oder zweier?[17]

Erasmus streitet nicht ab, daß eine Mehrheit nicht notwendigerweise recht hat, und daß die Autorität der Heiligen Schrift die Autorität der Menschen übersteigt[18]. Aber es handelt sich nicht um eine Kontroverse über die Heiligen Schriften. Die beiden Parteien lieben und ehren dieselbe Heilige Schrift, die Auseinandersetzung bezieht sich auf die wahre Bedeutung der Schrift[19]. Wenn es sich um Gelehrsamkeit

---

[12] S. für den Text LB 9, 1215–1248; Erasmus, *De lib. arbitr.* (1910); Erasmus (Welzig 1969). Deutsche Übersetzungen in Erasmus (Schumacher 1956); Erasmus (Welzig 1969).
[13] Vgl. Wilhelm Maurer (1958).
[14] *De lib. arbitr.*, LB 9, 1218CD.
[15] Ibid., LB 9, 1218DE.
[16] Ibid., LB 9, 1218EF.
[17] Ibid., LB 9, 1219A.
[18] Ibid., LB 9, 1219AB.
[19] Ibid., LB 9, 1219B.

handelt, so fehlte es den zitierten Autoren nicht daran, wenn es sich um ein tadelloses Leben handelt, so führten sie es[20]. "Hier höre ich: Wozu ist ein Ausleger notwendig, wo die Schrift ganz klar ist? Wenn sie so klar ist, warum haben Männer in so vielen Jahrhunderten, und dazu so ausgezeichnete, hier falsch gesehen, und das in einer Sache von so großer Bedeutung, wie jene wollen, daß man es ansehe? Wenn die Schrift keine Dunkelheit an sich hat, wozu war dann die Prophetie in den Zeiten der Apostel notwendig?"[21] Diese Prophetie hat kein Ende genommen, sondern sie wurde übertragen. Auf wen? Erasmus ist geneigt, an eine Übertragung auf diejenigen, die ordiniert sind, zu glauben[22].

Will man wissen, ob die Geister von Gott sind, so muß man sie prüfen[23]. Aber was ist dafür das Kriterium? Man glaubte den Aposteln aufgrund der von ihnen vollbrachten Wunder[24]. Aber wie verhält es sich bei den Anhängern Luthers, die sich als vom Geist Gottes geleitet ausgaben? "Und würden doch einige -von Wundern einmal abgesehen- die Aufrichtigkeit und Einfachheit der Sitten der Apostel aufweisen, die uns, die wir etwas langsam von Begriff sind, an Stelle von Wundern dienen könnten!"[25], bemerkt Erasmus ironisch, eine Bemerkung, die offensichtlich gegen Leute wie Farel gerichtet ist[26]. Wenn der Besitz des Heiligen Geistes tatsächlich die richtige Interpretation der Heiligen Schrift garantiert, wie kann man dann glauben, daß der Geist mehr als 1300 Jahre lang den Irrtum seiner Kirche zugelassen hat, und daß er aus so vielen heiligen Männern keinen einzigen für würdig befunden hat, um ihm das einzugeben, von dem diese Leute behaupten, daß es das Hauptstück der gesamten Lehre des Evangeliums sei?[27]

Schließlich sagt Erasmus, daß er, soweit es ihn betrifft, nur mit schlichtem Fleiß vorbringen will, was seinen Geist bewegt; wenn ihn jemand unterrichten will, so wird er nicht wissentlich und willentlich gegen die Wahrheit ankämpfen[28].

---

[20] Ibid., LB 9, 1219BC.
[21] Ibid., LB 9, 1219C.
[22] Ibid., LB 9, 1219D.
[23] Ibid., LB 9, 1219E.
[24] Ibid., LB 9, 1219F, 1220A.
[25] Ibid., LB 9, 1220A.
[26] Ibid., LB 9, 1220A–C; vgl. A 5, 1523,125–127.
[27] Ibid., LB 9, 1220CD.
[28] Ibid., LB 9, 1220D.

Die Fragen, die Erasmus hier vorbringt, sind sehr wichtig. Hier ist genau der Ansatz für seine Kritik an Melanchthons *Loci Communes*[29]. Dieser hatte die späteren Auslegungen der Schrift als eine Verdunkelung derselben betrachtet und er hatte insbesondere den griechischen Exegeten vorgeworfen, der Autorität Platos und Aristoteles' gegenüber der Autorität von Jesus Christus Vorrang gegeben zu haben. Erasmus will dies nicht akzeptieren; nur weil er sich auf die gleiche Basis wie Luther stellen will, bedient er sich einzig der Bibel als Ausgangspunkt. "Der humanistische und der reformatorische Biblizismus treten hier in einem unvereinbaren Gegensatz aufeinander"[30]. Wenn Erasmus hier von der Beziehung zwischen Wort und Geist spricht, ist dies ein zweiter, auf Melanchthon abzielender Angriff, auch wenn er sich nicht ausschließlich gegen ihn richtet. Die Behauptung, vom Heiligen Geist inspiriert zu sein, ist dermaßen subjektiv, daß sie sehr leicht zum Fanatismus führt, wie er sich in Deutschland gezeigt hatte. "Mag der theologische Hintergrund jener melanchthonischen Haltung... im Dunkeln bleiben – Melanchthons Versagen in den Wittenberger Unruhen des Winters 1521/22 lag vor aller Augen"[31].

Erasmus berührt hier das im Protestantismus zweifelsohne schwierigste Problem. Da Luther die Autorität der Kirche als offizielle Interpretin der Heiligen Schrift nicht mehr akzeptieren wollte, stellte sich folgende Frage: Wem kann man die Interpretation der Heiligen Bücher anvertrauen? Selbstverständlich der Schrift selber; aber ist sie so eindeutig, wie Luther behauptet? Erasmus trifft in diesem Moment noch nicht seine Entscheidung, auch wenn er ahnen läßt, daß die Tradition für ihn genauso zählt wie die Autorität der Kirche. Tatsächlich entscheidet er sich noch in seiner Schrift *De libero arbitrio* für den gesunden Menschenverstand: Man soll die verschiedenen Angaben der Heiligen Schrift nebeneinander anordnen, sie ehrlich und vor allem ohne Vorurteile prüfen, und dann wird die Wahrheit sich Bahn brechen. "Daß übrigens aus derselben Schrift die einen diese, die anderen jene Meinung herauslasen, hatte seine Ursache darin, daß der eine hierhin, der andere dorthin sein Augenmerk richtete und ein jeder nach seiner Absicht auslegte, was er las"[32]. Hier findet man

---

[29] Vgl. für das folgende Wilhelm Maurer (1958), 91.
[30] Ibid., 91.
[31] Ibid., 93.
[32] *De lib. arbitr.*, LB 9, 1241D.

ein Konzept, das ausgezeichnet in Erasmus' ganze spirituelle Struktur paßt.

* * *

Untersuchen wir jetzt genauer, was Luther in seinem Vorwort zu *De servo arbitrio* über die 'claritas scripturae' gesagt hat[33], denn diese Aussagen bilden den direkten Ausgangspunkt für Erasmus' Betrachtungen im *Hyperaspistes* 1. Luther gibt zu, daß es in der Heiligen Schrift zahlreiche Passagen gibt, die undeutlich sind, da die zur Erklärung notwendigen grammmatischen Kenntnisse fehlen. Er rechnet dem jedoch keine große Bedeutung zu, da die 'res', die Dinge, um die es in der Heiligen Schrift geht, nicht deutlicher sein könnten. Es handelt sich um den Inhalt der Schrift, und dieser Inhalt ist Jesus Christus. Die Siegel wurden zerbrochen, der Stein wurde vom Grab weggewälzt, das größte Geheimnis wurde offenbart. Wenn man Jesus Christus aus den Heiligen Schriften entfernt, wen wird man dann noch in ihnen finden können? Man hat nicht das Recht, aufgrund einiger undeutlicher Passagen zu verfügen, der Inhalt der Schrift sei undeutlich[34]. Es gibt eine doppelte 'claritas scripturae', auf der einen Seite eine äußere, die Klarheit der Schrift, die sich "in verbi ministerio", im Dienst des Wortes offenbart; auf der anderen Seite eine innerliche, die in der Erkenntnis des Herzens liegt. Letztere entsteht, wenn der Mensch vom Geist Gottes erleuchtet wird. Die Erleuchtung durch den Geist ist für das Verständnis der Schrift und all ihrer Einzelheiten notwendig. "Wenn du von der äußeren Klarheit sprichst, so bleibt ganz und gar nichts Dunkles oder Zweideutiges übrig, sondern alles, was auch immer in der Schrift steht, ist durch das Wort ins gewisseste Licht gerückt und aller Welt öffentlich verkündigt"[35]. Es fällt auf, daß Luther die Klarheit der Heiligen Schrift nicht als eine anhaftende Eigenschaft sieht. Es handelt sich vielmehr darum zu wissen, wie die Heilige Schrift dem Menschen ihre Klarheit vermittelt. Von der Schrift strömt eine Kraft aus, die sich im Herz des Gläubigen und in der Predigt des Evangeliums offenbart.

Später kommt Luther auf diese Frage zurück. Er verwirft dann die Ansicht, daß der Besitz des Geistes die korrekte Interpretation

---

[33] S. für den Text WA 18, 600–787, mit einer wichtigen Einleitung, 551–596. Die beste Übersetzung bietet Otto Schumacher (1937); für die Literatur s. TRE 21, 562.

[34] *De servo arbitrio*, WA 18, 606,22–40.

[35] Ibid., WA 18, 609,4–14.

der Schrift garantiert. Er hat große Mühe mit den Schwärmern, die die Interpretation der Schrift ihrem Geist unterwerfen. Diese Menschen sind wie der Papst, der die Schriften ebenfalls als dunkel und zweideutig bezeichnet, und der behauptet, daß man den Geist als wahren Interpreten der Schrift vom Apostolischen Stuhl in Rom erbitten müsse[36]. Luther und Erasmus sind sich in diesem Punkt einig, daß die Geister geprüft werden müssen – aber wer nimmt die Untersuchung vor? Gemäß Luther gibt es eine zweifache Untersuchung, die der zweifachen Klarheit der Schrift, die er bereits erwähnt hat, entspricht. Jeder Christ besitzt die innere Klarheit und als geistlicher Mensch beurteilt er alles. Aber diese Beurteilung nützt keinem anderen und ist deshalb nicht wichtig. Aber es gibt ebenfalls die äußere Untersuchung, mit der wir die Geister und die Dogmen beurteilen. Diese Untersuchung wird im öffentlichen Dienst am Wort vorgenommen und geht am meisten die Führer und die Verkündiger des Wortes an. So kann man alle Geister dort prüfen, wo die Schrift die oberste Richterin ist[37]. Es ist offensichtlich, daß für Luther nur die äußere Klarheit eine objektive Beurteilung bietet, und sie wird offenkundig in der Predigt des Wortes.

Man kann sich fragen, was man damit gewonnen hat. Luther unterstreicht, daß in der Predigt die Schrift erklärt und ausgelegt wird und er fährt fort: "Aber wenn die Schrift, die sie erklären, dunkel ist, wer macht uns gewiß, daß ihre Erklärung selbst gewiß ist? Eine andere neue Erklärung? Wer wird auch jene erklären? Ita fiet progressus in infinitum"[38]. Dies ist ein Beweis ex absurdo, der die Frage nach sich zieht, wie Luther zugeben konnte, daß so wenige Theologen den unfreien Willen gelehrt haben. Spricht derjenige, der von der Funktion und von der Predigt des Evangeliums spricht, denn nicht von der Kirche? Luther behandelt diese für ihn so lebensnotwendige Frage ausführlich. "Ich gebe zu, mein lieber Erasmus, daß du nicht ohne Grund durch dies alles erschüttert bist. Seit mehr als zehn Jahren bin ich dadurch sosehr erschüttert wie meines Erachtens niemand anders". Aber jetzt sind diese Tage vorbei, weil sein Gewissen und die Augenscheinlichkeit ihn gezwungen haben, den entgegengesetzten Weg einzuschlagen. "Was Wunder, wenn Gott alle Großen der Kirche ihre eignen Wege gehen läßt; er hat auch alle

---

[36] Ibid., WA 18, 653,2–12.
[37] Ibid., WA 18, 653,13–31.
[38] Ibid., WA 18, 655,22–25.

Heiden ihre Wege gehen lassen, wie Paulus in der Apostelgeschichte sagt. Mein lieber Erasmus, 'Kirche Gottes' ist keine so alltägliche Sache, wie dieser Name suggeriert. Die Kirche ist unsichtbar, die Heiligen sind verborgen"[39]. Luther will nicht leugnen, daß viele derjenigen, die die Freiheit des menschlichen Willens gelehrt haben, Gläubige waren. Es ist möglich, daß sie während ihres ganzen Lebens im Irrtum waren, aber sich vor ihrem Tod zur Wahrheit bekehrt haben[40]. Außerdem haben sie, als sie sich Gott näherten, ihren freien Willen völlig vergessen; denn über dieses Problem zu schreiben, ist etwas ganz anderes als den Anfechtungen des Lebens ausgesetzt zu sein[41].

Dies alles erklärt jedoch nicht, wie die Kirche, gerade in ihren offiziellen Verordnungen, den verkehrten Weg einschlagen konnte. Luther sieht hier kein Problem. Er sagt, daß es nicht nur eine zweifache Klarheit der Schrift, sondern auch noch eine zweifache 'obscuritas', Dunkelheit gibt[42]. Er spricht zwar nicht mehr davon, aber aus dem Kontext wird ersichtlich, daß die äußere Dunkelheit ebenfalls in der Predigt des Evangeliums vorkommt[43]. Es scheint also, daß man der Kraft, die vom Evangelium ausgeht, widerstehen kann[44]. Genau das ist durch die Jahrhunderte hindurch passiert. Aber das beinhaltet nicht, daß die Kirche im Irrtum verkehrte. Wenn sich viele Personen irrten, so waren sie außerhalb der Kirche. Denn die Kirche setzt sich aus den 7000 Männern zusammen, die zur Zeit des Propheten Elia nicht den Baal verehrten, und aus den circa fünf Bischöfen, die im Zeitalter der Arianer ihrem Glauben treu blieben[45].

Aus diesen Überlegungen wird offenkundig, worum es Luther geht, obgleich die korrekte Interpretation seiner Aussagen äußerst schwierig ist. Es ist für Luther entscheidend, daß die Schrift die höchste Richtschnur ist, daß sie sich selbst als solche beweist, und daß sie

---

[39] Ibid., WA 18, 641,3–5; 651,22–25; 652,23–24.

[40] Ibid., WA 18, 650,4–6.

[41] Ibid., WA 18, 644,4–16.

[42] Ibid., WA 18, 609,4.

[43] Dies wird bereits deutlich, als Luther von den Kirchenlehrern, die Erasmus als Vorkämpfer der Freiheit des menschlichen Willens betrachtet, folgendes sagt: "Quis igitur et nunc negare audeat, Deum sub istis principibus viris (non enim nisi viros publici ministerii et nominis recenses) in vulgo servasse Ecclesiam, et illos omnes . . . perire permisisse?"; *De servo arbitrio*, WA 18, 650,17–20.

[44] Ebenso kann man 'obscuritas' besser mit 'Verdunkelung' wiedergeben; das Wort 'claritas' enthält sowohl den Begriff 'Klarheit' wie 'Erklärung', vorausgesetzt, daß man sie nicht als etwas betrachtet, das außerhalb der Schrift entsteht.

[45] *De servo arbitrio*, WA 18, 650,2–651,7.

sich behauptet. Denn sie ist "ein geistliches Licht, weit heller als die
Sonne selbst, besonders wenn es sich um etwas handelt, das für unser
Heil notwendig ist"[46]. Die Schrift bedient sich der kirchlichen Ämter,
um sich dem Menschen als das Licht zu offenbaren. Wenn man sich
die Frage stellt, wer von den beiden Parteien im Grunde genommen
recht hat -denn man darf nicht vergessen, daß diese ganze Frage im
Kontext der Auseinandersetzung um die Freiheit des menschlichen
Willens steht- so kann man nach einem einzigen Kriterium antworten: Was sagt die Schrift zu dem fraglichen Problem? Dies bedeutet
nicht, daß Luther die Geschichte ignoriert. Der ganze Inhalt der Schrift
hat sich durch das Wort offenbart[47]. Ein solches Konzept setzt einen
gewissen Zeitraum und den Raum der Kirche und der Predigt, in
denen diese Geschehnisse stattgefunden haben, voraus. Aber in demselben Zeitraum hat sich die Verdunkelung vollzogen. Diese zweifache Entwicklung zieht die Notwendigkeit einer ständigen kritischen
Haltung gegenüber der Tradition nach sich. Dies ist zuerst die Angelegenheit des einzelnen Gläubigen, der sich vom Geist geführt wissen
darf. Aber man kann anderen das Resultat solcher Überlegungen
niemals aufzwängen. Deshalb muß die Kritik -positiv und negativ-
auch im Predigtamt ausgeübt werden. Dies ist keine Aufgabe, sondern vielmehr eine Gabe des Wortes, das in der Schrift zur Kirche
kommt, und das durch die Schrift in der Kirche wirkt.

* * *

Es ist nur allzu deutlich, daß diese Darlegung Erasmus nicht überzeugen konnte. Man kann sagen, daß er auf die für ihn wichtigste
Frage keine Antwort erhalten hatte: Wie kann die Schrift als höchste
Richtschnur dienen, wenn sich wiederholt gezeigt hat, daß die Definition des Inhalts der Schrift gemäß den verschiedenen Interpretationen variiert? Es ist interessant festzustellen, daß Erasmus im *Hyperaspistes*
ganz anders vorgeht als in *De libero arbitrio*. Zuerst fällt auf, daß er
die Schrift nicht uneingeschränkt als dunkel bezeichnen will. Er sagt:
". . . sondern Gott selbst wollte, daß es eine gewisse Dunkelheit darin
gebe, so daß dennoch alle Licht genug zur Erlangung des ewigen
Heils hätten, wenn man die Augen anstrengt und die helfende Gnade
nicht fehlt"[48]. Er verwirft Luthers Vergleich mit der Klarheit der

---

[46] Ibid., WA 18, 653,30–31.
[47] Die Bedeutung des 'per verbum' ist ein intensiv diskutiertes Problem; WA 18,
609,13. Meiner Meinung nach bedeutet es: durch das gepredigte Wort.
[48] *Hyperasp.* 1, LB 10, 1301D.

Sonne. Hat Luther nicht selber auf Jesu Gebot, die Schrift zu erforschen, hingewiesen?[49] Man kann die Sonne nicht erforschen, jeder
kann sie sehen; man kann nur das Verborgene erforschen[50]. Diese
Argumentation ist nicht nur ein Trick. Für Erasmus ist die Schrift
klar, "ein Schatz der ewigen und unzweifelhaften Wahrheit"[51], und
dabei denkt auch er an den Inhalt der Schrift. Aber sie ist nur in
der Christenheit klar. Das tritt deutlich hervor, wenn Erasmus das
zentrale Thema in Luthers Darlegung, die Lehre von der zweifachen
'claritas scripturae', bespricht. Mit der Erzählung einer persönlichen
Erfahrung spottet er ein wenig über die innere Klarheit. Er spricht
von jemandem, dem er begegnet ist, und der, wenn Erasmus von
verschiedenen Interpretationen der Schrift sprach, immer nur antwortete: Der Geist, der Geist[52]. Luther mißbilligt ein derartiges Verhalten ebenfalls. Aber was macht Luther, wenn er von der äußeren
Klarheit der Schrift spricht? "Du fügst hinzu, daß dieses Urteil hauptsächlich zu den Führern und Predigern des Wortes gehöre, die glaube
ich, Bischöfe oder Theologen sind; wenn diese bei der Erklärung der
Heiligen Schrift untereinander übereinstimmten, würden wir etwas
Sicheres haben, dem wir folgen könnten. Jetzt aber lehren unsere
Prediger etwas anderes als du, und die Deinen sind untereinander so
uneins und widerstreiten dir so tapfer. Wo ist also das sichere Urteil,
mit dem wir auch in der Kirche die Dogmen beweisen oder verwerfen auf Grund der Heiligen Schrift, die die sicherste Richstschnur
ist, ein geistliches Licht, heller als die Sonne?"[53]

Erasmus kommt immer wieder auf die eine Frage zurück: Wie
kann Luther in solcher Weise von der Klarheit der Schrift sprechen,
wenn die Realität dem widerspricht? Hackt Luther nicht einen Kno-
ten durch, wenn er im Grunde genommen seine eigene Interpretation der Schrift als die wahre Bedeutung der Schrift an sich ausgibt?
"Dein Paradox lockst du aus der heiligen Schrift hervor, aber auch
die Kirche hat ihre Auffassung der Heiligen Schrift entnommen, so
daß die Sache nicht mehr von den Worten der Schrift abhängt,
sondern von ihrer Auslegung. Übrigens fehlst du darin, daß du uns
immer deine Auslegung für das Wort Gottes aufdrängst. Fort also
mit diesem 'das Wort Gottes, das Wort Gottes'! Wir führen nicht

---

[49] Johannes 5,39.
[50] *Hyperasp.* 1, LB 10, 1301CD.
[51] Ibid., LB 10, 1302F.
[52] Gemeint ist Guillaume Farel; s. supra, 233–241.
[53] *Hyperasp.* 1, LB 10, 1299D–E.

Krieg mit dem Wort Gottes, sondern mit deiner Behauptung"[54]. Erasmus faßt dies als Eitelkeit Luthers auf. Offensichtlich muß man zugeben, daß nur er allein die Schrift auslegen kann. So kann er zwar sehr leicht den Sieg davontragen, aber er stellt sich damit über die Heilige Schrift[55]. Erasmus behandelt erschöpfend das Problem der Predigt. Wir haben bereits gesehen, daß Luther die Predigt für sehr wichtig hielt, denn im Predigtamt erweist sich die äußere Klarheit der Schrift. Erasmus legt den Akzent auf etwas völlig anderes. Wenn die Schrift wirklich so klar ist, wie Luther vorgibt, bräuchte man keinen Prediger, der sie erklärt und auslegt. Es genügte, sie laut vorzulesen, und vorkommendenfalls schwierige Wörter und Redewendungen zu erklären. In Wirklichkeit ist es jedoch so, daß die Prediger dieselbe Passage unterschiedlich erklären. Das gilt nicht nur für die Prediger der alten Kirche, sondern auch für Luthers Anhänger. Wenn die Schrift wirklich so klar ist, wie Luther vorgibt, wie ist es dann möglich, daß die Zwinglianer aufgrund derselben Schrift zu einer völlig anderen Abendmahlslehre als Luther kommen?[56] Luther kann zwar leicht verfügen, daß die Schrift klar ist, aber in diesem Fall spricht er selbstherrlich, und nicht als Lehrer. "Was du behauptest, wünsche ich, was du zu wissen vorgibst, will ich lernen, aber mir ist es nicht genug, daß es von dir behauptet wird, ich fordere die Sicherheit, die du verkündest. Lehre uns die äußere Klarheit der Schrift, da du sie ja selbst der Kirche und den Leuchten der Kirche absprichst und zur größten Verwirrung des Erdkreises für dich in Anspruch nimmst"[57].

Erasmus glaubt, daß die Kirche und die Schrift (oder vielmehr die Kirche und Luthers Interpretation der Schrift) nach Luthers Theorie rivalisierende Kräfte geworden sind. Er ist der Meinung, daß dies unmöglich ist. Luther löst dieses Problem, indem er von einer unsichtbaren Kirche spricht. Aber damit wird die ganze Beurteilung der Kirche umgekehrt, und so wird die Autorität all den häretischen Gruppen zugeteilt. "Wonach also steht es für dich fest, daß Wiclif ein Heiliger gewesen ist und die Arianer Häretiker gewesen sind? Oder ist Wiclif deshalb heilig, weil er von der Kirche, die du die papistische nennst, verurteilt wurde? Mit dem gleichen Recht wirst

---

[54] Ibid., LB 10, 1283EF, 1284A.
[55] Ibid., LB 10, 1294EF.
[56] Ibid., LB 10, 1302DC.
[57] Ibid., LB 10, 1304D.

du sagen, daß auch Arius heilig gewesen sei, weil er von derselben Kirche verurteilt wurde. Wenn du hier an die Schrift appellieren wirst, frage ich, ob etwa die Arianer die Schrift nicht gehabt haben. Sie haben sie gehabt, wirst du sagen, aber sie legten sie verkehrt aus. Aber wonach steht das für uns fest, wenn nicht daraus, daß die Kirche ihre Auslegung verworfen, die der Gegenpartei aber gebilligt hat?"[58] Erasmus hält es für wahrscheinlicher, daß der Geist Gottes auf einem allgemeinen Konzil präsent ist, als bei einer Privatversammlung. Wo findet man in Luthers Ekklesiologie den fixen Punkt?[59]

* * *

Am Ende unserer Untersuchung scheint es uns notwendig, die Kontroversen zwischen Erasmus und Luther kurz zusammenzufassen. Dabei können wir nicht die Frage übergehen, ob der Kern von Erasmus' Darlegung seinen Ansichten aus einer früheren Periode entspricht. Und welche Gründe kann man für einen eventuellen Einschnitt anführen? Auf den ersten Blick unterscheiden sich Erasmus' Ansichten tatsächlich sehr von denen in der Widmung des Neuen Testaments von 1516. Zu diesem Zeitpunkt hatte er erklärt, daß man in der Wiederherstellung und Verbesserung der christlichen Religion eine gewisse Hoffnung hegen konnte, vorausgesetzt, daß "alle Bekenner der christlichen Philosophie auf Erden vor allem die Lehren des Urhebers des Christentums aus den evangelischen und apostolischen Schriften einsaugen, in denen das einst aus dem Herzen des Vaters zu uns gekommene Himmelswort meiner Meinung nach so wirksam und so persönlich noch lebt, noch atmet, noch handelt und noch redet wie nirgends sonst"[60]. Begreifen diese Worte denn nicht die Klarheit der Schrift mit ein? Meiner Meinung nach muß man vorsichtig sein, wenn man den 'jungen' Erasmus dem alten gegenüberstellt. 1526 ist Erasmus immer von der Klarheit der Schrift überzeugt, weil -und darin stimmt er völlig mit Luther überein- Jesus Christus ihr Inhalt ist. Er hat niemals die Aussage aus der *Paraclesis* zurückgenommen, daß wir Jesus Christus in der Schrift finden können, ja "daß nichts ihn so anschaulich und wahrheitsgemäß vorführt als die Schrift"[61]. Dies unterscheidet sich also nicht von früheren Erklärun-

---

[58] Ibid., LB 10, 1297A–C.
[59] Ibid., LB 10, 1297C–E.
[60] A 2, 384,44–49.
[61] *Paracl.*, LB 5, 144CD.

gen, und in diesem Punkt unterscheidet Erasmus sich nicht von Luther.

Wir entdecken den wesentlichen Unterschied zu Luther, wenn wir die Beziehung zwischen der Schrift und der Kirche untersuchen. Die Überzeugung, daß die Schrift ein Teil der Kirche in ihrem Gang durch die Geschichte ist, bildet auch den Hintergrund für Erasmus' frühere Betrachtungen. Es ist wahr, daß er die Methode der Scholastiker streng kritisiert. Aber das hindert ihn nicht daran, trotzdem ihre Studien zu Rate zu ziehen. Dieser Zug zeigt sich noch deutlicher in seiner Einstellung zu den Vätern. Er akzeptiert ihre Interpretation der Bibel zu einem großen Teil als maßgebend, was jedoch nicht bedeutet, daß Erasmus lehrt, daß die Tradition eine zweite Materialquelle neben der Schrift ist. Eine derartige Schematisierung steht ihm sehr fern. Meiner Meinung nach drückt man seine Ansicht am besten aus, wenn man sagt, daß die Schrift der Christenheit gegeben wurde, und daß diese sie im Laufe der Jahrhunderte bewacht und bearbeitet hat. Dies steht in krassem Gegensatz zu Luthers Meinung. Dieser ist ebenfalls davon überzeugt, daß die Schrift der Kirche gegeben wurde, aber gleichzeitig nimmt er ein "gegenüber" der Schrift und der Kirche wahr. Also kann die Schrift eine kritische Funktion in der Kirche erfüllen, so daß das einzige Kriterium für die Zugehörigkeit zur Kirche ist, daß man auf die Schrift hört. Die eigene Interpretation der Schrift als absolute Wahrheit zu akzeptieren, ist für Erasmus reiner Subjektivismus. Er betrachtet die Kirche als eine seit vielen Jahrhunderten mächtige Bewegung, die die Heilige Schrift, mit der sie ständig verkehrt, kennt und zu interpretieren weiß. Der einzelne hat nicht das Recht, sich dem zu entziehen.

Die Idee der 'obscuritas scripturae' steht hiermit in engem Zusammenhang. Gemäß Luther ist sie die Verhärtung des Menschen, sie ist die Frucht der Sünde, und sie haftet nicht der Schrift selber an. Im Gegensatz dazu sieht Erasmus sie neben der 'claritas' als zur Kirche zugehörig. Gott selber wollte diese Dunkelheit, um uns im Umgang mit der Schrift und ihm selber Demut beizubringen. Es handelt sich also um eine positive Sache, und das hat zur Folge, daß Erasmus das definierbare Dogma so weit wie möglich begrenzt. In der Urkirche gab es nur wenig Definitionen, und Erasmus findet dies positiv und nachahmenswürdig. Je mehr man definiert, desto mehr erkaltet die Liebe und wird durch Zwang und Bedrohungen ersetzt. Der *Hyperaspistes* 1 zeigt genau an diesem Punkt eine Verschiebung in Erasmus' Gedanken. Es ist auffallend, daß er hier der Kirche als Institution eine entscheidende Stimme bei der Definition der wahren

Bedeutung der Schrift zuschreiben will. Der Unterschied zu den in *De libero arbitrio* entwickelten Gedanken ist beträchtlich. Danach glaubte Erasmus, wie wir gesehen haben, noch an die Möglichkeit einer vorurteilsfreien Exegese, die die wahre Bedeutung der biblischen Worte zu Tage bringen würde. Dies zeigt sich deutlich in seinen Aussagen zur Lehre der Arianer. Diese Verschiebung war durch die Reformation verursacht worden. Die Tatsache, daß die Anhänger Zwinglis sich für ihre Abendmahlslehre zu Recht auf Erasmus berufen haben, hat hierbei eine große Rolle gespielt. Erasmus sah sich jetzt vor die Entscheidung gestellt, ob er sich zu ihnen bekennen sollte, oder ob er sich der Lehre und der Tradition der Kirche anschließen sollte. Sehr charakteristisch für Erasmus' Stellungnahme ist sein Ratschlag an den Baseler Rat bezüglich einer ausführlichen Studie Ökolampads über das Abendmahl. Er beurteilte das Buch wie folgt: "Es ist meiner Meinung nach gelehrt, klar und sorgfältig ausgearbeitet; ich würde hinzusetzen: Es ist auch fromm, wenn etwas zu der Meinung und dem einhelligen Zeugnis der Kirche in Widerspruch Stehendes fromm sein könnte. Von der Kirche abzuweichen, halte ich für gefährlich"[62].

Hier liegt der tragische Moment in dieser Entwicklung: Die Freiheit, die Erasmus so teuer ist, wird stark eingeschränkt. Dies äußert sich vielleicht nirgendwo so deutlich, wie in seinem Vorwort zur Ausgabe von Hilarius' Werken. In der ersten Ausgabe von 1523 schreibt Erasmus, daß "die Alte Kirche es für unerlaubt hielt, über Gott und seine Welt in anderen Termini zu sprechen als die Heiligen Schriften". In der zweiten Edition von 1535 fügt er hinzu: "und die öffentliche Autorität der Kirche lehrte"[63]. Der *Hyperaspistes* 1 ist das wichtigste Zeugnis dieser abgenötigten Veränderung.

---

[62] A 6, 1636,1–5; vgl. Cornelis Augustijn (1962), 174,184–185.
[63] A 5, 1334,428–430; Pierre Polman (1936), 279.

16. KAPITEL

HYPERASPISTES 2: DER DIALOG ZWISCHEN ERASMUS UND LUTHER

Der *Hyperaspistes*, Erasmus' Antwort auf Luthers *De servo arbitrio*, wurde immer recht negativ beurteilt: "schlichtweg langweilig", sagt André Meyer, "nur ein Epilog", erklärt Johan Huizinga[1]. Das Werk wurde in zwei Teilen veröffentlicht. Der erste Band erschien im März 1526, der zweite erst im September 1527. Der *Hyperaspistes* 1, der bereits zwei Wochen nachdem Erasmus *De servo arbitrio* erhalten hatte gedruckt wurde, stellt sehr wichtige Fragen[2]. Der *Hyperaspistes* 2 beschränkt sich darauf, auf erschöpfende Art und Weise das Problem des freien und unfreien Willens zu behandeln. Erasmus hatte seine Meinung hierzu bereits in seinem *De libero arbitrio* geäußert, und er hatte dem nichts wesentliches hinzuzufügen. Aber was sollte er tun? Luther hatte ihn in *De servo arbitrio* angegriffen, und er konnte dies nicht auf sich beruhen lassen. Man kann zu recht sagen, daß Erasmus sein bestes gab. Er folgt Luther sehr genau und widerlegt nicht nur jedes Argument seines Gegners, sondern sogar jeden einzelnen Satz. Diese Methode ist der Grund für ein extrem schlecht zusammengestelltes Werk. Dies kann man auch schon in *De servo arbitrio* beobachten, wo Luther im Grunde genommen nur die Bibelpassagen, die Erasmus als Beweis des freien Willens zitiert hatte, kommentiert, und die Erklärung einer Reihe von Texten, die seiner Meinung nach den unfreien Willen bezeugen, hinzufügt. *De servo arbitrio* wurde jedoch durch die Abschweifungen, die Luther sich erlaubte, ein sehr lebendiges Buch. Außerdem war dieses Thema das Herz seiner Glaubenserfahrung. Erasmus fehlte aber Luthers Sensibilität für dieses Problem und er konnte dessen Anliegen nicht verstehen. Luther war für ihn der "doctor hyperbolicus"[3]. Dadurch wurde der *Hyperaspistes* 2 ein außerordentlich trockenes Werk.

---

[1] Johan Huizinga (1958), 203; André Meyer (1909), 123–136. Meyers Beurteilung bezieht sich nur auf den zweiten Teil. Huizinga spricht über das Ganze.

[2] Supra, 263–276.

[3] *Hyperasp.* 2, LB 10, 1345D: "Habemus doctores subtiles, habemus sanctos, habemus irrefragabiles, habemus seraphicos, quid superest nisi ut hunc vocemus doctorem hyperbolicum?"

Das bedeutet jedoch nicht, daß dieses umfangreiche Buch von Anfang bis Ende unleserlich ist. Während ich es für die neue Edition von Erasmus' *Opera omnia* vorbereitete, verspürte ich, daß es Erasmus von Zeit zu Zeit gelang, meine Aufmerksamkeit zu fesseln. Man kann leicht den Hauptgrund für die Leistung des Rotterdamers nennen: Der Leser merkt, daß der Autor mit ganzem Herzen die Sache, die in seinen Augen die gute Sache ist, verteidigt. Luther hatte Erasmus verletzt, und zwar nicht nur weil er ihn als Skeptiker bezeichnet hatte, sondern auch durch die Meinungen, die er verteidigt hatte, durch seine Theologie, mit der er in Erasmus' Augen sowohl die Gerechtigkeit als auch die Güte Gottes angreift. Aber es gibt noch einen anderen Grund, der vielmehr mit der Form zu tun hat. Erasmus war sich wahrscheinlich der Beschaffenheit seines Werkes bewußt und er hat sich bemüht, seine Darstellung so lebendig wie möglich zu gestalten. Sicherlich ist ihm das oft nicht gelungen, aber es gibt doch eine stattliche Zahl von Passagen, in denen er mit Hilfe stilistischer Mittel den Leser in seinen Bann zieht.

In diesem Beitrag habe ich vor, einige dieser methodischen Verfahrensweisen zu untersuchen. Ich habe folglich nicht die Absicht, den Kern der erasmischen Darstellung, geschweige denn ihren ganzen Umfang aufzuzeigen. Meine Frage ist ganz einfach: Wie, auf welche Art und Weise führt Erasmus seine Diskussion mit Luther im *Hyperaspistes* 2? Wir finden mehrere hundert Passagen, in denen Erasmus versucht, eine Diskussion zwischen Luther und ihm selber zu konstruieren, und zwar eine Diskussion, in der die Argumente wie in einer Art Dialog dargestellt und behandelt werden. Um diese Diskussion verstehen zu können, ist es jedoch notwendig, zuvor an den Gegenstand der Debatte zu erinnern, daß heißt an Luthers Theologie oder zumindest an die Aspekte, die Erasmus' diskursive Methode verständlich machen. Bei der Lektüre vom *Hyperaspistes* 2 spürt der heutige Leser Erasmus' Ärger über einen Gegner, der stets einige grundsätzliche Gedanken wiederholt. Es ist immer das gleiche Lied, sagt Erasmus, der als Ausdruck dieses Ärgers einen Absatz häufig mit dem Wort κοκκύζει beginnt: Luther wiederholt sich wie ein Kukkuck[4]. Ich werde anschließend die Diskussion zwischen Luther und

---

[4] Ibid., LB 10, 1365E: "Hic igitur lectorem admonitum volo, ne, si toties refellam quoties ille hoc ingerit, volumen crescat in immensum, ut quoties dicam 'Lutherus κοκκύζει' intelligat me naenias huiusmodi studio praeterire", vgl. z.B. LB 10, 1367D, 1376B.

Erasmus behandeln. Dazu genügt ein einziges Beispiel, eine kurze Passage aus dem *Hyperaspistes* 2. Auf der Grundlage dieser zwanzig oder dreißig Zeilen kann man sehr gut einen Eindruck von Erasmus' Diskussionsmethode bekommen. Zuerst muß ich jedoch einige Auskünfte über Erasmus' Buch und sein Manuskript geben.

1. *Die Quellen*

Der *Hyperaspistes* 2 ist ein aus 575 numerierten Seiten bestehender Oktavband, den Froben in Basel, ein großer Freund des Humanisten und seit 1515 sein hauptsächlicher Drucker, im September 1527 herausgab. Es gibt nur eine einzige Auflage, was jedoch nicht verwunderlich ist: Das Werk ist sehr lang und, wie ich bereits angedeutet habe, zu elaboriert. Es existieren keine Übersetzungen. Dagegen gibt es aber ein Manuskript, das sich in der Bibliothek in Kopenhagen befindet. Es enthält u.a. den vollständigen Text unserer Abhandlung, in der nachlässigen Handschrift des Verfassers[5]. Das Manuskript ist sehr interessant, denn es ist ein Entwurf, der durchgestrichene Wörter und Randbemerkungen umfaßt. Ein Vergleich mit dem gedruckten Text zeigt, daß der Drucker das Manuskript nicht benutzt hat: Die Unterschiede zwischen den beiden Texten sind zu groß. Erasmus hat also, indem er sich auf das Manuskript stützte, eine Neufassung geschrieben, bzw. sie einem *famulus* diktiert; es ist dieses zweite, verschwundene Manuskript, das bei Froben gedruckt wurde. Das gegenwärtige Autograph vermittelt uns einen gewissen Eindruck, wie Erasmus sein Werk entworfen und verfaßt hat. Wie Arie van Heck in Bezug auf den Traktat *De praeparatione ad mortem*, der sich in demselben Band aus Kopenhagen befindet, gesagt hat: "Dieses Manuskript erschließt uns zum Teil, so zu sagen, die Tür der Arbeitsstube des Erasmus, und läßt uns die Hand, die wir durch die Gemälde des Meisters kennen, erraten"[6].

Es folgt jetzt mein Muster der beiden Versionen, die wir haben, d.h. die handschriftliche Version und die gedruckte Version in der Ausgabe von 1527. Um einen sofortigen Vergleich zu ermöglichen, habe ich die Wörter und Sätze, wo die beiden Versionen sich von einander unterscheiden, in Kursivdruck wiedergegeben.

---

[5] Cornelis Reedijk (1966), 327–349.
[6] ASD 5/1, 329.

A. *Hyperaspistae liber secundus*, Manuskript Kopenhagen, f° 83r°:

Sed esto pariat lex agnitionem peccati, quid confert agnitio peccati? Ad salutem? Non. Sed vel ad desperationem. vel ad contumaciam: ni accedat gratia. At quanto deo dignius est, eam gratiam conferri in observationem legis, priusquam homo tam
5 miserabiliter impingat, tum suo tum aliorum malo? Dicet sic visum voluntati adorande, non scrutande. Ergo solus *Luterus* fuit illi voluntati a consiliis? Quur igitur prodit arcanum, quod ipse filius non prodidit. quod hactenus vel nescivit, vel reticuit ecclesia Christi sponsa quae sponsi sui spiritum habet, vbicunque ille
10 latitat. Iam si nos roget, quid opus erat libero arbitrio, quod ad malum valeat per se, ad bonum inefficax sine gratia Respondebimus sic visum adorandae voluntati, et hoc responsum est longe probabilius quam quod adfert *Luterus* Quid autem erit tam insolubile quod non solvet, si permit*temus* illi, quoties commodum
15 est ad voluntatem adorandam et deum non praedicatum confugere? Rursum vbi rogarit, quid opus erat deo crucifixo, si lex iustificabat? *Respondeo* quum in lege circuncisio sustulerit peccatum originale, quum [*fides in christum*...] gratia auxilians viribus hominis iustificarit, quid opus erat Euangelio? [*Sic visum*] Si dicat
20 vt augeret dilataretque gratiam. hoc poterat absque morte filii. Sic visum inquiet voluntati adorandae, Sed eidem sic visum, vt homo per liberum arbitrium praeberet aut subduceret se gratiae. Ita quoties nos destituet ratio, aut quoties nostras rationes non recipiet, confugiemus ad voluntatem adorandam.

 [ ] = durchgestrichen

B. *Hyperaspistae liber secundus*, Basileae 1527, S.47–48 (= LB 10, 1352A–C):

Sed esto pariat lex agnitionem peccati. *Ad* quid confert agnitio peccati? Ad salutem? Non. Sed uel ad desperationem, uel ad contumaciam, ni accedat gratia. At quanto deo dignius est, eam gratiam conferri in obseruationem legis, priusquam homo tam
5 miserabiliter impingat, tum suo tum aliorum malo? Dicet sic uisum uoluntati adorandae non scrutandae. Ergo solus *Lutherus* fuit illi uoluntati à consiliis? Quur igitur prodit arcanum, quod ipse filius non prodidit, quod hactenus uel nesciuit, uel reticuit ecclesia Christi sponsa, quae sponsi sui spiritum habet, ubicunque

10   ille latitat. Iam si nos roget, quid opus erat libero arbitrio, quod
     ad malum ualeat per se, ad bonum inefficax sine gratia? Respon-
     debimus sic uisum adorandae uoluntati, et hoc responsum est
     longe probabilius, quam quod adfert *Lutherus*. Quid autem erit
     tam insolubile quod non soluet, si permit*tamus* illi, quoties commo-
15   dum est ad uoluntatem adorandam et deum non praedicatum
     confugere? Rursum ubi rogarit, quid opus erat deo crucifixo, si
     lex iustificabat? *Respondebitur* quum in lege circuncisio sustulerit
     peccatum originale, quum gratia auxilians uiribus hominis, iustifi-
     carit, quid opus erat euangelio? Si dicat, ut augeret dilataretque
20   gratiam: hoc poterat absque morte filii. Sic uisum inquiet voluntati
     adorandae. Sed eidem sic uisum, ut homo per liberum arbitrium
     praeberet aut subduceret se gratiae. Ita quoties nos destituet ratio,
     aut quoties nostras rationes non recipiet, confugiemus ad uolun-
     tatem adorandam.

Kurzgefaßt kann man feststellen, daß die Unterschiede zwischen den
beiden Versionen die folgenden sind. Erstens gibt es einen Unterschied in der Orthographie von Luthers Namen (Z.6 und 13), mit
und ohne h. Offensichtlich hat der Drucker die Form mit h, die im
allgemeinen häufiger vorkommt als die Form ohne h, vorgezogen.
Wichtiger sind die drei Abänderungen, die sich in den Zeilen 1, 14,
17 beobachten lassen. Sie sind zweifellos Verbesserungen, die Erasmus selber angebracht hat. Es bleiben noch zwei Veränderungen,
die der Verfasser bei der Zusammenstellung seines Manuskriptes
bewerkstelligt hat. Im ersten Fall (Z.18) kann man nicht sagen, auf
welche Art und Weise Erasmus fortzufahren beabsichtigte. Im zweiten Fall (Z.19) ist dies sehr deutlich. Im letzten Moment hat Erasmus zur Verstärkung seines Argumentes einen Satz hinzugefügt,
denn dieselben Worte "Sic visum" wurden der Anfang des folgenden
Satzes.
   Auch wenn diese Veränderungen sehr klein sind, so sind sie doch
für das Verständnis von Erasmus' schriftstellerischer Technik interessant. Er mag erklären, daß er sich kaum um sorgfältiges Schreiben
bekümmert[7], beteuern, daß ihn dieses oder jenes Werk nur ein paar
Tage kostete[8], man merkt aber im Fall des *Hyperaspistes* 2, daß der

[7] S. z.B. *Ciceron.*, ASD 1/2, 681,4–5: "Alia res est scribere, quod nos agimus, et
aliud scriptorum genus".
[8] Er sagt z.B. über *De lib. arbitr.*: "... illi lucubrationi vix dederim dies decem";

Verfasser sich in Wirklichkeit große Mühe gegeben hat, seine Gedanken aufs beste zu formulieren.

2. *Luthers Ansichten, denen Erasmus sich widersetzt*

Bevor man Erasmus' Text untersucht, muß man sich Luthers Auffas-
sungen, die in unserem Beispiel zur Diskussion gestellt werden, ins
Gedächtnis zurückrufen. Das sind im Grunde genommen zwei fun-
damentale Gedanken Luthers, die Erasmus hier, sowie im ganzen
Hyperaspistes 2 energisch bekämpft. Es handelt sich zuerst um die
Exegese von Römer 3,20, und zweitens um die Unterscheidung, den
Luther zwischen dem verborgenen und dem offenbaren Willen Gottes,
sowie zwischen dem verborgenen und dem offenbaren Gott macht.
　　Zuerst die Exegese von Römer 3,20: "Per legem enim cognitio
peccati": "Durch das Gesetz kommt es zur Erkenntnis der Sünde"[9].
Für Luther sind diese Worte von Paulus fundamental. Der Apostel
gebe mit ihnen ausdrücklich zu verstehen, daß das ganze Gesetz Gottes
nur eines bewirkt: Der Mensch erkennt, daß er ein Sünder vor Gott
ist. Unter 'Gesetz' versteht Luther das ganze, von Gott gegebene
Gesetz, die Gesamtheit seiner Gebote, nicht nur das Zeremonialgesetz
des Alten Testaments, das dem jüdischen Volk Regeln auf dem Gebiet
des öffentlichen Kultes auferlegte, sondern auch die Vorschriften des
Dekalogs, die auf den Glauben an Gott und die Liebe Gottes und
des Nächsten hinzielen. Das Gesetz gibt dem Menschen gar keine
Möglichkeit, die Vorschriften Gottes zu befolgen, im Gegenteil, es
offenbart uns, daß wir nur sündigen können. Es gibt nur eine einzige Funktion des Gesetzes: es klagt uns an, es zeigt uns unsere Sünden, indem es dem Menschen Befehle gibt, die der sündige Mensch
niemals befolgen kann.
　　Für ein wahres und richtiges Verständnis dieser Lehre Luthers ist
es wesentlich, sie wieder in den Gesamtkontext der lutherischen
Theologie zu stellen. Luther sieht einen wesentlichen Unterschied oder

---

Hyperasp. 1, LB 10, 1254A. Nichtsdestoweniger hatte er bereits ein halbes Jahr vor
der Veröffentlichung des Buches einen ersten Entwurf gemacht; vgl. A 5, 1419;
1430,12–13.
　[9] LB 10, 1346B–1352E; WA 18, 677,1–36; 766,8–34; und für die Debatte zwischen Luther und Erasmus über den Willen als Ganzes Cornelis Augustijn (1986),
121–130; Marjorie O'Rourke Boyle (1983); Georges Chantraine (1981); Dietrich
Kerlen (1976); Karl Zickendraht (1909).

vielmehr einen absoluten Gegensatz zwischen Gesetz und Evangelium.
Diese beiden Wörter deuten die Ecksteine seiner Theologie an. Gesetz und Evangelium sind weder Altes und Neues Testament noch
Juden und Christen. Gesetz und Evangelium sind zwei Lebensfor-
men. Von Natur aus will der Mensch sich selber retten, indem er
sich auf das Gesetz stützt. Er will immer sein Heil durch seine eigenen
Werke verdienen. Das bedeutet, daß er sich Gott widersetzt, daß er
es ablehnt, durch die Gnade Gottes gerettet zu werden. Das Gesetz
kann nach Luther eine vorbereitende Rolle spielen: Es kann den Menschen erkennen lassen, daß er nicht imstande ist, diesen Weg des
Selbstvertrauens zu gehen. Aber hier liegt auch die Grenze seiner
Funktion: Der Mensch kann niemals das Gesetz befolgen. Das Evangelium stellt eine andere Lebensform dar. Der Mensch, der an das
Evangelium glaubt, hat sich entschieden, sich vollkommen Gott an-
zuvertrauen, auf Gott zu hoffen, sich auf Gott zu verlassen, auf jeglichen Versuch, sich selber zu retten, zu verzichten, sein Leben im
Vertrauen auf die Verheißungen Gottes, die für das Evangelium so
wesentlich sind, zu gestalten.

Erasmus will auf keinen Fall in diesen Kategorien, in diesen Vorstellungen denken. Er ist bereit, einen Unterschied zwischen Gesetz
und Evangelium zu akzeptieren, aber seiner Meinung nach gibt es
einen natürlichen Übergang vom Gesetz zum Evangelium. "Für die
Guten", sagt er, "ist das Gesetz wie ein Licht, das uns vorleuchtet
und so den Weg zeigt"[10]. Daraus folgt notwendigerweise, daß es möglich ist, das Gesetz zu befolgen. Ansonsten wäre Gott ein launischer
Gott. Aber Gott ist treu; er hält sich an seine eigenen Gebote und
Verheißungen, die er all denen, die das heilige und gerechte Gesetz
befolgen, gegeben hat. Wenn das Gesetz die Sünde aufzeigt, dann
mit der Absicht, daß wir sie vermeiden, und nicht, daß wir sie be-
gehen. Es gibt folglich keinen absoluten Gegensatz zwischen Gesetz
und Evangelium: Das Gesetz zeigt bereits die Güte Gottes, im Gesetz
und durch das Gesetz leitet Gott seine Kinder, das Gesetz bereitet
den Menschen auf das Evangelium vor, es nimmt das Evangelium
voraus. Umgekehrt schließt das Evangelium das Gesetz im Sinne des
Moralgesetzes mit ein, nur das Gesetz im Sinne des Zeremonialgesetzes
sowie jegliche Gerechtigkeit aus äußerlichen Werken schließt es aus.
Dieser Widerspruch zu Luther hat einen tiefen Grund. Gemäß Erasmus kann man sich Gott, den gerechten und guten Gott in diesem

---

[10] *Hyperasp.* 2, LB 10, 1359E–F.

lutherischen Rahmen nicht vorstellen. Er sagt, daß selbst ein Tyrann nicht so verrückt sei, Gesetze öffentlich bekannt zu machen, die einzig und allein darauf abzielen, daß Menschen sich der Übertretung dieser Gesetze schuldig machen[11]. In einem Brief an seinen Freund Thomas More hält Erasmus diese Lehre Luthers für einen der beiden zentralen und entscheidenden Punkte[12].

Der zweite Leitgedanke Luthers ist seine Unterscheidung zwischen dem offenbaren und verborgenen Willen Gottes, oder zwischen dem offenbaren, gepredigten und dem verborgenen Gott[13]. Es handelt sich hier um eine typisch Luthersche Lehre, die schwierig zu verstehen ist. Luther entwickelt sie als Antwort auf die in *De libero arbitrio* gegebenen Erklärungen zum Willen Gottes. Erasmus hatte darin eine Aussage aus Hesekiel 18,32 zitiert: "Denn ich habe kein Gefallen am Tod des Sünders, spricht Gott der Herr. Darum bekehrt euch, so werdet ihr leben"[14]. Für Erasmus sind diese Worte sehr deutlich: Gott will das Heil des Menschen und folglich kann man unmöglich sagen, daß Gott den Untergang bestimmter Menschen will. Der Mensch kann Gott vertrauen, Gott wird die Verheißungen, die er in der Heiligen Schrift gegeben hat, erfüllen. Es wäre unmöglich, einen Gott zu lieben, der den Menschen für Vergehen, für die ihn keine Schuld trifft, mit der Hölle bestraft, während Gott selber sie durch den Menschen begangen hat[15]. Luthers Antwort ist sehr tiefsinnig und kühn[16]. Er macht die bereits erwähnte Unterscheidung und sagt: Es stimmt, daß Gott kein Gefallen am Tod des Sünders hat – aber das ist nur die Hälfte der Wahrheit. Wenn man sagt, daß Gott kein Gefallen am Tod des Sünders hat, so meint man den Gott, so wie er sich in den Schriften offenbart und in Jesus Christus gesprochen hat. Es handelt sich um den offenbaren, in der Kirche gepredigten Gott, und dieser Gott hat als seinen Willen zum Ausdruck gebracht, daß alle Menschen selig werden. Trotzdem gilt, daß man auch vom verborgenen Gott sprechen kann, der sich nicht offenbart, der in einem unzugänglichen Licht wohnt, und der von uns nicht gekannt

---

[11] Ibid., LB 10, 1351B.

[12] A 7, 1804,51–54.

[13] Bernhard Lohse (1981), 176–178.

[14] Vulgata: "Quia nolo mortem morientis, dicit Dominus Deus. Revertimini et vivite!" *De lib. arbitr.*, LB 9, 1225E–F: "Nolo mortem peccatoris, revertimini et venite". *De servo arbitrio*, WA 18, 682,27–28: "... Nolo mortem peccatoris, sed magis, ut convertatur et vivat".

[15] *De lib. arbitr.*, LB 9, 1217F.

[16] *De servo arbitrio*, WA 18, 685,1–686,13.

werden will. Dieser Gott ist vollkommen frei, er will den Tod genauso wie er das Leben will, sein Wille ist uns verborgen. "Der in
seiner Majestät verborgene Gott beklagt weder den Tod, noch hebt
er ihn auf, sondern wirkt Leben, Tod und alles in allen. Denn er hat
sich nicht durch sein Wort in Grenzen eingeschlossen, sondern er
hat sich freie Verfügung über alles vorbehalten"[17]. Wenn wir unter-
gehen, so geschieht das aufgrund unseres eigenen Willens, denn Gott
will nicht unseren Tod, erklärt Erasmus. Diese Lehre stimmt, antwortet Luther, aber nur wenn man vom offenbarten Willen spricht.
Aber man könnte die Frage stellen: Warum verändert Gott nicht
den schlechten Willen aller Menschen? Es ist verboten, sagt Luther,
diese Frage zu stellen: Wenn man sie stellt, so spricht man vom verborgenen Willen Gottes, der sich der menschlichen Kenntnis entzieht.
Gemäß diesem Willen muß man wahrscheinlich schlußfolgern, daß
Gott den Tod nach seinem unerforschlichen Willen will[18]. Luther wiederholt diesen Satz manches Mal: "voluntas adoranda, non scrutanda".
  Selbstredend rufen diese Worte Erasmus' Unwillen hervor. Er weist
diese Unterscheidung nachdrücklich zurück. Seiner Meinung nach
wäre ein völlig freier Gott, der seine Verheißungen nicht erfüllt, der
sein Versprechen nicht hält, eine Bedrohung für den Menschen. Selbst
wenn man diese Ansicht in der Bibel finden könnte, wäre es gefährlich, sie der Menge mitzuteilen. Tatsächlich findet sich, sagt Erasmus, jedoch in der Schrift keine einzige Spur einer solchen Lehre.
Weder Jesus noch die Apostel sprechen darüber. Paulus' Worte, die
Luther zitiert, um seine These zu stützen, liefern keine zuverlässige
Grundlage[19].

3. *Die Diskussion zwischen Erasmus und Luther*

Jeder weiß, wie sehr Erasmus den Dialog liebte. Die *Colloquia* bezeugen dies auf jeder Seite. Aber es ist weniger bekannt, daß Erasmus
dieses Verfahren in seinem ganzen Werk häufig benutzt, um seine
Ansichten zu verdeutlichen. Der dritte Teil seines *De libero arbitrio*[20]
ist hierfür ein gutes Beispiel. Nachdem er die Schriftpassagen zugunsten

---

[17] Ibid., WA 18, 685,21–24.
[18] Ibid., WA 18, 685,28–29.
[19] Ibid., WA 18, 685,7–9; *Hyperasp.* 2, LB 10, 1374D–1375D.
[20] *De lib. arbitr.*, LB 9, 1241D–1248D.

des freien Willens und die Stellen, die ihn auszuschließen scheinen, aufgeführt hat, stellt er eine Art Diskussion auf -von daher der Titel *Diatribe-*, in der die Argumente, die Luther gegen den freien Willen vorgebracht hat und seine eigenen Argumente zugunsten des freien Willens gegeneinander abgewogen werden. Schließlich werden alle Argumente Luthers als unzureichend beurteilt. Im 16. Jahrhundert wäre es völlig unmöglich gewesen, einem Gegner -egal auf welche Weise- recht zu geben.

Man findet im *Hyperaspistes* 2 eine ähnliche Methode wie in *De libero arbitrio*. Diese Schrift hat unzähligemal Diskussionen, in denen Erasmus *De servo arbitrio* zitiert, oder eine Umschreibung gibt, oder sogar Luthers Einwände oder Argumente einbringt. Am meisten fällt jedoch ins Auge, daß Erasmus diese Methode ehrlich anwendet. Die Passage, von der ich die handschriftliche Version und die gedruckte Version der Ausgabe von 1527 wiedergegeben habe, liefert hierfür ein gutes Beispiel. Sie kann dazu dienen, die von Erasmus benutzte Diskussionsmethode zu erklären. Ich werde also noch einmal dieselbe Passage wiedergeben, aber diesmal so, daß man den Dialog, die Debatte erkennen kann. Ich werde anschließend diese Passage erklären, und da sie relativ schwierig ist, sie dabei auch übersetzen.

> **Sed esto, pariat lex agnitionem peccati. Ad quid confert agnitio peccati? Ad salutem?**
> *Non, sed vel ad desperationem, vel ad contumaciam, ni accedat gratia.*
> **At quanto Deo dignius est, eam gratiam conferri in**
> 5 **observationem legis, priusquam homo tam miserabiliter impingat—tum suo tum aliorum malo!**
> Dicet: *Sic visum voluntati adorandae, non scrutandae.*
> **Ergo solus Lutherus fuit illi voluntati a consiliis? Quur igitur prodit arcanum, quod ipse Filius non prodidit,**
> 10 **quod hactenus vel nescivit vel reticuit ecclesia Christi sponsa, quae Sponsi sui Spiritum habet, ubicunque ille latitat?**
> Iam si nos roget: *Quid opus erat libero arbitrio, quod ad malum valeat per se, ad bonum inefficax sine gratia?*,
> 15 respondebimus: **Sic visum adorandae voluntati!**
> Et hoc responsum est longe probabilius quam quod adfert Lutherus. Quid autem erit tam insolubile quod non solvet, si permittamus illi quoties commodum est ad voluntatem adorandam

et Deum non praedicatum confugere!

20 Rursum ubi rogarit: *Quid opus erat Deo crucifixo, si lex iustificabat?*,
respondebitur: **Quum in lege circuncisio sustulerit peccatum originale, quum gratia auxilians viribus hominis
iustificarit, quid opus erat evangelio?**
Si dicat: *Ut augeret dilataretque gratiam,* . . .

25 **Hoc poterat absque morte Filii!**
Sic visum, inquiet, *voluntati adorandae.*
**Sed eidem sic visum, ut homo per liberum arbitrium
praeberet aut subduceret se gratiae.**
Ita quoties nos destituet ratio aut quoties nostras rationes non

30 recipiet, confugiemus ad voluntatem adorandam!

Luther, **Erasmus**, Kommentar.

Unsere Passage befindet sich am Anfang des *Hyperaspistes* 2[21]. Erasmus
legt die Funktion des Gesetzes dar und widerlegt Luthers These, die
ich bereits erklärt habe. Die Passage besteht aus zwei Teilen. Im ersten
Teil greift Erasmus Luther an, indem er ihn auf die Konsequenzen
seiner Meinung hinweist (Z.1–19). Am Ende dieses Teils zieht er eine
Schlußfolgerung, in der er seinen Haupteinwand gegen Luther formuliert (Z.16–19). Im zweiten Teil (Z.20–30) geht Luther zum Angriff über,
Erasmus antwortet und unterbricht ihn sogar (Z.25). Auch dieser Teil
endet mit einer Schlußfolgerung, und zwar dieses Mal mit einer spöt-
tischen (Z.29–30). Die obenstehende Darstellung gibt das allgemeine
Schema. Im folgenden werde ich eine detailliertere Erklärung geben.
   Erasmus erklärt zu Beginn, daß Luther ihn überzeugt habe: "Aber
gut, bringe das Gesetz die Erkenntnis der Sünde hervor. Wozu führt
diese Erkenntnis der Sünde? Zum Heil?" (Z.1–2). Erasmus erklärt
also, daß er geneigt sei, Luthers These, daß das Gesetz Gottes die
Erkenntnis der Sünde hervorbringt, zu akzeptieren. Dann fragt er
nach den Konsequenzen: Trägt die Erkenntnis der Sünde zum Heil
des Menschen bei? Luther antwortet -bzw. Erasmus läßt ihn antworten,
und zwar mit vollem Recht-: "Nein, aber entweder zur Verzweiflung,
oder zur Widerspenstigkeit, sofern nicht die Gnade interveniert"
(Z.3)[22]. Erasmus' Einwand, den man zwischen den Zeilen spürt, ist

---

[21] *Hyperasp.* 2, LB 10, 1352A–C.
[22] Vgl. *De servo arbitrio*, WA 18, 766,8–767,18.

ernst gemeint. Er teilt Luthers Überzeugung, daß der Mensch ohne die Gnade Gottes verloren ist und noch nicht einmal Gottes Gebote befolgen kann, aber, sagt er, warum kann man die Gnade Gottes nicht früher einsetzen als Luther das getan hat? Luther denkt offensichtlich, daß die Gnade Gottes sich dann einschaltet, wenn der sündige Mensch nicht mehr weiter weiß, wenn er völlig verloren ist. Erasmus ist jedoch der Meinung, daß Luther hier zeigt, daß er eine verkehrte Vorstellung von Gott hat. Er sagt: "Aber ist es Gottes nicht viel würdiger, diese Gnade dem Menschen zukommen zu lassen, damit er das Gesetz befolgt, bevor er beklagenswerterweise Sünden begeht..." (Z.4–6). Der Akzent liegt auf den Wörtern "damit" und "bevor": Gemäß Erasmus beginnt die Gnade Gottes sich schon in einer früheren Phase einzuschalten als Luther das voraussetzt. Erasmus' Worte bezeugen, daß er sich der Art der Schwierigkeiten zwischen Luther und ihm selber sehr wohl bewußt ist: Die Schwierigkeit betrifft im wesentlichen die Gotteslehre, insbesondere die Beziehung zwischen Gott und dem Menschen. Erasmus benutzt hier einen bedeutsamen Ausdruck: "Deo dignius". Erasmus glaubt, daß Gott nicht das tiefste Elend des Menschen wünscht, bevor er ihn rettet, sondern daß Gott den Menschen vielmehr auf die rechte Bahn der Befolgung seiner Gebote bringen will. Wenn Gott so lange wartete wie Luther es sich vorstellt, dann wäre die Konsequenz, daß Gott den Menschen zur Sünde veranlaßt, "zu seinem eigenen und zum Unglück anderer!" (Z.6), denn die Sünde des Menschen macht die anderen genauso unglücklich wie ihn selber.

Luther richtet sich in seiner Antwort auf die gleiche Fragestellung, nämlich die Vorstellung, die man von Gott hat: "Dieser Wille Gottes ist nicht zu erforschen, sondern mit Ehrfurcht anzubeten" (Z.7)[23]. Seiner Meinung nach spricht Erasmus zu leichtsinnig über Gott, denn Gott übersteigt die Vorstellungen, die wir uns von seiner Würde machen. Auf diese Weise versucht der Mensch, Gott zu erforschen, ihn festzulegen. Man muß sich vielmehr dem Willen Gottes beugen. In seiner Antwort berührt Erasmus genau den kritischen Punkt. "Luther war also der einzige, der diesem göttlichen Willen Ratschläge gab? Aber warum hat er das Geheimnis bekanntgemacht, das der Sohn selber nicht bekanntgemacht hat, das bis zum heutigen Tage die Kirche, die Braut Christi, die den Geist ihres Bräutigams besitzt, wo immer dieser sich auch verbirgt, nicht kannte oder ver-

---

[23] Ibid., WA 18, 684,32–686,13.

schwieg?" (Z.8–12) Das Geheimnis, das nur Luther bekanntgemacht hat, ist das Geheimnis der Unterscheidung zwischen dem verborgenen und dem gepredigten Gott, zwischen dem verborgenen und dem offenbarten Willen Gottes. Diese Lehre ist bis zum heutigen Tag völlig unbekannt und folglich recht unwahrscheinlich. Es liegt eine gewisse Ironie in Erasmus' Worten! Weder der Sohn, noch die Kirche haben dieses Geheimnis bekanntgemacht; die Kirche kennt es vielleicht selber nicht!

Die abschließenden Worte sind ebenfalls ironisch: "wo immer dieser [der Heilige Geist] sich auch verbirgt" (Z.11–12). Luther hatte in seinem *De servo arbitrio* gelehrt, daß die Kirche und der Heilige Geist nicht einfach sinnlich wahrnehmbare Wirklichkeiten sind; sie sind vor dem Menschen verborgen, denn nur Gott weiß, wo die wahre Kirche sich befindet[24]. Erasmus' ironische Bemerkung ist eine direkte Gegenantwort auf Luthers gegen Erasmus gerichtete Witzeleien in *De servo arbitrio*. Luther hatte darin Erasmus' Vorstellung eines freien Willens, der fähig sei, Böses zu tun, aber unfähig, ohne die Gnade Gottes Gutes zu tun, verspottet. Auf diese Weise hatte Erasmus auf der einen Seite versucht, den Fatalismus, den er in Luthers Schriften fand, zu vermeiden: Gott will das Böse nicht, und man kann Gottes Namen nicht mit dem Bösen, das der Mensch getan hat, verknüpfen. Auf der anderen Seite wollte er die pelagianische Vorstellung, daß der Mensch aus eigener Kraft Gutes tun kann, ausschließen. Da diese beiden Ideen in Erasmus' Augen sehr wichtig sind, reagiert er sehr scharf auf Luthers Scherze. Er zitiert Luthers Worte: "Wozu braucht man einen freien Willen, der aus sich selber heraus imstande ist, Böses zu tun, aber der ohne die Gnade nicht die Möglichkeit hat, Gutes zu tun?" (Z.13–14)[25] Seine Antwort ist eine kurze Anspielung auf Luthers Lieblingsausspruch: "So hat der Wille Gottes, den wir mit Ehrfurcht anbeten sollen, es gewollt" (Z.15). Dies ist keine wirkliche Antwort; man könnte es folgendermaßen umschreiben: Ich habe dasselbe Recht wie Du, ich könnte Dir auf Deine Fragen dieselbe ungenügende Antwort geben.

Anschließend zieht Erasmus seine Schlußfolgerung der Diskussion: "Und diese Antwort ist sehr viel wahrscheinlicher als Luthers Behauptung. Nichts ist so unlösbar, daß er es nicht löst, wenn wir ihm erlauben, so oft es zweckmäßig ist, zum Willen, den man anbeten

---

[24] Ibid., WA 18, 649,26–652,23.
[25] Ibid., WA 18, 665,27–32.

soll, und zum Gott, der nicht gepredigt ist, seine Zuflucht zu nehmen!" (Z.16–19). Die Schlußfolgerung ist deutlich: Erasmus sieht die
Unterscheidung, die Luther zwischen den beiden Willen Gottes und
sogar zwischen zwei 'Göttern' gemacht hat, als bloße Ausflucht, als
vergeblichen Versuch, eine Lösung zu einem aus der Luft gegriffe-
nen Problem zu finden. Luther hat die Behauptung aufgestellt, daß
Gott den Menschen zur Sünde veranlaßt, und dadurch ein unlösba-
res Problem geschaffen: Will Gott auf die eine oder andere Art und
Weise tatsächlich die Sünde? Um sich der Schwierigkeit, die er selber hervorgebracht hat, zu entziehen, muß er die Unterscheidung
zwischen den beiden Willen Gottes erfinden!

In der zweiten Runde geht Luther zum Angriff über. Sein Angriff
ist heftig: "Wozu braucht man einen gekreuzigten Gott, wenn das
Gesetz [des Alten Testaments] bereits rechtfertigte?" (Z.20)[26] Man
kann dies folgendermaßen umschreiben. Erasmus hat sehr viel Hochachtung für das Gesetz; er sagt: "lex iustificabat", die Werke, die der
Mensch in Übereinstimmung mit dem Gesetz tut, rechtfertigen ihn
vor Gott. Aber wenn das stimmt, dann wäre jegliches Eingreifen
Gottes, sogar Jesu Tod am Kreuz, überflüssig und unnötig, denn es
gab bereits einen Weg des Heils, den Weg des Gesetzes, den Weg
des Menschen, der sich selber retten will. Das ist im Grunde genommen der Vorwurf, den Luther in seinem *De servo arbitrio* unaufhörlich
macht. Erasmus ist von der Argumentation seines Gegners nicht sehr
beeindruckt. Er antwortet: "Wenn unter dem Gesetz die Beschneidung die Erbsünde wegnimmt, und die Gnade, die den Kräften des
Menschen zu Hilfe kommt, ihn rechtfertigt, wozu braucht man das
Evangelium?" (Z.21–23) Diese interessante Antwort ist nicht leicht
zu verstehen. Erasmus' Argumentation ist die folgende: Es ist allgemein anerkannt, daß die Beschneidung und die Gnade Gottes, die
dem Menschen im Alten Testament zu Hilfe kommen, ihn bereits
gerechtfertigt haben; und auch Luther gibt dies zu. Und nun sieht
Luther sich vor dieselben Schwierigkeiten gestellt wie Erasmus. Luther hatte Erasmus vorgeworfen, daß dieser Jesu Kreuz überflüssig
mache. Aber in seiner eigenen Argumentation wäre das Evangelium
überflüssig, und es gibt doch keinen wesentlichen Unterschied zwischen "Deus crucifixus" und "evangelium"!

Man kann sich fragen, ob Erasmus diese Worte so versteht, wie
Luther sie meint. Meiner Ansicht nach verteidigt Luther niemals eine

---

[26] Ibid., WA 18, 686,34–687,4.

derartige Position. Sicherlich ist die Luther zugeschriebene Antwort wenig lutherisch: "Um die Gnade zu vergrößern und auszubreiten" (Z.24). Dadurch macht Erasmus es sich mit seiner Antwort leicht: "Dies wäre ohne den Tod des Sohnes möglich!" (Z.25). Diese Antwort verstärkt seine Bemerkungen zur nicht absoluten Notwendigkeit des Evangeliums. In Wirklichkeit denkt Luther nicht in diesen chronologischen Kategorien; er sagt stets, daß auch die Gläubigen des Alten Testaments durch die Gnade Gottes, durch das Eingreifen Gottes und folglich durch den Glauben an Jesus Christus gerettet wurden. Es ist in diesem Zusammenhang bedeutsam, daß Erasmus in seinem Manuskript "fides in Christum" geschrieben hatte, bevor er die Formulierung durchstrich. Aber die Antwort, die er Luther zuschreibt, gibt ihm die Möglichkeit, noch einmal Luthers berühmten Ausspruch einzubringen: "So wollte der anzubetende Wille Gottes es" (Z.26). Erasmus stellt ihm seine eigenen Ansichten über den Willen Gottes gegenüber: "Aber dieser wollte in Wirklichkeit, daß der Mensch sich durch seinen freien Willen der Gnade darbringt, oder aber sich ihr entzieht" (Z.27–28). Das ist die Lösung, die er im *Hyperaspistes* 2 immer wieder verteidigt: Die Gnade Gottes ist entscheidend, aber nichtsdestoweniger muß man notwendigerweise anerkennen, daß das Handeln des Menschen, d.h. sein freier Wille, beim Erlangen des ewigen Heils ebenfalls eine, wenn auch noch so kleine, Rolle spielt. Erasmus beendet die zweite Runde der Auseinandersetzung mit einer ironischen und bitteren Schlußfolgerung: "Also jedesmal, wenn unsere Vernunft uns im Stich lassen wird oder jedesmal, wenn Luther unsere Argumentationen nicht akzeptieren wird, nehmen wir unsere Zuflucht zum göttlichen Willen, den wir anbeten sollen!" (Z.29–30). Man kann dies in vier Worten zusammenfassen: Ich möchte Luther nachahmen. Ich kann mich genau wie er auf den göttlichen Willen berufen, den man anbeten muß. Aber genau wie er werde ich dies aus Mangel an Argumenten tun!

Zusammenfassend kann man gut sehen, was Erasmus Luther vorwirft: Indem er sich auf den verborgenen, unerforschbaren Willen Gottes beruft, den selbstverständlich niemand verifizieren kann, entzieht er sich einer wirklichen Diskussion, einem wirklichen Dialog.

Drei Schlußbemerkungen

1. Für eine Auslegung vom *Hyperaspistes* 2 muß man die von Erasmus häufig angewandte Methode des Dialogs berücksichtigen.

2. Diese spezifische Technik macht die Interpretation des Werkes recht schwierig.

3. Als Herausgeber vom *Hyperaspistes* in der neuen Amsterdamer Edition habe ich mich noch nicht entschieden, wie man die 'Dialoge' in diesem Text am besten kenntlich machen kann, aber ich bin von der Notwendigkeit überzeugt, sie auf irgendeine Art und Weise anzudeuten.

17. KAPITEL

ERASMUS UND SEINE THEOLOGIE:
HATTE LUTHER RECHT?

Wenn, wie im Titel dieses Aufsatzes, die Namen Erasmus und Luther
so eng beieinander stehen, darüber hinaus von der Theologie des
Erasmus die Rede ist, weckt dies die Erwartungen einer erneuten
Auseinandersetzung mit den bekannten Schriften aus den Jahren 1524–
25. Der Ausgangspunkt meiner Untersuchung hingegen liegt in den
Jahren 1533–34. Im einzelnen sollen dabei folgende Sachen behandelt werden: 1. Luthers Kritik an der Theologie des Erasmus in den
Jahren 1533–34; 2. das spezifische Anliegen der Theologie des Erasmus, mit besonderer Berücksichtigung der philologischen und historischen Aspekte; 3. soll das Zentrum erasmischer Theologie dem Anliegen Luthers gegenübergestellt werden, um damit eine mögliche
Erklärung für Luthers Angriffe zu geben.

1. *Die Kritik Luthers*

Als Luther im Frühjahr 1533 erkrankte, las er fast den ganzen Tag
in Erasmus' Einleitungen zum Neuen Testament und dessen einzelnen
Büchern[1]. Auch Teile der *Annotationes* arbeitete er durch. Die Früchte
dieser Lektüre lassen sich auch heute noch auffinden. In der Groninger
Universitätsbibliothek wird das Exemplar der Erasmus-Edition 1527
des Neuen Testaments aufbewahrt, das damals in Luthers Besitz war.
Die eingetragenen Randbemerkungen zeigen, an welchen Stellen
Luther besonders angesprochen oder verärgert wurde; wobei Verärge-
rung eindeutig überwiegt. Verschiedene dieser Bemerkungen wurden
25 Jahre später wieder von Regnerus Praedinius, Rektor der Groninger
Lateinschule und Geistverwandtem des Erasmus kommentiert. Sowohl Luthers wie Praedinius' Randbemerkungen wurden in WA 60
zum ersten Mal vollständig herausgegeben[2]. Meistens sind Luthers
Bemerkungen ganz kurz. Er schreibt "Recte" zur Annotatio, daß es

---

[1] WA.TR 3, Nr.3033b, S.150,1–28.
[2] WA 60, 192–228.

soviele Kreuzholzpartikel gebe, daß man mindestens ein Schiff zu deren Transport brauche[3]. Kurz und bündig ist auch "Bose wort kanstu geben"[4], oder "Das dich Gott straffe, Satan"[5]. Der letzte Kommentar bezieht sich auf eine Stelle, wo Erasmus vorsichtig die Möglichkeit offenläßt, daß auch die Heiden auf irgendeine Weise das Heil erhofften[6]. Hier kann Praedinius seinen Zorn auf Luther nicht unterdrücken, und voller Entrüstung weist er auf Römer 1 hin[7]. Ein grimmiger Humor fehlt nicht. Wenn Erasmus darauf hinweist, daß nach Hieronymus Paulus kein Griechisch gekannt habe, schreibt Luther hinzu: "weil er Erasmus nicht kannte"[8]. Überwiegend gibt es eine entrüstete, durchaus nicht wohlwollende Beurteilung: "Sic rides Deum? O Epicurissime", ist die Tendenz[9]. Zu Recht lautet eine der Glossen: "Ego non sum Candidus Lector". Die Bemerkung befremdet nicht, denn Luther fährt fort: "Nec tu candidus scriptor"[10].

Wahrscheinlich auch aufgrund dieser Lektüre sprach Luther am Tisch wiederholt von dem Plan, gegen Erasmus zu schreiben. Als kurz darauf dessen *Explanatio symboli*, seine Erklärung des Apostolischen Glaubensbekenntnisses, erschien[11], richtete sich Luthers Grimm auch gegen diese Schrift: "eitel Wankelwort, die man deuten kann, wie man will"[12]. Über diese Schrift blieb er immer verbittert. Noch nach Erasmus' Tod bemerkte er: "Ich habe ihm all seine Stiche verziehen. Nur seinen Katechismus kann ich nicht vertragen"[13]. Veit Dietrich berichtete bereits im April 1533 von Plänen Luthers, gegen "diesen Skeptiker" zu schreiben, der immer wieder zeige, wie ihm die ganze Religion lächerlich erschiene. Er fügte hinzu: "Das sehen nicht alle ein, aber Luthers Geist urteilt"[14].

Angesichts dieser Stimmung Luthers überrascht es nicht, daß er nur allzu gern auf einen Vorschlag Amsdorffs einging; dieser hatte Ende Januar 1534 aus Magdeburg in einem Brief das Gerücht erwähnt,

---

[3] Ibid., 202,25.
[4] Ibid., 203,4.
[5] Ibid., 215,13.
[6] *Annot. in NT* (zu Eph 1,13), LB 6, 834CD.
[7] WA 60, 228, Anm. r.
[8] Ibid., 216,18: "quia Erasmon ignorauit".
[9] Ibid., 216,26.
[10] Ibid., 204,28.
[11] ASD 5/1, 177–320.
[12] WA.TR 3, Nr.3302b, S.260,36–37.
[13] Ibid., Nr.3795, S.620,10–13: "Ego ei omnia iacula condonavi; tantum catechismum suum non possum ferre . . .".
[14] ARG 12 (1915), 245: "Haec non vident omnes, sed Lutheri Spiritus iudicat".

Luther wolle sich gegen Georg Witzel richten, der zur alten Kirche
zurückgekehrt war und in diesen Jahren in vielen kleinen Schriften die Reformation bekämpfte. Er spornte Luther dazu an, eher Erasmus aufs Korn zu nehmen und diesen wahrheitsgetreu in all seiner
Unwissenheit und Schlechtigkeit darzustellen[15]. Das war nicht zu
tauben Ohren gepredigt. Luther antwortete Amsdorff umgehend[16],
und beide Briefe erschienen zusammen im März 1534 in Wittenberg.
Luther pflichtete Amsdorff in seinem Urteil über Erasmus unbedingt
bei: Dieser sei unwissend und verschlagen, mit voller Absicht unter-
grabe er die Lehren des Christentums[17]. Der hervorragende Erasmus-
kenner Allen nennt Luthers Schrift "a piece of masterly invective"[18],
zurecht, wie mir scheint, und zwar vor allem deshalb, weil es Luther
gelingt, nicht nur Kritik an einzelnen Punkten zu üben, sondern ein
bestimmtes Erasmusbild aufzubauen, ja seinen Lesern einzuprügeln,
warum dieser die größte Gefahr der Christenheit sei. Beiläufig sei erwähnt, daß sein Erfolg groß gewesen ist. Besonders die deutsche Forschung -geschweige breitere Kreise von Interessierten- hat im wesentlichen bis 1960 oder sogar 1970 dieses Erasmusbild aufrechterhalten[19].
Ich beabsichtige nicht, alle Kritik Luthers detailliert zu erörtern.
Es lohnt sich aber, diese in einigen Punkten zusammenzufassen, um
uns zu vergegenwärtigen, wie Luthers Erasmusbild aussieht. Vier As-
pekte verdienen daher unsere Aufmerksamkeit. Erstens beanstandet
Luther an Erasmus, daß dieser nicht genügend Ehrfurcht der Heiligen
Schrift gegenüber zeige. Sagt er doch zum Beispiel über den ersten
Johannesbrief: "meros crepat mundos", alsob Johannes irgendein
stumpfsinniger Kerl sei[20]. Über Paulus äußert er sich so, alsob dessen
Sprache so verwickelt und schwierig sei, daß man wohl glauben müßte,
Paulus sei ein verrückter Mensch gewesen[21]. So wäre es unnütz, dessen
Schriften zu lesen: Erasmus will offensichtlich vom Lesen der Briefe
Paulus' abhalten. Man muß Erasmus aber entgegenhalten: "Disce de
maiestate loqui reverentius!"[22] Erasmus' Bemerkungen zur Sprache
der Bibelautoren haben Luther offensichtlich gereizt. Auch in seinen

---

[15] WA.B 7, Nr.2086,12–21, S.16–17.
[16] Ibid., Nr.2093, S.27–40.
[17] Ibid., Nr.2093,65–79, S.30.
[18] A 10, 2918 Einl.
[19] Infra, 317–319.
[20] WA.B 7, Nr.2093,129–137, S.32. Erasmus wies in seiner Antwort darauf hin,
daß Luther sich irrte; vgl. *Purgat. adv. ep. Luth.*, ASD 9/1, 474,876–900.
[21] WA.B 7, Nr.2093,116–124, S.31.
[22] Ibid., Nr.2093,203, S.33.

Randglossen ist er darauf mehrmals eingegangen. So bemerkt er z.B.
zu der Aussage des Erasmus, Paulus sei "lubricus in disputando",
d.h. leicht entgleitend, man faßt ihn nicht so leicht: "Ey pfu dich"[23].
Und wenn Erasmus eine Bemerkung über die Sprache des Paulus
macht, die Luther für Kritik an dem schriftstellerischen Dilettanten
hält, schreibt er am Rande: "Ein so barbarischer Esel [wie Paulus]
sagt oder macht nichts Richtiges. In Italien hat Erasmus wohl gelernt,
mit seinen aufklärerischen Genossen solche Redensarten zu verspotten"[24].

Zweitens müssen die Äußerungen des Erasmus, die Luther als einen
Angrif auf die Trinitätslehre empfindet, immer wieder herhalten[25].
Sie kommen in der Tat bei Erasmus öfter vor. Am bekanntesten ist
vielleicht seine Notiz, Petrus habe in den am Anfang der Apostelgeschichte dargestellten Reden Christus einen Mann, nicht aber Gott
genannt[26]. Auch weiterhin kommt Erasmus in den *Annotationes* darauf
zurück[27]. Nicht weniger bekannt und kritisiert war die Bemerkung
im Vorwort der Hilarius-Edition, die älteren Kirchenväter hätten dem
Heiligen Geist nie den Namen Gott beigemessen, während wir es
wagen, das zu sagen[28]. Wenn das richtig wäre, sagt Luther, würde
die ganze christliche Religion sich doch bloß auf die menschliche
Autorität stützen[29]! Luther hatte in diesem Punkt viele Gesinnungsgenossen, auch unter den Altgläubigen. Selber nennt er Alberto Pio,
Graf von Carpi, der 1529 und 1531 Erasmus unter anderem wegen
derartigen Äußerungen heftig angegriffen hatte[30].

Das dritte, das Luther hervorhebt, ist eine Äußerung aus einem
der Vorworte zum Neuen Testament[31]. An sich schon eine sonder-
bare Sache: dieses Vorwort findet sich nicht in den offiziellen, großen Editionen, sondern nur in einer vom Basler Drucker Froben
ohne die *Annotationes* 1522 besorgten Neuen Testament, und in den
auf dieses sich stützenden Ausgaben[32]. Das Stück ist weitgehend
unbekannt, und wurde im Apparat zu Luthers Brief in der WA auch

---

[23] WA 60, 212,14.
[24] Ibid., 221,22–23: "Nihil recte dicit nec facit tam barbarus asinus. In Italia cum
suis Eruditis videtur risisse tales formas dicendi".
[25] WA.B 7, Nr.2093,206–260, S.33–35.
[26] *Annot. in NT* (Einl. Rom), LB 6, 551–552.
[27] Vgl. z.B. *Annot. in NT* (zu Apg. 2,22), LB 6, 444CD.
[28] A 5, 1334,444–448.
[29] WA.B 7, Nr.2093,234–235, S.34.
[30] WA.B 7, Nr.2093,224, S.34.
[31] Ibid., Nr.2093,142–173, S.32–33.
[32] Vgl. *Purgat. adv. ep. Luth.*, ASD 9/1, 471, 785 Anm. Es handelt sich um die
Epistola de philosophia evangelica; s. für den Text LB 6, *4v°–*5r°. Sie findet sich zum

nicht richtig identifiziert. Dennoch ist es von Erasmus geschrieben, wie er selber sagt um einige leere Seiten im Vorwerk auszufüllen, was zumindestens in technischer Hinsicht den Tatsachen entspricht. Erasmus hatte dort unter anderem die Frage aufgeworfen, warum Christus auf die Erde gekommen war, während doch auch bei den Juden und bei den Heiden schon soviel Gutes, Schönes und Wahres zu finden sei[33]. "Dies war die erste Stelle", sagt Luther, "die meinen Geist von Erasmus entfremdete"[34]. Hier könne Erasmus sich auch nicht mit Unwissenheit entschuldigen, diese Aussage müße wissentlich getan sein. Sie bedeutete aber, daß Christus die Ehre des Erlösers verloren habe und nur heiliger als andere werde. Noch deutlicher formuliert: Nach Luthers Meinung hat Erasmus die Exklusivität Christi als des Erlösers der Menschheit aufgegeben, "Christus auf einer Stufe mit Solon!", formuliert Luther in den *Tischreden*[35].

Der vierte Punkt, obwohl überall in Luthers Brief spürbar, ist am schwierigsten zu fassen. Am deutlichsten tritt er in dem Passus zutage, wo Luther über die Erklärung des Glaubensbekenntnisses spricht. Luther hält sie für eine satanische Arbeit, in der Erasmus versucht, die Jugend mit seinem Gift anzustecken. Er lege es ja darauf an, die Katechumenen zu verunsichern und die Glaubenslehren zu verdächtigen. Spricht er doch immer über alle Ketzereien, die die Kirche von Anfang an gequält haben und behauptet fast, daß es in der christlichen Religion überhaupt nichts Sicheres gebe[36]. In den Glossen zum Neuen Testament stoßen wir wiederum mehrmals auf diesen Vorwurf. "Machs alles ungewis", bemerkt er zu einer Stelle, wo Erasmus darauf hinweist, daß es Unterschiede gibt zwischen griechischem Text und Vulgatatext[37]. Und wenn Erasmus die zwei Bedeutungen von "ἐκάθισεν" angibt, kommt der Kommentar: "Ne nihil sit non dubium",

---

ersten Mal als "Praefatio nova de philosophia evangelica" im lateinischen Neuen Testament, das von Froben im Juli 1522 auf Grund der dritten Edition des großen Werkes herausgegeben wurde, a3vᵒ–a7rᵒ des Vorwerkes. Vgl. auch A 4, 1010 Einl. Allen hat offensichtlich ein Exemplar gesehen, in dem das Vorwerk hinten angebunden war. Noch 1522 wurde die Praefatio in einem lateinischen Druck der ganzen Bibel von Thomas Wolff, Basel, aufgenommen, und im Mai 1523 in ein von Pierre Vidoue für Conrad Resch gedrucktes lateinisches Neues Testament.

[33] LB 6, *4vᵒ–*5rᵒ.

[34] WA.B 7, Nr.2093,154, S.32: "Hic primus locus fuit, qui alienavit animum meum ab Erasmo".

[35] WA.TR 3, Nr.3033b, S.150,8–9: ". . . nullum facit discrimen inter Christum et Solonem".

[36] WA.B 7, Nr.2093,80–115, S.30–31.

[37] WA. 60, 220,33.

damit alles zweifelhaft sei[38]. Der Kern seines Erasmusbildes zeigt sich in dem Satz: "At noster rex amphibolus sedet in throno amphibologiae securus"[39]. Warum äußert sich Erasmus nicht ohne Umschweife? Erasmus ist für Luther ein Rätsel: Einerseits ist er so gelehrt, und doch setzt er sein Wissen so schlecht ein. Er empfindet etwas Abstoßendes, wenn er Erasmus liest. "Erasmus est anguilla. Niemand kan yhn ergreiffen denn Christus allein. Est vir duplex", heißt es in den *Tischreden*[40].

Welchen Hintergrund haben nun die genannten Bedenken Luthers? In seinem Brief sagt er es ganz klar. Es sei unmöglich, die Jugend so zu unterrichten, wie Erasmus das in seiner Erklärung tut. "Gewiß muß der jugendliche, ungebildete Knabe zuallererst mit einfachen, notwendigen und festen Grundsätzen unterwiesen werden, damit er diese fest glaube. Es ist ja notwendig, daß ein Lernender Glauben hat. Denn was soll er je lernen, wenn er entweder selbst zweifelt oder den Zweifel gelernt hat?"[41]. Dabei geht es nicht nur um die Bildung der Jugend, Luther ist davon fest überzeugt, daß es sich hier um die Grundlage der ganzen Kirche handele. In seinen *Tischreden* heißt es: Es gehört zum Amt des Doktors, zu lehren und zu wehren. Erasmus macht keins von beiden"[42]. War es doch Luther in aller Anfechtung ein Trost gewesen, daß er mit diesem Amt die unumgängliche Aufgabe empfangen hatte, das christliche Glaubensgut anderen zu vermitteln. So sollte doch auch Erasmus diese Aufgabe, die ihnen gemeinsam war, ernst nehmen.

2. *Das Anliegen des Erasmus*

Es ist an der Zeit, uns Erasmus zuzuwenden. Obwohl er die Doktorwürde besaß, hat er ihr nie den Wert beigelegt, den sie für Luther innehatte. Wenn er seine eigene selbstgewählte Lebensaufgabe umschreibt, gebraucht er als Selbstbezeichung das Wort 'grammatistes',

---

[38] Ibid., 216,33.

[39] WA.B 7, Nr.2093,305, S.36.

[40] WA.TR 1, Nr.131, S.55,32–33.

[41] WA.B 7, Nr.2093,86–89, S.30–31: "Certe animus tener et rudis simplicibus, necessariis et certis principiis primo est formandus, quae firmiter credat, quia necesse est, omnem addiscentem credere. Qui enim vel ipse dubitat, vel docetur dubitare, quid ille unquam discet?".

[42] WA.TR 3, Nr.3302a, S.260,21–22: "Ad doctorem pertinet docere et pugnare, leren vnd weren. Erasmus neutrum facit...."; vgl. Nr.3795, S.620,10–13.

und zwar im Bibelstudium. Er wolle der Heiligen Schrift den niedrigen Dienst des Schulmeisters besorgen, der sich darum kümmert,
einfach den Text seinem Wortlaut nach zu verstehen und diese Kunst
des Verstehens andere zu lehren. In welchem Zusammenhang steht
diese Aufgabe? Mit dieser Frage wenden wir uns der Grundkonzep-
tion seines Wirkens zu: Wie verstand Erasmus seine Arbeit? Wie erfuhr
er die Epoche, in der er sein Werk entfaltete? Grundlegend ist in
diesem Zusammenhang seine Geschichtsauffassung[43]. Christus betrachtet er als die Mitte der Zeiten, alles Vorhergehende wirkt auf
ihn hin. Im Anschluß an die Apologeten und als Neubelebung der
alten Logostheologie sieht Erasmus alles Gute und Schöne, das es je
unter Juden und Heiden gegeben hat, auf Christus angelegt und in
Christus erfüllt. Auch alles, was es seit Christus gegeben hat, die
ganze Geschichte der Kirche, hat nur insofern Wert, als sie auf
Christus bezogen wird. Diese christozentrische Sicht hilft Erasmus
darin, die eigene Zeit zu würdigen. Entfaltet sich die Geschichte doch
in einander folgenden Perioden. Wir leben nicht im Uranfang der
im Werden begriffenen Kirche, als die Gebote streng, die Forderungen Christi eindeutig waren[44]. Wir leben unter neuen Gesetzen, eingeführt als die Kirche sich über die ganze Erde verbreitet hatte,
Gesetze, die sogar teilweise mit den Geboten Christi in Widerspruch
zu stehen scheinen. "Man wird noch eine fünfte Periode feststellen
dürfen, die der von der ursprünglichen Kraft des christlichen Geistes
abfallenden und degenerierenden Kirche"[45]. In diesen Zusammenhang rückt er sein Wirken. Er verneint die Kluft zwischen der Lage
der heutigen Kirche und der Urkirche nicht, eine naive Nachbildung
der Urzeit kommt nicht in Frage, aber andererseits soll die Kirche
sich hüten vor Entartung. Die Entartungserscheinungen liegen auf
der Hand: eine verweltlichte Kirche, eine durch die Scholastik entstellte
Theologie. Unter diesen Umständen macht Erasmus sich an die Arbeit.
Seine Zielsetzung ist, die Kirche, unter Anerkennung der historischen
Entwicklung, nach dem Vorbild der ältesten Christus-Gemeinschaft
umzubilden. Das bedeutet eine Theologie, die sowohl eine philologische wie eine historische Blickrichtung hat, und die diese beiden
Aspekte zusammenbringt in einer Theologie des 'in-Frage-Stellens'.

---

[43] Vgl. Cornelis Augustijn (1986), 77–79.
[44] *Rat. ver. theol.*, LB 5, 86F–88C.
[45] Ibid., LB 5, 88B: "Iam quintum tempus facere licebit ecclesiae prolabentis ac
degenerantis a pristino vigore christiani spiritus".

Vergegenwärtigen wir uns zuerst den philologischen Aspekt[46]. Wenn Erasmus sich um 1500 allmählich die Bibelforschung zur Lebensaufgabe erwählt, beabsichtigt er damit nicht etwas ganz Neues. Selber hat er die *Annotationes* des Lorenzo Valla herausgegeben, und sie wirkten, als er das Manuskript entdeckte, wie dürftig auch, erschütternd auf ihn: Ist es möglich, auf diese Weise den Bibeltext zu erforschen[47]? Zur selben Zeit hatte in Frankreich Faber Stapulensis sich dasselbe Ziel gesetzt[48]. Worum handelt es sich? Man ermißt das am ehesten, wenn man sich die damaligen Hilfsmittel zum Bibelstudium vergegenwärtigt. Es gab die *Glossa ordinaria*, die um die Jahrhundertwende schon in verschiedenen Editionen vorlag und die bis zum Ende des 16. Jahrhunderts mehrmals aufgelegt werden sollte[49]. Der Exeget hatte in ihr eine feste Grundlage, auf der er weiter aufbauen konnte. Bekanntlich legte auch Luther sie anfangs seinen Vorlesungen zugrunde. Es war aber das normale Arbeitsmaterial jedes Exegeten. Diese Umkreisung des Bibeltextes durch die Auslegung, besonders die der Väter, hat Erasmus in seinen Editionen des Neuen Testaments gesprengt, unter Anwendung der bei der Bearbeitung der klassischen Autoren üblich gewordenen exegetischen Methoden. Die 1516-Edition war damit Neuanfang und Weiterführung in einem[50]. Weiterführung war sie für die Humanisten, die Altphilologen des 16. Jahrhunderts. Für die Theologen aber war sie Neuanfang, allerdings ein gefährlicher!

Eine derartige Arbeit, wie Erasmus sie jetzt veröffentlichte, hatte an sich schon ein zersetzendes, zerstörerisches Element. In der *Apologia*[51], einem der Vorworte, legt Erasmus Rechenschaft über die Textgestaltung ab, die er vorgenommen hatte. Er habe griechische Codices, lateinische Handschriften und die Zitate der bewährten Autoren benutzt, und aufgrund dessen den Text veröffentlicht. Zwar beschwor Erasmus den Nutzen des Unternehmens: "Fürchtet man, es möchte durch Textvarianten die Autorität der Heiligen Schrift in Zweifel gezogen werden, so soll man wissen, daß schon seit über 1000 Jahren weder die lateinischen noch die griechischen Handschriften ganz

---

[46] Dieser Aspekt steht in der heutigen Forschung mit Recht im Vordergrund.
[47] A 1, 182.
[48] Vgl. Guy Bedouelle (1976).
[49] Entstanden im Kreise des Anselm von Laon wurde die *Glossa ordinaria* meistens mit den Anmerkungen des Nikolaus von Lyra und Paulus von Burgos herausgegeben; vgl. Beryl Smalley (1952), 56–66; Henk Jan de Jonge (1975).
[50] Vgl. Cornelis Augustijn (1986), 82–91.
[51] *Apologia*, LB 6, **2r°–**3r°.

übereinstimmten"[52], aber trotzdem blieb es wahr, daß jetzt nichts mehr von vornherein feststand. Sogar der Glaube sei gefährdet, erklärte, schon bevor die Edition zustande gekommen war, Maarten van Dorp, ein sicherlich nicht voreingenommener Opponent; stütze nicht die ganze Lehre sich auf die *Vulgata*, und habe Erasmus es nicht gewagt, jetzt eine eigene lateinische Übersetzung statt der *Vulgata* dem griechischen Text hinzuzufügen[53]? Zudem hatte Erasmus mit einer gewissen Vorliebe auf die unterschiedlichen Auslegungen der Patres hingewiesen, meistens ohne die damit aufgeworfenen Schwierigkeiten und Unsicherheiten ex cathedra zu lösen. Was für viele seiner Leser somit Merkmal der Respektlosigkeit war, war für Erasmus die unzweifelbar echte, ja unaufgebbare Arbeitsweise der Theologie. Sie sollte sich zur Aufgabe stellen, das reine Evangelium wiederherzustellen und es damit der Kirche ermöglichen, zum Geist der Urkirche zurückzukehren. Das war aber nur dann möglich, wenn man voller Aufmerksamkeit sich dem Wortlaut des Evangeliums zuwandte und bereit war, immer aufs neue zu lernen und sich zu korrigieren.

In den *Annotationes* zum Neuen Testament kommt diese gewissenhafte Aufmerksamkeit für das exegetische Detail stets neu zum Ausdruck. Ich gebe einige teils bekannte, teils weniger bekannte Beispiele. Ausführlich äußerte Erasmus sich zum Stil des Paulus[54]. Er wies darauf hin, daß dieser es seinen Lesern nicht leicht machte, besonders im Römerbrief nicht: der Aufbau des Briefes sei nicht klar, der Inhalt liege im Dunkeln, und dann nahm der Autor Rücksicht auf die Juden, dann wieder auf die Heiden, auf Gläubige und Ungläubige usw. Der Leser finde sich von Zeit zu Zeit völlig im Labyrinth verirrt! "Die Schwierigkeit des Briefes kommt seinem Nutzen gleich, ja ist fast größer". Auch erklärte er, der Epheserbrief sei zwar im Gedankengang, nicht jedoch dem Stil nach paulinisch[55]. Die Äußerungen über das Comma Johanneum[56], die Autorschaft des Hebräerbriefes[57] und den nicht-apostolischen Charakter der Apokalypse[58] sind weitgehend

---

[52] Ibid., LB 6, **2r°: "Iam vero si qui verentur, ne sacrarum literarum auctoritas vocetur in dubium, si quid usquam variaverit, hi sciant oportet, iam annos plus mille neque Latinorum neque Graecorum exemplaria per omnia consensisse".

[53] A 2, 304,86–146.

[54] *Annot. in NT* (Einl. Rom), LB 6, 551–552; *Paraphr. in NT* (Rom), LB 7, 777–778.

[55] *Annot. in NT* (zu Eph), LB 6, 831B.

[56] Ibid. (zu 1 Joh 5,7), LB 6, 1079B–1081F.

[57] Ibid. (zu Hebr 13,24), LB 6, 1023C–1024F.

[58] Ibid. (zu Off Joh 22,20), LB 6, 1123E–1126A.

bekannt, so wie auch die Übersetzung von 'Logos' mit 'sermo'[59]. Interessant ist die ausführliche Bemerkung zu Galater 2[60], die Auseinandersetzung von Paulus mit Petrus. War das simulatio gewesen, hat Paulus eine Zurechtweisung vorgetäuscht, oder hatte es wirklich 'Krach' gegeben zwischen den beiden Apostelfürsten? Erasmus' Lösung -Petrus habe nicht gesündigt, Paulus habe aber seine Schwachheit gerügt- ist weniger interessant als die Tatsache, daß er einen Überblick gibt über die Geschichte der Exegese des Abschnittes, frei von aller dogmatischen Voreingenommenheit, unbefangen, trotz der entgegengesetzten Meinung des von ihm hochverehrten Hieronymus.

Besondere Schwierigkeiten haben, wie wir schon gesehen haben, seine Bemerkungen zu den Reden Petri, Apostelgeschichte 2, ihm bereitet. Kurz und bündig bemerkte er, daß dieser Christus hier einen Menschen und nicht Gott nennt[61]. Der Grund ist seines Erachtens klar: dieselbe Heilsökonomie, die Christus zum Verbot brachte, ihn 'Messias' zu nennen, veranlaßte Petrus dazu, nicht sofort Jesus den Namen Gott beizumessen, völlig im Einklang mit Paulus' Haltung, der in Athen in der gleichen Weise Vorsicht übte den Heiden gegenüber[62].

Derartige exegetische Bemerkungen gibt es nicht nur eine Menge in den *Annotationes*, auch in andersartigen Werken findet man solche Beobachtungen. Ich nenne hier drei Beispiele. Das erste betrifft den Eid. In der *Matthäusparaphrase* hatte Erasmus kurz und klar gesagt: "Christus verbietet gänzlich, zu schwören"[63]. Die Sorbonne hatte diese These in ihre offizielle Verurteilung des Erasmus aufgenommen und in ihrer Zurückweisung eine unmittelbare Beziehung zu Katharern, Waldensern und Apostelbrüdern hergestellt. Erasmus' Antwort fängt an mit: "Fort mit Katharern und Akatharern, Waldensern und Apostolischen, mit denen ich nichts zu schaffen habe. Es ist unzweifelbar, daß Christus im Evangelium ausdrücklich und deutlich alles Eidschwören verbietet und daß der Apostel Jakobus dem zustimmt"[64]: Und dann folgt ein sehr aufschlußreicher Satz: "Aber weil diese Stelle

---

[59] Ibid. (zu Joh 1,1), LB 6, 335A–336D.

[60] Ibid. (zu Gal 2,11), LB 6, 807D–810B.

[61] Ibid. (Einl. Rom), LB 6, 551–552 = *Paraphr. in NT* (Rom), LB 7, 777–778.

[62] *Annot. in NT*, LB 6, 559D–F (zu Rom 1,7); 930C–931C (zu 1 Tim 1,17).

[63] *Declarat. ad cens. Lutet.*, LB 9, 834C: "Christus in totum vetat iurare". Vgl. *Paraphr. in NT* (Mt), LB 7, 33D.

[64] *Declarat. ad cens. Lutet.*, LB 9, 834D–E: "Valeant Cathari cum Acathartis cumque Valdensibus et Apostolicis, quibuscum mihi nihil est commune. Illud in confesso est, Christum in Evangelio expresse verbisque dilucidis prohibere omne iusiurandum, et Christo succinit Jacobus apostolus".

von den Kirchenvätern unterschiedlich erörtert wurde, paßte es einem Paraphrasten nicht, allzufern von den Worten des Evangelisten abzuweichen und den Bächlein menschlicher Meinungen zu folgen".

Ein zweites Beispiel: Besonders oft und scharf wurde Erasmus angegriffen wegen seiner These, es sei fragwürdig, ob Christus das Sakrament der Beichte eingesetzt habe[65]. Mit dem Argument, der Heilige Geist habe sie mittels der Kirche eingesetzt, setzte er sich verschiedene Male auseinander. Unerschüttert blieb die Überzeugung: Zuerst soll feststehen, was das Evangelium besagt oder nicht besagt, nachher können andere Argumente angeführt werden[66]. Ein schönes Beispiel findet sich im *Modus orandi Deum*, im Abschnitt, in dem er die Frage erörtert, an wen man sich in seinem Gebet wenden soll[67]. Er fängt mit der Feststellung an, daß in den alten Collekten sehr viele Gebete sich an den Vater richten, einige an den Sohn, überhaupt keine aber an den Heiligen Geist, auch nicht am Pfingstfest. "So sehr scheuten sie sich, etwas zu wagen, was nicht in den Heiligen Schriften dargelegt war"[68]. Man liest ja im Evangelium, daß die Jünger öffentlich und oft angespornt werden, zum Vater zu beten, aber im Namen des Sohns. Christus selber betet häufig zum Vater, aber er verspricht den Heiligen Geist, er betet nicht zu ihm. Nur im Johannesevangelium steht einmal der Ausspruch Jesu: "Worum ihr mich bittet in meinem Namen, das will ich tun"[69]. Übrigens, fügt er hinzu, nicht alle griechischen und lateinischen Handschriften haben das "mich", Theophylakt z.B., der es in seiner Bekämpfung der Arianer ausgezeichnet hätte benutzen können, liest es offensichtlich nicht. Übrigens, fährt Erasmus fort, stimmt das eigentlich, daß man im Namen Christi Christum um etwas bittet? Oder bitten wir den Menschen Christus im Namen des Sohnes Gottes? Bezeichnend ist, daß Erasmus nach diesen Auseinandersetzungen erklärte, für ihn stehe es außer Frage, ob man den Heiligen Geist anrufen könne!

Auf welche Weise versucht Erasmus nun, diese philologischen Ergebnisse für die Theologie und für das christliche Leben fruchtbar

---

[65] Vgl. A 9, 2513,393Anm.; *Apolog. adv. monach. hisp.*, LB 9, 1062C–1064B.

[66] *Declarat. ad cens. Lutet.*, LB 9, 932C–E; *Apolog. adv. monach. hisp.*, LB 9, 1062C–1064B; *Apolog. adv. rhaps. Alb. Pii*, LB 9, 1130E–1131D.

[67] *Mod. orandi Deum*, ASD 5/1, 144,829–145,838.

[68] Ibid., ASD 5/1, 145,838–839: "Tanta erat antiquis religio, ne quid auderent quod divinis literis non esset expressum".

[69] Ibid., ASD 5/1, 145,841–146,846 (Joh 14,14): "si quid petieritis me in nomine meo, hoc faciam".

zu machen? Damit wenden wir unsere Aufmerksamkeit dem historischen Aspekt zu. Die historische Blickrichtung der Theologie des
Erasmus ist unverkennbar. Im Vorhergehenden haben seine Auseinandersetzungen über das Gebet uns bereits auf diesen Weg geführt.
Wir müssen diese Fragen aber etwas eingehender besprechen. Es gibt,
wenn ich richtig interpretiere, in Erasmus' Gedankenwelt zwei Linien,
zwei Wege, die er beide verfolgt, die unterschiedlich sind, einander
aber nicht ausschließen, sondern eher ergänzen.

Den ersten Gedankengang kann man kurz mit dem Ausdruck
'Verfallstheorie' bezeichnen: In seinem Verlangen nach Echtheit,
Sauberkeit, übt er Kritik am Bestehenden, eine Kritik, die ihre Normen
im Evangelium vorfindet. Ein erstes Beispiel ergeben seine Äußerungen über das Papsttum. An sich zweifelt er die leitende Rolle des
römischen Stuhls nicht an. Eine biblische Grundlage vermag er jedoch nicht zu finden, das Papsttum ist eine historische Größe, papa-
listische Theorien weist er ab, aber wichtiger ist, daß er konkrete
Maßnahmen Roms nach den Maßstäben der evangelischen Herrschaft beurteilt. Der Papst soll in Glauben, Geduld und Liebe her-
vorragen, wie Petrus den Primat des Bekennens und des Folgens Jesu
innehatte[70]. Sehr deutlich ist Erasmus auch immer hinsichtlich des
Krieges. Wenn seine Gegner argumentieren, Christus habe zwar Petrus
getadelt, weil er ihn mit dem Schwert verteidigt habe, das Recht der
Selbstverteidigung jedoch den Seinen nicht genommen, er habe es
nur für die damalige Zeit für unförderlich gehalten, erwidert Erasmus beißend: "Zugestanden, aber wenn ich, zurücksehend auf jene
Zeiten, als es nicht förderlich war, Gewalt mit Gewalt zu vertreiben,
und der Herr nicht geschehen lassen wollte, was er selber nicht tat,
verneine, daß pflichtmäßig war, was damals nicht förderlich war, und
was der Herr jedenfalls damals nicht genehmigte, habe ich m.E. doch
kein gottloses Wort gesprochen"[71]. Über die Inquisition äußert er sich
ebenfalls unmißverständlich. Immer weist er darauf hin, daß von einer
solchen Glaubensuntersuchung keine Spur im Evangelium zu finden
sei. Zwar will er den Fürsten das Schwert nicht nehmen, aber für
angemessen oder gar nützlich hält er Glaubenszwang nicht[72]. Die

---

[70] *Apolog. adv. monach. hisp.*, LB 9, 1087B–F.

[71] *Declarat. ad cens. Lutet.*, LB 9, 841D: "Donemus hoc: ego respiciens ad illa tempora,
quibus non expediebat vim vi repellere, nec id fieri Dominus voluit quod ipse non
fecit, nihil opinor impium proloquutus sum, si negavi fuisse fas, quod tum nec
expediebat et Dominus id certe temporis fieri vetuit".

[72] *Supputat. error. in cens. N. Bedae*, LB 9, 580C–583F; *Apolog. adv. monach. hisp.*, LB 9,
1054B–1060F.

Blutgier von Bischöfen und Theologen ist ihm besonders zuwider. Wenn man zur Verteidigung der Praxis auf die Veränderung der Haltung der Kirche hinweist, stellt Erasmus die Frage, ob er dann die diesbezüglichen Äußerungen Jesu so erklären solle, daß dieser meinte, seine Kirche solle zuerst 800 Jahre lang das Schwert nicht führen, danach aber habe sie das Recht, es zur Hand zu nehmen[73]?

Diese am Evangelium orientierte Kirchenkritik wird ergänzt durch eine zweite Gedankenlinie, die von seinem Respekt für das historisch Gewachsene zeugt. Besonders dann benutzt Erasmus seine Theorie von der Periodisierung der Geschichte: In der ersten Periode, der des Neuen Testaments und der frühen Kirche war nicht alles schon zur vollen Reife gelangt[74]. Der historische Prozeß, in dem die Kirche sich weiter entwickelt, muß ernstgenommen werden. Auch hier erwähne ich einige Beispiele.

Ein erstes ist die auch von ihm anerkannte perpetua virginitas Mariae[75]. Obwohl sie im Evangelium nicht nachweisbar ist, ist sie aufgrund des Consenses von Vätern und Kirche unbezweifelbares Glaubensgut. Die Kirche hat eine Entwicklung durchgemacht, und es wäre unklug, diese zu ignorieren. So tut es der Autorität des Apostolikums keinen Abbruch, daß es wahrscheinlich nicht apostolischer Herkunft ist[76]. In einer traditionsfreudigen Zeit kann er ohne Umschweife Änderungen befürworten. Das schönste Beispiel dafür ist sein Plädoyer für eine Eröffnung der Möglichkeit der Ehescheidung mit darauf folgender neuer Ehe, und das nach Anlaß von 1 Korinther 7, 39: "Wenn ihr Mann stirbt, ist sie frei, zu heiraten, wen sie will"[77]! Die Sache war unerhört und hat ihm stark geschadet. Gerade an diesem Punkt ist er mit Luther und der Reformation im allgemeinen uneinig. Sicherlich, auch er teilt ihre Kirchenkritik in mancher Hinsicht, mit Recht weist Melanchthon noch nach dem Erscheinen von *De libero arbitrio* auf diese Gemeinsamkeit hin[78]. Erasmus sieht aber in ihren Bestrebungen den Wunsch, die Kirche völlig nach dem Muster der Urkirche umzubilden. Das ist aber ein törichtes Unternehmen: man legt den Erwachsenen doch nicht wieder in die Wiege zurück,

---

[73] *Apolog. adv. monach. hisp.*, LB 9, 1056CD.
[74] *Rat. ver. theol.*, LB 5, 86F–87B.
[75] *Apolog. adv. monach. hisp.*, LB 9, 1084B–E; *Explan. symboli*, ASD 5/1, 245,192–196.
[76] *Declarat. ad cens. Lutet.*, LB 9, 868C–870F.
[77] *Annot. in NT*, LB 6, 692D–703D.
[78] A 5, 1500,18–22.

so hält er ihnen entgegen[79]. Besonders in der *Explanatio symboli* kommt diese historische Neigung zum Ausdruck. Luther hatte es gerügt, daß Erasmus all diese Ketzereien zur Sprache brachte: Das könnte im jungen Menschen doch nur Zweifel erwecken. Wenn man Erasmus' Erörterungen liest, sieht man aber, wie er das Bedürfnis empfindet, zu erklären, wie in der dogmatischen Selbstentfaltung der Kirche die eine Frage zur folgenden geleitet hat[80]. Kurz, die Kirche als historische Größe verärgert ihn und imponiert ihm zugleich. Er weigert sich, wie es damals und noch lange nachher üblich war, die Tradition, das historisch Gewordene in die Schrift hineinzuinterpretieren. Luther macht Abel zum Urbild des durch die Rechtfertigung Gottes geretteten Menschen[81]. Alberto Pio, einer der katholischen Opponenten des Erasmus, begründet seine These, Christus habe schon von den Aposteln den Zölibat gefordert, mit den Worten: "Es ist klar, daß die Apostel Bischöfe und Priester waren und täglich opferten. Daraus folgt, daß sie auch eheliche Abstinenz übten"[82]. Erasmus braucht einen solchen Gedankengang nicht: Weil er die theologisch-kirchliche Praxis nicht unbedingt und restlos der Vergangenheit angleichen will, fehlt ihm auch die Neigung, die Vergangenheit nach dem Bild der heutigen Praxis umzubilden. Natürlich heißt das noch nicht, daß er historisches Bewußtsein im modernen Sinne des Wortes hat. Ein erster Ansatz dazu fehlt trotz aller Idealisierung der Frühzeit nicht ganz.

Es gibt in seinem Denken eine Zweisträngigkeit, die sich in seiner Haltung zur Allegorese deutlich zeigt. In den Einleitungsschriften zum Neuen Testament akzeptiert er sie[83], in seinen erbaulichen Schriften, den *Paraphrasen* zum Neuen Testament und zu einigen Psalmen, übt er sie[84], in den *Annotationes* finden wir nicht die geringste Spur dieser Methode.

Diese doppelte Orientierung auf das historisch Gewordene fordert aber eine Normierung. Wann ist das Evangelium absolut bindend,

---

[79] *Epist. c. pseudeuang.*, ASD 9/1, 304,623–625.

[80] Vgl. z.B. *Explan. symboli*, ASD 5/1, 232,787–234,851.

[81] *In primum librum Mose enarrationes*, WA 42, 190,30–191,5.

[82] Alberto Pio (1531), 217r°: "Manifestum autem est apostolos episcopos et presbyteros fuisse ac hostias perpetuo obtulisse; ex quo sequitur et ab opere coniugali abstinuisse".

[83] *Rat. ver. theol.*, LB 5, 124E–127D.

[84] Vgl. z.B. *Enarrat. in Ps.*, ASD 5/2, 102,187–190: "In plerisque Psalmis duplex est argumentum: historicum quod ceu basis quaedam substernitur et allegoricum sive anagogicum quod sub involucris illis rerum gestarum recondit, vel aperit potius, historiam evangelicam aut doctrinam verae pietatis aut imaginem felicitatis aeternae". Vgl. Charles Béné (1978).

wann kann eine Weiterentwicklung legitim sein? Gerade diese Frage
stellt Erasmus am Anfang seiner Erörterung der Ehescheidung. Nicht
alles, so sagt er, ist disputationsfähig, und dann folgt: "So wenig es
erlaubt ist, die Heilige Schrift, die wir als sicherste Lebensregel haben,
aufzuheben, so sehr gehört es zur Aufgabe des frommen und weisen
Verwalters, sie den öffentlichen Sitten anzupassen . . . Es gehört zur
apostolischen Gesinnung, soviel wie möglich auf das Heil aller bedacht
zu sein und auch die schwachen Glieder der Kirche mit ihrer Sorge
zu unterstützen"[85]. So ist die Bewährung des Humanum Richtschnur.
Das echt Menschliche als Norm ergibt sich besonders in seinen Erörterungen über die sogenannten leges ecclesiasticae, die kirchlichen
Gebote. Bekanntlich hat Erasmus 1522 eine eigene Schrift über die
obligatorischen kirchlichen Feiertage, die Fastenvorschriften und den
Priesterzölibat herausgegeben[86]. Es hatte damals sowohl in Basel wie
auch in Zürich ostentative Übertretungen der Fastengebote gegeben,
und das veranlaßte Erasmus, die Frage der leges ecclesiasticae einmal
grundsätzlich zu behandeln. Seine Schrift, in der er den Eifer und
den Ungehorsam der Übertreter dieser Vorschriften scharf tadelt, ist
aber andererseits eine Verteidigung der wahren christlichen Freiheit
geworden. Er hält diese Gebote an und für sich für wertvoll. Alle
drei entstanden aus einer freiwilligen, spontanen Lebenshaltung und
können Hilfsmittel bei der Ausübung der wahren Frömmigkeit sein.
Freiwillige Bräuche haben sich zu bindenden kirchlichen Bestimmungen entwickelt. Auch dies mißbilligt Erasmus nicht. Ihr Wert ist jedoch nur relativ. Er wirft die Frage auf, ob in der historischen Entwicklung nicht vielleicht der Zeitpunkt gekommen sei, wo die Gefahr
derartiger Gebote größer sei als ihr Nutzen. Es fällt auf, daß er sich
bei der Erörterung dieser drei Gebote über den sozialen Aspekt
besonders entrüstet zeigt. Namentlich die Fastengebote belasten die
Armen viel mehr als die Reichen, und die zunehmende Zahl der
Feier- und Ruhetage gefährdet ihre Existenz.

---

[85] *Annot. in NT* (zu 1 Kor 7,39), LB 6, 692F–693A: "Et ut fas non est divinam
scripturam, quam certissimam habemus vitae regulam, abrogare, ita pii ac prudentis
dispensatoris est, eam ad publicos mores accommodare . . . Primum igitur hoc est
apostolicae pietatis, omnium saluti quantum licet consulere et infirmis etiam ecclesiae
membris sua cura succurrere".

[86] *De interdicto esu carn.*, ASD 9/1, 1–50; vgl. für diese Schrift supra, 220–232.

3. Das Zentrum

Diese beiden Blickrichtungen, die philologische und die historische,
bringt Erasmus zusammen. Er benutzt sie zur Ausarbeitung einer
Theologie, die sowohl die Vergangenheit als auch die Gegenwart,
das überlieferte Glaubensgut sowie die jetzige Theologie und Kirche
befragt, in Frage stellt, kritisch prüft. Ob man überhaupt von Erasmus' Theologie im Sinne eines Gesamtentwurfes sprechen kann, erscheint mir noch fragwürdig. Seine Zielsetzung (davon rede ich
lieber als von seiner Theologie) liegt darin, daß er den Anschluß
zwischen Theologie und Kultur sucht. Die Kultur seiner Zeit war
geprägt durch die Welt der Antike. In unserer Zeit ist es fast unverständlich geworden, aber für die damalige Oberschicht war die Welt
der Klassiker lebendige Wirklichkeit, frisch und lebenswarm. Erasmus
bemüht sich darum, für diese Menschen Glauben und Erfahrungs-
welt wieder in Einklang zu bringen. Das Hilfsmittel, das er zu diesem
Lebenszweck benutzt, ist eine Theologie, die sich nicht, wie die scholastische, vom modernen Lebensgefühl isoliert, sondern Christus zeigt
als den wahren Mittler zwischen Gott und Menschen, in dem alle
Weisheit, alle Güte, alle Schönheit der ganzen Welt sich verwirklicht
hat. Das ist die universale Tendenz in seiner Theologie. Um dieses
Ziel zu erreichen, braucht er eine sehr offene, lernende statt beleh-
rende Theologie, eine Theologie, die an ihren Quellen orientiert ist
und die ebenfalls die Distanz zwischen Quellen und Gegenwart zu
überbrücken sucht.

In diesem Zusammenhang ist es selbstverständlich, daß das Neue
Testament als einzigartige Quelle des Christentums mit den allgemein üblichen Hilfsmitteln und nach den herkömmlichen philologischen Methoden erforscht wird. Zudem gelten die Kirchenväter als
die Hauptvertreter einer an der Schrift orientierten Theologie, die
zugleich sehr bewußt in der antiken Kultur und Tradition steht, und
die vorbildlich für die Theologie seiner Zeit wirken kann. Das gilt
für beide Blickrichtungen, sowohl für die Orientierung auf das Neue
Testament als für die Verbindung mit der Kultur.

Die auf diese Weise sich herausbildende Theologie ist nie fertig.
Es ist bezeichnend, daß Erasmus das Neue Testament und die *Annotationes* immer wieder neu bearbeitete. Erasmus' Ideal ist nicht eine
ein für allemal feststehende Lehre, die man annimmt oder verwirft.
So wie er selber immer bereit ist, die eigenen Auffassungen zu über-
prüfen, so plädiert er auch für eine offene, unfertige, weitergehende

Besinnung. Der Begriff 'Dauerreflektion'[87] existierte nicht, die Sache an sich kommt in allen Jahrhunderten vor und sie war für Erasmus Lebensnotwendigkeit. Es ist kein Zufall, daß Erasmus' *Colloquia* weltberühmt geworden sind. Von 1522 an wandelt er sie konsequent von einem Hilfsbuch zum Erlernen von lebendigem Latein in eine Propagandaschrift zugunsten der Verbreitung seiner Ansichten um[88]. Man lese beispielsweise das Kolloquium des Fischessens[89]. In sehr leserlicher Form behandelt es alle mit den sogenannten kirchlichen Geboten zusammenhängenden Fragen, zugespitzt auf das obligatorische Fasten. Die Gesprächsform eröffnet aber die Möglichkeit, die Fragen von verschiedenen Seiten zu beleuchten, das Für und Wider zu Worte kommen zu lassen, ohne daß dies eine blasse, nichtssagende Neutralität zur Folge hat. Erasmus' Theologie ist sozusagen eine dialogische Theologie.

Vielsagend ist die Äußerung am Anfang der Abhandlung *De libero arbitrio*: "Ich habe so wenig Freude an festen Behauptungen, daß ich leicht geneigt bin, mich auf die Seite der Skeptiker zu schlagen"[90]. Der ganze erste Teil der Schrift *De libero arbitrio* behandelt die Frage, inwiefern der Mensch überhaupt Gottes Geheimnisse erforschen kann und darf[91]. Übrigens: Erasmus selber beschränkt die Aussage dadurch, daß er fortfährt: "wo immer es durch die unverletzliche Autorität der Heiligen Schrift und die Entscheidungen der Kirche erlaubt ist"[92]. Am Ende der Schrift sagt er: "Contuli, penes alios esto iudicium"[93]. Winfried Lesowky übersetzt: "Ich habe die Frage erörtert, anderen steht das Urteil zu"[94]. Ich möchte lieber übersetzen: "Ich habe das Material zusammengebracht, anderen überlasse ich das Urteil". Die erste Aussage hat Luther vor Wut schäumen lassen: ein Theologe, der sich auf die Seite der Skeptiker stellt! Für Luther ist der wahre Theologe derjenige, der Assertiones abfaßt. Er schließt sein Buch im Gegensatz zu Erasmus' Schlußsatz mit: "Ich aber habe in diesem Buch nicht Ansichten ausgetauscht, sondern ich

---

[87] Helmut Schelsky (1957).
[88] Franz Bierlaire (1977); derselbe (1978); vgl. ASD 1/3.
[89] ASD 1/3, 495–536.
[90] *De lib. arbitr.*, LB 9, 1215D: "Et adeo non delector assertionibus, ut facile in Scepticorum sententiam pedibus discessurus sim...".
[91] Ibid., LB 9, 1215E–1220F.
[92] Ibid., LB 9, 1215D: "ubicunque per divinarum scripturarum inviolabilem auctoritatem et ecclesiae decreta liceat...".
[93] Ibid., LB 9, 1248D.
[94] Erasmus (Welzig 1969), 195.

habe feste Behauptungen aufgestellt und stelle feste Behauptungen auf. Ich will auch keinem das Urteil überlassen, sondern rate allen, daß sie Gehorsam leisten"[95].

Dieser Gegensatz war unüberbrückbar. Es ist der Gegensatz zwischen einer assertorischen und einer in-Frage-stellenden Theologie. Er durchzieht nicht nur die beiden Schriften über den Willen des Menschen, sondern man findet ihn genau so wieder in den Streitigkeiten der Jahre 1533–34. Aus diesen Jahren stammt Luthers bekanntes Urteil über Erasmus, das ich schon erwähnte, Erasmus sei ein Aal. Luther erklärt 1534, daß er jetzt, so wie schon vor neun Jahren in *De servo arbitro*, Erasmus aus seiner Reserve zu locken beabsichtigte; sollte er doch endlich sich bloßstellen[96]! Aber dieser bleibt schleimig, man kann ihn nicht ergreifen.

Was für Luther ambiguitas und damit Sünde war, war für Erasmus die rechte Art und Weise des Theologisierens: Wie immer man 'conferre' übersetzt: Fragen erörtern, Material sammeln, Ansichten austauschen, jedenfalls hat der Terminus den Charakter des Mitteilens, Wechselns, Vergleichens an sich. Er setzt Gegenseitigkeit voraus, und schon damit eine gewisse Epoche, eine Zurückhaltung im Urteilen.

Hat also Luther Erasmus wirklich verstanden? Nun, wo Verständnis fehlt, ist Verstehen unmöglich.

---

[95] WA 18, 787,11–13: "Ego vero hoc libro NON CONTULI, SED ASSERUI ET ASSERO, ac penes nullum volo esse iudicium, sed omnibus suadeo, ut praestent obsequium".

[96] WA.B 7, Nr.2093,55–64, S.30.

18. KAPITEL

VIR DUPLEX.
DEUTSCHE INTERPRETATIONEN VON ERASMUS

Wer eine neuere kirchen- oder dogmenhistorische Studie über das
16. Jahrhundert aufschlägt und darin die Erasmus gewidmeten Seiten durchliest, findet fast immer die gleiche Würdigung. Sie verschafft
ein Doppelbild des Erasmus: Einerseits ist er der gelehrte Philologe
und Bibelexeget, andererseits bietet er eine moralisierende Tugend-
lehre. Ich gebe zwei Beispiele, eines von einem katholischen und eines
von einem protestantischen Kirchenhistoriker. Erwin Iserloh sagt, daß
der Humanismus -und damit meint er vor allem Erasmus- durch
seine Bemühungen um die Bibel und durch seine Kritik an der Kirche
in formaler Hinsicht vieles mit der Reformation gemeinsam hatte,
durch seinen ethischen Optimismus bzw. Moralismus dem Material-
prinzip der Reformation jedoch fern stand. Luther habe in Erasmus
"den bildungsstolzen Heiden gewittert". Kennzeichnend für Erasmus
seien Skepsis, Adogmatismus, Herzensfrömmigkeit und Bildung[1]. Gustav Adolf Benrath macht den gleichen Unterschied. Einerseits half
Erasmus durch seine biblischen und patristischen Arbeiten "Freund
und Feind auf den Weg", andererseits sind 'moralisch', 'moralisie-
rend, 'Tugend', für Benrath die Stichworte zur Charakterisierung der
Auffassungen und Lehren des Erasmus[2]. Nicht umsonst erwähne ich
hier zwei angesehene Forscher: In ihnen will ich einen Forschungs-
trend aufzeigen, der erst in jüngster Zeit an Boden verliert.

In der folgenden Untersuchung werde ich die Frage nach der
Herkunft dieser Doppelvorstellung von Erasmus beantworten. In den
besten Untersuchungen zum Erasmusbild über die Jahrhunderte[3] wird
die Periode seines Lebens entweder sehr kurz behandelt oder ganz
ausgelassen, da die Autoren sich für das nach seinem Tod entstandene
Bild interessieren.

Meine Untersuchung befaßt sich mit dem, was vorher passierte, der
Entwicklung des Erasmusbildes während seines Lebens in Deutschland.

---

[1] Erwin Iserloh in HKG(J) 4 (1967), 147, 148, 154.
[2] Gustav Adolf Benrath in HDThG 3 (1984), 26–34.
[3] S. Andreas Flitner (1952); Bruce Mansfield (1979).

Die Untersuchung besteht aus vier Teilen. Der erste Teil betrachtet
das ursprüngliche, günstige Bild; der zweite beschäftigt sich mit Huttens
Ansicht; der dritte mit Luthers Auffassung über Erasmus; der vierte
mit dem positiven Bild, besonders bei Melanchthon.

1. *Das ursprüngliche Erasmusbild in Deutschland*

Erasmus wurde in Deutschland im Sommer 1514 plötzlich berühmt.
In diesem Jahr reiste er von England nach Basel, um Johannes Froben
zu treffen und eine Reihe von Ideen für Projekte mit ihm zu besprechen: Veröffentlichungen von antiken und frühchristlichen Autoren,
an erster Stelle eine Edition von Hieronymus und eine Ausgabe des
Neuen Testaments[4]. Seine Reise durch das Rheintal wurde ein Triumphzug[5]. Es ist für unsere Untersuchung von Bedeutung, daß er
als Deutscher gefeiert wurde. Erasmus trug seinen Teil dazu bei, dieses
Bild zu fördern. Er stellte sich als Deutscher zur Schau, sprach von
"meinem Deutschland" und lobte Deutschland in den Himmel.

Welche Art von Erasmusbild hatten diese deutschen Humanisten?
Die *Epistolae obscurorum virorum*, die Dunkelmännerbriefe, in denen einige
Humanisten die scholastischen Theologen ihrer Zeit durch das Veröffentlichen vermeintlicher Briefe lächerlich machten, können uns eine
recht gute Vorstellung vermitteln[6]. Die erste erweiterte Ausgabe von
1516 enthält einen ausführlichen -selbstverständlich erdichteten- Bericht eines Arztes, der nach Straßburg geht und Erasmus trifft[7]. Es
ist eine herrliche Geschichte, aber ich muß Ihnen die Einzelheiten
hier ersparen. Der Arzt macht sich lächerlich, indem er bei einem
Festmahl, in Anwesenheit von Erasmus, pedantische Bemerkungen
zur lateinischen Literatur macht. Er hat keine Ahnung, welch alberne
Figur er macht, und er stellt sich selbst als ein Wunder an Gelehrsamkeit dar. Er hält nicht viel von Erasmus: Er ist von kleiner Gestalt und folglich kann er nicht viel wissen. Außerdem spricht er leise,
so daß der Arzt kein Wort verstehen kann. Selber nimmt er das
Wort, als im Gespräch Caesar erwähnt wird. Er sagt, er sei davon

---

[4] S. supra, 41–52.
[5] S. für das folgende Cornelis Augustijn (1986), 40–41.
[6] Die beste Ausgabe ist *Epistolae obscurorum virorum* (1924). Wichtig ist die Studie
von Walther Brecht (1904). Vgl. für eine moderne Würdigung Hans Rupprich (1970),
712–718. Wahrscheinlich sind alle im folgenden erwähnten Briefe von Hutten verfaßt.
[7] *Epistola* I, 42.

überzeugt, daß *De bello gallico* nicht von Caesar selbst geschrieben sei. Seine Argumentation lautet: Einer, der mitten im vollen Leben steht, hat keine Zeit, Latein zu lernen, Caesar habe mitten im Krieg und in der Politik gestanden, somit sei es unmöglich, daß er Latein gekonnt habe. Seine Schlußfolgerung ist: "Nachdem ich dies und viel mehr gesagt hatte . . ., lachte Erasmus und antwortete nichts; ich hatte ihn mit einer so scharfsinnigen Argumentation besiegt". Selbstsicher fährt er fort: "Und ich behaupte bei Gott, daß er nicht soviel darstellt wie gesagt wird: er weiß nicht mehr als ein anderer Mensch".

Der Brief zeigt die unter deutschen Humanisten herrschende Vorstellung: Ein kleiner Mann mit leiser Stimme, der überheben über die törichten Bemerkungen eines Dummkopfes lacht und ansonsten still ist. Andere Passagen desselben Werkes offenbaren deutlicher, was die Humanisten an Erasmus bewundern. Er ist der Autor der *Adagia*, aber vor allem der Herausgeber des Neuen Testaments, "das große Buch", von dem die scholastischen Theologen befürchten, daß der Papst es gutheißen wird[8]. Erasmus' Neues Testament ist besonders wichtig. Ein anderer Brief tut dies folgendermaßen dar: "Und wenn sie sagen, daß sie Griechisch und Hebräisch können, müßt Ihr antworten, daß Theologen sich nicht um solche Sprachen kümmern, weil die Heilige Schrift ausreichend übersetzt ist und wir keine anderen Übersetzungen brauchen. Ja, wir dürfen sogar solche Sprachen nicht lernen aus Verachtung der Juden und Griechen[9].

Die Verfasser der *Epistolae obscurorum virorum* verstehen sehr wohl, worin die Größe von Erasmus liegt, nämlich in der Kombination der bonae und sacrae litterae, das heißt in der Verbindung des Studiums der Antike mit dem der Bibel und der frühchristlichen Autoren. Aber sie zeichnen ein bestimmtes Bild des Menschen Erasmus. Er ist ein Mensch mit rätselhaftem Lachen, der es verschmäht, auf Unsinn zu reagieren; er gehört zweifelsohne zu den Humanisten, identifiziert sich aber nicht vollständig mit Reuchlins Freunden. In einem Brief, der all die Anhänger und Verteidiger Reuchlins nennt, ist dies besonders augenscheinlich. Als Antwort auf die Frage, ob Erasmus einer von ihnen ist, heißt es: "Erasmus est homo pro se. Aber es ist sicher, daß er nie mit diesen Theologen und Ordensgeistlichen befreundet sein wird, und daß er selbst in Wort und Schrift ausdrücklich Reuchlin verteidigt und schützt"[10]. 'Homo pro se': Er ist ein Einzelgänger, er

[8] *Epistola* II, 49.
[9] *Epistola* II, 33.
[10] *Epistola* II, 59.

steht für sich, auch in der Reuchlinsache. Dies spielte sich ab in
den Jahren 1516 und 1517, als die Stellungnahme für oder gegen
Reuchlin die beste Art und Weise war, anzudeuten, zu welcher Partei
man gehörte.

Veränderte sich dieses Bild, nachdem Luther seine Ideen zum Ausdruck brachte? Die meisten Humanisten unterstützten Luther in den
ersten Jahren. Obwohl Luther sich niemals täuschen ließ und Erasmus niemals als einen Anhänger betrachtete, neigten ihre Freunde
öfter dazu, sie als Gleiche zu sehen. Infolgedessen begann sich das
Erasmusbild in humanistischen Kreisen zu verändern, in dem Sinne,
daß für die Humanisten Erasmus unwillkürlich Wesenszüge von Luther
übernahm. Die Reaktion Albrecht Dürers, als er 1521 ein Gerücht
von Luthers Tod hörte, war kennzeichnend für dieses Phänomen:
"O Erasme Roteradame, wo wiltu bleiben?... Hör, du ritter Christj,
reith hervor neben den herrn Christum, beschücz die warheit, er-
lang der martärer cron; Du bist doch sonst ein altes meniken... O
Erasme, halt dich hie, das sich gott dein rühme"[11]. Huizinga bemerkt
einen Anklang von Zweifel in Dürers Worten, was die tatsächliche
Durchführung eines solchen Vorsatzes von Seiten Erasmus' betrifft[12].
Die Worte Dürers sind jedoch nicht an die Außenwelt gerichtet; sein
erster Gedanke war, daß nur Erasmus Luthers Werk vollenden könne.

Erasmus und Luther wurden nicht immer so nah miteinander
verbunden. Jedoch zeigt Holeczeks Untersuchung, daß Erasmus in
diesen Jahren beträchtliches Ansehen genoß, insbesondere als Ausleger der Bibel, der in seinen *Annotationes* zum Neuen Testament die
Kirche seiner Zeit kritisierte[13]. Überdies war er der Verfasser des
beliebten *Enchiridion*. Das Erasmusbild bleibt sehr positiv, ja es gleicht
dem Luthers fast völlig.

2. *Huttens Erasmusbild*

1523 ereignete sich die grundlegende Wende im Erasmusbild[14]. Im
April wurde Erasmus' Brief an Marcus Laurinus veröffentlicht, in
dem er seine unabhängige Position betonte. Der Brief erregte der-

---

[11] Albrecht Dürer (1970), 97–98.
[12] Vgl. Johan Huizinga 6, 143.
[13] S. Heinz Holeczek (1983), 81–108.
[14] Vgl. zum folgenden ASD 9/1,93–113; zu Hutten Hajo Holborn (1968); Heinrich Grimm (1971).

maßen Ulrich von Huttens Zorn, daß er es nicht auf sich beruhen
lassen konnte. Hinzu kam Erasmus' Weigerung, Hutten zu empfangen,
als dieser, schwerkrank und mittellos, nach dem völligen Mißlingen
seines versuchten bewaffneten Streites gegen die römische Kurie 1522
nach Basel kam. Obwohl diese Weigerung in Erasmus' Augen nur
eine Vorsichtsmaßnahme war, bekam sie für Hutten eine symboli-
sche Bedeutung. Erasmus war zuvor sein Idol gewesen; er hatte ihn
gelobt als "deutschen Sokrates, was die Literatur angeht für uns von
gleichen Verdiensten wie Sokrates für seine Griechen"[15] und ihm seine
Dienste angeboten. Er war glücklich gewesen, als Erasmus seinen
Namen in einer der Anmerkungen seiner Ausgabe des Neuen Testaments erwähnt hatte[16]. Seitdem hatte sich alles verändert. Im Sommer 1520 hatte er Erasmus in den Niederlanden besucht, ihm seine
Pläne für einen bewaffneten Kreuzzug vorgelegt und ihn um seine
Unterstützung gebeten. Erasmus wollte damit nichts zu tun haben,
schon damals nicht. Jetzt hatte er ihn offenbar völlig abgeschrieben.

Hutten fühlte sich hierdurch in seinem Selbstbewußtsein verletzt
und durch die zurückgewiesene Freundschaft gekränkt. In dieser Stimmung schrieb er im Frühling 1523 seine *Expostulatio*. In dieser Anklage
untersucht er Erasmus' Beziehung zu Reuchlin, zu dem Ketzerjäger
Hoogstraten, zu den Löwener Theologen, zu Aleandro, zum Papst,
zu Luther, kurzum zu all denen, die in den Tragödien der letzten
Jahre eine wichtige Rolle gespielt hatten. Er kommt stets zum selben
Ergebnis: Erasmus hat Ränke geschmiedet und sich als Heuchler aufgeführt; man kann ihm nicht vertrauen, und er ist bereit, mit der
Siegerseite zu akkordieren. Er hat Frieden geschlossen mit den Feinden und redet sie mit Ehrentiteln wie "ehrwürdiger Vater" und "geehr-
ter Herr" an. Er hat sich von seinen früheren Freunden, jetzt wo sie
in Schwierigkeiten stecken, abgewandt. Das folgende Zitat veranschau-
licht Huttens einnehmenden Stil und sein überschwengliches Pathos:
"Bisher bist du innerlich auf dem Scheideweg stehen geblieben, behutsam wie ein zweiter Mettius gespannt wartend auf die gute Gelegenheit. Darum schließt du dich, jetzt da unsere Gegner so sehr
zugenommen haben, und du an einem Sieg unsererseits zweifelst,
der Partei an, der du als die gewinnende betrachtest. Ein Gewissen

---

[15] A 2, 365,4–5.
[16] In der annotatio zu 1 Thess 2,7: "Sed pene exciderat unicum illud musarum
delitium Udalricus Huttenus adolescens et imaginibus clarus. Queso quid Attica possit
gignere hoc uno vel argutius vel elegantius?"

hast du nicht, du schmiedest deine Pläne je nachdem wie der Wind
weht. Oder hast du vielleicht unter diesen Bedingungen kapituliert?
Oder handelst du aus Furcht, da unsere Gegner, wenn sie uns besiegt
haben, sich ebenso hart gegen dich wie gegen uns alle wenden werden?
Ich zweifle nicht daran: das wird auch geschehen!"[17] Huttens Erasmusbild wird bereits anhand dieser Passage ausreichend deutlich: ein sehr
gebildeter Mann ohne Moral. Erasmus kennt die Wahrheit, aber
wendet sich auf Grund seiner Feigheit und Schwäche wider besseres
Wissen von ihr ab. Man kann sich gut vorstellen, daß Erasmus be-
stürzt war.

Wir beschäftigen uns aber nicht mit Erasmus, wir befassen uns
hier mit dem Erasmusbild, das Hutten in voller Überzeugung und
mit Überzeugungskraft entwirft. Erasmus ist für ihn ein schwacher
Mann ohne Gewissen, ängstlich und habsüchtig, schnell bereit, sich
der Siegerseite anzuschließen. Gemäß Hutten trifft dies insbesondere
auf Erasmus' Haltung hinsichtlich Luther zu. Obwohl es offensichtlich
war, daß Erasmus Luther zustimmte, hatte er sich bisher nicht öffentlich geäußert, und jetzt zog er sich aus Angst zurück.

Diesen Ansichten Huttens lag eine bestimmte Vorstellung von der
Reformation zugrunde. Sie war für ihn im wesentlichen eine Frei-
heitsbewegung. Er hatte diesen Kampf um Freiheit von der Kurie,
von der Kirche, von Rom und Italien im allgemeinen -für ihn das
entscheidende Motiv- im Werk von Erasmus, in dessen Kritik an
verschiedenen Mißbräuchen in der Kirche und in seiner Ablehnung
von sinnlosen Zeremonien entdeckt. In einer derartigen Interpretation
von Erasmus herrschen die negativen, kritischen Elemente seiner
Schriften vor. Erasmus ist der Mann, der Mißbräuche in der Kirche
kritisierte, der seine Stimme aus Protest gegen sie erhob, bevor Luther
es tat. Hutten ist weder der erste noch der einzige, der uns diese
Erasmus-Interpretation gibt.

Wenn wir das bei Hutten vorgestellte Erasmusbild genauer definieren, sehen wir, daß es zwei Elemente enhält. Das erste ist die
positive Bedeutung von Erasmus. Er bekämpft die Mißbräuche in
der Kirche, aber darüber hinausgehend lehnt er in seinem Widerstand die Kirche als eine hierarchische und sakramentale Institution
ab. Er beraubt die Kirche der Dinge, die ihre Stabilität ausmachen.
Der zweite Aspekt ist negativ. Erasmus kennt die Wahrheit; im Grunde
seines Herzens gibt er zu, daß Luther recht hat, denn Luther behält

---

[17] Böcking 2, 232; vgl. supra, 179–180.

dieselben Ideale bei wie Erasmus selbst. Aber es fehlt ihm an mora-
lischem Mut und entschlossener Überzeugung, und deshalb verrät er
die Luthersache, die auch seine eigene Sache ist.

Nirgendwo werden die beiden Aspekte deutlicher ausgedrückt als
in der berühmten Geschichte von Erasmus' Antwort an den Kurfüsten
Friedrich den Weisen, im Herbst 1520, zu einem höchst kritischen
Zeitpunkt. Luther war von der Kirche verurteilt worden, und die
Fürsten mußten ihren Standpunkt hinsichtlich seiner Person bestimmen. Der Kurfürst bat um ein Treffen mit Erasmus. Georg Spalatin,
der ein Augenzeuge war, berichtet von diesem Treffen. Auf dem Weg
über Luthers Erzählungen in den *Tischreden* ist der Bericht in all die
Literatur über Erasmus und Luther durchgesickert. Auf die Frage
des Kurfürsten, warum Luther von der Kirche verurteilt worden war,
antwortete Erasmus: "Luther hat schwer gesündigt, er hat die Bäu-
che der Mönche angegriffen und die Krone des Papstes"[18]. Wieviel
Wahrheitsgehalt die schöne Geschichte hat, bleibe dahingestellt. Ihr
Wert liegt auf anderer Ebene: in einem Satz stellt sie Erasmus vor
uns in seiner Zurückhaltung, wie sich diese in seiner Ironie zeigt.

3. *Luthers Erasmusbild*

Bald formte sich ein neues Erasmusbild, genauso negativ wie Huttens,
aber mit anderen Zügen. Kein geringerer als Luther brachte es hervor,
und in dem 1525 erschienenen *De servo arbitrio* zeigte es sich bereits
deutlich. Luther anerkennt Erasmus' vielseitige Begabung: Bildung,
geistige Reife und Beredsamkeit. Aber die Erwähnung dieser positiven Merkmale dient lediglich der Beleuchtung der negativen. Das
wird bereits zu Beginn der Abhandlung deutlich, wenn Luther erklärt,
warum er so lange mit der Antwort auf Erasmus' *De libero arbitrio*
gewartet hat: Erasmus erschien ihm so kalt und leblos, daß Luther
die Begeisterung, zu antworten, nicht aufbringen konnte[19]. Hiernach
kommt dasselbe Bild in *De servo arbitrio* ständig zurück: Erasmus ist
ein Lukian, ein Epikur und in Horaz' Worten, ein Schwein aus Epi-
kurs Herde[20]. Erasmus ist, genauso wie Lukian, ein Spötter, der weder
Gott noch seine Gebote anerkennt, und der sich, genauso wie Epikur,

---

[18] Luther, WA.TR 1, Nr.131, S.55,34–35.
[19] Luther, WA 18, 600,19–21.
[20] Mit diesen Bemerkungen verletzte er Erasmus tief; vgl. A 6, 1670,30–37.

nur mit der gegenwärtigen Welt und ihren Vergnügungen beschäftigt. Luther vermißt bei Erasmus entschiedene Überzeugungen. Nicht umsonst beschließt er seine Abhandlung mit der Behauptung, daß er nicht bereit sei, eine Untersuchung vorzunehmen und andern das Urteil zu überlassen, so wie Erasmus das getan hat. Er selbst wird feste Behauptungen machen und Gehorsam fordern. Kurzum, für Erasmus gebe es keine deutlich feststehende absolute Wahrheit Gottes, die man akzeptieren und verteidigen muß.

In Luthers *Tischreden*, die von den frühen dreißiger Jahren an aufgezeichnet wurden, kommt dieses Bild immer wieder vor. 1533 sagt Luther: "Wenn ich sterbe, will ich verbieten meinen Kindern, daß sie seine Colloquia nicht sollen lesen, denn er redet und lehret in denselbigen viel gottlos Ding unter fremden erdichten Namen und Personen, fürsetziglich die Kirch und den christlichen Glauben anzufechten"[21]. Sehr aufschlußreich und repräsentativ ist sicherlich seine berühmte Bemerkung: "Erasmus est anguilla. Niemand kan yhn ergreiffen denn Christus allein. Est vir duplex"[22]. Diese letzte Bemerkung ist ein Verweis auf Jakobus 1,8, wo Luther "vir duplex" mit "Zweiueler" übersetzt. Eine Anmerkung in Luthers Übersetzung erklärt sehr genau, was er damit meint: "Der im Glauben nicht fest ist, hebt viel vnd mancherley an, vnd bleibt doch nicht drauff . . .". Diese Beschuldigung der 'amphibologia', Ambiguität, wird mit ähnlichen Bezeichnungen häufig wiederholt. Luther findet Erasmus verwirrend, rätselhaft, so gebildet, ohne daß er jedoch daraus großen Nutzen zieht. Anfang 1533 sagt er: "Ad doctorem pertinet docere et pugnare, leren vnd weren. Erasmus neutrum facit, sed est amphibolicus, .id est, impius derisor religionis"[23]. Mit dieser Äußerung verbindet Luther seine verschiedenen Kritikpunkte. Nach Luthers Auffassung ist es die Pflicht des Theologen, den Glauben zu vermitteln und zu verteidigen, und in dieser Hinsicht sieht er bei Erasmus große Defizite.

In dieser Zeit sprach Luther häufig mit seinen Freunden über seine Entschlossenheit, sich Erasmus schriftlich entgegenzustellen[24]. Als er krank wurde, verbrachte er ganze Tage mit der Lektüre von Erasmus' Ausgabe des Neuen Testaments, und er war darüber sehr ungehalten. Als Erasmus' Auslegung des Apostolicums erschien, äußerte

---

[21] Luther, WA.TR 1, Nr.817, S.397,15–18.
[22] Luther, WA.TR 1, Nr.131, S.55,32–33.
[23] Luther, WA.TR 3, Nr.3302a, S.260,21–23.
[24] Luther, WA.TR 3, Nr.3033a, S.149,32–34; Nr.3033b, S.150,3–6.18–21; Nr.3302b, S.260,25–26.34–35.

er wiederum seine Kritik: "Wankelwort"[25]. Im darauffolgenden Jahr
schrieb er seinem guten Freund Nikolaus von Amsdorff einen zur
Veröffentlichung bestimmten Brief, in dem er gegenüber Erasmus
explodiert[26]. Er beschuldigte Erasmus auf unmißverständliche Weise
der Unbeständigkeit und der Unzuverlässigkeit in der Lehre. Luther
nannte auch verschiedene konkrete Beispiele. Erasmus habe darauf
hingewiesen, daß Petrus in seiner Rede in der Apostelgeschichte
Christus als Menschen bezeichnet und nichts über seine Gottheit sagt.
Erasmus habe ebenfalls darauf hingewiesen, daß die frühchristlichen
Theologen den Heiligen Geist nicht 'Gott' nannten. Erasmus habe
in Bezug auf Gott und die Jungfrau Maria das Wort 'coitus' benutzt.
Erasmus habe behauptet, Christus habe im Vergleich zur heidnischen
Weisheit nichts Neues gebracht. Erasmus habe sich über das schlechte
Griechisch des Apostels Johannes beklagt. Luther fügt alle diese Punkte
in einen speziellen, sehr deutlichen Rahmen. Erasmus lege seine
Ansichten nicht offen dar; er sei geringschätzig gegen das Christentum, und im Grunde seines Herzens habe er einen Widerwillen gegen
jegliche Religion. Er sei ein Lukian, ein Epikur, sogar der Teufel in
menschlicher Gestalt. Dieser Brief enthält Luthers letzte und verbit-
tertste Äußerung über Erasmus.

Wir wollen nun das Erasmusbild, wie es sich uns bei Luther präsentiert, genau formulieren. Man kann es in wenigen Worten darlegen. Erasmus ist ein Relativist, ein Subjektivist und ein Skeptiker;
sein Werk ist negativ, die reinste Verneinung. Er zerstört, er tadelt,
er kritisiert ohne jeglichen Maßstab. Er lebt von der Verneinung. In
dieser Interpretation wird Erasmus nach inhaltlichen Normen, auf
Grund dessen, was er zustande gebracht hat, beurteilt: Welche Lehre
hat er vermittelt? Dahinter steht das Urteil, daß es für Erasmus keine absolute Wahrheit gibt. Deshalb stellt er eine größere Bedrohung
für die Kirche dar als ein katholischer Gegner. Es ist interessant zu
sehen, daß Luther dieses Bild seinen Anhängern nachhaltig einge-
prägt hat, daß die Erasmus-Gegner auf katholischer Seite dasselbe
Bild jedoch schon vor Luther hatten. In Paris und Spanien, den zwei
Zentren des Widerstandes gegen Erasmus, war es schon in den
zwanziger Jahren vorherrschend geworden[27].

---

[25] Luther, WA.TR. 3, Nr.3302b, S.260,36.
[26] Luther, WA.B 7, Nr.2093, S.27–40. Vgl. auch Erasmus' Antwort, in ASD
9/1, 427–483; supra, 294–298.
[27] S. Cornelis Augustijn (1986), 131–142; Erika Rummel (1989), 2, 29–60,81–
106,115–123.

4. *Das positive Erasmusbild*

Als Erasmus starb, waren alle Elemente für die Gestaltung eines negativen Bildes vorhanden. Wir haben den Unterschied zwischen Huttens
und Luthers Vorstellung gesehen. Dennoch wurden im Laufe der
Zeit Merkmale des einen Bildes häufig mit Merkmalen des anderen
Bildes verbunden. Das war nicht schwierig, da Unzuverlässigkeit und
Unbeständigkeit beiden gemein waren. Auch Hutten sah Erasmus
als einen 'vir duplex'. Durch die Art und Weise, wie Hutten und
Luther diese Merkmale bearbeiteten, entstand eine grobe Karikatur,
die aber dennoch Züge des wirklichen Erasmus-Porträts in vergrö-
berter Form darstellt. Huizinga drückt sich folgendermaßen aus:
"Erasmus war ein Meister des Vorbehalts... In allen Fragen des
menschlichen Geistes anerkannte er die ewige Ambiguität"[28]. Dies ist
sicherlich eine ganz andere Interpretation als bei Hutten und Luther.
Es ist dennoch verständlich, daß diese Ambiguität von denen, die
sich mitten im Streit befanden, als Skeptizismus aufgefaßt wurde.

Es blieb nur eine Möglichkeit für ein positives Bild. Man konnte
Erasmus als den Mann der 'bonae litterae' sehen, dessen Verdienste
für die Menschheit sich auf dem Gebiet der Literatur befanden. Luther
hatte ihn bereits 1523 so charakterisiert: Erasmus habe seine Verdienste auf dem Gebiet der Literatur, aber er sollte sich von der
Bibel fernhalten. Er werde wohl wie Moses in den Feldern von Moab
sterben[29]. Das ist sehr negativ gemeint und ausgedrückt. Man konnte
aber sachlich dasselbe behaupten, dabei jedoch das positive Element
betonen. Auch dies begann bei Luther. Schon 1523 schrieb er: "Ich
bin überzeugt, daß ohne Kenntnis der litterae eine echte Theologie
überhaupt nicht bestehen kann, wie sie bisher, als die litterae zusam-
menbrachen und darniederlagen, auch elendiglich zusammenbrach und
darniederlag. Ja ich sehe sogar, daß niemals eine bedeutende Offenbarung des Wortes Gottes geschehen ist, ohne daß er [Gott] zuerst
den Weg bereitet hätte durch ein Aufleben und Blühen der Sprachen
und litterae, gleichsam als Vorläufer wie Johannes der Täufer"[30].

Melanchthon hat die hier liegenden Möglichkeiten völlig ausge-
nutzt. Seine Haltung zu Erasmus ist im Laufe der Jahre immer etwas
schwankend geblieben[31]. Wenn er ihn positiv deutet, schildert er

---

[28] Johan Huizinga 6, 123.
[29] Luther WA.B 3, Nr.626,14–25, S.96.
[30] Luther, WA.B 3, Nr.596,21–25, S.50.
[31] Vgl. Heinz Scheible (1984).

Erasmus als den großen Philologen, der durch sein Werk von eminenter Bedeutung war für die Vorbereitung des Werks, das Luther in die Hand nehmen sollte. Besonders in einer Rede von 1557 führte er das aus[32]. Es besteht aber ein wichtiger Unterschied zu Luther. Melanchthon betrachtet die Herausgabe des Neuen Testaments als den Höhepunkt von Erasmus' Lebenswerk. Dadurch seien die Bibelstudien korrigiert und erneuert worden. Außerdem käme erst so die Wahrheit ans Licht und dadurch werde die Dunkelheit verschwinden und werde sich die Torheit vieler Irrtümer erweisen.

Indem er dieses Element unterstrich, näherte sich Melanchthon dem Maler Lukas Cranach dem Jüngeren, der auf einem Epitaph in der St. Blasiuskirche von Nordhausen in den Kreis der Reformatoren auch Erasmus einen Platz eingeräumt hatte[33]. Oder sollte man sagen, daß Cranach, der damit allein stand, doch einen Schritt weiter ging als Melanchthon?

---

[32] *Oratio de Erasmo Roterodamo*, in: Melanchthon, *Opera* 12 (CR 12), 264–271.
[33] Das Original wurde im Zweiten Weltkrieg zerstört.

ERASMUS UND DIE TÄUFER

DER EPILOG VON MENNO SIMONS' *MEDITATION* 1539 (*LERINGHEN OP DEN 25. PSALM*) ZUR ERASMUSREZEPTION MENNO SIMONS'

Im Jahre 1539 erschien Menno Simons' *Voele goede vnd chrystelycke leringhen op den 25. Psalm.* Die vier erhaltenen Exemplare der Schrift sind alle mit anderen Schriften Mennos zusammengebunden, so daß es kein selbständig auf uns gekommenes Exemplar gibt[1]. Diese Frühschrift zählt zu den besten Schriften Mennos und wird am zutreffendsten mit der Titelformulierung der zweiten Ausgabe, 1558, charakterisiert: *Eyne seer lieflijcke meditation* [2]. Zum Großteil enthält die Schrift fromme Betrachtungen, oft besteht sie aus einer Kette von Bibelstellen. Inmitten der meditativen Teile spricht Menno aber auch über sich selbst, und zwar auf zweierlei Weise: Einerseits beteuert er seine Unschuld den Menschen gegenüber, die ihn als Ketzer bezeichnen und andererseits klagt er sich vor Gott selbst an, alle Gebote übertreten und in seinem ganzen bisherigen Leben dem Teufel gedient zu haben. In dieser Hinsicht ist die Schrift typisch für seine Lebenssituation, da er erst kurz zuvor sein Priesteramt aufgegeben und die Papstkirche verlassen hatte. Jetzt beurteilt und verurteilt er seine Vergangenheit selbstverständlich im Lichte des neu gewonnenen Glaubens. Gerade in dieser Einheit von Verteidigung, Selbstanklage und biblischer Meditation liegt der Reiz dieser schlichten, lebenswarmen Schrift. Spätere Publikationen Mennos sind oft von viel stärker dogmatischer Art, die besseren unter ihnen zeigen jedoch dieselbe lebensnahe Einfachheit.

* * *

Im folgenden möchte ich den kurzen lateinischen Epilog behandeln, mit dem der Autor das Büchlein abschließt. Dieses Nachwort findet sich nur in der ersten Edition. Weil die verschiedenen Ausgaben der *Opera omnia* alle direkt oder indirekt auf die zweite Edition, die *Meditation,* zurückgehen, fehlt auch in ihnen der Epilog. Das Nachwort

---

[1] Irwin B. Horst (1962), Nr.34.
[2] Ibid., Nr.35.

wurde 1914 von Karel Vos in seiner Mennobiographie ediert[3] und
ist weiterhin nur in der neuen englischen Übersetzung der Werke
Mennos enthalten[4]. Vielleicht hängt damit zusammen, daß es noch
nie untersucht wurde. Dennoch haben wir in ihm ein interessantes
Selbstzeugnis vor uns, dessen Abfassung dem Autor ohne Zweifel schon
sprachlich einige Mühe gekostet hat. Die Lateinkenntnisse Mennos
waren nach seinen eigenen Worten zur Herstellung eines lateinischen
Textes nicht ausreichend[5]. Man soll dabei aber beachten, daß die
lateinischen Marginalien seiner Schriften bezeugen, daß er imstande
war, kurze fehlerfreie Bemerkungen zu machen. Die drei etwas längeren Passagen, die von seiner Hand erhalten sind[6], weisen zwar einige
Unkorrektheiten auf, doch kann daran die Unwissenheit der Drucker
oder Nachdrucker ebenso schuld sein wie mangelnde Lateinkenntnis
des Autors.

Das Nachwort hat folgenden Wortlaut

Epilogus.
Quae scribo, boni fratres, ecce coram deo non mentior.
    Cum sciam me immeritum multis conspergi mendacijs, ut in talibus
fieri solet, iam[a] mulierem uidelicet cum Atanasio, nescio quam uiolenter
comprimens, iam Arsenio abscindens brachium, quo magicas artes
exerceam, an Timotheus aliquando adest, qui pro tacente respondet
nescio. Huius rei gratia, hunc Psalmum conscripsi, in quo meae mentis
imago et propositum expressissime eluceat. Habetis ergo doctrinam
meam et mentem, huc enim spectat quicquid doceo, quicquid uiuo:
An euangelicum, an diuinum, an salutiferum sit, iudicet Christianus.
Si ita, quare non perseuérem et morte defendam? Si Socrates pro
suae religionis dogmata, si Marcus Curtius, si Marcus Mutius Sceuola
pro Vrbis Romae et Reipublicae bono, si Iudaeus et Turca pro patrijs
legibus licet non proficuis, Venenum, Hiatum, ignem et mortes non

---

[3] Karel Vos (1914), 281.
[4] Vgl. Irwin B. Horst (1962), Nr.9.
[5] S. das lateinische Vorwort der *Verclaringhe des Christelycken doopsels*, in: Menno
Simons (1681), 395: "Nam Latina inscita causa non bene possem, et si possem, non
vellem, ne labor iste meus sub manibus amulorum in cassum depereat, sed potius
cuivis Christiano conspicuus fiat, et fructui cedat". Der Satz ist an sich schon ein
Beispiel seiner begrenzten sprachlichen Fähigkeiten.
[6] Es handelt sich um das Nachwort zu *Voele goede vnd chrystelycke leringhen*, und um
ein Vor- und Nachwort zu *Verclaringhe des Christelycken doopsels*, in: Menno Simons
(1681), 395, 433.

horruerint[b]. Cur non magis ego pro coelesti philosophia, pro fratribus, proque Iesu Christi institutis animam ponam? Sin autem, accedat Origenes quispiam, et Berillum hunc non bene sanum quam citissime facilliméque reddat incolumem. Valete, Dominus[c] dirigat corda uestra in dilectionem Dei et in expectationem Christi, Iterum Valete.

Marginalien: [a]Lege uitam Atanasij et facile intelliges.
[b]I.Ioan.3. [c]II.Tessa.3.

Die Übersetzung lautet:
Was ich schreibe, liebe Brüder, Gott weiß ich lüge nicht. Es ist mir bekannt, daß ich, obwohl unschuldig, mit vielen Lügen übergossen werde, so wie es solchen [wie mir] zu geschehen pflegt. Ich soll mit Athanasius eine Frau, ich weiß nicht wen, mit Gewalt geschändet haben, bald dem Arsenius den Arm abgeschnitten haben, um damit magische Künste zu betreiben. Es ist mir aber unbekannt, ob irgend einmal ein Timotheus da ist, der anstatt des Schweigenden [Athanasius] antwortet. Deshalb habe ich diesen Psalm geschrieben, damit darin völlig deutlich das Abbild und das Vorhaben meiner Gesinnung hervorleuchtet. Sie haben also meine Lehre und meine Gesinnung. All meine Lehre, mein ganzes Leben hat diese Zielsetzung. Ob sie evangelisch, ob sie gottähnlich, ob sie heilbringend sei, darüber urteile der Christ. Falls dem so ist, warum soll ich nicht ausharren und sie mit meinem Leben verteidigen? Wenn Sokrates für die Lehren seiner Religion, wenn Marcus Curtius, wenn Marcus Mucius Scaevola für das Wohl von Stadt und Staat Rom, wenn der Jude und der Türke für die altväterlichen Gesetze, wenngleich unnütz, vor Gift, Kluft, Feuer und Tod nicht zurückgeschrocken sind, warum sollte ich dann nicht eher noch mein Leben lassen für die himmlische Philosophie, für die Brüder und für die Ordnungen Jesu Christi? Falls dem aber nicht so ist, so komme ein Origenes, um die Gesundheit dieses unvernünftigen Berillus möglichst schnell und leicht wiederherzustellen. Lebt wohl. Der Herr lenke Eure Herzen zur Liebe Gottes und zur Erwartung Christi. Nochmals: Lebt wohl.

* * *

Der erste Eindruck, den dieser Passus vermittelt, ist der einer gewissen Befremdung: Ein solcher Menno ist sonst unbekannt. Das liegt wohl an der Benutzung des klassischen und christlichen Altertums, so daß neben Athanasius und Origenes auch die bekannten heidnischen

Vorbilder von Standhaftigkeit auftauchen, andererseits aber auch an
der Formgebung als solche, künstlich, sogar ein wenig prätentiös.
Rühren diese Worte von dem Mann her, der in der *Meditation* selbst
seine Gedanken erbaulich, möglichst schlicht und ungekünstelt äußert, und der in all seinen späteren Schriften dieselbe Methode unter
Verzicht auf jede Effekthascherei anwendet? Vielleicht ist auch darum
dieser Epilog weithin unbekannt, obwohl er, wie ich zu zeigen hoffe,
sowohl für das Bildungsniveau des jungen Menno wie für seine Interessen und seine Absichten äußerst aufschlußreich ist. Im folgenden erläutere ich zuerst den Text, erörtere hernach seine Quellen,
weise dann auf die literarische Form hin, behandle ferner den Inhalt
und bespreche zuletzt Zweck und Absicht der Schrift.

1. *Die Auslegung*

Der Epilog beginnt und endet mit einem Bibelzitat. Am Anfang steht
Galater 1,20, ein Schlüsselwort in der berühmten Passage, in der
Paulus sein Apostolat seinen Gegnern gegenüber leidenschaftlich
verteidigt. Den Schluß bildet ein Segenswunsch aus 2 Thess 3,5. Nach
dem ersten Pauluszitat folgt eine Anspielung auf die Beschuldigungen gegen Athanasius, die nach der Randbemerkung "Lies die Vita
des Athanasius und es ist sofort deutlich" in seiner Biographie zu
finden sind. In den verschiedenen lateinischen Vitae, die auf Eusebs
Kirchengeschichte und auf die *Historia tripartita* zurückgehen, liegt die
Geschichte in einigermaßen unterschiedlichen Fassungen vor. Im
großen und ganzen stimmen sie überein. Athanasius wird auf der
Synode von Tyrus 335 von seinen Gegnern vorgeworfen, er habe
eine Frau geschändet, den Bischof Arsenius töten und in Stücke hauen
lassen, und schließlich dessen Arm für magische Zwecke benutzt. Die
erste Anklage wird dadurch entkräftet, daß Athanasius zusammen
mit seinem Freund Timotheus den Verhandlungssaal der Synode
betritt und beide die Beschuldigungen der Frau anhören. Schon bald
gesteht Timotheus seine Schuld. Die Frau, die die beiden Freunde
nicht kennt, wendet sich nun mit um so detaillierteren Anwürfen an
Timotheus, den sie jetzt für Athanasius hält. So wird die Unschuld
des schweigenden Athanasius den Anwesenden demonstriert. Darauf
wird er des Mordes angeklagt, und ein Arm als Beweisstück gezeigt.
Athanasius und Timotheus haben jedoch zuvor Arsenius aus seinem
Versteck geholt und bringen ihn jetzt in die Synodesitzung. In Tri-

umph lassen sie sehen, daß er sogar noch beide Arme zur Verfügung hat. Menno benutzt die Geschichte um seine Unschuld zu beteuern: Er sei in derselben Lage wie damals Athanasius, habe aber, soweit er weiß, keine Verteidiger, jetzt soll die vorangehende Schrift Zeugnis ablegen über den Verfasser.

Die Bekenntnisfreudigkeit Mennos bezeugen die Hinweise auf die großen Heroen des klassischen Altertums, die ihr Leben geopfert hätten, auf die Juden und Türken, die auch dazu bereit seien und auf 1 Joh 3,16: ". . . und wir sollen auch das Leben für die Brüder lassen". Die Vorbilder sind deutlich: Sokrates, der seine Überzeugungen auch im Angesicht des Todes nicht verleugnen wollte; Marcus Curtius, der Rom dadurch rettete, daß er sich in voller Rüstung in den offenen Schlund stürzte, der nur zugehen sollte durch das Opfer des Besten, das Rom geben konnte; schließlich Gaius Mucius Cordus Scaevola, der als Gefangener der Etrusken seine Hand ins Feuer steckte, damit die Feinde sehen würden, wie die Gesinnung eines Römers, ja aller Römer sei. Ein letzter Gedanke Mennos gilt der Möglichkeit, seine Gesinnung und seine Lehre seien falsch. Für den Fall weist Menno auf Beryllus hin, dessen Geschichte er Euseb entnehmen konnte. Dieser arabische Bischof, der in der Christologie zu ketzerischen Lehren gekommen war, wurde von Origenes seines Irrtums überführt. "Und, was in derartigen Fällen unerhört ist, Origenes hat den Irrtum auf diese Weise aus der Kirche entfernt, daß er dessen Urheber besserte, nicht umbrachte"[7]. Dann schließt Menno mit dem Pauluszitat.

2. *Der Quellenbefund*

Vos und Krahn haben festzustellen versucht, welche Schriften von Kirchenvätern und Zeitgenossen Menno überhaupt gekannt hat. Sie kamen zum Ergebnis, daß er nur wenige Kirchenväter gelesen hat, etwas mehr zeitgenössische Literatur, aber daß er besonders Sebastian Francks *Chronica* (Geschichtsbibel) benützte[8]. Ihre Ergebnisse sind nur beschränkt brauchbar, weil Menno nur ausnahmsweise seine Quellen

---

[7] Ich benutze die Übersetzung des Rufinus; s. Eusebius, *Historia ecclesiastica* 6,33,2; GCS 9,2, 589,15–17: "quodque paene in causis talibus inauditum est, ita errorem ab ecclesia depulit, ut emendaret, non perderet erroris auctorem".

[8] Karel Vos (1914), 262–266; Cornelius Krahn (1936), 39–48. Die Abhängigkeit von Sebastian Franck betont Vos mehr als Krahn.

genau angibt und sie oft überhaupt nicht nennt. Außerdem haben
weder Vos noch Krahn versucht, die als Zitate angeführten Stellen
ausfindig zu machen und eventuelle Entlehnungen festzustellen. Inwiefern trägt der Epilog etwas zur Frage nach Mennos Quellen bei?

Wenden wir uns zuerst den beiden Pauluszitaten zu. Sie sind
unverkennbar nicht der *Vulgata* entnommen, sondern sind wörtliche
Zitate aus der Erasmusübersetzung des Neuen Testamentes. Das ist
nicht unwichtig. Zwar hat auch Krahn angenommen, Menno benutze
das Neue Testament des Erasmus, seine Gründe sind aber, wie wir
sehen werden, unzutreffend. Hier ist die Sache aber deutlich: Besonders die beiden Übersetzungen von 2 Thess 3 sind sehr verschieden.
Die Vulgata hat: "Dominus autem dirigat corda vestra in caritate
Dei et patientia Christi", Erasmus übersetzt: "Porro Dominus dirigat
vestra corda in dilectionem Dei et in exspectationem Christi"[9]. Dies
heißt natürlich nicht, daß Menno eine der großen Editionen mit den
Annotationes und den Einleitungsschriften selbst besaß. Viel wahrscheinlicher ist, daß er einen der vielen Drucke zur Verfügung hatte, die
nur das lateinische Neue Testament bieten, bisweilen zusammen mit
der *Vulgata*-Übersetzung des Alten Testaments.

Was den Bericht über Athanasius betrifft, so erwähnt Menno selbst
als Quelle eine Vita des Kirchenvaters. Eine separat überlieferte
Lebensbeschreibung des Athanasius gibt es aber meines Wissens nicht,
wohl jedoch eine Vita, die in einzelne lateinische Ausgaben von
Athanasius' Werken Eingang gefunden hat. Seit 1519 gab es eine
solche lateinische Edition, die insgesamt nicht weniger als fünfmal
aufgelegt wurde: Paris, Petit, 1519; Paris, Petit, 1520; Straßburg,
Knoblouch, 1522; Köln, Cervicornus, 1532; Lyon, Trechsel, 1532.
Im Grunde genommen bilden diese fünf Drucke eine Einheit, denn
die erste Petit-Edition wurde viermal nachgedruckt, wobei Cervicornus und Trechsel die 1527 von Erasmus edierten Athanasius-
Übersetzungen hinzunehmen. Mindestens in die ersten drei Drucke
wurde eine vom italienischen Humanisten Giovanni Tortelli angefer-
tigte Vita aufgenommen[10]. Menno besaß also einen lateinischen
Athanasius, oder, besser gesagt: Er kannte einige Athanasius-Schrif-

---

[9] LB 6, 920B. Galater 1,20 hat die *Vulgata*: "Quae autem scribo vobis, ecce
coram Deo, quia non mentior", Erasmus übersetzt: "Porro quae scribo vobis, ecce
coram Deo, non mentior"; LB 6, 804B.

[10] Vgl. für diese Drucke *Index Aureliensis* 1,2, Nr.109.388, 109.389, 109.392, 109.396,
109.397. Die letzten beiden Editionen konnte ich nicht einsehen, so daß ich nicht
zu sagen vermag, ob auch sie die Vita und Erasmus' *Paraclesis* enthalten.

ten, war aber auch mit dem unter Athanasius' Namen in dieser Edition enthaltenen Pauluskommentar des bulgarischen Bischofs Theophylakt bekannt. Dieser Kommentar füllt drei Viertel des ganzen Bandes. Menno besaß somit höchstwahrscheinlich ein nach den damaligen Verhältnissen ausgezeichnetes exegetisches Werkzeug, das die gesamte griechische Exegese zusammenfaßt, und von Erasmus und Ökolampad sehr geschätzt wurde[11].

In die Athanasius-Edition war wahrscheinlich auch die *Paraclesis* des Erasmus aufgenommen. Diese Einleitungsschrift zum Neuen Testament war besonders durch ihren leidenschaftlichen Aufruf zum Lesen der Bibel in den Volkssprachen außerordentlich beliebt[12].

Mehr Schwierigkeiten bereitet die Erwähnung von Sokrates, Curtius und Mucius Scaevola als Beispiele der Standhaftigkeit: Sie waren so bekannt, daß ihre Erwähnung keine endgültigen Schlüsse erlaubt. Da Sebastian Franck sie so nicht anführt, scheidet er als Quelle aus. Von den Vätern stehen Minucius Felix und Laktanz dem Scaevola negativ gegenüber. Augustin ist unter den Kirchenvätern der einzige, der sie in positivem Sinn benutzt; Marcus Curtius und Scaevola nennt er als Beispiele der Standhaftigkeit, im Rahmen einer Märtyrertheologie. Es ist also durchaus möglich, daß Menno auf Augustin zurückgeht[13].

Interessant sind die Anspielungen auf Beryllus und Origenes. Mennos Quelle ist ohne Zweifel die lateinische Übersetzung von Eusebs *Kirchengeschichte*[14], von der bekannt ist, daß er sie öfter benutzt hat. Aus welchem Grund erwähnt er aber den Vorfall? Nur weil er sagen

---

[11] Theophylakt, ein bulgarischer Metropolit aus dem 11. Jahrhundert, hat unter anderem Kommentare zu allen Büchern des Neuen Testaments, außer zur Apokalypse, geschrieben. Sie schöpfen meist die Vorgänger aus, so daß auf diese Weise die Exegese der griechischen Väter einem weiteren Kreis zugänglich gemacht wurde. Erasmus benutzte die Kommentare für die *Annotationes* zu seinen Ausgaben des Neuen Testaments. Ökolampad fertigte Übersetzungen des Evangelienkommentars ins Lateinische an; s. Ernst Staehelin (1939), 185–186. In den genannten Editionen wird bereits darauf hingewiesen, daß der Kommentar wahrscheinlich von 'Vulgarius' (= Theophylakt) und nicht von Athanasius herrührt.

[12] S. für den Text LB 5,137–144; Erasmus (Holborn 1933), 139–149.

[13] Vgl. Sebastian Franck (1536); er erwähnt Marcus Curtius, 1,123r°. Er beurteilt ihn aber ziemlich negativ: Entweder habe dieser aus Vaterlandsliebe gehandelt oder aber nachdem er zur Belohnung eine zeitlang Zutritt zu allen Frauen der Stadt bekommen hatte. Mucius Scaevola habe ich bei Franck nicht finden können. Was die Kirchenväter betrifft, so urteilen Minucius Felix, *Octavius* 7,3; CSEL 2, 10,20–11,2, und Lactantius, *Divinae Institutiones* 5,13; CSEL 19, 441,14–19, sehr negativ über Mucius Scaevola. Augustin erwähnt M. Curtius und Mucius Scaevola verschiedene Male. Am deutlichsten äußert er sich *De civitate dei* 5,18; CSEL 40,247,19–248,17, wo sie im Zusammenhang mit den christlichen Märtyrern behandelt werden.

[14] Eusebius, *Historia ecclesiastica* 6,33; GCS 9,2, 589,4–25.

möchte, er sei bereit, etwaige Irrlehren aufzugeben, falls er solcher
überführt und zu einem Widerruf nicht durch Gewalt gezwungen
werde? Es ist klar, daß das der eigentliche Skopus ist. Ist es aber
reiner Zufall, daß er gerade auf diese Geschichte anspielt? Rufinus,
Eusebs Übersetzer, definiert der Irrtum des Beryllus wie folgt -ich
übersetze wörtlich-: "... behauptend, daß unser Herr und Erlöser
vor der Geburt des Fleisches nicht existierte und auch keine eigene
Substanz der Gottheit hätte, sondern nur das, daß die Gottheit des
Vaters in ihm wohnte"[15]. Welches seine Ketzerei war, ist den Dogmen-
historikern nicht ganz deutlich[16]. Sebastian Franck erwähnt Beryllus
auch und benutzt Rufinus, macht es sich aber dadurch einfach, daß
er das zweite Charakteristikum wegläßt: "Berillus ein Bischof in Arabia,
als er ein zeytlang wol regieret, ist er inn die eüsserst ketzerey gefallen, sprechend, das Christus vor Maria nit gewesen sey ..."[17]. Hat
Menno absichtlich auf diese Geschichte angespielt? Weder in der
Meditation noch in dem damit zusammengebunden herausgegebenen
Fundamentboek lehrt er deutlich eine eigene Christologie. Es ist möglich, daß er sie hier, sei es in ihrer Verneinung, geschildert hat.

Zusammenfassend kann man sagen, daß der Epilog ziemlich viel
Neues über das von Menno benutzte Schrifttum erkennen läßt: Auf
jeden Fall standen ihm Erasmus' Übersetzung des Neuen Testamentes,
einige Werke des Athanasius und der Pauluskommentar Theophylakts
zur Verfügung, vielleicht auch Erasmus' *Paraclesis*. Daß er auch die
Chronica von Sebastian Franck und die lateinische Übersetzung der
Kirchengeschichte Eusebs benutzte, bestätigt frühere Feststellungen.

3. *Die literarische Form*

Kurz gesagt zeigt sich Menno hier als Autor, der für die Gebildeten
zu schreiben imstande ist. Es mag sein, daß es ihm unmöglich war,
eine lateinische Schrift zu verfassen, doch muß er eine gewisse schu-
lische Ausbildung empfangen haben, sonst hätte er ein solches Stück
wie das Nachwort nicht schreiben können. Das heißt nicht nur, daß
er einiges aus dem klassischen Altertum kannte, sicherlich mehr als

---

[15] Ibid., GCS 9,2, 589,6–9: "... adserens dominum et salvatorem nostrum neque
extitisse ante carnis nativitatem neque propriam deitatis habere substantiam, sed
hoc solum, quod paterna in eo deitas habitaret".
[16] Vgl. den Artikel 'Beryllus', in: DHGE 8, Paris 1935, 1136–1137.
[17] Sebastian Franck (1536), 3,99v°–100r°.

wir bisher wußten, sondern auch, daß er es zu gebrauchen verstand. Er schreibt nicht schlicht, recht und schlecht, sowie er es in der *Medidation* selbst tut. Jetzt schreibt er für die Gebildeten eine gehobene Sprache, mit den üblichen Anspielungen auf das christliche und vorchristliche Schrifttum, gewisse Kenntnisse des Lesers auf dem Gebiet der bonae und der sacrae litterae voraussetzend. Er übt damit die Tugend der 'prudentia', die Erasmus in seiner Spätschrift *Ecclesiastes*, die Menno gut studiert hat, neben der 'fides' als zweite Aufforderung an den 'Haushalter über Gottes Geheimnisse' stellt[18]. Es handelt sich um die Sorge, daß man nicht jederzeit jedem Leser genau dasselbe verkündet. Die Gebildeten sollen verstehen, daß Gottes Wort auch ihnen gilt. Aus diesem Grund wird es ihnen auch in ihrer Sprache gebracht.

4. *Der Inhalt des Nachwortes*

Damit kommen wir zum Inhalt des Nachwortes: Lehrt es uns etwas über Mennos Theologie? Das Nachwort scheint in dieser Hinsicht nicht sehr aufschlußreich zu sein, es weist auf die *Meditation* selbst hin. Eins fällt aber auf: Der Inbegriff der Überzeugungen des Autors kann mit dem Terminus 'coelestis philosophia' wiedergegeben werden. Der Ausdruck ist alles andere als typisch täuferisch, er ist ebensowenig lutherisch geprägt, weist aber eindeutig auf Erasmus und dessen Einfluß hin. Das Wort ist für diesen Kreis so charakteristisch, daß man nur annehmen kann, Menno habe es bewußt gebraucht, nicht nur weil er selbst sich etwas Bestimmtes dabei dachte, sondern auch weil er von seinen Lesern dasselbe erwartete. Es war ja unter Gebildeten bekannt, von wem der Begriff herrührte[19].

Dann erhebt sich aber die Frage: ist das überhaupt möglich? Inwiefern kannte Menno die Schriften des Erasmus? Vos und Krahn haben versucht, im Rahmen ihrer allgemeinen Untersuchungen über Mennos Quellen auch seine Erasmuskenntnisse zu bestimmen. Vos kommt zum Ergebnis, daß von sechs ihm bekannten Erasmuszitaten

---

[18] ASD 5/4, 64,579–68,684.

[19] Auch das 'evangelicum' erinnert an Erasmus. Vgl. die Ausdrücke im Vor- und Nachwort zur *Verclaringhe des Christelycken doopsels*, in: Menno Simons (1681), 395, 433: evangelica puritas, evangelicus professor, evangelii dotes, caelestis veritas. Natürlich haben Erasmus und die Erasmianer kein Monopol auf solche Termini, deren Häufung weist jedoch mit großer Wahrscheinlichkeit auf ihre gedankliche Welt.

oder -verweisen bei Menno drei auf Sebastian Franck zurückgehen, die drei anderen akzeptiert er als direkte Entlehnungen, die er aber nicht verifizieren konnte[20]. Krahn nennt drei Erasmusschriften, nämlich eine der großen Editionen des Neuen Testamentes, das anonyme *Consilium* und den *Ecclesiastes*[21]. Ebensowenig wie Vos hat er versucht, die Zitate und Verweise mit dem Erasmustext zu vergleichen. Tut man dies, so läßt sich folgendes feststellen.

a. Es gibt kein Indiz dafür, daß Menno eine der großen Editionen des Neuen Testaments kannte. Krahn erwähnt zwar zwei Stellen bei Menno, welche die Benutzung einer dieser Ausgaben voraussetzen sollen, aber die Argumente sind nicht schlagkräftig. An der einen Stelle spricht Menno selbst von der *Paraphrase* des 1. Johannesbriefes[22]. *Paraphrase* und *Annotationes* zum Neuen Testament sind jedoch zwei verschiedene Schriften. An der anderen Stelle sagt Menno tatsächlich, Erasmus habe "in suis Annotationibus" über den Eid geschrieben. Er kann das aber Franck entlehnt haben, der genau dasselbe sagt[23].

b. Menno hat, wie wir gesehen haben, den lateinischen Text des Neuen Testamentes von Erasmus benutzt.

c. Er hat die *Paraphrase* des Johannesevangeliums gekannt. Er gibt nämlich ein wörtliches Zitat aus der *Paraphrase* von Joh 1,3, wobei er in einer Randbemerkung vielleicht irrtümlich auf die *Paraphrase* des 1. Johannesbriefes verweist[24].

d. Er kannte den *Ecclesiastes*, aus dem er wörtliche Zitate gibt[25].

e. Vielleicht kannte er mittels der Athanasius-Edition auch die *Paraclesis*.

---

[20] S. Karel Vos (1914), 262, 265.

[21] Cornelius Krahn (1936), 45.

[22] Menno Simons (1681), 364b, als Randbemerkung: "In Para super. 1 Ioan.". Es ist auch möglich, daß es das erste Caput des Johannesevangeliums meint.

[23] Ibid., 472a: "Hier by soo leest oock . . . Erasmum Rotterdamum in suis Annotationibus . . .". Sebastian Franck (1536) hat 3,142vᵒ: "Was er vom eyd halt . . . Liß in Annot. Math. V . . .".

[24] Menno Simons (1681), 364b: "Item Erasmus Roter. Dit woort (seyt hy) was Godt, Het was Almachtigh uyt den Almachtigen, by den Vader, niet in der tijdt, maer voor allen tijden voortgebraght. Alsoo alle wegen voortkomen van dat Vaderlijk hert, dattet evenwel nimmermeer daer af en gaet, etc. Voorder seyt hy: als dat de Vader hem den Sone in aller manieren gelijck van eewigheyt gebaert heeft, ende sonder eynde baren sal"; vgl. Erasmus, *Paraphr.* Joh 1,3, LB 7, 500B: "Et quanquam hic sermo erat Deus omnipotens ex omnipotente, tamen personae proprietate discretus, non naturae dissimilitudine, erat apud Deum Patrem: non in tempore prolatus, sed ante omnia tempora semper ita proficiscens a mente paterna, ut tamen ab ea nunquam recedat"; 500C: ". . . per filium, quem sibi per omnia parem ab aeterno genuerat ac sine fine gignit".

[25] Menno Simons (1681), 364b, im Anschluß an das in der letzten Anmerkung

f. Eine Stelle, die Menno dreimal erwähnt, habe ich nicht finden können: Erasmus soll nach Menno gesagt haben, die alten Väter hätten über die Kindertaufe gestritten, seien aber nicht zu einem endgültigen Schluß darüber gekommen[26]. Einmal nennt Menno auch seine Quelle. Die *Opera omnia* haben dort: "in sua concilion". Meihuizen hat nachgewiesen, daß im ursprünglichen Druck "in Concione" steht[27]. Daher sei an Erasmus' *Concio de puero Jesu*, ein beliebtes und weit verbreitetes Büchlein, zu denken. Dort findet sich indes Derartiges nicht. Am wahrscheinlichsten ist deshalb die Annahme, es handle sich um den *Ecclesiastes*, dessen vollständiger Titel ja lautet: *Ecclesiastae libri IV sive de ratione concionandi*. Die Aussage ließ sich aber weder dort noch irgendwo sonst finden.

Dennoch ist das Ergebnis nicht schlecht. Gesichert ist, daß Menno auf jeden Fall den Theologen Erasmus gut kannte. Die *Paraphrase* des Johannesevangeliums und der *Ecclesiastes* sind Hauptschriften, die *Paraclesis* ist nichts anderes als ein hochgestimmtes Lob der 'philosophia christiana', Synonym für 'philosophia coelestis' oder 'philosophia Christi'.

Damit können wir wohl als gesichert annehmen, daß für Menno der Ausdruck 'coelestis philosophia' in der Tat etwas Bestimmtes

---

gegebene Zitat: "Noch seyt hy in suo Ecclesiaste, Christus is dat woort Gods, almachtig, die sonder begin, sonder eynde eeuwigh van dat eeuwige herte des Vaders voortkomt... Item sommige concilien besloten datter tres Hipostases in Trinitate waren, id est, tres vere subsistentes, ende die selvige Homusii, id est, consubstantiales, die alle beyde, namelijck Hipostases ende Homusii suspect geworden zijn als Erasmus seyt". Als Randbemerkung ist hinzugefügt: "Utraque vox inquit Erasmus, venit in superstitionem". Vgl. Erasmus, *Eccles.*, ASD 5/4, 38,100–102: "Christus autem est Sermo Dei omnipotens, qui sine initio, sine fine sempiternus a sempiterno corde Patris promanat"; ASD 5/5, 368,116–118: "Personae nomen non est in Scripturis Canonicis, hoc duntaxat sensu. Graeci *hypostases* appellabant, Latini quidam tres *substantias*. Ob Arianos utraque vox venit in suspicionem". Im letzten Fall kann man kaum von einem Zitat sprechen. Erasmus meint die Termini 'ὑπόστασις' und 'substantia', Menno spricht über 'ὑπόστασις' und 'ὁμοούσια'.

[26] Menno Simons (1681), 21b, 272a, 408b. Die letzte Stelle lautet: "Daeromme seydt oock die hoog-verstandige ende seer Geleerde Erasmus Roterodamus, gelijck Sebastiaan Franck van hem schrijft/ welcke Erasmus alle de leesweerdige Schrijvers des gantschen Werelts doorgelesen ende wel verstaen heeft/hoe dat die Oude Vaderen in haren tijden om dat kinder-doopsel getwistet hebben/maar niet gesloten" (mit Beibehaltung der ursprünglichen Interpunktion). Cornelius Krahn (1936), 45, schließt daraus, Franck sei Mennos Quelle. Franck spricht aber nicht von Erasmus' Bemerkung über die Kindertaufe, sondern preist ihn sehr als Gelehrten, vgl. Sebastian Franck (1536), 3,138r°–143r°. Dieses Urteil Francks über Erasmus erwähnt Menno hier auch. Die Worte "welcke ... heeft" beziehen sich also auf die Äußerung von Sebastian Franck.

[27] Menno Simons (1681), 21b; vgl. Menno Simons (1967), 71, Anm. d.

bedeutete, und daß er sich selber keines Gegensatzes bewußt war zwischen den durch diesen Ausdruck angezeigten Gedanken einerseits und den frommen Betrachtungen seiner *Meditation* andererseits. Der Ausdruck hat übrigens mit Philosophie in unserem Sinne des Wortes nichts zu tun, da er ein den griechischen Vätern entnommener Terminus ist, der die 'Lehre' Christi bezeichnen soll, im Gegensatz zu den 'Lehren' heidnischer Philosophen.

Daraus kann man aber auch folgern, daß Menno ein gewisses Bildungsniveau besessen hat, das wahrscheinlich wohl auf eine gewisse philologisch-theologische Ausbildung zurückgeht. Von dieser wissen wir aber überhaupt nichts. Der Versuch von George K. Epp[28], Menno entweder als Prämonstratenser oder als Schüler der Prämonstratenser nachzuweisen, beruht auf unbegründeten Annahmen und ist reine Phantasie. Wir sind noch immer völlig auf Schlußfolgerungen aus Mennos Werken selbst angewiesen.

Es würde sich meines Erachtens lohnen, die Schriften Mennos einmal unter dem Gesichtspunkt zu untersuchen, ob es in ihnen einen erasmischen Strang gibt[29].

5. *Die Absicht der Schrift*

Was hat Menno mit der *Meditation* vor, was beabsichtigt er? Sagt der Epilog darüber etwas aus? Alle Biographen Mennos sind sich darin einig: Die *Meditation* ist eine Beichte, ein Sündenbekenntnis. Krahn meint, das Sünden- und Schuldbewußtsein des Autors dieser Schrift sei "fast krankhaft" zu nennen[30]. Vos fügt noch hinzu, Menno beteuere im Epilog ausdrücklich, im Vorangehenden sein eigenes Leben in all seiner Gottlosigkeit beschrieben zu haben[31]. Nun ist das sowieso unrichtig, denn Menno sagt das ganz einfach nicht. Daß die Schrift auf jeden Fall Beichtcharakter hat, ist nicht zu leugnen, und Menno bezeugt es zweimal ausdrücklich[32]. Man vergegenwärtige sich aber, was eine solche Feststellung bedeutet. Sie kann nicht heißen, daß diese Beichte eine völlig persönliche und bloß individuelle sein will.

---

[28] S. George K. Epp (1980), 51−59. Der Autor begründet seine These nicht näher.
[29] Vgl. meinen Versuch, infra 339−351.
[30] Cornelius Krahn (1936), 34.
[31] Karel Vos (1914), 17.
[32] Im folgenden wird zuerst auf die diesbezügliche Stelle in der ersten Edition, also in den *Voele goede vnd chrystelycke leringhen* (abgekürzt: *Leringhen*) verwiesen, und

Am Anfang der Schrift sagt Menno, er möchte "durch seine eigene Geschichte das Wesen eines rechten und eines falschen Christen anzeigen"[33]. Die Selbstanklage ist persönlicher Art, und zugleich übersteigt sie das Persönliche. Menno selber wird zum Bild des rechten und des falschen Christen. In seinem bisherigen Leben hat er gezeigt, was die Gegenwart beherrscht. Sein Los und seine Schuld sind beide beispielhaft. Es handelt sich um die Sünden, die innerhalb dieses Systems, im Rahmen dieser Kirche, unvermeidlich sind. Das Überpersönliche nimmt das Persönliche nicht weg. Beide sind miteinander verbunden.

Nur wenn man das erkennt, kann man dem Epilog den ihm gebührenden Platz beimessen. Er ist auf jeden Fall alles andere als eine Beichte, denn er ist von Anfang bis Ende Selbstverteidigung und bezeugt nachdrücklich, daß auch die *Meditation* selbst eine Apologie ist. Das trifft auch völlig zu. Menno beginnt das Vorwort der *Meditation* mit der Beteuerung, er schreibe "wegen der schändlichen Beleidigung, der Verleumdung und der Lügen, mit denen er alle Tage ... belastet werde"[34]. Er will "mit dem Schwert des göttlichen Wortes siegen oder besiegt werden"[35]. Auch die *Meditation* ist somit nicht nur Beichte, sie ist auch, und vielleicht sogar an erster Stelle, Selbstverteidigung. Auf diesen Charakter der Schrift weist der Epilog auf seine Weise hin und bestätigt noch einmal die Absichten des Autors. Dabei bringt der Epilog den in der *Meditation* nicht gegebenen Beweis, daß ganz konkrete Anschuldigungen an die Adresse Mennos vorgebracht worden waren. Man könnte aus der Benutzung der Athanasius-Geschichte schließen, daß man Menno verbotenen Umgang mit Frauen vorwarf. Allerdings ist die Zulässigkeit einer solchen Schlußfolgerung zu bezweifeln, sonst müßte man ja auch den Vorwurf der Magie annehmen!

Wie in seiner Beichte so spricht Menno auch in seiner Verteidigung nicht nur für sich selbst, sondern auch für andere. Gerade an der Stelle, wo Menno in der *Meditation* den Gegensatz hervorhebt zwischen

---

hernach auf die zweite Edition in Menno Simons (1681). Die beiden Ausgaben unterscheiden sich im Wortlaut, sind aber inhaltlich fast identisch. Nur bei wesentlichen Unterschieden gebe ich in den Anmerkungen den ursprünglichen Text der Erstausgabe. *Leringhen* C1r°,d3r°; Menno Simons (1681), 172a, 176a.

[33] *Leringhen*, [A1v°] "... aenwisende doer minen eigen handel die aert van eenen rechten unde valschen chrysten"; Menno Simons (1681), 163.

[34] *Leringhen*, [a1v°]; Menno Simons (1681), 163.

[35] *Leringhen*, a2v°: "... met dat sweert des gotlycken woorts begheer ick tho verwinnen ofte verwonnen to worden"; Menno Simons (1681), 164.

seinem früheren Leben, als er von allen geehrt und gelobt wurde, und seiner jetzigen Existenz, voller Gefahren und für schlimmer gehalten als ein Dieb und Mörder, findet sich die Randbemerkung: "In me ipso delinio quemvis christianum huius temporis"[36], in mir selbst stelle ich jeden Christen dieser Zeit dar.

Das ändert nichts daran, daß er im Epilog auch seine Person verteidigt. Er weist den Leser auf die *Meditation* hin: Dort könne dieser beide seine Lehre und seine Gesinnung finden, sie ließen sich auch beurteilen. Der Ernst der Lage spiegelt sich im Anfangs- und im Schlußsatz wider. So wie einst Paulus sein Apostolat zu verteidigen hatte gegenüber den Galatern, die wieder zum Geschöpf, zur Kreatur zurückgekehrt waren, so tut Menno jetzt dasselbe, und er ist bereit, wenn nötig, sein Leben darüber zu lassen. So wichtig ist ihm seine Selbstverteidigung, durch sie nimmt er den wahren Christen in Schutz.

---

[36] *Leringhen*, c6r°. Diese Worte fehlen in Menno Simons (1681).

20. KAPITEL

ERASMUS UND MENNO SIMONS

Wir wissen nicht sehr viel über den Inhalt von Menno Simons'
Theologie oder über die Quellen, aus denen er schöpfte. Dies liegt
zum größten Teil an ihm selber. Zum einen nennt Menno Simons
selten die Namen derer, die ihn beeinflußt haben, oder die Schriften, auf die er seine Ideen gründete. Zum anderen stellt er eine typische Laientheologie dar. Er schreibt für Laien und vermeidet jegliche Fachsimpelei; man fragt sich in der Tat, ob er Theologie auf
wissenschaftliche Art und Weise hätte betreiben können. Diese zwei
Faktoren erschweren die Antwort auf die Frage nach seiner geistigen
Herkunft. Gerade weil wir so wenig über diese Herkunft wissen, könnte
Forschung auf diesem Gebiet fruchtbar sein, auch wenn es sich um
eine Teiluntersuchung handelt. Aus diesem Grund erhebe ich die
Frage nach Erasmus' Einfluß auf Menno Simons.

* * *

Was ist der bisherige Forschungsstand? Diese Frage läßt sich kurz
und bündig beantworten: Menno Simons' Quellen im allgemeinen
und Erasmus' möglicher Einfluß im besonderen sind bisher noch wenig
erforscht. Man kann bei Menno Simons selber anfangen. Gelegentlich erwähnt er die Namen von Autoren und Schriften. Nachdem
ich diese Angaben geprüft habe, werde ich eine mögliche Verwandtschaft zwischen Menno Simons' und Erasmus' Denken untersuchen.
Ein gelegentliches, mehr oder weniger zufälliges, Zitat verrät ja wenig oder nichts über das Ausmaß von Erasmus' tatsächlichem Einfluß auf Menno Simons' Theologie.

Ich werde mich deshalb im folgenden mit zwei Fragen beschäftigen:
Erstens, welche von Erasmus' Schriften kannte Menno Simons mit Sicherheit oder zumindest mit großer Wahrscheinlichkeit? Zweitens, ist
aus Menno Simons' Schriften ersichtlich, daß Erasmus einen bedeutsamen Einfluß auf ihn ausübte? Die erste Frage habe ich sonstwo ausführlich behandelt[1]. Ich kann mich deshalb hier auf die Darstellung

---

[1] S. supra, 325–338.

der Ergebnisse beschränken. Die zweite Frage besteht aus zwei Teilen. Der erste Teil beschäftigt sich mit der Art des Theologisierens. Treibt Menno Simons Theologie auf dieselbe Art und Weise wie Erasmus? Ähnelt seine Argumentation der des Erasmus? Ist Erasmus' Terminologie in Menno Simons' Schriften zu finden? Man könnte dies als formale Ähnlichkeit bezeichnen. Der zweite Teil befaßt sich mit der Theologie selber. Beschäftigt Menno Simons sich mit denselben Fragen, und gibt er bei der Erklärung seiner Theologie ähnliche Antworten wie Erasmus? Man kann hier von einer inhaltlichen Ähnlichkeit sprechen. Es ist offensichtlich, daß man die erste Frage mit größerer Zuverlässigkeit beantworten kann als die zweite. Dennoch werde ich die anderen Fragestellungen nicht umgehen.

* * *

1. Welche von Erasmus' Schriften kannte Menno Simons?

Diese Frage läßt sich folgendermaßen kurz beantworten. Menno kannte den lateinischen Text von Erasmus' Übersetzung des Neuen Testaments, vielleicht in einer Folioausgabe, d.h. mit griechischem und lateinischem Text und *Annotationes*. Er kannte Erasmus' *Paraphrase* des Johannesevangeliums, den *Ecclesiastes* und höchstwahrscheinlich die *Paraclesis*. Auf dem Hintergrund der weitverbreiteten Meinung, daß er nur wenige Bücher besessen hat, ist dieses Ergebnis keineswegs enttäuschend. Menno Simons kannte den Theologen Erasmus sehr gut.

* * *

2. Erasmus' Einfluß auf Menno Simons

a. *Die Art des Theologisierens*

Die folgende Diskussion hat vorwiegend formalen Charakter. Die Frage ist: Lassen sich in der Argumentationsweise und der Art und Weise ihres Theologisierens irgendwelche Ähnlichkeiten zwischen Menno Simons und Erasmus aufzeigen? Auf den ersten Blick scheint sich diese Frage zu erübrigen. Erasmus ist derjenige, der das wissenschaftliche Studium des Neuen Testaments eingeführt hat. Er ist der Exeget

pur sang. Sein Ausgangspunkt ist, daß Theologie sich immer auf eine
gründliche Exegese des biblischen Textes stützen muß. Menno scheint
in jeder Hinsicht das Gegenteil zu sein. Sein oeuvre besteht aus verschiedenen Genres: Manchmal schreibt er rein meditative Werke,
manchmal gibt er eine thetische Glaubensdarstellung, wie zum Beispiel in seinem *Fundamentboek*, und manchmal polemisiert er gegen
die Gegner in seinem eigenen Kreis und darüber hinaus. Seine Methode des Theologisierens ist jedoch immer dieselbe. Er nennt aufs
Geratewohl eine ganze Reihe Bibelpassagen des Alten und Neuen
Testaments. Diese Anhäufung von Texten ohne jegliche Struktur er-
schwert die Lektüre. Man findet nicht die Spur einer Argumentation; Menno versucht an keiner einzigen Stelle darauf zu hören, was
der Bibeltext sagt. Deshalb sind die rein meditativen Werke, wie zum
Beispiel seine *Meditatie*, seine besten. Er benutzt die Bibel immer auf
vorwissenschaftliche Art und Weise und kommt nie über den Wortlaut der jeweiligen Bibelaussage hinaus. Zudem benutzt er durchweg
immer ausschließlich die Volkssprache, zu seiner Zeit für die Theologie
ein unpassendes Benehmen. Würde man sich hierauf beschränken,
so wäre die einzig mögliche Schlußfolgerung, daß Menno Simons
und Erasmus in ihren theologischen Methoden einander gegenüber-
gestellte Pole sind.

Man kann jedoch die Frage stellen: Ist diese Art des Theologisierens
eine Andeutung von Unfähigkeit oder eine bewußte Entscheidung?
In den wenigen lateinischen Sätzen, die Menno Simons' 1537 erschienene *Verclaringhe des Christelycken doopsels* (Erklärung der christlichen Taufe) einleiten, sagt er selber, daß beides zutrifft: "Ich hätte
dies nicht gut in Latein schreiben können, und selbst wenn ich es
könnte, würde ich es nicht wollen, denn mein Werk soll nicht in den
Händen meiner Widersacher verschwinden, sondern Früchte tragen"[2].
Ist dies die Prahlerei eines Mannes, der aus der Not eine Tugend
macht, aber für den Latein, und damit wissenschaftliche Theologie,
ein Buch mit sieben Siegeln ist? Es mag stimmen, daß Menno Simons' Lateinkenntnisse es ihm nicht erlaubten, eine theologische
Abhandlung in dieser Sprache zu schreiben. Dennoch muß der Akzent
auf dem "Ich würde es nicht wollen" liegen. Es ist offensichtlich, daß
seine passive Kenntnis des Lateinischen recht gut war. So finden wir

---

[2] Menno Simons (1681), 395: "Nam Latina inscita causa non bene possem, et si
possem, non vellem, ne labor iste meus sub manibus amularum in cassum depereat,
sed potius cuivis Christiano conspicuus fiat, et fructui cedat".

in mehreren seiner Schriften Randbemerkungen in korrektem Latein.
Wir haben festgestellt, daß Menno Erasmus' lateinische Bibelübersetzung benutzte. An anderer Stelle wird augenscheinlich, daß ihm auch
Sebastian Castellio's Übersetzung zur Verfügung stand[3]. Er zitiert aus
Erasmus' *Ecclesiastes*, einem umfangreichen Werk, und aus Erasmus'
Paraphrase des Johannesevangeliums. Diese beiden Werke lagen zu
der Zeit noch nicht in einer Übersetzung vor. Menno benutzt ebenfalls Werke der Kirchenväter, und in einer Diskussion führt er plötzlich ein bei Plato entliehenes Sprichwort auf Latein an[4]. Dies alles
weist darauf hin, daß er die theologische Sprache verstehen und benutzen konnte.

Es gibt jedoch noch andere Anhaltspunkte. Drei Stellen aus seinen
Werken oder denen seiner Gegner legen die Vermutung nahe, daß
er eine ordentliche theologische Ausbildung hatte. Zuerst haben wir
den Bericht eines theologischen Disputs, das *Waerachtigh verhaal* (Wahre
Geschichte). Dieser Bericht wurde von Marten Mikron verfaßt und
beschreibt eine 1554 stattgefundene Debatte zwischen Menno Simons
und Mikron über Christi Inkarnation[5]. In diesem Bericht seines
Gegners kommt ein bis dahin unbekannter Menno Simons zum Vor-
schein. Es wird schon bald deutlich, daß Mikron in Menno einen
formidabelen Gegner hatte. Er erscheint als geschickter Disputant,
der bei der Beantwortung von Mikrons beharrlichen und oftmals
groben Fragen diesem ungeschminkt seine Meinung sagt[6]. Er zeigt
sich als scharfsinniger, aber unehrlicher Disputant, wenn er den offen-
sichtlichen Druckfehler in einem Buch seines Gegners, Gellius Faber,
dazu benutzt, ihn der Häresie zu beschuldigen[7]. Er greift auf recht
pedantische Art und Weise einen von Mikrons Anhängern an, da
dieser Paulus als Autor des Hebräerbriefes betrachtete[8]. Interessanterweise läßt Menno Simons all diese Elemente in seinem eigenen
Bericht über den Disput aus[9]. Offensichtlich wollte er ein anderes
Bild seiner Person festschreiben! Bereits in einem zehn Jahre zurück-
liegenden Disput mit Johannes a Lasco in Emden 1544 ging das

---

[3] Marten Mikron (1981), 91.
[4] Ibid., 27.
[5] Ibid.
[6] Ibid., XXIII.
[7] Ibid., 123.
[8] Ibid., 39.
[9] Menno Simons, *Een gantsch duytlyck ende bescheyden antwoordt*, in: Menno Simons
(1681), 543–598.

Gerücht um, daß Menno Simons in dieser Debatte die Oberhand gewonnen hatte[10]. Es mag zwar stimmen, daß er dieselben Argumente immer wiederholt, aber er weiß sie gut zu nutzen, und offensichtlich hatte er Erfolg bei seinen Zuhörern.

Eine zweite Stelle steht mit der 1544 gehaltenen Debatte in direkter Verbindung. Menno Simons versprach hinterher, seine Ansichten zu den Punkten, in denen keine Einstimmigkeit erreicht werden konnte, niederzulegen. Er tat dies auch unverzüglich. Er schickte seinen handschriftlichen Bericht a Lasco zu, und, entgegen seiner Absicht, wurde dieser vom Emdener Klerus veröffentlicht. Unglücklicherweise ist diese Veröffentlichung verschwunden. Wir wissen jedoch, daß sie Passagen auf Latein enthielt, die für Theologen bestimmt waren. Mikrons Erklärung ist, daß Menno dies tat, "so daß der Ungebildete es nicht verstehen würde, und er (d.h. Menno Simons) den Gelehrten immer etwas antworten könnte"[11]. Das klingt nicht unwahrscheinlich. Zwei weitere Fälle sind bekannt, in denen Menno Simons dasselbe tat. Er fügte seiner *Verclaringhe des Christelycken doopsels* einen kurzen Prolog und Epilog auf Latein hinzu[12], und legte seiner *Meditatie* über den 25. Psalm (1536) einen recht detaillierten Epilog bei[13].

Das Vorhergehende macht deutlich, daß (1) Menno Simons ordentliche Lateinkenntnisse, auch auf dem Gebiet des theologischen Lateins hatte; (2) er sich bewußt war, daß die Verteidigung des Glaubens in Bezug auf den Gebildeten sich von der volkstümlichen Darstellung für den Ungebildeten unterscheiden sollte; und (3) er in einem theologischen Disput sicherlich nicht wehrlos war. Dies weist auf eine ordentliche Ausbildung hin, jedoch nicht notwendigerweise auf eine Beeinflußung durch Erasmus.

Eine dritte Stelle zeigt jedoch deutlich in die Richtung von Erasmus, beziehungsweise seiner Anhänger. Es handelt sich um die drei bereits erwähnten kurzen lateinischen Passagen, die erhalten wurden. Der Prolog und Epilog der *Verclaringhe des Christelycken doopsels* sind inhaltlich bedeutungslos. Es ist jedoch erwähnenswert, daß die Begriffe 'evangelica puritas', 'evangelicus professor', 'evangelii dotes' und 'caelestis veritas' innerhalb weniger Zeilen viermal vorkommen. An sich könnten diese Begriffe von jedem Reformgesinnten benutzt

---

[10] Cornelius Krahn (1936), 61.
[11] Marten Mikron (1981), 89.
[12] Menno Simons (1681), 395, 433.
[13] S. supra, 325–326.

werden. Die Anhäufung solcher Termini erinnert jedoch an Erasmus, der als erster diese Begriffe zur Charakterisierung seiner Reformideen benutzt hatte. Der Epilog der *Meditatie* ist informativer. Menno benutzt hier den Begriff 'coelestis philosophia', um das Ganze seines Glaubens zusammenzufassen. Dieser Begriff kann nur von Erasmus oder einem seiner direkten Anhänger entliehen sein. Aber das ist noch nicht alles. Das ganze Werk ist bedeutsam. Die *Meditatie* selber ist zu einem großen Teil eine Selbst-Anklage, ein Bekenntnis. Menno beurteilt und verwirft das Leben, das er bisher in der päpstlichen Kirche geführt hatte, wobei er alle Gebote Gottes übertreten hatte. Das Schreiben ist jedoch auch ein Akt der Selbstverteidigung gegenüber all den Lügen, mit denen er täglich verleumdet worden war[14]. Der Epilog behandelt diesen letzten Aspekt. Er ist von Anfang bis Ende eine Selbstverteidigung. Angesichts der Gerüchte über Menno Simons in gewissen Kreisen der Gebildeten, ist er zweifelsohne in Latein geschrieben. An anderer Stelle habe ich mich ausführlich mit diesem Stück befaßt[15]. Ich möchte mich hier auf einige kurze Bemerkungen beschränken. Der Autor beteuert sehr subtil seine Unschuld gegenüber allen Anschuldigungen. Er tut dies, indem er Ereignisse aus dem Leben des Athanasius auf sein eigenes Leben überträgt. Er ist genauso unschuldig wie Athanasius, als dieser auf der Synode von Tyrus (335) wegen Ehebruchs, Mordes und Zauberei angeklagt wurde. Menno nennt die Namen der großen Helden der Antike – Sokrates, Marcus Curtius, Mucius Scaevola-, die aufgrund ihrer Überzeugungen oder für das Wohl Roms den Tod nicht gescheut hatten. Und so wird auch er nicht zögern, sein Leben für die 'coelestis philosophia' aufs Spiel zu setzen. Wenn seine Lehre und sein Leben nicht dem Evangelium entsprechen, dann wird er sich davon überzeugen lassen, so wie der Häretiker Beryllus einmal von Origenes überzeugt worden war. So viel zum Inhalt.

Die Form des Epilogs ist interessanter als der Inhalt. Menno beweist, daß er fähig ist, für die Gebildeten zu schreiben, und seine Worte in eine für sie ansprechende Form zu gießen. Er zeigt sich als

---

[14] Menno Simons, *Voele goede vnd chrystelycke leringhen*, [a1vº], a2vº; Menno Simons (1681), 163, 164. Hier und in den Anmerkungen 17,19–22,33,34, beziehe ich mich zuerst auf die diesbezügliche Stelle in der ersten Ausgabe, d.h. *Voele goede vnd chrystelycke leringhen* (abgekürzt: *Leringhen*), dann auf die in der zweiten Ausgabe, d.h. der *Meditatie*, in Menno Simons (1681). Die zwei Ausgaben unterscheiden sich in der Wortwahl, sind sich aber inhaltlich fast identisch.

[15] S. supra, 325–338.

ein Mann mit einer ordentlichen Ausbildung, und zwar nicht nur im theologischen, sondern auch im humanistischen Bereich. Er ist nicht nur mit dieser Materie vertraut, sondern er weiß sie auch -und das ist schwieriger- so zu benutzen, daß eine gebildete Person in dem Autor unverzüglich einen Geistesverwandten erkennt. Menno schreibt in einem erhabenem Stil, er spielt auf christliche und nicht-christliche Autoren an, und er setzt dabei ein gewisses, kulturelles Niveau seiner Leser voraus. Es wird davon ausgegangen, daß der Leser die bonae und sacrae litterae selbstverständlich kannte. Erasmus hatte diese Methode in seinem *Ecclesiastes*, mit dem Menno sich beschäftigt hatte, beschrieben: Ein guter Schriftsteller sollte nicht immer jeden Leser mit denselben Dingen konfrontieren. Er muß das Niveau der Leser berücksichtigen. Dann werden die Gebildeten verstehen, daß das Wort Gottes auch an sie gerichtet ist. In einem solchen Zusammenhang ist es angemessen, daß ein Autor über die 'coelestis philosophia' schreibt und bereit ist, sein Leben für ihre Verteidigung zu riskieren. Sicherlich hat der Begriff nichts mit Philosophie, so wie wir sie verstehen, zu tun. Er ist von den griechischen Kirchenvätern entliehen und bezeichnet 'die Lehre Christi' im Unterschied zu den Lehrsätzen der heidnischen Philosphen[16].

Wir können schließen, daß Menno Simons eine ausreichende Ausbildung in einem humanistischen Geist genossen haben muß, und daß er Theologie studiert haben muß. Hierbei muß er sich mit einigen wichtigen theologischen Werken von Erasmus beschäftigt haben und von ihm beeinflußt worden sein.

*   *   *

b. *Der Inhalt der Theologie*

Wie steht es um den Einfluß des Erasmus auf den Inhalt von Menno Simons' Werken? Ich habe der Einfachheit halber meine Untersuchung hauptsächlich auf einige Frühwerke, nämlich die *Meditatie*, die Schrift *Van de nieuwe creatuere* (Über die neue Kreatur), und das *Fundamentboek*, konzentriert.

Ich möchte mit einer negativen Bemerkung beginnen. Bereits in diesen frühen Jahren hat Menno Simons sich weit von Luther entfernt und ihn unmißverständlich bekämpft. Ich denke hierbei nicht in erster

---

[16] Cornelis Augustijn (1986), 66–81.

Linie an die Tauflehre. Sie ist in diesem Zusammenhang nicht rele-
vant, denn Menno Simons distanzierte sich von jedem Nicht-Täufer.
Wichtig sind jedoch in der *Meditatie* seine Ausbrüche gegen Menschen, die sich der Gnade und Güte Gottes rühmen, während sie in
Wirklichkeit Kinder der Hölle sind. "Jeder sagt 'Die Gnade des Herrn
ist groß. Christus ist für uns gestorben, und unsere Werke sind nichts
als Ungerechtigkeit und Sünde'"[17]. Seit 1518 war diese Auffassung
charakteristisch für Luther, und bereits in der päpstlichen Bulle 'Exsurge Domine' wurden folgende Thesen ausdrücklich verworfen: "In
omni opere bono iustus peccat" und "Opus bonum optime factum
est veniale peccatum"[18]. Obwohl Menno ebenfalls die Rechtfertigung
aus Glauben allein lehrte, lehnte er diese Erklärungen Luthers ab:
Gottes Augen ruhen auf den Gerechten; Christus fordert Buße; Gott
ist ein Richter der Ungerechten[19]. Etwas später verwirft er auf die
gleiche, unumwundene Art und Weise Luthers Lehre der Prädesti-
nation. In einer Randbemerkung steht: "Gegen die, die behaupten,
daß wir zu allem Bösen bestimmt sind", und der Text erklärt mit
Entschlossenheit: "Was soll ich sagen, lieber Herr? Daß Du dann
den Bösen zum Bösen bestimmt hast, so wie manche es tun? Das sei
ferne... Oh lieber Herr, wie jämmerlich haben sie Deine unaus-
sprechlich große Güte, Deine ewige Barmherzigkeit und Deine all-
mächtige Majestät in dieser Sache gelästert, daß sie Dich, oh Gott
aller Gnaden und Schöpfer aller Dinge, zu solch einem grausamen
Teufel gemacht haben, daß Du der Ursprung allen Übels sein soll-
test"[20]. Auf diese Weise wird die Schuld für das gottlose Leben der
Menschen auf Gottes Willen geschoben. Man kann sich fragen, ob
Menno Simons in dieser Hinsicht von Erasmus abhängig ist. Es ist
durchaus möglich. In seiner Ablehnung Gottes als Urheber des Bösen, zitiert er dieselben Texte, die in Erasmus' Schriften über den
freien Willen eine führende Rolle spielen. Dennoch ist dies nicht
beweiskräftig. Das Arsenal der Bibeltexte war begrenzt und bekannt,

---

[17] Menno Simons, *Leringhen*, b2r°; Menno Simons (1681), 169a.
[18] DS 771, 772.
[19] Menno Simons (1967), 25.
[20] Menno Simons, *Leringhen*, b7r°; Menno Simons (1681), 171a: "Wat sal ick seggen,
lieve Heere? Dat gy dan den boosen tot het boose verordineert hebt, gelijk de sommige
doen? Dat zy verre... O lieve Heere, hoe jammerlik hebben sy uwe onuytsprekelijke
groote goedigheyd, u eewige Barmhertigheyt en u Almachtige Majesteyt in deser
saeken gelastert, dat sy u, O God alder genaden ende Schepper aller dingen, tot
sulk eenen wreeden Duyvel gemaekt hebben, dat gy een oorsaker soud zijn alles
quaeds...".

und im allgemeinen lehnten die Täufer Luthers Lehre von der Prä-
destination ab. Diese Passagen sind jedoch ausreichend, um den
Versuchen, von einem großen Einfluß Luthers auf Menno Simons
zu sprechen, kritisch gegenüberzustehen.

Die nächste Frage ist: Was ist der Kern von Mennos Theologie?
Ich nenne drei miteinander verbundene Elemente und frage mich
ständig: In welchem Maße stimmen sie mit Erasmus' Denken überein? Ein grundlegendes Element in Menno Simons' Theologie ist,
daß es sich in erster Linie um eine Theologie handelt, welche die
Art und Weise, wie der Mensch erlöst wird, ins Zentrum rückt. Damit
ist gemeint, daß der Ausgangspunkt nicht bei Gott, sondern beim
gläubigen Menschen liegt. Damit soll natürlich nicht gesagt werden,
daß Gott in Menno Simons' Theologie an zweiter Stelle kommt. Es
bedeutet, daß der Nachdruck auf der Person liegt, die in der Nachfolge Jesu den Weg des Kreuzes geht. Ich nenne zwei Beispiele. Die
Meditatie beginnt mit Menno Simons' Erklärung: "Ich möchte an Hand
meines eigenen Benehmens das Wesen eines wahren und eines falschen Christen aufzeigen; ferner das Fundament meines Glaubens
und meiner Hoffnung in Christus; ferner die Lehre Jesu Christi hinsichtlich Taufe und Abendmahl". Etwas später kommt er dann zum
Kern der Sache: "Auf diese Art und Weise zeige ich, wie ich gesinnt
bin"[21]. Auch wenn die *Meditatie* einen sehr persönlichen Charakter
hat, sollten wir dennoch nicht außer Acht lassen, daß sie nicht nur
ein persönliches Bekenntnis und eine persönliche Verteidigung ist.
Wir sehen vielmehr, daß nach Menno sein eigenes Leben das allgemeine Bild des wahren und falschen Christen wiederspiegelt. So wie
er es an anderer Stelle in derselben Schrift darlegt: "Ich skizziere in
mir selber jeden Christen dieser Zeit"[22].

Das *Fundamentboek* bietet ein zweites Beispiel des selben Zuges in
Mennos Theologie[23]. Man betrachte bloß die Kapitel dieser summa:
Der Mensch, der Buße tut, der glaubt, der sich taufen läßt, der zur
Gemeinde gehört, der am Abendmahl Jesu teilnimmt und sich von
Babel fernhält. Dann folgt eine ausführliche Auseinandersetzung über
die Prediger. All dies wird durch ein Kapitel über die Gnadenzeit
eingeleitet. Dieses Kapitel beschäftigt sich mit Christus Jesus, dem
'coelestis doctor' -ein deutlich erasmianischer Ausdruck-, der sofort

---

[21] Menno Simons, *Leringhen*, a1v°; Menno Simons (1681), 163.
[22] Menno Simons, *Leringhen*, c6r°; Diese Worte fehlen in Menno Simons (1681).
[23] Menno Simons (1967), Titelseite.

auf der nächsten Seite in glühenden Worten als David dargestellt
wird, der als ein auf den Kampf vorbereiteter Ritter Satan besiegt,
die Sünde getragen, den Tod verschlungen und den Vater versöhnt
hat[24]. Nach diesem Einleitungskapitel wird mittels eines Zitats aus
Markus 1,15 über das erste öffentliche Auftreten Jesu der Plan für
das *Fundamentboek* dargelegt. Dieser Abschnitt des *Fundamentboek* gibt
dieser programmatischen Aussage Jesu -"Die Zeit ist erfüllt, und das
Reich Gottes ist herbeigekommen. Tut Buße und glaubt an das Evangelium!"- auf zeitgenössische Art und Weise eine detaillierte Interpretation und konkrete Form. Dieser Ausgangspunkt von Menno Simons'
Theologie ist meiner Meinung nach typisch erasmianisch. Man kann,
so wie Meihuizen[25], an Erasmus' *Enchiridion* denken, das das ganze
Leben eines Christen als einen Kampf um Jesu Nachfolge schildert.
Man kann jedoch auch an Erasmus' *Paraphrase* von Markus 1,15 denken, in der man alle wichtigen Elemente von Menno Simons' Interpretation findet[26]. Ich möchte hiermit nicht andeuten, daß Menno
Simons diese Schriften kannte und benutzte. Es ist möglich, jedoch
nicht mit Bestimmtheit aufrechtzuerhalten. Ich möchte jedoch behaupten, daß er in den Geist von Erasmus' Schriften eingedrungen
sein muß, und daß die Art und Weise seines Theologisierens und
Christseins der des Erasmus näher stand als irgendeinem anderen
Theologen des 16. Jahrhunderts. Nicht daß beide Männer dasselbe
sagten. Erasmus' Sicht ist an einem sehr bedeutsamen Punkt viel
umfassender. Wenn er sich über die Worte, "Die Zeit ist erfüllt", verbreitet, schildert er Jesu Königreich als etwas völlig neues, im Unterschied zum Judentum, zu heidnischer Religion und Philosophie.
Mennos Vision ist beschränkter: Er erwähnt nur das Alte Testament.
Dies ist ein charakteristischer Unterschied zwischen den beiden mit
großer Bedeutung für ihre jeweiligen Theologien. Es ist kein Zufall,
daß Erasmus nicht auf die Trennung von Babel verweist.

Ich komme jetzt zu einem zweiten Punkt. Die Gegensätze zwischen äußerlich-innerlich, sichtbar-unsichtbar, Fleisch-Geist nehmen
in Menno Simons' ganzer Theologie einen beträchtlichen Platz ein.
Verständlicherweise benutzt er sie vor allem in seinen Lehren von
Taufe und Abendmahl. Man muß zuerst innerlich gereinigt, d.h. erneuert, wiedergeboren sein; nur dann wird man sich durch ein äußer-

---

[24] Ibid., 9, 10, 11.
[25] Ibid., 131 Anm. b.
[26] Erasmus, *Paraphr. in Mc.* 1,15, LB 7, 164A–C.

liches Zeichen an den Herrn binden wollen[27]. Über das Abendmahl
sagt er, daß in der Gemeinde dem äußerlichen Menschen Brot und
Wein gereicht werden, aber daß der unsichtbare Mensch unsichtba-
res Brot und unsichtbaren Wein empfängt – das Fleisch und Blut
Jesu[28]. Dieser Gegensatz funktioniert jedoch nicht nur hier, er durchdringt Mennos ganze Theologie. So sagt er über die wahren Prediger, daß, wenn der Geist Gottes einen Menschen antreibt, nur der
Geist, d.h. nur das reine, unverfälschte Wort Gottes gelehrt wird[29].
Aus einer solchen Erklärung wird offensichtlich, daß der Gegensatz
absolut ist: Es ist entweder das eine oder das andere. Somit kann
Menno Simons Wiedergeburt als eine Geburt vom Unglauben zum
Glauben, vom Bösen zum Guten, vom Fleischlichen zum Geistigen
definieren[30]. Es bedarf kaum einer Argumentation, daß dieser Ge-
dankenzug -d.h. der Gegensatz Fleisch-Geist- in enger Verbindung
mit dem zuerst erwähnten Element in Menno Simons' Theologie,
der Betonung der Art und Weise der Erlösung des Menschen, steht.
Der Weg des wahren Gläubigen ist der Weg des Geistes. Die verwir-
rende Fülle des Sichtbaren wird preisgegeben, und der Weg mit Gott
ist ein Weg des Geistes. Die Welt wird zur bösen Welt des Sichtbaren, des Nicht-Geistigen.

Es ist deutlich, daß es an diesem Punkt einen starken erasmianischen Einfluß gibt. Als eine Reaktion auf die überschwengliche Äu-
ßerlichkeit der spätmittelalterlichen kirchlichen Praktiken hatte Erasmus
den Weg zu einer gereinigten Form der Frömmigkeit aufgezeigt, in
der Zeremonien unwichtig oder sogar gefährlich geworden waren,
und der Weg mit Gott in der Seele des Menschen liegt[31]. Erasmus'
Enchiridion war insgesamt ein Aufruf zur Durchgeistigung des religiösen
Lebens. Dennoch hinterlassen Mennos Ausführungen einen etwas anderen Eindruck als die des Erasmus. Es ist nicht nur ein Unterschied
im Ton. Es steckt tiefer: Es ist auch ein Unterschied in der Theologie.
Bei Menno wird man mit einer gewissen Spannung konfrontiert, die
meiner Meinung nach durch seinen Umgang mit der Bibel verursacht wird, die er als einen Gesetzeskodex anwendet, so daß das
Unsichtbare, das Innerliche und Geistige, nicht zur Freiheit führen.
In Erasmus' Schriften ist dies nicht der Fall. Er hat den Unterschied

---

[27] Menno Simons (1967), 47.
[28] Ibid., 95.
[29] Ibid., 116.
[30] Ibid., 65.
[31] Cornelis Augustijn (1986), 51–53.

zwischen Fleisch und Geist auf folgende Art und Weise ausgearbeitet. Trotz all der zwanghaften Regeln der Kirche entsteht die Freiheit des geistigen Menschen. Dieser Mensch ist bereit, zum Wohl der Gemeinschaft und der öffentlichen Ordnung viele Regeln beizubehalten, aber er weiß sich innerlich frei von diesem Zwang. Für Menno führt das enge Band mit der Heiligen Schrift, die in einer naiven Art und Weise sehr direkt auf das Leben angewandt wird, zu einem neuen Zwang. Dies ist sicherlich nicht immer der Fall. Insbesondere die Schrift *Van de nieuwe creatuere* enthält Abschnitte, die das Leben des Wiedergeborenen als eine freiwillige Ergebung an Christus schildern[32]. Aber in vielen anderen Fällen steht das Gesetz eher im Vordergrund als das Evangelium.

Ich komme zu einem letzten Punkt. In Mennos Theologie ist die Ablehnung der alten Kirche mit dem Gegensatz zwischen Fleisch und Geist, den ich oben skizziert habe, verbunden. Dies tritt in der *Meditatie*, in der er sein Leben in der päpstlichen Kirche in lebendigen Farben schildert, am deutlichsten hervor. "Ich elender großer Sünder habe in voller Lust mein Herz zu aller Torheit, zu Gold und Silber, zu Prunk und Prahlerei gewandt... Ich habe meine Knie vor einem geschnitzten oder gegossenen Bild gebogen und gesagt: Erlöse mich, Du bist mein Gott. Ich suchte das Augenlicht bei den Blinden, das Leben bei den Toten... Ja, ich habe zu einer schwachen, vergänglichen Kreatur, die aus der Erde gewachsen, in der Mühle gebrochen und beim Feuer gebacken war, die ich mit meinen Zähnen gebissen und mit meinem Bauch verdaut habe, nämlich zu einem Mundvoll Brot gesagt: Du hast mich erlöst"[33]. Im Gegensatz zu Luther ist Menno Simons' Kritik an der alten Kirche Kritik am Materiellen und am Sichtbaren in den Bildern und der Messe, Kritik also am Kreatürlichen als Träger des Geistes. Bilder und Messe sind charakteristisch für alles, was er verwirft. Das Böse steckt im Materiellen, im Kreatürlichen. Bedeutsam ist ein Abschnitt derselben Schrift, in dem er sagt: "Liebster Gott, nirgends habe ich irgendeine

---

[32] Hendrik W. Meihuizen (1961), 186–188.

[33] Menno Simons, *Leringhen*, b8r°–v°; Menno Simons (1681), 171b: "Ick, ellendige groote Sondaer, heb in voller lust mijn herte gekeert tot alle sotheyt, tot goud en silver, tot pronck en prael... Ick heb mijn knien gebogen voor een gesneden of gegoten beeld en geseyd: verlost my, gy zijt mijn Godt. Ick socht dat gesicht by den blinden, dat leven by den dooden... Ja, ick heb tot een zwak, verderffelijk creatuer geseyt, dat uyt der aerden gewassen, in de meulen gebroken en by 't vyer gebacken was, dat ick met mijnen tanden gebeten ende met mijnen buyck verteert heb, te weten tot een mondt-vol broods: Gy hebt mij verlost".

Medizin gegen meine schrecklichen Sünden: keine guten Werke, keine Verdienste, keine Taufe, kein Abendmahl, obwohl ich weiß, daß wahre Christen diese Zeichen benutzen in Gehorsam gegen Gottes Wort – sonst würden Christi Verdienste den Elementen, der Kreatur, zugeschrieben und zuerkannt werden"[34].

Genau da, wo Menno Simons jegliches Vertrauen in die eigenen Werke und Verdienste verwerfen will, koppelt er solches Vertrauen sofort an kreatürliche Dinge. Diese Verwerfung der kreatürlichen Realität, sogar Angst vor ihr, ist auffallend. Nirgends gibt es eine Brücke zwischen Erde und Himmel; nirgends kann die Welt zu Gott führen. Die Welt ist nur Gefahr, nur Babel, nie eine Hilfe. Der erasmianische Einfluß ist hier offensichtlich. Sicherlich kritisiert Erasmus Bilder und die Messe nicht so heftig wie Menno[35]. Aber seine Kritik richtet sich auf denselben Punkt: Die Welt führt nicht zu Gott. Das *Fundamentboek* hat dieselbe Tendenz, außer daß die reformatorischen Prediger hier in die Kritik einbezogen sind. Diese Prediger sind wieder "auf menschlichem Kot fundiert", nämlich auf Kindertaufe, ungöttlichem Abendmahl und Eigenwillen. Es fehlt an Gehorsam, und deshalb herrscht fleischliches Selbstvertrauen[36].

Ich möchte diesen dritten Punkt zusammenfassen. Die grundlegende Struktur von Menno Simons' Theologie leitet sich offensichtlich von Erasmus her, insbesondere in drei Elementen: 1 Der Betonung der unterschiedlichen Stadien der Erlösung des Menschen; 2 dem grundsätzlichen Gedanken des Gegensatzes zwischen dem Materiellen und dem Geistigen; und 3 der Kritik an der alten Kirche als einer Religion des Materiellen. Das bedeutet nicht, daß Menno in diesen Punkten genau daselbe wie Erasmus lehrt. Es gibt deutliche Unterschiede, aber die Ähnlichkeit ist größer als der Unterschied.

* * *

Ich behaupte nicht, daß Menno Simons gänzlich mit Erasmus interpretiert werden kann. Meine These ist, daß Menno Simons den Theologen Erasmus gut kannte; daß er eine beträchtliche Ausbildung hatte, in der das erasmianische Element nicht fehlte; und daß wesentliche Merkmale seiner Theologie zu Erasmus zurückverfolgt werden können.

---

[34] Menno Simons, *Leringhen*, c4v°. Diese Worte fehlen in Menno Simons (1681).
[35] Cornelis Augustijn (1986), 51–53,169–170,173–175.
[36] Menno Simons (1967), 121.

VERÖFFENTLICHUNGSNACHWEIS

1. Het probleem van de initia Erasmi, in: Bijdragen. Tijdschrift voor filosofie en theologie 30, Redactie van Bijdragen, Utrecht 1969, 380–395.

2. Erasmus en de Moderne Devotie, in: De doorwerking van de Moderne Devotie. Windesheim 1387–1987. Voordrachten gehouden . . . 1987, hg. v. P. Bange u.a., Uitgeverij Verloren, Hilversum 1988, 71–80.

3. Erasmus-Promotion Anno 1515: Die Erasmus-Stücke in *Iani Damiani . . . Elegeia*, in: Boek, bibliotheek en geesteswetenschappen. Opstellen door vrienden en collega's van dr. C. Reedijk geschreven . . ., hg. v. W.R.H. Koops u.a., Uitgeverij Verloren, Hilversum 1986, 19–28.

4. Erasmus von Rotterdam im Galaterbriefkommentar Luthers von 1519, in: Lutherjahrbuch 49, Vandenhoeck & Ruprecht, Göttingen 1982, 115–132.

5. The Ecclesiology of Erasmus, in: Scrinium Erasmianum. Historische opstellen, gepubliceerd onder de auspiciën van de Universiteit te Leuven naar aanleiding van het vijfde eeuwfeest van Erasmus' geboorte, hg. v. Joseph Coppens, Bd. 2, E.J. Brill, Leiden 1969, 135–155.

6. Erasmus und die Juden, in: Nederlands Archief voor Kerkgeschiedenis 60, E.J. Brill, Leiden 1980, 22–38.

7. Gerard Geldenhouwer und die religiöse Toleranz, in: Archiv für Reformationsgeschichte 69, Chr. Kaiser/Gütersloher Verlagshaus, Gütersloh 1978, 132–156.

8. Die Stellung der Humanisten zur Glaubensspaltung 1518–1530, in: Confessio Augustana und Confutatio. Der Augsburger Reichstag 1530 und die Einheit der Kirche, Symposion . . . 1979 (Reformationsgeschichtliche Studien und Texte 118), hg. v. Erwin Iserloh, Aschendorffsche Verlagsbuchhandlung Münster Westfalen 1980, 36–61.

9. Humanisten auf dem Scheideweg zwischen Luther und Erasmus, in: Humanismus und Reformation. Martin Luther und Erasmus von Rotterdam in den Konflikten ihrer Zeit, hg. v. Otto Hermann Pesch, Verlag Schnell & Steiner GMBH Regensburg, München 1985, 119–134.

10. Einleitung zur *Spongia adversus aspergines Hutteni*, in: Opera omnia Desiderii Erasmi Roterodami, Bd. 9/1, Elsevier Science Amsterdam, Amsterdam/Oxford 1982, 93–113.

11. Zwingli als Humanist, in: Nederlands Archief voor Kerkgeschiedenis 67, E.J. Brill, Leiden 1987, 120–142.

12. Einleitung zur *Epistola de interdicto esu carnium*, in: Opera omnia Desiderii Erasmi Roterodami, Bd. 9/1, Elsevier Science Amsterdam, Amsterdam/Oxford 1982, 3–13.

13. Erasmus und Farel in Konflikt, in: Actes du Colloque Guillaume Farel . . . 1980, hg. v. Pierre Barthel u.a., Bd. 1 (Cahiers de la Revue de Théologie et de Philosophie 9/1), ATAR S.A. Genève, Genève/Lausanne/Neuchâtel 1983, 1–9.

14. Hieronymus in Luthers *De servo arbitrio*. Eine Teiluntersuchung zu Luthers Väterverständnis, in: Luthers Wirkung. Festschrift für Martin Brecht zum 60. Geburtstag, hg. v. Wolf-Dieter Hauschild u.a., Calwer Verlag Stuttgart 1992, 193–208.

15. *Hyperaspistes* 1: La doctrine d'Erasme et de Luther sur la 'claritas scripturae', in: Colloquia Erasmiana Turonensia. Douzième Stage international d'études humanistes,

Tours 1969, (De Pétrarque à Descartes 24), Bd. 2, Librairie J. Vrin, Paris 1972, 737–748.

16. Le dialogue Erasme-Luther dans l'*Hyperaspistes* 2, in: Actes du Colloque International Erasme Tours 1986, hg. v. Jacques Chomarat u.a. (Travaux d'Humanisme et Renaissance 239), Librairie Droz S.A., Genève 1990, 171–183.

17. Erasmus und seine Theologie: hatte Luther recht?, in: Colloque Erasmien de Liège. . . . (Bibliothèque de la Faculté de Philosophie et Lettres de l'Université de Liège 247), Les Belles Lettres, Paris 1987, 49–68.

18. Vir duplex: German Interpretations of Erasmus, in: Erasmus of Rotterdam. The Man and the Scholar, Proceedings of the Symposium . . . Rotterdam . . . 1986, hg. v. J. Sperna Weiland u.a., E.J. Brill, Leiden 1988, 219–227.

19. Der Epilog von Menno Simons' *Meditation*, 1539 (*Leringhen op den 25. Psalm*). Zur Erasmusrezeption Menno Simons', in: Anabaptistes et dissidents au XVIᵉ siècle . . . Actes du Colloque . . . Strasbourg 1984, hg. v. Jean-Georges Rott/Simon L. Verheus (Bibliotheca Dissidentium. Scripta et Studia 3), Verlag Valentin Koerner GMBH, Baden-Baden/Bouxwiller 1987, 175–188.

20. Erasmus and Menno Simons, in: The Mennonite Quarterly Review 60, John D. Roth, editor of the Mennonite Quarterly Review, Goshen IN, U.S.A. 1986, 497–508.

LITERATURVERZEICHNIS

Aktensammlung zur Geschichte der Basler Reformation in den Jahren 1519 bis Anfang 1534, hg. v. Emil Dürr, Bd. 1, Basel 1921.

Percy S. Allen, *The Age of Erasmus. Lectures delivered in the Universities of Oxford and London*, Oxford 1914.

——, *Erasmus on Church Unity*, in: Percy S. Allen, *Erasmus. Lectures and Wayfaring Sketches*, Oxford 1934, 81–98.

Die Amerbachkorrespondenz, hg. v. Alfred Hartmann, Bd. 2, Basel 1943.

Alfons Auer, *Die vollkommene Frömmigkeit des Christen. Nach dem Enchiridion militis Christiani des Erasmus von Rotterdam*, Düsseldorf 1954.

Cornelis Augustijn, *Erasmus en de Reformatie. Een onderzoek naar de houding die Erasmus ten opzichte van de Reformatie heeft aangenomen*, Amsterdam 1962.

——, *Allein das heilig Evangelium. Het mandaat van het Reichsregiment 6 maart 1523*, in: NAKG 48, 1967–1968, 150–165.

——, *De Vorstermanbijbel van 1528*, in: NAKG 56, 1975, 78–94.

——, *Erasme et Strasbourg 1524. A propos d'un fragment d'une lettre perdue d'Erasme à Hédion*, in: *Horizons Européens de la Réforme en Alsace. Das Elsaß und die Reformation im Europa des XVI. Jahrhunderts. Mélanges offerts à Jean Rott pour son 65e anniversaire*, hg. v. Marijn de Kroon/Marc Lienhard, Strasbourg 1980, 63–68.

——, *Erasmus von Rotterdam. Leben- Werk- Wirkung*, München 1986.

Roland H. Bainton, *Erasmus of Christendom*, New York 1969.

Georg Baring, *Die "Wormser Propheten": eine vorlutherische evangelische Prophetenübersetzung aus dem Jahre 1527*, in: ARG 31, 1934, 23–41.

Basler Chroniken, hg. v. d. Historischen und Antiquarischen Gesellschaft in Basel, Bd. 7, Leipzig 1915.

Marcel Bataillon, *Erasme et l'Espagne*, neu hg. v. Daniel Devoto/Charles Amiel, 3 Bde. (THR 250), Genève 1991.

Natalis Beda, *Annotationum . . . in Jacobum Fabrum Stapulensem libri duo: Et in Desiderium Erasmum Roterodamum liber unus*, [Paris 1526].

Guy Bedouelle, *Lefèvre d'Etaples et l'Intelligence des Ecritures* (THR 152), Genève 1976.

Die Bekenntnisschriften der evangelisch-lutherischen Kirche, 4. Aufl., Göttingen 1959.

Martinus Bellius (= Sebastianus Castellio), *De haereticis an sint persequendi. . . .*, Magdeburgi 1554 (= Johannes Oporinus, Basel 1554) (= Genève 1954, mit Einleitung von Sape van der Woude).

Charles Béné, *L'exégèse des Psaumes chez Erasme*, in: *Histoire de l'exégèse au XVIᵉ siècle. Textes du Colloque International . . . 1976*, hg. v. Olivier Fatio/Pierre Fraenkel, Genève 1978, 118–132.

Josef Benzing, *Christian Egenolff zu Straßburg und seine Drucke (1528 bis 1530)*, in: Das Antiquariat. Halbmonatsschrift für alle Fachgebiete des Buch- und Kunstantiquariats 10, 1954, 88–89, 92; 11, 1955, 139.

——, *Ulrich von Hutten und seine Drucker. Eine Bibliographie der Schriften Huttens im 16. Jahrhundert* (BBBW 6), Wiesbaden 1956.

——, *Bibliographie Strasbourgeoise. Bibliographie des ouvrages imprimés à Strasbourg (Bas-Rhin) au XVIᵉ siècle* (BBAur 80), Baden-Baden 1981.

Irmgard Bezzel, *Erasmusdrucke des 16. Jahrhunderts in bayerischen Bibliotheken*, Stuttgart 1979.

Bibliotheca Belgica. Bibliographie Générale des Pays-Bas, hg. v. Ferdinand van der Haeghen/Marie-Thérèse Lenger, Bd. 2, Bruxelles 1964.

Bibliotheca Reformatoria Neerlandica. Geschriften uit den tijd der Hervorming in de Nederlanden, hg. v. Samuel Cramer/Fredrik Pijper, Bd. 6, 's Gravenhage 1910.

Franz Bierlaire, *Le 'Libellus Colloquiorum' de mars 1522 et Nicolas Baechem dit Egmondanus*, in: *Scrinium Erasmianum. Historische opstellen, gepubliceerd onder de auspiciën van de Universiteit te Leuven naar aanleiding van het vijfde eeuwfeest van Erasmus' geboorte*, hg. v. Joseph Coppens, 2 Bde., Leiden 1969.

Franz Bierlaire, *Erasme et ses colloques: le livre d'une vie* (THR 159), Genève 1977.

——, *Les Colloques d'Erasme: réforme des études, réforme des moeurs et réforme de l'Eglise au XVIe siècle* (BFPUL 222), Paris 1978.

Peter G. Bietenholz, *History and Biography in the Work of Erasmus of Rotteram* (THR 87), Genève 1966.

Konrad Bittner, *Erasmus, Luther und die Böhmischen Brüder*, in: *Rastloses Schaffen. Festschrift für Dr. Friedrich Lammert*, Stuttgart 1954, 107–129.

Böcking, s. Hutten.

Heinrich Bornkamm, *Das Problem der Toleranz im 16. Jahrhundert*, in: Heinrich Bornkamm, *Das Jahrhundert der Reformation. Gestalten und Kräfte*, 2. Aufl., Göttingen 1966, 262–291.

Karin Bornkamm, *Luthers Auslegungen des Galaterbriefs von 1519 und 1531. Ein Vergleich*, Berlin 1963.

Frans Tobias Bos, *Luther in het oordeel van de Sorbonne*, Amsterdam 1974.

Marjorie O'Rourke Boyle, *Christening Pagan Mysteries. Erasmus in Pursuit of Wisdom*, Toronto/Buffalo/London 1981.

——, *Rhetoric and Reform. Erasmus' Civil Dispute with Luther* (HHM 71), Cambridge Mass./London 1983.

Martin Brecht, *Zwingli als Schüler Luthers. Zu seiner theologischen Entwicklung 1518–1522*, in: ZKG 96, 1985, 301–319.

Walther Brecht, *Die Verfasser der Epistolae obscurorum virorum* (QFSKG 93), Straßburg 1904.

Johannes Brenz, *Frühschriften*, Bd. 2, hg. v. Martin Brecht/Gerhard Schäfer/Frieda Wolf, Tübingen 1974.

Andrew J. Brown, *The date of Erasmus' Latin translation of the New Testament*, in: Transactions of the Cambridge Bibliographical Society 8, 1984, 351–380.

Martin Bucer, *Deutsche Schriften*, Bd. 2, hg. v. Robert Stupperich (Martini Buceri Opera omnia 1,2), Gütersloh/Paris 1962.

——, *Opera Latina*, Bd. 1 (SMRT 30. Martini Buceri Opera omnia 2,1), Leiden 1982.

——, *Correspondance*, hg. v. Jean Rott, Bd. 1 (SMRT 25. Martini Buceri Opera omnia 3,1), Leiden 1979.

Guillielmus Budaeus, *Opera omnia*, Bd. 1, Basiliae 1557 (= London 1966).

Castellio, s. Bellius.

Centuria Epistolarum Theologicarum ad Iohannem Schwebelium, Bipontii 1597.

George Chantraine, *Erasme et Luther, libre et serf arbitre. Etude historique et théologique*, Paris/Namur 1981.

Die Confutatio der Confessio Augustana vom 3. August 1530, hg. v. Herbert Immenkötter (CCath 33), Münster Westfalen 1979.

Contemporaries of Erasmus. A biographical Register of the Renaissance and Reformation, hg. v. Peter G. Bietenholz/Thomas B. Deutscher, 3 Bde., Toronto 1985, 1986, 1987.

Pierre Debongnie, *Jean Mombaer de Bruxelles, abbé de Livry. Ses écrits et ses réformes* (RTCHP, 2me série, 11), Louvain/Toulouse 1927.

Richard L. DeMolen, *The Spirituality of Erasmus of Rotterdam* (BHRef 40), Nieuwkoop 1987.

Hans Denck, *Schriften*, hg. v. Georg Baring/Walter Fellmann, Bd. 1;2 (QFRG 24/1;2), Gütersloh 1955, 1956.

Deutsche Reichstagakten, Jüngere Reihe, Bd. 7/1, Stuttgart 1935 (= Göttingen 1963).

Dictionnaire d'Histoire et de Géographie Ecclésiastique, Bd. 8, Paris 1935.

Christian Dolfen, *Die Stellung des Erasmus von Rotterdam zur scholastischen Methode*, Osnabrück 1936.

Albrecht Dürer, *Das Tagebuch der niederländischen Reise . . .*, hg. v. J.-A. Goris/G. Marlier, Brüssel 1970.

Ingrid Eiden/Dietlind Müller, *Der Buchdrucker Alexander Weissenhorn in Augsburg 1528–1540*, in: Börsenblatt für den deutschen Buchhandel, Frankfurter Ausgabe 26 (1970), 673–704.

Enchiridion symbolorum, definitionum et declarationum de rebus fidei et morum, 32. Aufl., hg. v. Henricus Denzinger/Adolfus Schönmetzer, Barcinone/Friburgi Brisgoviae/Romae/Neo-Eboraci 1963.

Epistolae obscurorum virorum, hg. v. Aloys Bömer, Band 1 Einführung, Band 2 Text, Heidelberg 1924.

George K. Epp, *The Spiritual Roots of Menno Simons*, in: *Mennonite Images. Historical, Cultural and Literary Essays dealing with Mennonite Issues*, hg. v. Harry Loewen, Winnipeg 1980.

Desiderius Erasmus Roterodamus, *Opera omnia emendatiora et auctiora*, 10 Bde., Lugduni Batavorum 1703–1706 (= Hildesheim 1961–1962).

——, *Opera omnia recognita et adnotatione critica instructa notisque illustrata*, Bd. 1/1–, Amsterdam 1969–.

——, *De libero arbitrio ΔIATPIBH sive collatio*, hg. v. Johannes von Walter (QGP 8), Leipzig 1910 (= Leipzig 1935).

——, *Ausgewählte Werke*, hg. v. Hajo Holborn/Annemarie Holborn, München 1933.

——, *Vom freien Willen*, verdeutscht v. Otto Schumacher, 2. Aufl., Göttingen 1956.

——, *Ausgewählte Schriften*, hg. v. Werner Welzig, Bd. 4, Darmstadt 1969.

——, *Schutzschrift (Hyperaspistes) gegen Martin Luthers Buch "Vom unfreien Willen", Erstes Buch*, hg. v. Siegfried Wollgast (Reclams Universal-Bibliothek 1143), Leipzig 1986.

Erasmus en zijn tijd. Tentoonstelling . . . Museum Boymans-van Beuningen, 2 Bde., Rotterdam 1969.

Jacques Etienne, *Spiritualisme érasmien et théologiens louvanistes. Un changement de problématique au debut du XVIe siècle* (DGMFT 3,3) Louvain/Gembloux 1956.

Johann Fabri, *Malleus in haeresim Lutheranam* (CC 23–26), 2 Bde., Münster in Westfalen 1941, 1952.

Guillaume Farel, *Sommaire et briefve declaration. Fac-similé de l'édition originale . . .* par A. Piaget, Paris 1935.

Guillaume Farel 1489–1565. Biographie nouvelle, Neuchâtel/Paris 1930.

James K. Farge, *Biographical Register of Paris Doctors of Theology 1500–1536* (SubMed 10), Toronto 1980.

Oskar Farner, *Huldrych Zwingli*, Bd. 2;3, Zürich 1946, 1954.

Helmut Feld, *Der Humanisten-Streit um Hebräer 2,7 (Psalm 8,6)*, in: ARG 61, 1970, 5–35.

Walter Fellmann, *Die Wormser Propheten von 1527*, in: MGB 24, 1967, 81–89.

Andreas Flitner, *Erasmus im Urteil seiner Nachwelt. Das literarische Erasmus-Bild von Beatus Rhenanus bis zu Jean le Clerc*, Tübingen 1952.

Karl Eduard Förstemann, *Urkundenbuch zu der Geschichte des Reichstages zu Augsburg im Jahre 1530*, Bd. 1, Halle 1833.

Sebastian Franck, *Chronica Zeitbüch vnnd Geschichtbibell . . .*, 2. Aufl., o.O. 1536 (= Darmstadt 1969).

Paul Frédéricq, *Corpus documentorum inquisitionis haereticae pravitatis Neerlandicae*, Bd. 4;5, Gent/'s Gravenhage 1900, 1902.

Ulrich Gäbler, *Huldrych Zwingli. Eine Einführung in sein Leben und sein Werk*, München 1983.

Eugenio Garin, *Der italienische Humanismus* (Sammlung Überlieferung und Auftrag. Reihe Schriften 5), Bern 1947.

——, *Erasmo e l'umanesimo italiano*, in: BHR 33, 1971, 7–17.

Karl Gauß, *Basels erstes Reformationsmandat. Basler Jahrbuch 1930*, Basel 1930.

Georg Gebhardt, *Die Stellung des Erasmus von Rotterdam zur römischen Kirche*, Marburg an der Lahn 1966.

Ludwig Geiger, *Johann Reuchlin, Sein Leben und seine Werke*, Leipzig 1871 (= Nieuwkoop 1964).

Paul-F. Geisendorf, *Théodore de Bèze*, 2. Aufl., Genève 1967.

Hendrik A. Enno van Gelder, *The Two Reformations in the 16th Century. A Study of the Religious Aspects and Consequences of Renaissance and Humanism*, 2. Aufl., The Hague 1964.

J.F. Gerhard Goeters, *Ludwig Hätzer (ca. 1500 bis 1529), Spiritualist und Antitrinitarier. Eine Randfigur der frühen Täuferbewegung*, Gütersloh 1957.

——, *Zwinglis Werdegang als Erasmianer*, in: *Reformation und Humanismus, Robert Stupperich zum 65. Geburtstag*, hg. v. Martin Greschat/J.F. Gerhard Goeters, Witten 1969, 255–271.

——, *Zwingli und Luther*, in: *Martin Luther im Spiegel heutiger Wissenschaft*, hg. v. Knut Schäferdiek, Bonn 1985, 119–141.

Denys Gorce, *La patristique dans la réforme d'Erasme*, in: *Reformation. Schicksal und Auftrag. Festgabe Joseph Lortz*, Bd. 1, Baden-Baden 1958, 233–276.

Leif Grane, *Martinus noster. Luther in the German Reform Movement 1518–1521* (VIEG 155), Mainz 1994.

Heinrich Grimm, *Ulrichs von Hutten persönliche Beziehungen zu den Druckern Johannes Schöffer in Mainz, Johannes Schott in Straßburg und Jakob Köbel zu Oppenheim*, in: *Festschrift für Josef Benzing zum sechzigsten Geburtstag*, Wiesbaden 1964.

——, *Ulrich von Hutten. Wille und Schicksal*, Göttingen/Zürich/Frankfurt 1971.

Werner L. Gundersheimer, *Erasmus, Humanism, and the Christian Cabala*, in: JWCI 26, 1963, 38–52.

Léon-E. Halkin, *Erasmus ex Erasmo. Erasme éditeur de sa correspondance* (Livre-Idées-Société 3), Aubel 1983.

——, *Erasme parmi nous*, Paris 1987.

Handbuch der Dogmen- und Theologiegeschichte, hg. v. Carl Andresen, Bd. 3, Göttingen 1984.

Handbuch der Kirchengeschichte, hg. v. Hubert Jedin, Bd. 4, Freiburg u.a. 1967.

Karl Hartfelder, *Otto Brunfels als Verteidiger Huttens*, in: ZGO, Bd. 47 (N.F. 8), 1893, 565–578.

F.W. Hassencamp, *Franciscus Lambert von Avignon* (LASRK 9), Elberfeld 1860.

Oswald A. Hecker, *Religion und Politik in den letzten Lebensjahren Herzog Georgs des Bärtigen von Sachsen*, Leipzig 1912.

Olaf Hendriks, *Gerardus Geldenhouwer Noviomagus (1482–1542)*, in: StC 31, 1956, 129–149, 176–196.

A.-L. Herminjard, *Correspondance des réformateurs dans les pays de langue française*, Bd. 1, 2. Aufl., Genève/Bâle/Lyon/Paris 1878.

Hieronymus, *Omnia opera*, Bd. 5, Basileae 1516.

Manfred Hoffmann, *Rhetoric and Theology. The Hermeneutic of Erasmus* (ErasSt 12), Toronto/Buffalo/London 1994.

Paul Hohenemser, *Flugschriftensammlung Gustav Freytag*, Frankfurt a.M. 1925 (= Nieuwkoop 1966).

Hajo Holborn, *Ulrich von Hutten*, 2. Aufl., Göttingen 1968.

Heinz Holeczek, *Erasmus Deutsch*, Bd. 1: *Die Volkssprachliche Rezeption des Erasmus von Rotterdam in der reformatorischen Öffentlichkeit 1519–1536*, Stuttgart-Bad Cannstatt 1983.

Irwin B. Horst, *A Bibliography of Menno Simons ca. 1496–1561, Dutch Reformer, with a census of known copies*, Nieuwkoop 1962.

Balthasar Hubmaier, *Schriften*, hg. v. Gunnar Westin/Torsten Bergsten (QFRG 29), Gütersloh 1962.

Johan Huizinga, *Erasmus*, 5. Aufl., Haarlem 1958.

——, *Verzamelde Werken*, Bd. 6, Haarlem 1950.

Ulrich Hutten, *Opera*, hg. Eduardus Böcking, Bd. 1;2, Lipsiae 1859 (= Aalen 1963).

Albert Hyma, *The youth of Erasmus* (University of Michigan Publications. History and Political Science 10), Ann Arbor 1930.

Index Aureliensis. Catalogus librorum sedecimo saeculo impressorum, Prima pars Bd. 2, Aureliae Aquensis 1966.

E.F. Jacob, *Christian Humanism in the Late Middle Ages*, in: *Europe in the Late Middle Ages*, hg. v. John R. Hale u.a., London 1965, 437–465.

Elfriede Jacobs, *Die Sakramentslehre Wilhelm Farels* (ZBRG 10), Zürich 1978.

Henk Jan de Jonge, *Erasmus und die Glossa Ordinaria zum Neuen Testament*, in: NAKG 56, 1975, 51–77.

Heiko Jürgens, *Die Funktion der Kirchenväterzitate in der Heidelberger Disputation Luthers (1518)*, in: ARG 66, 1975, 71–78.

Helmar Junghans, *Der junge Luther und die Humanisten* (AKG(W) 8), Weimar 1984.

Werner Kaegi, *Hutten und Erasmus. Ihre Freundschaft und ihr Streit*, in: HV 22, 1925, 200–278, 461–514.

Friedrich Wilhelm Kantzenbach, *Das Ringen um die Einheit der Kirche im Jahrhundert der Reformation. Vertreter, Quellen und Motive des "ökumenischen" Gedankens von Erasmus von Rotterdam bis Georg Calixt*, Stuttgart 1957.

Hans Gustav Keller, *Hutten und Zwingli* (Berner Untersuchungen zur Allgemeinen Geschichte 16), Aarau 1952.

Dietrich Kerlen, *Assertio. Die Entwicklung von Luthers theologischem Anspruch und der Streit mit Erasmus von Rotterdam* (VIEG 78), Wiesbaden 1976.

Daniel Kinney, *More's Letter to Dorp: Remapping the Trivium*, in: RenQ 34, 1981, 179–210.

Guido Kisch, *Zasius und Reuchlin. Eine rechtsgeschichtlich-vergleichende Studie zum Toleranzproblem im 16. Jahrhundert* (Pforzheimer Reuchlinschriften 1), Stuttgart 1961.

——, *Erasmus' Stellung zu Juden und Judentum* (PhG 83/84), Tübingen 1969.

James M. Kittelson, *Wolfgang Capito. From Humanist to Reformer* (SMRT 17), Leiden 1975.

Willem P.C. Knuttel, *Catalogus van de Pamphletten-verzameling berustende in de Koninklijke Bibliotheek*, Bd. 8, 's Gravenhage 1916 (= Utrecht 1978).

Walther Köhler, *Huldrych Zwinglis Bibliothek* (Neujahrsblatt auf das Jahr 1921. Zum Besten des Waisenhauses in Zürich 84), Zürich 1921.

——, *Das Marburger Religionsgespräch 1529. Versuch einer Rekonstruktion*, Leipzig 1929.

——, *Huldrych Zwingli*, 2. Aufl., Stuttgart 1952.

Ernst-Wilhelm Kohls, *Die Theologie des Erasmus*, 2 Bde. (ThZ.S 1/1,2), Basel 1966.

Cornelius Krahn, *Menno Simons (1496–1561). Ein Beitrag zur Geschichte und Theologie der Taufgesinnten*, Karlsruhe i.B. 1936.

Manfred Krebs, *Reuchlins Beziehungen zu Erasmus von Rotterdam*, in: *Johannes Reuchlin 1455–1522. Festgabe seiner Vaterstadt Pforzheim*, Pforzheim 1955, 139–155.

Paul Oskar Kristeller, *Erasmus from an Italian Perspective*, in: RenQ 23, 1970, 1–14.

——, The *Role of Religion in Renaissance Humanism and Platonism*, in: *The Pursuit of Holiness in late Medieval and Renaissance Religion*, hg. v. Charles Trinkaus/Heiko A. Oberman (SMRT 10), Leiden 1974, 367–370.

——, *Humanismus und Renaissance*, hg. v. Eckhard Keßler, 2 Bde. (Uni Taschenbücher 914, 915), München o. J.

Maria E. Kronenberg, *Luther-uitgaven Ao. 1531 in het bezit van Kanunnik mr. Jan Dircsz. van der Haer te Gorkum*, in: Het Boek, derde reeks 36 (1963–1964), 2–23.

Friedhelm Krüger, *Humanistische Evangelienauslegung. Desiderius Erasmus von Rotterdam als Ausleger der Evangelien in seinen Paraphrasen* (BHTh 68), Tübingen 1986.

Arnold Kuczyński, *Thesaurus libellorum historiam reformationis illustrantium*, Leipzig 1870–1874 (= Nieuwkoop 1960).

August Lang, *Der Evangelienkommentar Martin Butzers und die Grundzüge seiner Theologie* (SGTK 2,2), Leipzig 1900 (= Aalen 1972).

Heinrich Lausberg, *Handbuch der literarischen Rhetorik. Eine Grundlegung der Literaturwissenschaft*, München 1960.

Joseph Lecler, *Histoire de la tolérance au siècle de la Réforme*, 2 Bde., Paris 1955.

Jacques Lefèvre d'Etaples et ses disciples, *Epistres & Evangiles pour les cinquante & deux sepmaines de l'an. Fac-similé de la première édition* . . ., hg. v. Michael Andrew Screech (THR 63), Geneve 1964.

——, *Epistres et Evangiles pour les cinquante et deux dimenches de l'an. Texte de l'édition Pierre de Vingle* . . ., hg. v. Guy Bedouelle/Franco Giacone, Leiden 1976.

Johannes Lindeboom, *Het Bijbelsch Humanisme in Nederland*, Leiden 1913 (= Leeuwarden 1982).

Gottfried W. Locher, *Zwingli und Erasmus*, in: Zwing. 13, 1969–1973, 37–61.

——, *Die Zwinglische Reformation im Rahmen der europäischen Kirchengeschichte*, Göttingen/ Zürich 1979.

Bernhard Lohse, *Martin Luther. Eine Einführung in sein Leben und sein Werk*, München 1981.

Joseph Lortz, *Die Reformation in Deutschland*, 2 Bde., Freiburg im Breisgau 1939, 1940.

——, *Erasmus- kirchengeschichtlich*, in: *Aus Theologie und Philosophie. Festschrift für F. Tillmann zu seinem 75. Geburtstag*, Düsseldorf 1950, 271–326.

Martin Luther, *Kritische Gesamtausgabe*, Bd. 1–, Weimar 1883–.

——, *Studienausgabe*, hg. v. Hans Ulrich Delius, Bd. 3, Berlin 1983.

Bruce Mansfield, *Phoenix of his Age. Interpretations of Erasmus c 1550–1750* (ErasSt 4), Toronto/Buffalo/London 1979.

Simon Markish, *Erasme et les Juifs*, o.O. 1979.

Jean-Pierre Massaut, *Josse Clichtove, l'humanisme et la réforme du clergé* (BFPUL 183), 2 Bde., Paris 1968.

——, *Les relations d'Erasme et de Farel*, in: *Actes du Colloque Guillaume Farel . . . 1980*, Bd. 1 (= CRThPh 9,1), Genève/Lausanne/Neuchâtel 1983, 11–30.

Wilhelm Maurer, *Melanchthons Anteil am Streit zwischen Luther und Erasmus*, in: ARG 49, 1958, 89–115.

David O. McNeil, *Guillaume Budé and Humanism in the Reign of Francis I* (THR 142), Genève 1975.

Oskar J. Mehl, *Erasmus' Streitschrift gegen Luther: Hyperaspistes*, in: ZRGG 12, 1960, 137–146.

——, *Erasmus contra Luther*, in: LuJ 29, 1962, 52–64.

Hendrik W. Meihuizen, *Menno Simons, ijveraar voor het herstel van de nieuwtestamentische gemeente*, Haarlem 1961.

A. Meister/A. Ruppel, *Die Straßburger Chronik des Johann Georg Saladin*, in: Mitteilungen der Gesellschaft für Erhaltung der geschichtlichen Denkmäler im Elsaß, 2. Folge 23, 1911.

Philippus Melanthon, *Opera quae supersunt omnia*, Bd. 12 (CR 12), Halis Saxonum 1844.

——, *Werke in Auswahl*, hg. v. Robert Stupperich, Bd. 4, hg. v. Peter F. Barton, Gütersloh 1963.

——, *Briefwechsel. Kritische und kommentierte Gesamtausgabe*, hg. v. Heinz Scheible, Bd. T 2, Stuttgart-Bad Cannstatt 1995.

The Mennonite Encyclopedia. A Comprehensive Reference Work, hg. v. Harold S. Bender u.a., Bd. 4, Scottdale, Pa 1959.

Pierre Mesnard, *Un texte important d'Erasme touchant sa Philosophie chrétienne*, in: RThom 47, 1947, 524–549.

Paul Mestwerdt, *Die Anfänge des Erasmus. Humanismus und "devotio moderna"* (SKGR 2), Leipzig 1917 (= New York/London 1971).

André Meyer, *Etude critique sur les relations d'Erasme et de Luther*, Paris 1909.

Johanna J.M. Meyers, *Authors edited, translated or annotated by Desiderius Erasmus. A Short-Title Catalogue of the Works in the City Library of Rotterdam*, Rotterdam 1982.

Marten Mikron, *Een waerachtigh verhaal der t'zamensprekinghen tusschen Menno Simons ende Martinus Mikron . . . (1556)*, hg. v. Willem Frederik Dankbaar (DAN 3), Leiden 1981.

Bernd Moeller, *Die deutschen Humanisten und die Anfänge der Reformation*, in: ZKG 70, 1959, 46–61.

——, *Deutschland im Zeitalter der Reformation* = Joachim Leuschner (Hg.): *Deutsche Geschichte*, Bd. 4, Göttingen 1977.

Gerhard Müller, *Franz Lambert von Avignon und die Reformation in Hessen* (VHKH 24,4), Marburg 1958.

Werner Näf, *Schweizerischer Humanismus. Zu Glareans "Helvetiae Descriptio"*, in: SBAG 5, 1947, 186–198.

Wilhelm H. Neuser, *Die reformatorische Wende bei Zwingli*, Neukirchen-Vluyn 1977.

Wouter Nijhoff/Maria E. Kronenberg, *Nederlandsche bibliographie van 1500 tot 1540*, Bd. 1;2;3/1, 's Gravenhage 1923, 1940, 1951.

Heiko A. Oberman, *Tumultus rusticorum: Vom 'Klosterkrieg' zum Fürstensieg. Beobachtungen zum Bauernkrieg unter besonderer Berücksichtigung zeitgenössischer Beurteilungen*, in: ZKG 85, 1974, 157–172.

——, *Werden und Wirkung der Reformation. Vom Wegestreit zum Glaubenskampf*, 2. Aufl., Tübingen 1979.

——, *Die Reformation. Von Wittenberg nach Genf*, Göttingen 1986.

Karl Heinz Oelrich, *Der späte Erasmus und die Reformation* (RGST 86), Münster 1961.

Ludwig von Pastor, *Geschichte der Päpste seit dem Ausgang des Mittelalters*, Bd. 1, 5.–7. Aufl., Freiburg i.Br. 1925.

Michael A. Pegg, *A Catalogue of German Reformation Pamphlets (1516–1546) in Libraries of Great Britain and Ireland* (BBAur 45), Baden-Baden 1973.

Christian Peters, *Johann Eberlin von Günzburg ca. 1465–1533. Franziskanischer Reformer, Humanist und konservativer Reformator* (QFRG 60), Gütersloh 1994.

Johannes Pfefferkorn, *Streydt puechlyn vor dy warheit . . .*, [Köln] 1516.

Rudolf Pfeiffer, *Humanitas Erasmiana* (SBW 22), Leipzig/Berlin 1931.

——, *Die Einheit im geistigen Werk des Erasmus*, in: DVfLG 15, 1937, 473–487.

Rudolf Pfister, *Die Seligkeit erwählter Heiden bei Zwingli. Eine Untersuchung zu seiner Theologie*, Zollikon-Zürich 1952.

Margaret Mann Phillips, *Erasmus and the Northern Renaissance*, London 1961 (erste Aufl. 1949).

——, *The 'Adages' of Erasmus. A Study with Translations*, Cambridge 1964.

Alberto Pio, *In locos lucubrationum variarum D. Erasmi XXIII libri*, Parisiis 1531.

Politische Correspondenz der Stadt Strassburg im Zeitalter der Reformation, Bd. 1, hg. v. Hans Virck, Strassburg 1882.

Jacques V. Pollet, *Origine et Structure du "De Sarcienda Ecclesiae Concordia" (1533) d'Erasme*, in: *Scrinium Erasmianum*, hg. v. Joseph Coppens, Bd. 2, Leiden 1969, 183–195.

Pierre Polman, *Erasmus en de theologie*, in: StC 12, 1936, 273–293.

Regnerus R. Post, *The Modern Devotion. Confrontation with Reformation and Humanism* (SMRT 3), Leiden 1968.

——, *Methoden bij het beschrijven van de ideeën van vroegere theologen*, in: AGKKN 10, 1968, 18–37. Abgekürzt mit: Regnerus R. Post (1968a).

Jacob Prinsen, *Gerardus Geldenhauer Noviomagus. Bijdrage tot de kennis van zijn Leven en Werken*, 's Gravenhage 1898.

——, *Collectanea van Gerardus Geldenhauer Noviomagus, gevolgd door den herdruk van eenige zijner werken*, Amsterdam 1901.

Quellen zur Geschichte der Täufer, Bd. 7, bearbeitet von Manfred Krebs/Hans Georg Rott (QFRG 26), Gütersloh 1959.

Cornelis Reedijk, *The Poems of Desiderius Erasmus*, Leiden 1956.

——, *Three Erasmus Autographs in the Royal Library at Copenhagen*, in: *Studia Bibliographica in honorem Herman de la Fontaine Verwey*, hg. v. Sape van der Woude, [Amsterdam 1968], 327–349.

Augustin Renaudet, *Etudes Erasmiennes (1521–1529)*, Paris 1939.

——, *Préréforme et Humanisme à Paris pendant les premières guerres d'Italie*, 2. Aufl., Paris 1953.

Augustin Renaudet, *Erasme et l'Italie* (THR 15), Genève 1954.

Philippe Renouard, *Bibliographie des impressions et des œuvres de Josse Badius Ascensius imprimeur et humaniste*, Bd. 2, Paris 1908.

Rodolphe Reuss, *Les Collectanées de Daniel Specklin*, in: Bulletin de la Société pour la Conservation des Monuments historiques d'Alsace, 2e série, 14, 1889.

Eugene F. Rice Jr., *The Prefatory Epistles of Jacques Lefèvre d'Etaples and related Texts*, New York/London 1972.

Arthur Rich, *Die Anfänge der Theologie Huldrych Zwinglis* (QAGSP 6), Zürich 1949.

Bernhard Riggenbach, *Das Chronikon des Konrad Pellikan*, Basel 1877.

François Ritter, *Histoire de l'imprimerie alsacienne aux XVe et XVIe siècles*, Strasbourg/Paris 1955.

Gerhard Ritter, *Die geschichtliche Bedeutung des deutschen Humanismus*, in: HZ 127, 1923, 393–453.

Joachim Rogge, *Die Initia Zwinglis und Luthers. Eine Einführung in die Probleme*, in: LuJ 30, 1963, 107–133.

Jean Rott, *Un recueil de correspondances strasbourgeoises du XVIe siècle à la bibliothèque de Copenhague (ms. Thott 497,2o)*, in: BPH, année 1968, Bd. 2, 1971, 749–818.

——, *Ulrich de Hutten et les débuts de la Réforme à Strasbourg*, in: L'Annuaire des Amis du Vieux-Strasbourg 4, 1974, 41–72.

——, *Investigationes Historicae. Eglises et société au XVIe siècle. Gesammelte Aufsätze zur Kirchen- und Sozialgeschichte*, Bd. 1 (Société savante d'Alsace et des Régions de l'Est. Collection 'Grandes Publications' 31), Strasbourg 1986.

Erika Rummel, *Erasmus and his Catholic Critics*, 2 Bde. (BHRef 45), Nieuwkoop 1989.

Hans Rupprich, *Die deutsche Literatur vom späten Mittelalter bis zum Barock*, Teil 1 = Helmut de Boor/Richard Newald, *Geschichte der deutschen Literatur von den Anfängen bis zur Gegenwart*, Band 4, Teil 1, München 1970.

Karl Schätti, *Erasmus von Rotterdam und die römische Kurie*, Basel 1954.

Heinz Scheible, *Melanchthon zwischen Luther und Erasmus*, in: *Renaissance- Reformation. Gegensätze und Gemeinsamkeiten*, hg. v. August Buck (WARF 5), Wiesbaden 1984, 155–180.

Helmut Schelsky, *Ist die Dauerreflexion institutionalisierbar? Zum Thema einer modernen Religionssoziologie*, in: ZEE 1, 1957, 153–174.

Alfred Schindler, *Zwingli und die Kirchenväter* (147. Neujahrsblatt zum Besten des Waisenhauses Zürich), Zürich 1984.

Franz Schnorr von Carolsfeld, *Erasmus Albers Beziehungen zu Desiderius Erasmus Roterodamus*, in: *Archiv für Literaturgeschichte* 12, 1884, 26–39.

R.J. Schoeck, *Erasmus grandescens. The Growth of a Humanist's Mind and Spirituality* (BHRef 43), Nieuwkoop 1988.

Otto Schottenloher, *Erasmus im Ringen um die humanistische Bildungsform. Ein Beitrag zum Verständnis seiner geistigen Entwicklung* (RGST 61), Münster i. W. 1933.

Hermann Schüling, *Die Postinkunabeln der Universitätsbibliothek Giessen*, Giessen 1967.

Otto Schumacher, *Martin Luther, Vom unfreien Willen. Eine Kampfschrift gegen den Mythus aller Zeiten aus dem Jahre 1525. Nach dem Urtext neu verdeutscht*, Göttingen 1937.

Michael Andrew Screech, *L'Eloge de la folie et les études bibliques d'Erasme. Quelques réflexions*, in: *Réforme et humanisme. Actes du IVe Colloque Montpellier Octobre 1975*, Montpellier 1977, 149–165.

Kurt-Victor Selge (Hg.), *Texte zur Inquisition*, Gütersloh 1967.

Menno Simons, *Opera omnia theologica, of alle de Godtgeleerde Wercken*, hg. v. Hendrick Jansz Herrison, Amsterdam 1681 (= Amsterdam 1989).

——, *Dat Fundament des Christelycken Leers*, hg. v. Hendrik W. Meihuizen, Den Haag 1967.

Beryl Smalley, *The Study of the Bible in the Middle Ages*, Oxford 1952.

Preserved Smith, *Erasmus, A Study of his Life, Ideals and Place in History*, New York/London 1923 [= New York 1962].

Lewis W. Spitz, *Humanismus/Humanismusforschung*, in: TRE 15, 639–661.

Ernst Staehelin, *Das theologische Lebenswerk Johannes Oekolampads* (QFRG 21), Leipzig 1939.

Adam G. Strobel, *Histoire du Gymnase Protestant de Strasbourg*, Strasbourg 1838.

Robert Stupperich, *Erasmus von Rotterdam und seine Welt*, Berlin/New York 1977.

Emile V. Telle, *Erasme de Rotterdam et le septième sacrement. Etude d'évangélisme matrimonial au XVIᵉ siècle et contribution à la biographie intellectuelle d'Erasme*, Genève 1954.

Craig R. Thompson, *Inquisitio de fide, a Colloquy by Desiderius Erasmus Roterodamus 1524*, 2. Aufl., Hamden 1975.

James D. Tracy, *Erasmus. The Growth of a Mind* (THR 126), Genf 1972.

Hans Treinen, *Studien zur Idee der Gemeinschaft bei Erasmus von Rotterdam und zu ihrer Stellung in der Entwicklung des humanistischen Universalismus*, Saarlouis 1955.

Joh. Martin Usteri, *Initia Zwinglii. Beiträge zur Geschichte der Studien und der Geistesentwicklung Zwinglis in der Zeit vor Beginn der reformatorischen Thätigkeit (Fortsetzung)*, in: ThStKr 59, 1886, 95–159.

Die Vadianische Briefsammlung der Stadtbibliothek St. Gallen, 2; 3, hg. v. Emil Arbenz (MVG 25,3,5; 27,3,7,1), St. Gallen 1894, 1897.

Verzeichnis der im deutschen Sprachbereich erschienenen Drucke des XVI. Jahrhunderts -VD 16-, hg. v. d. Bayerischen Staatsbibliothek, Bd. 1–, Stuttgart 1983–.

Henry de Vocht, *Literae virorum eruditorum ad Franciscum Craneveldium 1522–1528. A collection of original letters edited from the manuscripts and illustrated with notes and commentaries*, Louvain 1928.

——, *Monumenta Humanistica Lovaniensia. Texts and Studies about Louvain Humanists in the first half of the XVIth century*, Louvain 1934.

——, *History of the Foundation and the Rise of the Collegium Trilingue Lovaniense 1517–1550*, Bd. 1 (HL 10), Louvain 1951.

Karel Vos, *Menno Simons 1496–1561. Zijn leven en werken en zijne reformatorische denkbeelden*, Leiden 1914.

Rudolf Wackernagel, *Humanismus und Reformation in Basel*, Basel 1924.

Fritz Walser, *Die politische Entwicklung Ulrichs von Hutten während der Entscheidungsjahre der Reformation* (HZ.B 14), 1928.

Joseph Walter, *Incunables et imprimés du XVIᵉ siècle de la Bibliothèque de Sélestat* (Catalogue général de la Bibliothèque municipale 1/3), Colmar 1929.

N. Weiss, *Guillaume Farel. La dispute de Bâle. Le conflit avec Erasme (1524)*, in: BSHPF 69 (5.Ser.17), 1920, 133–145.

David N. Wiley, *Toward a critical edition of Farel's "Sommaire": the dating of the editions of 1525 and 1542*, in: *Actes du Colloque Guillaume Farel . . . 1980*, hg. v. Pierre Barthel u.a., Bd. 1 (= CRThPH 9,1), Genève/Lausanne/Neuchâtel 1983, 203–219.

Otto Winckelmann, *Das Fürsorgewesen der Stadt Straßburg vor und nach der Reformation bis zum Ausgang des sechzehnten Jahrhunderts* (QFRG 5), Bd. 2, Leipzig 1922.

Gerhard B. Winkler, *Erasmus und die Juden*, in: *Festschrift Franz Loidl zum 65. Geburtstag*, hg. v. V. Flieder, Bd. 2 (Sammlung "Aus Christentum und Kultur", Sonderband 2), Wien 1970, 381–392.

Charles Wittmer/Jean C. Meyer, *Le livre de bourgeoisie de la ville de Strasbourg 1440–1530*, Texte 2, Strasbourg 1954.

Eike Wolgast/Hans Volz, *Geschichte der Luther-Ausgaben vom 16. bis zum 19. Jahrhundert*, in: Luther, WA 60, 427–637.

Gottfried Zedler, *Geschichte der Universitätsbibliothek zu Marburg von 1527–1887*, Hamburg 1896.

Karl Zickendraht, *Der Streit zwischen Erasmus und Luther über die Willensfreiheit*, Leipzig 1909.

Huldreich Zwingli, *Sämtliche Werke*, Bd. 1– (CR 88–), Berlin 1905–.

REGISTER VON ERASMUSSCHRIFTEN

NICHT VON ERASMUS HERAUSGEGEBENE SCHRIFTEN

PERSONENREGISTER

SACHREGISTER

AUTORENREGISTER

Allen, Percy S. 32, 41, 57, 92, 186, 188, 295, 297
Auer, Alfons 17, 82, 104

Bainton, Roland H. 21
Baring, Georg 126
Bedouelle, Guy 237, 300
Béné, Charles 306
Benrath, Gustav Adolf 311
Benzing, Josef 116, 117, 120, 127, 168, 179, 187
Bierlaire, Franz 73, 227, 309
Bietenholz, Peter G. 14
Bittner, Konrad 85
Böcking, Eduardus 172, 173, 175–182, 187, 189–192, 316
Bornkamm, Heinrich 123
Bornkamm, Karin 60
Bos, Frans Tobias 152
Boyle, Marjorie O'Rourke 282
Brecht, Martin 210, 216
Brecht, Walther 312
Brown, Andrew J. 42

Chantraine, Georges 282

Debongnie, Pierre 29
Delius, Walter 67
DeMolen, Richard L. 23
Dolfen, Christian 13

Eiden, Ingrid 132
Enno van Gelder, Hendrik A. 74
Epp, George K. 336
Etienne, Jacques 104, 146

Farge, James K. 120
Farner, Oskar 201, 202, 221
Feld, Helmut 99
Fellmann, Walter 126
Flitner, Andreas 311
Förstemann, Karl E. 143
Frédéricq, Paul 114, 118, 119, 123

Gäbler, Ulrich 203, 215
Garin, Eugenio 17, 25
Gebhardt, Georg 74, 75, 87
Geiger, Ludwig 98, 100, 101, 103

Geisendorf, Paul-F. 233
Goeters, J.F. Gerhard 125–127, 201, 202, 205, 215
Gorce, Denys 147
Grimm, Heinrich 168–170, 172, 174, 179, 314
Gundersheimer, Werner L. 95, 98

Halkin, Léon-E. 21, 22, 41, 50
Hartfelder, Karl 187
Hassenkamp, F.W. 115
Heck, Arie van 279
Hecker, Oswald A. 92
Hendriks, Olaf 112, 113
Hentze, Willi 73
Herminjard, A.-L. 115, 235, 240
Hohenemser, Paul 119
Holborn, Hajo 160, 169, 170, 172, 174, 226, 259, 314, 331
Holeczek, Heinz 52, 128, 132, 133, 153, 314
Horst, Irwin B. 325, 326
Huizinga, Johan 277, 314, 320
Hyma, Albert 8, 9

Iserloh, Erwin 142, 152, 154, 311

Jacob, E.F. 141
Jacobs, Elfriede 241
Jonge, Henk Jan de 300
Jürgens, Heiko 262
Junghans, Helmar 43, 156–158

Kaegi, Werner 168, 171, 173, 176, 180, 185
Kalkoff, Paul 67, 210
Kantzenbach, Friedrich Wilhelm 79, 82
Keller, Hans Gustav 168, 172, 182–184
Kerlen, Dietrich 282
Kinney, Daniel 49, 50
Kisch, Guido 94, 95, 99, 100, 102
Kittelson, James M. 148
Knuttel, Willem P.C. 119
Köhler, Walther 197–200, 203, 210, 215, 217
Kohls, Ernst-Wilhelm 3, 13–21, 104

STUDIES IN MEDIEVAL
AND REFORMATION THOUGHT

EDITED BY HEIKO A. OBERMAN

36. MEERHOFF, K. *Rhétorique et poétique au XVIe siècle en France.* 1986
37. GERRITS, G. H. *Inter timorem et spem.* Gerard Zerbolt of Zutphen. 1986
38. ANGELO POLIZIANO. *Lamia.* Ed. by A. Wesseling. 1986
39. BRAW, C. *Bücher im Staube.* Die Theologie Johann Arndts in ihrem Verhältnis zur Mystik. 1986
40. BUCER, Martin. *Opera Latina.* Vol. II. Enarratio in Evangelion Iohannis (1528, 1530, 1536). Publié par I. Backus. 1988
41. BUCER, Martin. *Opera Latina.* Vol. III. Martin Bucer and Matthew Parker: Florilegium Patristicum. Edition critique. Publié par P. Fraenkel. 1988
42. BUCER, Martin. *Opera Latina.* Vol. IV. Consilium Theologicum Privatim Conscriptum. Publié par P. Fraenkel. 1988
43. BUCER, Martin. *Correspondance.* Tome II (1524-1526). Publié par J. Rott. 1989
44. RASMUSSEN, T. *Inimici Ecclesiae.* Das ekklesiologische Feindbild in Luthers "Dictata super Psalterium" (1513-1515) im Horizont der theologischen Tradition. 1989
45. POLLET, J. *Julius Pflug et la crise religieuse dans l'Allemagne du XVIe siècle.* Essai de synthèse biographique et théologique. 1990
46. BUBENHEIMER, U. *Thomas Müntzer.* Herkunft und Bildung. 1989
47. BAUMAN, C. *The Spiritual Legacy of Hans Denck.* Interpretation and Translation of Key Texts. 1991
48. OBERMAN, H. A. and JAMES, F. A., III (eds.) in cooperation with SAAK, E. L. *Via Augustini.* Augustine in the Later Middle Ages, Renaissance and Reformation: Essays in Honor of Damasus Trapp. 1991 *out of print*
49. SEIDEL MENCHI, S. *Erasmus als Ketzer.* Reformation und Inquisition im Italien des 16. Jahrhunderts. 1993
50. SCHILLING, H. *Religion, Political Culture, and the Emergence of Early Modern Society.* Essays in German and Dutch History. 1992
51. DYKEMA, P. A. and OBERMAN, H. A. (eds.) *Anticlericalism in Late Medieval and Early Modern Europe.* 1993
52, 53. KRIEGER, Chr. and LIENHARD, M. (eds.) *Martin Bucer and Sixteenth Century Europe.* Actes du colloque de Strasbourg (28-31 août 1991). 1993
54. SCREECH, M. A. *Clément Marot: A Renaissance Poet discovers the World.* Lutheranism, Fabrism and Calvinism in the Royal Courts of France and of Navarre and in the Ducal Court of Ferrara. 1994
55. GOW, A. C. *The Red Jews: Antisemitism in an Apocalyptic Age, 1200-1600.* 1995
56. BUCER, Martin. *Correspondance.* Tome III (1527-1529). Publié par Chr. Krieger et J. Rott. 1989
57. SPIJKER, W. VAN 'T. *The Ecclesiastical Offices in the Thought of Martin Bucer.* Translated by J. Vriend (text) and L.D. Bierma (notes). 1996
58. GRAHAM, M.F. *The Uses of Reform.* 'Godly Discipline' and Popular Behavior in Scotland and Beyond, 1560-1610. 1996
59. AUGUSTIJN, C. *Erasmus. Der Humanist als Theologe und Kirchenreformer.* 1996
60. McCOOG S J, T. M. *The Society of Jesus in Ireland, Scotland, and England 1541-1588.* 'Our Way of Proceeding?' 1996

Prospectus available on request

E.J. BRILL — P.O.B. 9000 — 2300 PA LEIDEN — THE NETHERLANDS